测字解密

中华神秘文化测字术

古今测字一千六百例

蔡大成◎主编

中国物资出版社

图书在版编目（CIP）数据

测字解密：中华神秘文化测字术／蔡大成主编．—北京：中国物资出版社，2011.2（2012.5 重印）

ISBN 978-7-5047-3770-0

Ⅰ．①测…　Ⅱ．①蔡…　Ⅲ．①占卜—研究—中国　Ⅳ．①B992.2

中国版本图书馆 CIP 数据核字（2011）第 019211 号

策划编辑　王秋萍

责任编辑　李慧智

责任印制　方朋远

责任校对　孙会香　饶莉莉

中国物资出版社出版发行

网址：http：//www.clph.cn

社址：北京市西城区月坛北街 25 号

电话：（010）68589540　邮政编码：100834

全国新华书店经销

中国农业出版社印刷厂印刷

开本：787mm×1092mm　1/16　印张：24　字数：496 千字

2011 年 2 月第 1 版　2012 年 5 月第 2 次印刷

书号：ISBN 978-7-5047-3770-0/B·0270

印数：10001—12000 册

定价：48.00 元

前　言

测字术是中国民间非物质文化遗产

文字的发明是人类早期最伟大的发明，它使人类文明能够超越口传方式得以承继、传播。发端于6000年前红山文化的中国汉字是浓缩和传递祖先生存经验信息的载体，其基本字形在3600年前的殷商甲骨文中已见端倪，经秦王朝统一书写文字定型后沿用至今而少有变化。可以说，汉字是全世界生命活力最持久、现在仍在发挥原有作用的非物质文化遗产。汉字发展由象形变为象征，从表形、表意发展到现在的形声结合。大部分汉字音节短，字形间的差异易识别，信息含量很大。有汉学专家说，一个汉字就是一块集成电路。同样的内容，汉语的表达、思维和键盘输出速度快于其他语系文字若干倍。汉字因其形声兼容的特点，注定将成为世界的优势文字之一。中国方言众多，汉字却始终如一，成为促成中国统一的稳定因素。

汉字符号是中国文化之源。中国人在现实生活中无时无刻不在使用汉字来解释自身思想和周围的世界，却很少知悉汉字的本源含义，不知晓祖先储存在汉字里的丰富信息，没能掌握破解这些信息的密码工具。宋代王安石《字说序》指出：汉字音形包含着自然规律，“其声之抑扬、开塞、合散、出入，其形之横纵、曲直、邪正、上下、内外、左右，皆有义，皆出于自然，非人私知所能为也”。一般而言，每个汉字由多个字根组成，所谓字根，是指能够独立成字的笔画单元，本身即具有形声方面的独特意义，多个字根按照不同的排列组合搭配成字，构成新字形、新字义，新组合成的字与字根之间保持着本来意思的关联。这种初始状态的内部关联，即汉字的元神，大多已沉淀在历史文化的潜意识中，几乎不为人知，冥冥之中却在发挥其修正甚至颠覆表面文章的作用。

上古时解释文字是巫师、祭司的特权，后又演变成如许慎、郑玄、孔颖达、

段玉裁等士大夫的特权，形成中国特有的文字崇拜。但民间对字根组合信息密码的探索，自文字发明起就有人尝试，筚路蓝缕，薪火相传。这便是所谓的拆字、测字、破字、别字和相字，而这些民间破译者，则被称为测士、拆字先生或相字家，经他们历代总结的测字经验成果，构成了别具一格的中国民间非物质文化遗产，不但随华裔移民流传海外，而且影响到韩、日等以汉字文化为文化根基的国家，测字习俗蔚然成风。

测字之用，徐珂曾在《清稗类钞》中这样解释："拆字，亦作测字。拆则有分析之意，测则有推测之意，为占法之一种。任单一字，触机附会，以判吉凶。"比起其他传统预测方法，测字过程无须起卦，反应迅速，简洁明了，最为实用，往往一语道破天机，令求测人翻然醒悟。

过去测字的取字方式灵活多样，因地制宜。主要方式有：

(1) 摸字，测字先生把预先写好字或签语的纸卷或卡片、竹签，装进袋内或盒中，让求测人摸取、抽签；也有的术者训练黄雀叼出字卷，以示天意。

(2) 指字，让求测人在预先准备的字盘、字板上或字典中随意指认。

(3) 说字，求测人任意口说一字，或说出书报的页数、行数及第几字，适合电话远距离测字。

(4) 写字，求测人随便用笔书写字，适合识字之人。

(5) 画卦，求测人用笔画出字符、景物（或由术者事先备好，经求测人选定），由术者再转换（意译）为汉字测。

(6) 物测，求测人指定某物体，再转成汉字测。

(7) 梦测，求测人叙述梦境，再转成汉字测。

旧时江湖测字被归类为"惊门"或"金（巾）点"，称作"拆朵儿"。从旧时测字的业态来看，习惯走茶坊酒肆者为"踏青"；席地而坐者为"砚池"；赁屋设砚者为"拔阳地"；暂借庙宇寺观一席者为"拔阴地"；胸悬一开孔小木箱，中藏许多什物者为"观梅"；凭易理论断者为"八卦"，不用字卷。其中当推砚池、踏青两派居多，观梅、拔阴地次之，拔阳地派最少。江湖测字揽客的门道学问可以用一个小故事说明：

> 街头测字摊要把生意做火了，必须吸引人围观，这叫"点篷"。测字先生吸引人、留住人的方式叫做"抛砚风"，手法多半是写字、绘画。写字，可用左手，也可双手齐书，也有用嘴衔笔、用脚夹笔写字。绘画是"指墨"，用手指画，风雅得很。有个叫"小铁口"的测字先生，用指墨画虾吸引人围观。画虾先画虾中段，不能先画头，也不能先画尾巴，容易让人认出来在画啥，不能把人留住。看围观的人够了，小铁口开铁口了："这里的人什么人都有，有要发财的，也有要破财的，还有老婆偷人的。有人说，谁的老婆偷人？你指出来瞧瞧？您这

是叫我上当。我指出他，他不打我？不过，您等着，这个人被我点破了，他脸上没光彩，马上就要走人。他一走我就告诉您，他老婆什么模样，偷的野男人是干什么的，我全知道。”小铁口这么一说，围观的人谁也不敢走，谁走谁心里有鬼。围观的人群中有个老头子，双手捧着紫砂茶壶在看热闹。小铁口心想，这老头要打发走，谁把他茶壶挤掉打了，壶里的水烫着谁，都要吵架。一吵起来，把人的注意力都吸引过去了，等于是“炸篷”。小铁口对捧茶壶的老头说：“我刚才说人要破财，说的就是你，你手里这把壶越加小心越护不住，‘壶’字底加‘心’就是个‘恶’字，逃不过今天，非破不可!”那老头爱壶如命，吓得抱着壶立马回家。茶壶放哪儿都不放心，就怕打破。后来把墙上的砖撬下一块来，把茶壶放进去，外面再用砖封上。这下算安全了。没想到这时藏在墙里的壶自动跳了出来，跌在地上摔得粉碎！原来是隔壁人家钉钉子，把老头的小茶壶给顶出来了。老头跑回测字摊子上，围观的人还没散。老头当众说：“测字先生真灵，我的小茶壶回家就打碎了，真是该破财!”老头这么一现身说法，小铁口立即“火穴”了，围观的人争着抢着请他测字，挤得水泄不通。

这里再借用一个事例说明江湖测字先生“先说好话，接着恐吓，最后指点迷津”的技巧：

一个年轻人要测字看命，从“茶盘”中抽出一根字卷，测字老者展开字卷，是个“集”字。老者一边说，一边在纸上写字：“小兄弟，你这命不算坏。这‘集’字，上头是个‘隹’，下头是个‘木’。隹木者，好料子也。你有点本事，今后能成才，这辈子会有出息的。不过有本事还要有命。这个‘隹’字，实际是半见其‘难’（老者在纸上写了个繁体的“難”字，然后用手遮住了左半边）。人狠不如命狠，你这一生的命里怕是两件事里总有一件事难办。这些困难，多半是你自己嘴巴不好，这个‘集’下头讲的就是困难产生的原因，木字外面加个‘口’，不就是困难的‘困’吗（一个“困”字同时落在纸上）？这叫因‘口’受‘困’。年纪轻，脾气犟，遇事好抬杠，喜欢夸海口，说过头话，到头来还是会吃嘴巴的亏。你看这个‘唯’字（老者在“隹”字旁加了个“口”），凡事咽下三分话，口气小点，宁可唯唯诺诺，不要太张狂，就能避免许多困难了。”年轻人点头称是。

测字既为术，必有规律可循，其测字方法五花八门，互有交叉，最为流行的主要有：

（1）装头，也叫“加冠”，如古字测为苦、居；兄字测为克、况；日字测为春、百。

（2）接脚，也叫“纳屦”，如千字测为秀、壬；立字测为童、音；合字测为拿、會。

（3）穿心，如月字测为用、舟；昌字测为量；文字测成吏。

（4）包笼，如贝字测为遗、测；矢字测成族、痴；尹字测为倉、棲。

（5）破解，如行字测成衙、衍；共字测成黄、莫；田字测成古；泗字测成不三不四。

（6）添笔，如唯字测成難、才字测成牙、合字测成命。若无关所问者，不可任意妄添。如一妇用“立”字问子消息时值日中天，“立”下加“日”便成“音”。术者断其子必有音讯。

（7）减笔，如難字测成鞋、宽测成苋、莫字测成草。将偏旁去掉叫“脱衣”，将其中的一部以其他的字代替叫“更衣”。清代程省《测字秘牒》说：“凡字不添不减不足以变化。此理易明，添乃补不足，减乃损有余耳。”

（8）对关，取字首尾离合，如善字为“美头喜足”、彦字为“龍首彪尾”、里字为“男头童足”。程省《测字秘牒》说：“其法专取头足首尾。如某字头、某字尾，则如门之闭；分开云某字头，某字脚，一头一尾阖之，则如门之开。此法最简捷，其用又最广，为字中第一要义，学者更宜究心。”

（9）摘字，如哉字摘出土、戈；调字摘出吉、司；廣字摘出共、由。亦称为字根法。以上九种统称“离合法”，为测字学基础方法，在应用时需注意拆解顺序，《后汉书·五行志一》说：“凡别字之体，皆从上起，左右离合，无有从下发端者也。”

（10）观梅，如“月，时有圆缺，然事之有根，上弦利，下弦不利”；“木，春旺秋衰”；“土，事事有基，但迟滞不能速就”。此法名称源自宋代邵雍观梅测事的经典案例，亦称联想法，为测字学之高级方法。清代青城子《志异续编·测字》云：“但须测字之人，心细而灵，活泼泼地，方能静会。”

（11）象形，如乙似鱼钩，祀为破袍，兔似免，两似雨。近代甲骨文象形文字的发现，为象形法注入了新鲜血液。

（12）会意，如烟字为“因风吹火”，事须借力方成；淋字为“楚汉相争”，主有口角；房字断为“户内宜防”；资字断为“有财防盗”。

（13）假借，借外应之物合字，如立字遇水借为泣，逢人借为位，有女必为妾，得男可成童。亦称外应法。

（14）谐音，如家与嘉，非与飞，桃与逃，梨与离；以莺字问晴雨天必阴。如有人以王字问财，王字的去声为“旺”，可断为大吉。又如旧时苏州管家丫头跑了，管家占出卦辞为“剥床以肤”的凶卦，测士说“以肤”谐音“姐夫”，歪打正着，果然在其姐夫家找到。

（15）指事，侧重字符象征，并察言观色、观时相机。常用字可套用格式签语和成语，亦称“取格法”。测字符号也有“现代化”的问题，如十字过去代表土，有歌云“横直交加土最深”，现在有术者作为医院符号或司法符号运用，这些新扩展需要梳理定型。

（16）转注，为字义通假训诂，如考字与老字互通；好字训为孔字，来字乃麦字的来源。《谢石测字真传》说：“测字占断吉凶，当以全体字形之意义为上，拆开凑合次之。”清代以来兴盛的小学考据为测字训诂探源夯实基础，测字术者的国学功底也由此见高下。

（17）五行，以字或字根、笔画的阴阳五行制化关系为分析基础。而字的五行属性其说不一，有以字形定，如水形曲折，火形散，木形长，金形有刀锋（多带钩刺），土形方。有以字笔画数定，有以偏旁属性定，有以音韵定，有以字义定，有以卦象定，有以字根字势的强弱兼而有之；亦有谓“横直交叉为土，挑捺为金，撇为火，直为木，点为水”；有的字五行俱全。初学者可检索网络的《五行字典》。

（18）八卦，以字相、字根代表的卦象为分析基础，结合《周易》卦辞判断。宋代邵雍《梅花易数·八卦辨》说：“口形的字为兑卦，捺为乾卦，三画没有损伤的也为乾卦。三点同来为坎卦，撇在一个字中出现两次为离卦。土、山二字居于字的上方就为艮卦，土、山二字居于字的下方就为坤卦。字中只有一个蛇行状的撇画为巽卦，云字、龙字作为字头就为震卦。”如元字拆作二八，为巽卦象；臼字为震卦象；冯字拆开，水为坎卦象，马为离卦象，左（上）坎、右（下）离，合为“既济”之卦，断作“初吉终乱”。邵雍认为，由于古代历法几经变化，即便用后天八卦起卦，时间因素也与《周易》时代不同，因此引用卦辞时应慎重，不能用做预测的主要依据。

（19）九宫，以字相结构的后天八卦对位关系为分析基础，上离位南，下坎位北，左震位东，右兑位西。如争字右下乾位虚缺，主父亲病弱；术字左上巽

位虚缺，主商旅会出变故。

(20) 六神，以字相中青龙、白虎、朱雀、玄武、勾陈、螣蛇符号和位置关系为分析基础，并结合六爻、六壬作出判断。青龙主喜事、顺利，白虎主凶伤、丧灾，朱雀主口舌、官司，玄武主阴谋、盗贼，勾陈主留连、迟滞，螣蛇主妖怪、虚惊。

(21) 笔画，此法源自宋代理学家蔡九峰的皇极八十一数名图，他认为“天地之所以肇者数也，人物之所以生者数也，万事之所以得失者亦数也”。后传到日本，以字的笔画数为吉凶术数，一吉、二咎、三祥、四吝、五平、六悔、七灾、八休、九囚，两两相合，形成命格，特别应用于姓名学。另有以字笔画音义而论，如横为平稳、竖为正直、撇为撇开、捺为忍奈、折为曲折或转折、钩为挑事等。此外，还有以三个汉字的笔画起课的小六壬占卜法，但其已基本脱离了测字的内涵范围。

(22) 字体，以书写字体笔迹的浓淡、肥瘦、长短、粘连、齐整、折钩等为分析基础，如“行”字字脚不齐者，客人不到；笔画互不粘连者婚姻难成。亦有谓：上半是阳下为阴，左方为阳右作阴，笔画轻盈为阴，笔画豪迈是阳，长画作阳短是阴。故说阳位笔画豪迈粗壮，须合乎于阳刚之势，阴位笔画要合乎柔美清楚之机，这才是吉利之象。

(23) 拟人，以字相结构比拟头、肩、胸、腹、腿、脚等人体结构而应用子午流注等中医理论分析。《黄帝九宫经》亦将九宫八卦图拟人化：“戴九履一，左三右七，二四为肩，六八为足，五居中央总御得失。”说明此法甚古。

(24) 风水，以字相结构比拟阳宅的厅堂院落而应用风水理论分析。

上述测字方法还要结合问字人的属相或生辰八字以及出字时辰，方得出相生相克、吉凶休咎的判断。在实践中各种方法常常混用，不拘一格。因为测字本身就是快捷方式，禁忌过多会妨碍灵机之动。如果非要把测字理论分出流派，可以说一派强调字形、字义、符号的辗转腾挪，一派则倾向于术数推演的有规有矩，两大流派并行不悖，各有千秋。

求测人随意出字，不必刻意。清人刘廷玑在《在园杂志》中说：“测字须矢口而出，得先天之气，稍加转念，即落后天，便不准矣。”这是因为刻意出字使表层意识压制了潜意识，阻碍了求测人内心真实信息流的输出。

并非出字的字面意思好就一定能测出好结果，往往相反，会测出不好的结果，反之亦然。业内有“吉字凶测，凶字吉测”一说，故测字业流行的《八反歌》云：“问喜何曾喜，问忧未必忧。问乐何曾乐，问愁未必愁。问死何曾死，问生未必生。问官官不见，问财财不成。”

求测时最好一字一测，也可以一字测多事，亦可同时出多字测一事，不过《梅花易数》也说：“凡写两字，只看一字，盖字多必乱。”业内有一事不二测的规矩。《周易·蒙卦》卦辞说“初筮告，再三渎，渎则不告”，意思是说“第一次占筮，神灵就告诉他，再三占筮，就是对神灵的亵渎。亵渎神灵，神灵就不会告诉他”。亦可解释为，再三求测同一事，是对测字先生的不尊敬，会越测越偏。即便非要再测，也须换个时辰方可。此外，若测问无血缘关系的他人之事或代人出字，术者断语都会因信息关联度衰减而不免失真。

测字出字应以繁体字（正体字）为准，因其能够精确反映字根、字义的内涵。不过也有一些简体字为民间约定俗成或古代书法的产物，如灌字在汉代即由简体洒字替代，夢字的简体始见于宋代蔡襄书写的碑文，这些经过历史积淀的简体字也适用求测。而那些被人为切断字根内涵联系的现代简体字，实属测字之大碍，但又是既成事实，术者也不妨顺势而为，就字论字，不过其信息量会大受影响，准确性便可想而知。

正如《测字全书》说：“测字之法，未可预定字之吉凶而概断之。”同一个字在不同时辰测，或由不同术士测，有时结果会不尽相同，甚而大相径庭。这是因为字本身可能具有歧义，理解角度不一，采用方法不一，或时辰和外应触机变化影响所致；更多的结果则是英雄所见略同，殊途同归。所谓心诚则灵，对于比较敬业的术者来说，通过特殊的“望闻问切”，再加上经验判断，测字的准确率应在75%以上。

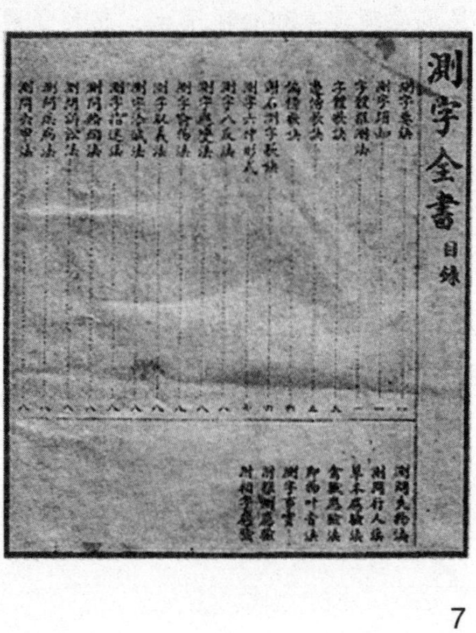
測字全書
目錄

测字术的难点在于如何确认应期，即预测事件的发生时间。有的字直接含有数字或干支时间符号，如王字含“十

二”（数字虽能确定而计量单位不清）、缶字含“午”等；有的字与数字谐音；有的字体现出节气物候的符号；其他字须从笔画数或五行八卦的术数来推算应期（五行排位数为“水一、火二、木三、金四、土五”，后天八卦排位数为“坎一、坤二、震三、巽四、中五、乾六、兑七、艮八、离九”），再用时令的旺衰来调整，甚而另行起卦或依托外应触机。在这一点上，术者高人各有秘诀招数，还有待于总结定型。

《古今图书集成·拆字部纪事》引《梅花易数·指迷赋》说：“字，心画也，心形如笔，笔画一成，分八卦之休囚，定五行之贵贱，定平生之祸福，知目前之吉凶，富贵贫贱、荣枯得失，皆于笔画见之。”《梅花易数·花押赋》云：“夫押字（即签名）者，人之心印也。古人以结绳为证，今人以押字为名。”也说人的签名画押等于是其心理意志的印鉴标记。字为心画，文如其人，字理与心理人生相依为命；人们既需要某种神秘力量来强化或调整自己的意志抉择，更需要心灵纠结的某种解脱方式。而拆字、测字的过程，其实就是对问字人的心理诊断与心理疏导的过程，解开心结，调整心态，在探测字源中品味人生哲理、见证生涯轨迹。拆字、测字成为缓解生存压力、丰富心理生活的民间时尚。测字术虽不敢言包治百病，在心理治疗领域确有其过人之处。在某种意义上说，测字师就是民间心理学家和心理医生，起到了缓解矛盾冲突、调解民事纠纷、促进家庭和睦、倡导安定和谐的积极社会作用。

在封建时代，国民自主性弱，生活单调，缺乏选择，且多不识字，测字术者只须记住拈字盘中百余字的固定解释就能从业；而当今盛世，社会分工细微，人际关系复杂，生活选择多样化，事业周折、经营风险、人生变故、悲欢离合，命运多变，前途未卜，充满不确定性，人们温饱之上的心理需求明显膨胀，因此，测字术者必须与时俱进。例如，过去测婚姻测合不测离，“拆字不拆庙”，现在没有感情的婚姻何必维持？过去不便测大家庭分家，“同田曰富，分贝为贫”，现在小两口婚后自立单过成为常态。过去许多事件的发生概率是由术者测字经验得来，而现代统计学成果则可以为术者判断事件概率提供量化依据。测字术者不但要精通传统国学文化，还须知晓科技进展以及商务管理和法律、财务规则，才能对问字者的求测事项应付自如。

史料记载最早的拆字、测字事例，是《左传·襄公三十年》记史赵所说“亥有二首六身”，以及《左传·宣公十二年》记楚庄王所说“止戈为武”。测字之风流行于汉唐，散见于类书和文人笔记。《隋书·经籍志》载有《破字要诀》一卷，宋代有《神机相字法》，现均已失传。自宋代邵雍《梅花易数》、清代《古今图书集成·拆字部纪事》及程省《测字秘牒》、周亮工《字触》、桑灵直《字触补》和民初《测字全书》后，至今还没有一部能够全面记录历代拆字、测字研究轨迹和经验成果的书籍问世。编纂本书的目的是汇集古今高人的测字轶闻和案例，力图使读者能够整体把握民间破译者的思维脉络，得以窥见术士大师深藏不露的神秘破解方式，剔除其中谶纬等所谓迷信因素，体验实践者朴素的辩证分析方法，从欣赏文字解析的灵机、幽默和谐趣中汲取民间智慧，或可引为茶余谈资、游戏依据、讲演素材、起名参照及社交工具。本书适合在校师生、工商人士、管理干部、演艺名流，以及家长、主妇、休闲人士、测字业者阅读和收藏。

本书取材于典籍和网络各类文体，亦包括主编者亲为的案例，涉及测问考试学习、工作事业、恋爱婚姻、生育儿女、财运官运、疾病诊治、事件预测等1600多个测例（包括附录所含事例），关联千余汉字。其中，指示字义的繁体字予以保留；对生僻字中非常规发音者标出发音；某些引自古籍的文言文翻译成白话文；有些现代事例在收录时缩写，按语为编者所加。不当之处，敬请指正，以便再版时修订。

德国哲学家黑格尔有句经常被引用的格言：“凡是存在的都是合理的。”测字术作为中国民间非物质文化遗产，历经沧桑仍能够顽强生存，必有其满足社会需求的理由，其合理内涵与功能应该得到社会的重新审视。

主编　蔡大成

2010年10月

目　录

第一章　测字轶闻

第二章　问学问考

第三章　问情问婚

第四章 问孕问子

第五章 问病问灾

测字 中华神秘文化测字术 解密

第六章　问官问职

第七章　问财问运

第八章 问失问案

第九章　问事问时

第十章　问物问梦

第一章　测字轶闻

仓颉造字之时，有个字义把他难住了，这就是“够”的意思。天下什么东西有个够呢？仓颉苦思冥想也没有想出来，只好去请教黄帝。黄帝想了想说：“民用五材金木水火土，再多都不够，唯有多余的话，哪怕是半句就够人呛!”仓颉一听恍然大悟，就把“够”字形画出来了。这便是“酒逢知己千杯少，话不投机半句多”的来源。原来每个汉字都有故事和轶闻藏在其中，等待我们去发现、去品味。

仓颉像

黄帝测字寻臣

有一次，黄帝梦见大风把天下的尘垢都吹掉了，又梦见一个人拿着千钧之弩驱赶一万群羊。醒来后黄帝就拆字："以风作为号令，一定是执政者；垢字去掉土，后字还在；天下有姓风名后的人吗？能拉开千钧之弩，力量一定超乎常人；驱羊万群，说明善于放牧和治理百姓。天下有姓力名牧的人吗？"于是据此四处寻求，最终得到风后、力牧两位名臣。

孙膑改名凶化吉

传说孙膑原来的名字是文武双全的"斌"（按：含戈伤脚意），结果遭到双脚受刑的不幸。后来经他师父鬼谷子先生指点，叫他将文武"斌"改为现在的"膑"，字里含宾，家字头，兵字底，改善了他后半生的命运，使他化凶为吉，最后成为诸侯的座上宾和开创兵家理论的举世闻名的军事学家。

庞涓采花占出山

庞涓与孙膑同是鬼谷子先生弟子，庞涓追求功名心切，要提前出山。鬼谷子先生就命庞涓采花为占，庞涓半天只找到一朵小草花。鬼谷子先生说："这花叫马兜铃，一开十二朵。象征你走红运的时间是十二年。这花由鬼谷采来，太阳已经晒蔫萎。'鬼'字依傍着'委'字就是'魏'，代表你出山将受聘于魏国。"

刘邦梦羊无角尾

汉高祖刘邦在做小亭长时，梦逐一羊，拔角尾皆落。他就去问测字先生解梦。测字先生说："羊无角尾，就是王呀。"刘邦这才立下要干番事业的大志。

项羽的脖子要飞

有测字先生解释：项是脖子，羽就是飞，合起来就是脖子飞了，因此项羽最终自刎乌江，头颅断体。《史记》记载项羽兵败乌江："王翳（音亦）取其头，余骑相蹂践争项王，相杀者数十人。"按：项字为颈，其中"工"为天字之头，人头离颈之状。

刘邦也会测字

汉高祖刘邦在东垣攻击韩王信剩下的叛军，经过柏人。贯高等人把武士藏置在厕所侧壁中，想找机会袭击刘邦。刘邦本想在柏人过夜，内心若有所感，就问道："这县的地名是什么?"回答说："柏人。"刘邦说："柏人就是被人所迫的意思。"刘邦就不敢在此过夜而离开了。

蒋琬梦牛头

三国初，蒋琬在广都为官，刘备巡视来到广都。蒋琬不知情，刘备突然出现，琬"众事不理，时又沉醉"，刘备大怒，想将其问罪杀掉。孔明为他说情，说蒋琬是国家难得的栋梁之才。他治理地方，以百姓安乐为根本，不喜欢做那些虚假粉饰的事。刘备没有加重罪于蒋琬，只是免了他的官。这件事发生不久，蒋琬做了一个梦，梦中一牛头在门前，血流至地。他醒来有些后怕，请来一位叫赵直的占卜先生解梦。赵直说梦中见血，是事情已经分明。"牛角及鼻，公字之象"。你的官会做到"公"，是必将大贵的吉兆。不久，蒋琬任什邡令。刘备称汉中王后，"琬入为尚书郎"。"牛头及角"是篆文"公"字的形象。

关羽梦猪啃足

关羽率军围攻樊城，夜里梦见猪啃吃他的足，醒来就和儿子关平说："我今年要衰败了，家都不得还!"关羽的梦用测字的方法来解即是：猪者，逐也；足者，亦逐也；梦猪啃足，大不利，主身有被逐及灭亡之难。按：脚被吃，剩为却，即"去"。

魏延梦头生角

建兴十年，诸葛亮再次出兵伐魏，大军北出谷口，魏延为前锋，扎营在距离中军十里外的地方。魏延夜里梦见"头上生角"，让人请赵直解梦。赵直解释说："麒麟有角而不用，此不战而贼欲破之象。"魏延大喜。退出将军大帐后赵直对旁边的人说："角字，刀下用也，头上用刀，其凶甚矣。"这个致命的谶语在不久便应验了，魏延后被马岱追杀。

邓艾梦高山流水

魏国大将邓艾伐蜀之初，梦见自己坐在山上，而有流水。他就把这梦告诉下属爰邵，问他是什么征兆。爰邵根据《易经·说卦》“坎为水”、“艮为山”的说法，把山换码为“艮”，把水换码为“坎”，梦像是山上有流水，便是“艮”上有“坎”了。据《易经》，艮下坎上乃是蹇（音简）卦。蹇卦的卦辞说：“蹇，利西南，不利东北。”蹇卦的象辞说：“蹇，利西南，往得中也；不利东北，其道穷也。”当时形势，从魏都洛阳出发伐蜀，是向西南，从蜀地回到洛阳，是向东北。所以爰邵认为邓艾伐蜀可以胜利，但回还恐怕不能了。邓艾后来果然平定了巴蜀，迫使刘禅请降，但他自己也被司马昭派人诛杀在蜀地绵竹之西，不能复还洛阳。

谯周巧解名字

蜀汉末年，蜀国的杜琼曾经说：“古代官职名称没有叫‘曹’字的。从汉代开始，官职名称尽是叫‘曹’的。文官称为‘属曹’，武职称为‘侍曹’。这恐怕是天意吧?”谯（音瞧）周回答说：“汉灵帝给两个公子起名叫史侯、董侯，后来他的子孙就都被免去帝号而成了侯，也是属于此类。那么，先帝名‘备’字，‘备’这个字是具备的意思；后主名‘禅’，‘禅’这个字是授予的意思。这是说刘氏政权已经具备了，应当交给别人了。”又说：“曹字，是众的意思；魏字，是大的意思。人众而且广大，天下恐怕要集中到曹氏手中；刘氏具备了又交给别人，刘氏政权恐怕在刘禅之后没有后继者了。”等到蜀汉灭亡，大家争相认为他们的话太灵了，谯周说：“我是从杜琼的话中推而广之想到的，并非有什么独到的奇特之处。”

后来有人来看谯周，谯周就在木简上写了“典午忽兮，月酉没兮”以示。到这一年的八月，司马昭死了，方知此乃谶言。典可作“掌管”、“主持”解，即司字的意思，午则是马，故“典午忽”就是司马要死，并还指出了死亡的日期，月酉就是八月。

王浚梦刀

晋代的王浚夜梦有三把刀高悬在卧室的房梁上，一会儿又添一刀。醒后十分不快。手下李毅却祝贺说：“三刀为州字，又添一把，主人要去执掌益州了。”后来果然王浚升任为益州刺史。三刀并列，其形近于隶书“州”字，“添”是“益（溢）”，增加的意思，李毅以字形和语音解梦，后世以此作为升官之兆，或直接表示升迁。

张茂梦象

晋代的张茂梦见一头巨象用长鼻子蹭他。好友万推听后笑着对张茂说：“梦中见到了大象，乃祥瑞之兆！大象，就是大兽！‘兽’音通‘守’，兄台他年必能官至大郡之守。只是功成之时，恐难全身而退啊。象牙贵重，大象往往因其牙齿而遭人猎杀。兄台切须谨慎，当防小人谋害啊！”张茂后来果然做了吴兴郡太守，因得罪了王敦而被暗杀，恰恰应验了万推的预言。

王敦梦木破天

东晋元帝都建康，王敦恃功欲反，对许真君说：“我梦见将一木上破其天。我欲得到帝位，结果会十全吗?”许真君说：“木上破天，是‘未’字。你先别妄动，晋朝江山还稳固未衰呢。”

易雄梦车载肉

东晋的易雄为春陵（湖北枣阳）令时，曾举兵抵抗王敦，终因势单力薄，城池被陷，自己也被俘获。就在被俘的那天夜里，他做了一个梦，梦见自己乘车，车旁挂了许多肉。梦后醒来，他自我占断道：“有肉必有筋，筋者斤也。‘车’旁有‘斤’正是‘斩’字，我大概要被斩吧!”不久，易雄果然遭斩。

慕容垂拆字避难

苻坚委派慕容垂外出管事，谋臣权翼怕慕容垂谋反，上谏劝阻，苻坚不听。于是权翼深夜私遣壮士，准备在要道口截击慕容垂。慕容垂当天夜里做梦，梦见行路，路走到头看见孔子墓旁有人。醒来心情不快，召占梦者解梦，测字先生说：“行路穷，道尽也，不可行。孔子名丘，以人配丘，此兵字，路必有伏兵。深宜慎之。”于是，慕容垂便换了一条路走，权翼的伏兵没有收效。

苻融测字断讼

京兆人董丰，乃是一介书生，经常在外游学。他从小失去双亲，二十岁那年，与马员外之女马芳结为夫妻。由于董丰常年在外，家中无人照管，便将妻子托付在岳父家中。一年后，董丰从外地游学回来，刚好路过岳父家中，便借宿一晚，久别胜新婚，夫妻不免缱绻一番。谁知天有不测风云，醒来之后，却发觉妻子身首异处，血流满地。董丰大惊失色，不知到底发生了什么事。马员外一家也满腹怀疑，认为是董丰所为，便向官府报了案。由于案情没有其他线索，官府也认定是董丰作案，于是便百般拷问，屈打成招。恰在此时，苻坚的弟弟苻融巡查至此。苻融聪明多智，精通各种术数，尤其熟谙占梦术。看完案卷之后，他便感到其中疑点颇多，于是派人将董丰带来，问道：“你在途中往返，可有神异之事？可曾卜筮？”董丰回答说：“我在决定回家的那天晚上，曾梦见一匹马往南渡河，可是不知道为什么又回到北方，往南跑起来，那马在水中停滞不前，无论我怎么挥鞭，仍然无济于事。后来我在马上往湖中看，只见两日在水中交映，情形甚是壮观。不一会儿，我突然发觉马左边全呈白色，而且被水浸湿，右边却黑乎乎的，一点水印都没有。后来我醒来了，醒来之后，心情极为忧闷，以为这是一个不祥之兆。后来这梦境又有过好几次，我就找到筮者释解，那占卜者告诉我几个字：忧狱讼，远三枕，避三沐。等我回到岳父家中，那晚妻子为我洗澡，又拿出一个新枕头给我。我突然想起占卜者的话，便拒绝了洗澡，也没有枕那个新枕头，想不到竟发生了这种事。不过这案子的确不是我做的，还请大人明察。”

苻融听完后，沉思半晌，缓缓说道：“你的这个案子有眉目了。在《周易》中，坎卦为水，马是离卦的象征，你梦见乘马南渡，又从南到北，那是从坎到离，三爻而变，变而成离。离卦在《周易》中取象为中女，坎卦取象为中男。你在水中看见两日，日为夫象，两日即两夫。坎又为执法之吏，吏诘问其夫。坎为二阴一阳，离为二阳一阴，相承易位，离上坎下，这是既济之卦。此卦主有礼而生，无礼而死。你若是君子，必定安然无事。你在梦中看见马左边皆湿，湿即水象，右边为马，左水右马，这就是一个冯字，你前面说过，看见两日在水中交相辉映，这便是一个昌字。杀人的凶手，恐怕就是这位冯昌了。”抓到冯昌后，他说：“董丰在外游学，我与其妻从小青梅竹马，情投意合。在他游学期间，我们经常在一起互诉衷情。谁知他突然赶回，因此我们二人便决定合谋将他除掉。我们相约以新枕为暗号，以沐浴的香味为记。谁知却阴差阳错，将我心上人刺死。现在我万念俱灰，不愿苟活，请大人将我正法。”

释昙迁测字断案

南北朝时，神僧释昙迁遇到一个老妇丢了东西用兑卦来问他，释昙迁说：“如果用兑卦来判断，一定是丢失了金钗。”老妇惊喜说：“实如所辩。”释昙迁说：“兑是金位，字脚两垂的形状有似金钗之象。偷盗的人是你西边邻居家的白色女子，口撅得老高，头发挽成总角，年纪十四五岁，肯定找得到。”后来果然查获该女。有人问其故。释昙迁说：“兑是西方少女之位，五色分方向，西为白色。兑字上两点表示头发梳成总角之象，内有尖形表示撅嘴之相。推理而测知，并非有异术。”

杨元慎解梦说官运

北魏孝明帝时期，一个名叫许超的人做了一个梦，梦见自己因盗了一只羊而入狱。他的朋友杨元慎是当时有名的解梦大师，一听完他的梦，就让许超中午请他吃一顿。许超问为什么，元慎说："你至少有了做县令的官运了，还不请客?"许超问何以见得，元慎解道："盗羊与到阳同音，狱者，围城之象也。入狱，就是进城。就是说你将到城阳去做官了。"果然没过多久，许超就被封为城阳侯。

杨元慎背后吐真言

有一位诸侯王梦见自己身穿官服，背靠槐树而立。他不懂这个梦是什么意思，就向占梦专家杨元慎请教。杨元慎懂得明哲保身，当面说了一通好话，告诉他这个梦是个吉兆，背靠槐树，又身穿官服，意味着他会当上三公。转回头，杨元慎跟最知心的朋友才说出实话：这个梦是个凶兆。"槐"字拆开是"木"和"鬼"，一棵树旁边立着一个鬼，表示他要变成鬼了。在后来的尔朱荣叛乱中，这位诸侯王果然死于非命，到鬼界报到去了。

史上最会测字的皇帝

北齐建国那一年，皇帝高洋想给自己创建的王朝起个大吉大利的新年号，就召集大臣们议一议。有人提议名叫天保，寓意老天爷保佑北齐万年。高洋马上开始测字："好是好，可这'天保'两字拆开来不就是'一大人只十'吗?这是说我在位只有十年啊。"果然，他真的只当了十年皇帝。又，高洋带着皇后李祖娥上泰山，在岱庙的天祝殿向老道问卦。高洋问："你看我有多少年的天子位可坐?"老道不假思索地说："三十。"高洋对皇后说："你看，老道也说我只有十年的时间了。"皇后不解："老道不是说三十吗?"高洋解释道："这三十是指十年十月十日，三个十加起来不就是三十吗?"后来，高洋果然在天保（公元559年）十年十月得了暴病，食不能下咽，饿了三天，在十日这天病逝。

测字难救太子命

太子高殷将入学时，高洋请国子监博士邢子才替他起个字号。邢子才思索再三说："字正道。"谁知高洋一听大叫："糟了，正字是一止，我儿子恐怕很难继承大统。"邢子才慌忙恳求重起字号。高洋长叹："不用了，这是天意，改了也枉然。"接着，高洋对他的同母弟高演说："阿演啊，我要是现在杀了你，师出无名，反而落个千古骂名。只求你日后手下留情，要篡位就篡位，可不要乱杀无辜啊。"高演一听跪在地上磕头不止，连说不敢不敢。高洋死后，高演位至太师，矫诏杀了他的侄子、年仅十七岁的高殷和尚书令杨愔，果然如高洋所料。

索紞拆字解梦

西晋时敦煌郡任主簿的官员姓张名宅，一天来找索紞（音胆）占梦。说梦见自己骑马上山，山上有一房舍，他纵马绕了三周，可是只见松柏苍翠，找不见屋门在何处。索紞便用拆字法给他解梦说：“马为离，离为火，火者乃祸也。人上山，为‘凶’字。只见松柏，墓门象也。找不到门，无门也。三周为三期也。你在三年以后，必定身遭大祸。”张宅起身告辞后，一路上，心里觉得这梦占得好笑，便不放在心上。三年以后，他果然以谋反罪被处死了。

梦舅脱衣

索紞又梦舅舅在自己面前脱掉上衣，便请教索紞，索紞说：“舅去上衣就是‘男’字，夫人一定为你生个儿子。”

梦狼咬腿

有个叫张邈的人奉命出使，梦到自己被野狼咬断一条腿，索紞说：“脚去肉就成‘却’，先生一定无法成行。”日后这件事果然应验。

内人为肉

有个叫宋桷（音绝）的人，梦到自己拿着两根棍子，追打屋内一位穿红衣的人，索紞说：“内有人是肉，红衣是‘赤’，这象征‘肉干’，两根棍子代表筷子，看来有人要做东请你客了。”果然立即应验。

梦马跳舞

黄平问索紞：“我昨夜梦见马棚中的马跳舞，数十人向马拍手，这是什么祥兆?”索紞说：“马者，火也（按：午马位居正南属火），舞为火起。向马拍手，是救火的人。”还没有等黄平回家，大火就燃烧起来了。

亡友之兆

黄平又梦书写“髪”字时只写了上半边“髟”字就停下来了，索紞说：“此亡友也。”是日果然有友人的讣告送来。

杨坚信测字

杨坚立国号“随”，后来想到会有国祚随时遁走之虞，就去掉“辶”改为“隋”。又，隋文帝还没有成为天子前，有一次夜宿江边，在梦中见到自己缺了左手，醒后心情非常不好。上岸后来到一草庵，庵中有一老和尚，道行极高。文帝请老和尚解梦。和尚立即起身贺道：“少了左手就是‘独拳（权）’，先生一定能成为天子。”

袁守城长安摆卦

传说袁天罡的叔父袁守城先生在长安摆卦，一日有一人写一亥字求占，先生曰：有人请你吃饭，后果应。次日其人又写亥字求占，先生曰：今日酉时，有人请你喝酒，后也应。再次又来写亥字求占，先生曰：明日打兆，后果应。时袁天罡年幼，问其叔父，亥字三次求拆，为何断法不一？先生曰：“卦当一理断，不可一数求。亥者为猪，猪第一次叫，主人认为其饿，给其食，所以断之有吃兆。猪二次再叫，主人认为其渴，给其水，所以断其有饮酒兆。猪第三次叫，其已吃了喝了，主人必打，所以断有打兆。”

袁天罡断“一”字

唐太宗时代的袁天罡是个易学大家，他最有名的故事是关于“一”字的解拆。有个不甚识字的人找他测字，只写了个简单的“一”字，问妻子病情的吉凶。袁天罡一看就说：“你的老婆已经死了！”其人大怒，说：“我刚才来的时候，她的病情还算稳定，怎么我一来你就说她死了呢？”袁天罡回答说：“你看这‘一’字，乃‘生’字末画，也是‘死’字之首笔，这就已经不吉了；从一数到十，只有八没有一横的笔画，今天就是八号，所以我断她在今天过世；另外，一天十二时辰中，其中也就是这个卯字没有一横画，因而我断她应死在今天早上‘卯’时，那时你大概已经离开家了，所以你不相信啰！”“那么，凡问病以‘一’字的人都会死在八日卯时么？”旁边有人问。“那也未必。凡预测未来的事都要讲个玄机，我刚才恰好看见有人扛木而过，分明是有‘就木’之意，就木就是做棺材嘛！”

李淳风测龙字

李淳风是唐朝知名的相士，某日，一位中年人来找李淳风测妻子的孕事。

这位中年人婚后妻子一直未孕，现在好不容易怀孕了，而且即将临盆，希望能生个龙子，心思所念，就下笔写了个龙字，请李淳风占测。也许是太兴奋的原因，这个龙字写得歪歪扭扭。李淳风一看，眉头紧锁，开口说：“先生，你这个龙字，写得歪斜不正，像龙又不像龙字。而且底下还多了一点，以此看来，尊夫人恐怕有难产的隐忧。”中年人一听，大惊失色，不知如何是好。李淳风看了中年人的面相，又说：“以你的面相看来，你是个心地善良的人，承蒙你祖上积德，你妻子虽然难产但可以安然度过，只不过因为你写的这个龙字，下面平白无故又多了一点，使你这个龙字看起来又像聋字，这胎儿势必充耳不闻，天生是个聋子。”中年人心凉了半截，又问：“那么这胎儿是男是女?”李淳风回答：“是个男孩，因为刚才你问问题时，我看到门口有一个小男孩，这是灵机乍现。”中年人再问：“何时分娩?”李淳风掐指一算说：“龙属辰，应该辰日生，也就是五日后。”后来中年人的妻子果然在五日后生得一男婴。虽然生产过程不顺利，但母子平安，只是所生下来的婴儿确实是先天的聋子。

脱衣见夫

一个妇人的丈夫长年在外经商未归，她想请李淳风求断易数，正好李淳风不在家，问其子，其子见妇人手中有一纸扇，其扇面忽然落地，因断曰：“骨肉分离，不得相见。”妇人哭泣而归，恰遇李淳风，妇人诉其故，李淳风说：“穿衣见父，脱衣见夫，你丈夫今日必归。”快到傍晚时她的丈夫果然还家。

买卖皆空

有个盐商写了个“四”字去问李淳风，说他前些时候在东海买了十万斤盐，正在长途贩运回长安，吉凶如何?李淳风说：“阁下这回生意定要大亏啊!”“这话怎么说?”盐商急忙问。李淳风答道：“你写这个‘四’字，不正是買賣皆空，而无貝之象么?”“那我退货可以吗?”商人异想天开地问。李淳风回答：“欲罢不能成事。”结果运盐途中遭遇大雨袭击，损失惨重。

武则天识破密码

唐代武则天当上女皇，朝中就有人用灯谜进行秘密的谋反。当时，裴炎、徐敬业等不少官员反对武则天，图谋复辟，他们在暗中联络时就用到了灯谜。有一次，中书令裴炎在给徐敬业的密信上写了“青鵝”，后来密信被查获，武则天用灯谜的拆字法，识破了密信的谜底是“十二月我自与”。原来，这是一封互通起事日期的谜语。

测字先生破盗案

太平公主是唐高宗李治和武则天所生的幺女，武后非常宠爱她。某日，武后赏赐公主宝物细软两食盒以及数百镒的黄金。公主虽藏得很隐密，但仍然全部被盗。武后得知此事，异常震怒，召来洛州长史说："三日不得盗，罪死！"长史怕极了，对底下的两个县长下命令说："二日不擒盗者，死！"县长又对手下的捕头说："限一日缉捕归案，不成必死！"这捕头踉踉跄跄乱闯，路过一名卜者摊前，随手写了个"窮"字测公主的宝物是谁偷的。卜者说："'窮'字上乃'穴'、下为'躬'字，人在穴中躬身者，盗墓者也。"捕头不屑地说："这和盗墓有何牵连？"卜者说："敢盗公主之宝者，身手虽不凡，可如此重量的宝物，肯定无法及时带出县境，必然藏在县内了。宝物藏于墓中最为隐秘！"又问："公主失窃是何日？""昨夜。"卜者一击掌，大声说："今晨有出殡者，抬棺过此街西行，捕头您速查这丧家葬于何处。"捕头立刻召集部下，一路追问，终于找到了今早出殡人所葬之处，只见新坟上有一男一女在哭泣。山风吹过，那女的白色孝服之内，竟然是殷血鲛绡的华丽服饰。二贼被擒，招出宝物即在墓中棺内，果然掘出，一件不缺。卜者记起早上有人抬棺而过，随棺的戴孝亲人，哭而不哀。另外，"窮"字上面"穴"字即"窃"字首也。况且盗墓者若是一人的话，必然用一绳子，结一死扣套在自己脖子上，躬身棺内，身子后仰，尸体即被带起与盗墓者面对面顶着，这样他就能腾出双手取尸身上的金饰。所以卜者拆这个"窮"字，真是妙不可言。

狄仁杰解梦救唐朝

武则天夜里梦见一只鹦鹉两翅全折，以此来问众臣。狄仁杰解释说："鹉者，陛下之姓也；两翅折，指您的两子庐陵王、相王。陛下起用此二子，则两翅全也。"武则天便起用庐陵王为元帅，抵御契丹军队，得到朝野的拥护。后来又在狄仁杰的劝说下，立庐陵王为太子，从而为李唐统治地位的恢复奠定了基础。

崔湜照镜命竟亡

唐玄宗时，中书令崔湜以连坐太平公主的谋逆罪被流放岭南。行到荆州，崔湜梦到自己坐在讲台下一面照镜，一面听法师讲道。请张猷占梦。张猷说："这梦对你而言大为不祥。台下听人讲道，表示法从上来；'镜'字是'金'，金、今同音，旁加竟。难道是性命竟于今日吗？"一会儿，皇帝诏命到，命崔自尽。

唐玄宗以玉测字

唐朝天宝年间，有一天，唐玄宗出宫微服私访，见到一测字摊，便想测字。唐玄宗取出一块瑰玉说，就测这瑰字吧，这瑰玉就作为测字费。测字先生见来者一掷千金，断定对方是个不可一世的人物，便说道："瑰字拆开来就是鬼玉。"唐玄宗故意说："这明明是王，怎么说成是玉？"测字先生说："你这不是故意抬扛嘛，略懂文墨的人都知道瑰、瑶、环、瑾等都是玉字旁。我实话实说，你明年有个大劫难，会到了一个带鬼字的地方。"唐玄宗说："中国人向来讲究吉利，地名都是采用福、安、乐、昌等吉祥的字眼，怎么用会带鬼的字呢？"测字先生说："少用不等于不用，你看槐树庄、鬼见愁都是带鬼的地名。在那里你不得不埋掉你的宝玉。"唐玄宗说："宝玉一向不是佩戴就是收藏，怎么会埋起来呢？"测字先生说："天机不可泄漏。"果然，"渔阳鼙鼓动地来"，安禄山举兵叛乱，兵陷潼关，唐玄宗被逼西逃，逃亡的大队人马来到了马嵬（音围）驿，太子李亨与禁军首领陈玄礼策划兵变，杨玉环就死在此地。此时，唐玄宗才想起来，马嵬驿就是带鬼字的地方。马嵬，皇帝骑马出逃，贵妃成了山鬼（嵬）。

裴元质梦中射狗

唐朝河东人裴元质，刚刚参加了殿试，这是最高级别的科举考试，第二天早晨皇帝就要对考中的人点名召见。裴元质夜里梦见一条狗从洞里爬出来，自己弯弓搭箭射它，但那支箭撇在了地上。醒了之后，他认为这是不祥之兆。测字者说："狗音笱，'笱'字类似'第'字的头，'弓'字类似'第'字的身，弓上的箭类似'第'字的一竖，最后有一撇，正好是一个完整的'第'字。说明您肯定登第了！"第二天，皇帝点名召见他，和测字先生说的一模一样。

剖梨见籽

杨进贤任南阳刺史，登舟遇风，丢失了儿子。夫妇相思甚切，忽夜梦与儿剖梨。因而自己解释说："剖梨，分离也。"第二天和朋友说起，朋友说："剖梨则见籽（子）。"不到十天，果然找到儿子。

老道合字断不吉

唐朝宗室李暠想举事，欲召杨德辉从之，杨德辉不知此去凶吉如何，就去问玉局老道崔无斁（音亦）："我想北上怎么样？"老道要他在地上写几个字，杨

德辉就写了“北千”两个字。老道以“千”插“北”成“乖”字，断言说此去不吉。后来果然李嵩被擒，而杨德辉幸免。

豆卢署四考成名

豆卢署原名辅真。贞元六年，考进士落榜，随即游览信安，并拿自己的诗文拜见郡守郑武瞻。郑武瞻对他很客气，留他住了数日。比较熟悉以后对他说：“你是复姓，不适合起两个字的名字，改了怎么样？”豆卢署起身致谢，并请郑武瞻为其改名。郑武瞻写了几个字，有著、助、署字，然后说：“我考虑为了避免同你的亲属重名，所以写了好几个字，请你自己选择。”当晚豆卢署睡在客房，梦见一个老头对他说：“听说郡守为你改名，你再考四次才能中榜。四字最好。”醒了以后豆卢署想，“四者”就是署字呀！于是将自己的名字改为署字。考了两年，豆卢署仍未中榜，以为所做梦不准，知道这件事的人也嘲讽他。接着又考两年，终于中榜成名，算起来正是改名后的第四次考试。

张宣梦女

宝历年间，张宣在被任命前梦见一女子说：“我是您管辖地方的人，家有十一口人，今天听说大人您要来，所以前来拜见。”张宣后被任命为湖州安吉县令，因为离家乡太远，想调换职务。家人说：“你梦里那个女子，不是个安字吗？十一口不就是个吉字吗？这说明是命运决定的。”张宣于是接受了任命。等到任期满了，张宣又梦见了上次那个女子说：“您又要当县令了，又是到我所住的县。”张宣说：“我已经当了一任夫人家乡的县令，这次怎么能再去呢？”女子说：“我搬家了，现在家里只剩下三口人。您去后几个月，也必然辞官而去。”任命公布是杭州臨安县令，张宣感叹地说：“三口是个臨字，‘数月而去’正是我所忧虑的。”结果他上任半年就死了。

“董”字无头

五代时孟知祥与董璋有隙，举兵讨之。董璋素勇悍。将战，知祥欲书信与董璋，误将“董”字写作“重”，不悦。判官李昊在侧大喜，且引众将贺于马前。昊曰：“其‘董’字，草下施重。今大王去草书重，是以无头，此必胜之兆也。”于是三军欣然一战而董璋败。

曹翰拆解“蟹”字

宋太平兴国四年，大将曹翰随军征讨幽州，正预备攻城时，有一名小兵挖土，掘得一只螃蟹，拿来献给曹翰。曹翰说："蟹是生长在水中的动物，不在水中却跑到陆地上来，是离开居所；而蟹多脚表示敌人援军将到。此战我军恐难获胜，更何况蟹者解也。难道这只蟹是我军班师之兆么?"不久果真下令班师。

贝字加文为败

宋庆历四年，贝州军官王则据城反叛，仁宗派明镐讨伐，久战不胜。参知政事文彦博请战，仁宗欣然同意说："贝字加文为败，你必会擒住王则。"果然不到一月，传来捷报。

吴交石拆字问案

北宋尚书吴交石当初在地方做官时，有一女子在结婚当晚被人杀害，等到丈夫进屋的时候方觉察，不知为谁所害。吴交石深思多日，夜梦有虎衔三刀，跳一舟中。吴交石谓："虎加三刀，乃彪字也；舟者周也。杀人者，就是周彪吧?"把周彪抓来一问，凶手果然服罪。

章宰相拆字贬人

北宋时，章惇（音敦）当政，贬逐忠良。他因为苏东坡字子瞻，便把他贬去儋州；苏东坡的弟弟字子由，便把他贬去雷州，以由字为雷字的下半；苏东坡的门生黄鲁直贬去宜州，以"直"、"宜"二字相近。这正是权臣滥权，故意对被贬的人加以戏弄。当时的人便就所贬的州名测曰：东坡贬儋州，有立人旁，既尚有人，应该还可以北归。雷州的雷字，雷雨在田，可承天泽，因此亦应该可以得天子重新起用。只是黄鲁直被贬到宜州，宜字是直字"盖棺"，黄九应很难再回朝了。后来果如所断。

三水一阳

北宋时，王元规即将被吏部外派赴任。一晚，梦见一人穿戴像术士，便问其会派往何处、到任早晚。那人写八个字给他："时生一阳，体合三水。"醒后不明其意。等到宣布，被任命为河南府河清主簿，三字皆从水；到任之日正值冬至。

王彦祖改名应试

皇祐五年，王彦祖病中梦见去一个王府见到二人，于是恳求二人告诉自己一生官运如何，二人笑而不答；再求问来年得失，其中一人指面前池水说：“待此水分流，君即登第也。”醒来后觉得池水不能分流，绝无中第的希望。后来有所醒悟，即更名为王汾，以符水分之兆。以后，王彦祖考试皆中高选。

神宗测字定年号

宋朝熙宁末年天大旱，神宗以为“熙”字下面的四点是“火”，兼且“熙”亦为热象，是以下令改年号。君臣商议最初拟为“大成”，然神宗反对，其因是“有一人负戈之样，不吉”。后又拟“丰亨”，神宗依然不允，其因乃“亨”字为“为子不成”。最后仔细推敲后才决定改年号为“元丰”。后来有人认为元人取代了宋朝，“元丰”即是先兆，丰者大也，元人由是坐大。由此可知当时测字风气之盛。

大宋江山休矣

传说宋神宗写一“李”字问大宋江山。测字先生曰：“李者，上木下子也，宋字去头为木，应了上李，李下为子，子者人也。去头的宋字加人是为何字？”神宗皇帝想，那大宋的“宋”字砍了脑袋可不就是个木么！木旁加人，是个“休”字。难道大宋江山将休？

大横之兆

宋哲宗派人向徐守信密问储君大事。哲宗在皇子邓王夭折后，派宦官来到泰州天庆观，问嗣于徐守信。徐答说：“上天已降嗣矣。”哲宗不解其意，再三遣使迫询其故，徐守信大书“吉人”二字呈之。而哲宗之弟即以后的徽宗皇帝正好姓赵名“佶”，暗合“吉”和“人”的拆字。迫不及待的赵佶急于想知道自己的命运，“令人持生平密问之”，徐又断言此“大横之兆”，且云事应在两月后。所谓“大横之兆”，即“天子之命”。事后，徽宗登基，论功行赏，徐守信尤得信任和礼遇。

吴倜得罪蔡京

吴兴人吴倜（音替），崇宁五年出任宁海推官。这时蔡京罢相，居宁海城内，委托吴倜代买吴兴土特产，连月不断。吴倜报价为购物实值，蔡京恼怒。后蔡京复职，一日，徽宗问蔡京：“你认识推官吴倜吗？有大臣举荐他，我打算给他升官。”蔡京借机挑拨诬陷说：“认识，他为人傲慢无上。”徽宗惊问：“何以知之?”蔡京说：“吴倜明知陛下御讳，而不肯改名，乃以一圈圈之。”（按：“倜”字中为“吉”，犯徽宗名“佶”之讳。“吉”居“门”之中，故曰“一圈圈之”）徽宗默然不悦。过些时候，御史听从蔡京的意思将吴倜罢免，不再当官。

崇宁重宝

宋徽宗崇宁三年铸崇宁重宝钱，其文隶书，皆宰相蔡京所写，笔画从省，崇字以一竖贯穿上下，甯字不写“心”，当时有识者，谓其“有意破宋，无心宁国”。据说蔡京因屡罢屡起心怀不满，所以在书写“崇宁重宝”钱文时做了手脚，但被人识破并向徽宗揭发检举，因此他再次被罢官，崇宁重宝钱也随之被废止收回。

皇甫坦为人写字

皇甫坦喜为人书字，亦多灵验者。汪国正登第已逾三十，以无子为忧，求字于皇甫坦，皇甫坦书一“湧”字，后来汪国正调任吴江主簿，到任后而生男，乃悟“湧”字江下男也。有士人赴省试，皇甫坦书“落”字给他，士人不乐。等到揭榜，乃第二十三名，回头视其字，草头即二十，其旁从水不为点而作三画，“各”字右笔止作一点，正是“名”字。

周生卜字测军情

南宋高宗建炎年间，有个叫周生的人善于通过看字预卜人家的吉凶祸福。皇帝车驾到杭州，当时正处于金军的侵扰之后，人们还心有余悸。执政的宰相招呼周生前来拆字，随便地写了一个“杭”字让他看。周生说：“恐怕有战争发生。”于是就解析那个“杭”字，把“杭”字右上的那一个点放到左边“木”字上，这样就成了“兀术”（金的将领）。不到十天，果然传来了金兀术向南侵略的消息。

笔迹鉴定测心态

当时宰相赵某和秦桧不和，都想辞职，两人各写了个“退”字给周生看。周生说：“赵相一定得走，秦相一定会留下：‘日’象征君王，赵相写的‘退’字，‘艮’字中，‘人’字离开‘日’字远，秦相写的‘退’字，‘人’字紧紧依附在‘日’字下，‘艮’字中的‘日’与‘人’在左下角笔道相连，而‘人’字左边那一撇斜贯在‘日’下，秦相写的‘退’字的字形本来就是这样，他想退能够退得下来吗?”不久，周生的这些话都得到了验证。

张九万测例

张九万会以拆字说吉凶。秦桧一日独坐书斋，召九万至，以扇柄就地画一字问。九万道贺说："相公当加官爵。"秦桧说："我位为丞相，爵为国公，复何所加?"九万说："土上一画，不是王是啥？当享真王之贵。"其后秦桧竟封郡王，又封申王。

官事忧喜

闽士曹仁杰，在市场卖卜自给。一人来卜，不说话，画了一个当官模样的人发怒，写一"事"字甚大而无挑脚，一"忧"字半缺，一"喜"字下画不满。曹仁杰解释说："你恐怕是当官的惹了事，其祸大如天，然而事字没有钩，事情很快会解决；忧字没有心而不成，不会忧虑，忧去则喜至，出此月会有获财之喜。但喜字下口缺画，须候改月乃吉。"客人欣然而去。后旬日，持两万钱来酬谢。曹的朋友问原因，曹答："我本不能卜筮，而粗晓相法，认得他是公吏，非有公事不卜，视其面色，不见有灾厄，以是言之。后访其人，果是府吏，因治狱受贿，怨家准备告他，心里很害怕，但府尹置之不理，遂得钱三百千。"

贾似道问字

南宋末年奸臣贾似道有异志。有一术士能拆字，贾似道以竹棍画地作"奇"字与之，拆字者曰："公相之志不能协调！道立，又不可。道可，又立不成。"贾似道沉默不语，礼送术士。

测字祖师谢石受宠

谢石润夫，成都人。宣和间至京师，以相字言人祸福。求相者但随意书一字，即就其字离拆而言，无不奇中，名闻九重。皇上听说后书写一"朝"字，令宦官持往试之。石见字，即端视宦官曰："此字不是你所书写的。据字而言，今日遭遇即因此字，被判刑流放亦此字也。"宦官愕然，说："但有所据，尽言无惧。"石以手加额说："朝字拆开为十月十日，非此月此日所生之天人，别人是不会写的。"一座尽惊，宦官赶紧奏明皇上。第二天召至后苑，令左右及宫嫔书字示之，皆据字论说祸福，俱有精理，赏赐甚厚。缘此四方求相者，其门如市。

“也”字七测

有朝士（做官之人），其夫人怀妊过月还没生，手书一“也”字，令其丈夫拿上问谢石。是日座客甚众，谢石详视字，对朝士说：“这是你老婆所书吧?”曰：“何以言之?”谢石说：“谓语助者，焉、哉、乎、也，所以知是你内助所书，她的年龄是三十一岁吗?”答：“是。”“也字上为三十，下为一字。然而，你是不是想升迁而得不到?”答：“正为此烦恼。”“因为也字沾水则为池，有马则为驰。今池运则无水，陆驰则无马，不可动也。也字加个人则是他字，今独见也字而不见人，所以你夫人父母兄弟近身亲人，当皆无一存者。也字加个土则为地字，今又不见土。夫人其家物产亦当荡尽否?”答：“诚如所言。”朝士说：“我夫人已怀妊过月，我很担心，所以问。”谢石说：“是必十三个月也。因为也字中有十字，加上两旁二竖下一画为十三也。”谢石又对朝士说：“有一事奇怪，也字加虫为蛇字。今夫人所怀的，应是蛇妖也。但是不见虫蛊则不能为害。谢石亦有薄术，可为你配药将其打下，没有痛苦。”朝士大异其说，因请至家，以药投之，果然生出百数小蛇而肚子平了。

将府失冠

南宋樊将军的妻子，丢失了珍珠冠，写了一个“失”，叫丈夫送到谢石那里求测。谢石说：“你们家有姓朱的姻亲吗?”樊说：“我的妻子姓朱。”谢石问：“她家排行中有第二十八的吗?”樊说：“那是我妻子的哥哥。”谢石：“应该是他取的。”樊说：“妻兄平素行为检点，家中富有，怎么可能来偷呢?”谢石说：“不是他取走的，就是与他有关。东西还在你家，可以找得到。”樊回家告诉妻子，妻子问婢女：“几天前，二十八舅来借过东西没有?”婢女说：“昨天他来过，他走时，曾说借帽子，拿走之后没用又马上送了回来，现在还在匣子中放着呢。”打开那个匣子一看，里边果然有珍珠冠。

燥笔丢命

有一候选的官员病了，书“申”字以问，而下有燥笔（用笔含墨量甚少），谢石曰：“丹田既燥，必死矣，期当在明日申时。”果然。

皇上和道士有别

谢石初入京师，徽宗书“問”字，命一隶持往，谢石把回信封口，嘱咐其到家时再拆开。隶归奏，皇上打开信封，读乃曰：“左为君，右为君，圣人万岁。”遂补谢石为承信郎。有道士亦以“問”字占，石曰：“门虽大，只有一口。盖所住无他，黄冠也。”犹复以“器”字占，曰：“人口空多，皆在户外。”始大服。徽宗又令东宫（太子）书一字来，乃以“太”字进问谢石。谢石说：“此天子也。”徽宗询问为什么？谢石回答：“‘太’字点微横，此必太子也。将来把这一横移置诸上，不就是天子吗?”

测字受贬而遇仙

谢石获罪被贬，发配蓬州。路上遇一老人于山下，亦善测字，谢石就书一“谢”字求测。老人曰：“子于寸言中立身，术士也。”举掌令谢石换写一字以卜所终，谢石书一“石”字。老人曰：“凶哉！石遇皮必破，遇卒必碎矣。”当时押解谢石的皮姓官差（卒）正在旁边。谢石叹服，请老人出字，测他为何人。老人说：“就以我为字吧。”谢石说：“人而立山傍，您是仙呀。”乃下拜，愿执弟子礼说：“我的测术似不比您差，但您居然成仙，而我还不免凡尘，为什么?”老人答：“你以字为字，我以身为字也。”

又一说，谢石做官时，武将王进请他测其名“进”字，谢石说：“家欲走，若图事必败。”繁体进字可拆为走之旁和佳，佳与家谐音，故有此测，暗示王进上佳之策是离开家，不要图谋不轨。但是王进后来仍结党作乱，在家被捉拿，官府怀疑谢石同谋，将其刺配蓬州。而王进是南皮人，戍卒出身。

秦桧测字定终身

传说谢石给秦桧测字，秦桧随手写了一个“幽”字。谢石道：“这位尊官所问何事?”秦桧道：“问终身。”谢石道：“‘幽’字虽有泰山之安，但中间两个‘丝’字缠住，只叫做‘双龙锁骨，尸体无存’。眼下虽好，恐后来年老齿坏，遇硬则衰，须要早寻退步方好!”

避灾行善

传说谢石不仅能与仙人借测字之术而相交，亦可使冤鬼来入字，堪称神验之至。一日某人以“小”字来问流年，谢石告诉他：“‘小’字有白虎伤残之象，流年凶多吉少，唯有凡事忍耐，勿与人争斗口角，那么十日之后就能转危为安。”那人听了谢石的话回去之后，就赶紧把谢石的话记在布上，日夜配在身上，不敢稍忘。就这样平安无事地度过九日，等到了第十天的时候，出门到市集去采买，途经一杂小巷时恰进一载泄物之车辆从旁而过，推车之人偶一不慎，车子倾向一侧，内装泄物飞溅而出，其人半身粪污，怒形于色，正待要上前据理力争之时，忽忆起谢石之言，凡事要多加忍耐，于是按捺胸中之一把怒火，不与其计较。哪里知道那个推车人，恐怕他会因弄脏衣服而要求赔偿，乃先声夺人、强词夺理，说是因为他才弄倒了那车子，言下之意就要起打，那人因谨记谢石之言，只好连声道歉忍耐谢罪，后来幸经路人的排解，才得以脱身而回。回家换洗衣裳之后，因感疲困而倒头就睡，在梦中见到早上那个推车人。推车人对他说："你我乃是世仇，今世你将我打死，明世我将让你偿命，冤冤相报生生不息。现在你虽忍耐不将我打死，但我的寿限已至，今日推车到城东山林时，依旧失足跌落到山涧中，脑浆四溢而亡，至今无人知悉为我收敛。你如果能买棺将我安葬，世仇至此得以解脱。"那人醒来之后，梦中推车人之语句句如新，于是赶往城东山林，确见那人死于涧中，就叫人将其安葬，以后果然平安无事。

巨绅高攀

一日谢石正在庭中休息，仆役来报，郡中之巨绅来访，巨绅写了一个"卜"字向谢石问婚姻。谢石断说："此为大贵之象，女家并非本地人氏，而且就门第而言高于你，但是门第虽有高低之别，却很容易成功。"巨绅非常高兴地说："先生真是活神仙，对方家离此地数百里，却非本地人氏，而且是京中王叔的千金。论门第而言，要高出我好几品呢！请问先生是如何看出的?"谢石回答说："'卜'字有金枝玉叶之象，一竖为金枝一点为玉叶，故为大贵。又'卜'字为外字之边，所以知道必为外乡之人，又'卜'字形可上可下，所以婚事很容易成功。"

自找没趣

谢石早年在成都测字就很有名气，曾有人以"乃"字求测。"乃"字实在太简单，简直无法拆解。此人想看看谢石的测字功力。谢石果然身手不凡，他答道："'乃'字为'及'字不成，你将终生不会及第。"

岳飞求测

岳飞元帅奉旨入京，途遇谢石先生，写一"红"字求断吉凶。谢石先生说："交丝缠身，有麻绞剥皮之兆。陪死者二人。因'工'字上下两横象征二人，中间一竖帅。"后岳飞元帅果遭剥皮惨刑而死，子岳云、婿张宪也一同遇害。（按："红"为"终"字头，"空"字尾）

汪龙测孕

汪龙，新安（今安徽徽州）人，是宋代四大测字家之一。他早年就双目失明，人称“瞎龙”。一次，有个人求测妻子怀孕的情况，写了一个“竹”字给汪龙测，汪龙就对他说：“‘竹’字是由两个‘个’字组成的，一定怀了双胞胎，并且在二月生。‘个’字有三笔，两个‘个’字都是奇数，两个都是男孩，但恐怕都活不长久，就会死去。”此人不解其原因，问汪龙：“为什么会活不长久呢?”汪龙回答说：“此竹无根，是活不长久的，所以你妻所生的两男孩是活不长久的。”结果，果然如此。

但哭无妨

有一个人的父亲生了病，找汪龙测字，用一个“哭”字来测，汪龙就“哭”字说：“他是你的什么人?”来人说：“是家父。”汪龙又问来人：“只生你一个?”来人回答说：“是的。”“那不要紧。”汪龙回答说。来人瞠（音撑）目相视，汪龙对他说：“‘哭’字上面两口双全，下面一人，所以不妨。病好当在戊日，因哭为水，以土挡水，土在天干地支中是戊土，故戊日便好。不但如此，还应得一子，因‘犬’字旁有一点。”

必死无疑

有一次，一个来为其朋友的病情测字的人，写了一个“尼”字，请汪龙测，汪龙一听就说：“你朋友的病情不佳，‘尼’字加一夕就是一个‘死’字，明日必死无疑。”来人大惊失色，马上说：“再测一字。”于是，他写了一个“生”字请汪龙测。汪龙听了微微一笑说：“‘生’字上可拆为‘牛’，下可拆为‘土’，牛为丑，丑、土就是说丑日入土，明日为丑日，必死无疑。”来人听后惊慌而去。（按：一说为“卧人入土”）

说来就来

汪龙在徽州为人测字，有个人写“耕”字，询问外出的人何时归来。汪龙说：“已经来到乡井了。”（按：“耕”字左边的“耒”字似“来”字）那人又写“耘”字，汪龙说：“近在咫尺，在田间与别人说话呢!”不一会儿，那个人就回来了。问他刚才在干什么，他说：“我刚刚在井字亭，与别人说了几句闲话。”

信息解读

有一个人在外面得了病，他的家人就写了一个“彤”字去占吉凶。汪龙说：“这是远方的人病故了。”家人很惊奇，忙问缘由。汪龙接着说：“‘彤’字音为‘同’，形状像‘肜’，‘肜’是指祭礼的第二天。如果是在家里，哪里有既已祭扫了才来问测的呢？况且杉木从‘丹’，说明棺木已经上了船了，以时间来推断，一个月之内，当用船载尸体而还。因为字的左边有‘舟’字形又似月，右边像船帆的外形。”

官司进展

一次，有人用“陀”字来向汪龙问测打官司的吉凶。汪龙听后说：“‘陀’字以形观之，虎头蛇尾，以意而论，其庇在他（按：对方有庇护），又音与‘拖’同，此案恐不能完结。”

汗巾测功名

有人拿了一块汗巾来求测功名，汪龙摸后便说：“你不但能考中，还能成为生员，一定会穿学子所穿的青衣。因汗巾是布做的，布字为有字形，汗为泮字形，因学宫前有泮。巾者衣巾，布色新泽，就有更新的意思。”后来此人果然考中。

权贵求子

有一权贵无子，听说汪龙测字很有名，就找一个姓袁的门生寄去一只白色的围棋子，托他去汪龙那里求测一下有无后嗣。姓袁的门生是一个后补南工部员外，那天他微服出门，到汪龙住处，拿出一枚白色围棋子交给汪龙，要汪龙测之。汪龙拿了这枚围棋子便问他：“你是否姓袁？”那人说：“不错，那我是什么人呢？”汪龙用手摸围棋子的四周说：“你是位员外，对吗？”袁某点头又问：“我来求测什么事？”汪龙答道：“这是白色东西，应来自北方，必是北边当局的贵人，求测有无后嗣。此物非木非石，经水火锻炼而成，全无生气，怎么会有子呢！”后此权贵死于任上，终无子。

观相改运

一日，一罪犯同押解他的狱卒顺道至汪龙家拜访求测。罪犯听说过御史磨墨的故事，于是也想仿效磨墨测字。不料，因为过于慌张，又手重气粗，当场砚翻墨泼。汪龙闻声，立刻断言："你不用磨了，这是乌台重犯啊!"罪犯又问："请问我有没有生还的机会?"汪龙说："虽然不会立刻处死，但一身重罪，铁案难翻。"罪犯听了，大声痛哭，悲伤地说："我的时运如此，生有何用呢?"汪龙安慰罪犯说："以此看来，最迟要等七年，情况会改变。逢戌年，你在押解途中经过四川时，会遇到一位姓吕的官员，你向他哭诉喊冤，可改判军罪，逢丑年可回。因为'哭'字可拆成双口，一犬；两口合成一'吕'字，犬即戌年，'運'字中带有'军'字，'用'字有'川'字形，'罪'字有'四'字形，相合为四川，而'生'字上有一牛，即丑年可生还。"

独眼最贵

四五举子赴京，共写"貴"字问汪龙，汪龙回答："好，必中。"其中有一独目者，临去留之，汪龙私下告诉他："今此去，只中相公一人，余俱不中。"问故，汪龙说："不见'贵'字乃中一目人吗?"果验。

时辰应期

有人以"字"字问怀孕何时生产。汪龙说："寅头子尾，非寅日即子日，应在子寅之间的丑时。是个女孩，因为女子许嫁曰字。"果然在那个时辰生女。

邵雍观梅之测

邵雍是宋代测字大师，他的《梅花易数》被视为测字业的经典，最著名的是其观梅之测：辰年十二月十七日申时，邵雍偶然观赏梅花，看见两只麻雀为抢占枝头而坠落在地上。邵雍说："不发生变动不占卦，没有事情不占卦。现在两只麻雀为抢占枝头而掉到地上，真是怪事。"因而占之：辰年的数是五，十二月的数是十二，十七日的数是十七，三数相加共三十四。三十四除以八，余数是二，二属兑卦。以兑卦作为上卦。加上申时的数九，共有四十三，被八除，得余数三，三为离卦。以离卦作为下卦。这样就得到了革卦。再将上下两卦的总数四十三用六去除，余数为一，表示初爻动。革卦初爻动变为咸卦。其中革卦中间的四个爻互卦是乾卦与巽卦。因此，邵雍占断说："细推这一卦，明天晚上应当有女孩子来折花，园丁误以为她在偷，于是追赶她，她受惊而坠落到地上，摔伤了大腿。因为在所占得的革卦中，上卦为体，兑是金，下卦离为火，为用；兑金为离火所克，互卦中巽木又生起离火，火热很盛，克体的卦气旺极了。兑为少女，因此推知有女孩子被伤，互卦中的巽木，又遇上乾金、兑金克它。于是知道巽木被折，而巽木在人体表示大腿，因此有女孩子摔伤大腿的应验。幸亏初爻动，离变成艮，兑金得到艮土的资生，可以推知女孩子只是被摔伤，而不至于有凶险。”兑卦象有许多，为何专指少女？其实雀字拆为“少佳”，是年少佳人之意。

以五行测字

一日，邵雍应张节度的邀请，参加一场酒宴，来宾皆是达官贵人。适巧有人送一盆名贵的植物前来，张节度此时便对邵雍说：“久仰你测字的大名，今日刚好有此机会，不知道你能不能算出这盆植物将来开花几朵?”邵雍说：“无妨，请赐一字。”张节度就令他的外孙随便说一个字。他外孙此时正手持剪刀，就说“剪”字。邵雍立即响应说：“剪属金，五行中金数为四，所以这盆植物将来开花四朵。但因为有剪伐的征兆在前，即使开花也不能长久。又剪刀为女子所用的器具，将来开花后必为女子所摧残。”张节度深知邵雍测字无不神准应验，就派人加紧看护该盆植物。并命令外孙削竹片，上面写着邵雍的预言，插在盆栽上，禁止他人剪取。张节度心想：“在这么严密的保护之下，我就不相信你邵雍的话还会成真。”后来此植物真的开花四朵，但隔日因新雇用的侍女不察，误以盐水浇花，花没多久就凋萎了。

属相应用

某日一商人写一“巳”字问邵雍。邵雍说：“巳字属蛇，今天贵宅中必然有蛇。”商人暗笑，因为时值寒冬，宅中哪会有蛇呢？但因是冲着邵雍本人慕名而来的，不便当面讥讽。然而，当他返家时，却见一老友刚自广东来此，顺便带了三条蛇，因为这商人平日极喜尝蛇羹。知道这事的，对邵雍更折服了。

“且”字两测

有士子二人赴京应试，途中经过邵雍所设的拆字馆，久慕其名，于是两人请他测测前程是否有望，功名利禄如何。邵雍请甲写一字，甲写了一“且”字。邵雍看了一下说：“恭喜老弟！此番应试胜券在握矣。”士子甲说：“不知先生有何根据?”邵说：“‘且’字形如纱帽，金榜题名，指顾之间耳。”甲将信将疑，但因邵雍极有名，大致相信。士子乙也写了个“且”字请邵雍拆。邵雍一看，连连摇头而叹，说：“先生非但功名、前途无望，且性命难保，应立即回乡准备后事。”士子乙心头之窝囊可想而知，心中也不服，说：“甲君写此字是吉，我为什么相反?”邵雍说：“甲君所写之‘且’字，形如纱帽，所以功名在望，且必高官。但你写之‘且’，形同神主牌，所以主凶。”二士子匆匆离开，士子乙不愿半途而废，所以继续与甲结伴同行。第二天遇上大雨，两人在穿过河套时，因山洪爆发，士子乙被冲走淹死了。

外应改运

赵成因的儿子久病未愈，因为爱子心切，听友人说邵雍测字很灵，便和友人一同前往拜访。赵成因告知邵雍来意后，即取纸笔在桌上写了个“字”，向邵雍测问儿子病情。邵雍看了“字”字后说：“字是家字头，内有一子安然无恙，令郎虽无法立刻复原，也没有什么大碍。”赵成因听了大大松了一口气，就取出旱烟分给友人和邵雍。没想到在引火燃烟时，火苗正巧掉落在刚才写字的纸上，瞬间把字中的子字烧去。邵雍看后，立刻断言：“令郎病情变化非常迅速，恐怕不太乐观。因为刚才的子字转眼间就被火烧了，以火换子，就是简体的灾字，表示令郎最后可能因病成灾。”赵成因本来高兴的神情顿时间化为乌有，唯唯谢过邵雍后，迅速离开。后来，赵成因的儿子病愈后，因为不知静养，病情复发而亡。

床下有贼

一天早上，邵雍的邻居写了个“牆”字，请邵雍测失物。邵雍把“牆”字仔细揣摩一番后说：“你回家到你卧房床下寻找。失物虽然不能马上找回，但可以捉到窃贼，盘问窃贼就可追回失物。”邻人听完邵雍的分析后，大笑不已，然后说：“我遗失的是匹马，马怎么可能在床下，不要寻我开心好吗?”邵雍正色地回答道：“我不管你丢掉的是牛是马，我只是依照字理判断。牆字左边的爿，是床字边；右边是来回两字，来字脚不见了，就是藏匿在床下的暗示。你要寻回你的失物，当然要往床下找寻。即使马不在床下，偷马贼想偷你家珠宝，藏匿在床下，伺机而动，也不足为奇。我虽然不是神仙，但相字百无一失，你休要和我争辩，回家往你床下瞧瞧，便知分晓。”

邻人还是不相信邵雍所言，笑着摇摇头回家去了。邻人回家后，坐在卧房的床上，告诉妻子今早找邵雍测字的事。突然听到床下有怪声，急忙掀开床帏一看，果然是盗马贼躲在床下，立刻一把拖出来，正要报以老拳时，盗马贼苦苦哀求说：“昨天晚上一时糊涂，偷走你的马，今天后悔了，已经把你的马归还原处，不信你到后院瞧瞧。”邻人遂走到后院一看，果然看到自己的马安然在马棚中。回到房里，却发现盗马贼已经逃之夭夭了。原来，盗马贼是妻子的情人，昨晚与妻子幽会完后，乘马而归，今早确实是来还马的。还马后，与妻子在房内窃窃私语时，不料邻人正好回到房内，一时躲避不及，就藏身在床下。当邻人告诉妻子，邵雍说盗马贼藏匿在床下时，窃贼大惊，直打哆嗦，震得床板吱吱作响，终于被邻人逮个正着。邵雍半仙之名，自此不胫而走。

悬崖勒马

一人身怀白刃，欲上路前去杀死妻子的情人，途经邵雍的住所，便想试测一字，看看自己此行是否顺利。此人写了个“重”字，告诉邵雍说：“我现在要去做一件事，但心里有些顾忌，想听听先生的意见如何?”邵雍看这个人说话时神色慌张，又面带杀气，知道此人必定心怀不轨，有杀人企图。心想，劝人为善，消弭（音米）恩仇，救人性命是术士的天职。于是当下就决定不论字义，只点明利害关系，让他打消杀人念头。康节说：“你写的这个字凶险极了，你要做的事，千万不可轻举妄动。因为重字上下拆开来，是千里充军的象征。重字去千为里，俗语说，唯有不出门里，才可免于灾祸。”此人听了，很害怕自己形迹败露，遂打消杀人念头，怀短刃而归，避免了一场可能发生的灾祸。

“堆”字二解

一个老汉千里迢迢来到洛阳，寻找丢失的多年的儿子，求测。邵雍有事不在，邵雍的侄子替他来摆卦摊。老汉随口说了个“堆”字。邵家侄子手写出“堆”字，然后翻过来掉过去地看了老大一会儿工夫，突然大叫一声：“哎呀!这‘堆’字左边是个‘土’，右边土上土，中间是个‘人’，人已入土，埋在斜坡之上。”听了这话，老汉惊叫一声，背过气去了。大伙儿你撅胳膊我捏腿的，好不容易才使他缓过气来。这时邵雍来了，忙从车上下来询问原由，邵雍说：“人还活着，咋断成死人呢?这个‘堆’字，虽是‘人’在‘土’中，可‘人’是立在‘土’中，不是躺着的，这人是住在窑洞里的。”老汉起身施礼道：“天地这么大，不知到哪里寻找，还望先生指教。”邵雍说：“洛阳城北有座邙山，邙山夏鸡沟家家住窑洞，你到那里去找吧。”接着又将“堆”字反复看了看说：“左边之‘土’移上边，土上加土便是‘山’，‘山’下有‘佳’成‘崔’字，崔氏佳妻在山间。你到邙山夏鸡沟打听崔氏佳妻，便能找到你的儿子。”老汉听了这话，果然找到了多年不见的儿子。原来，儿子那天回家被大风刮到山沟里，摔昏了过去，后被去南方做生意的崔先生救起，招为上门女婿，原想回家，但不知道回家的路。

外应有吉凶

一次，买卖人张水到外地去做生意，请邵雍给算算运气。邵雍让他抽个字。

张水抽了个纸卷递过来，邵雍拆开一看，上面写着一个“子”字，就琢磨起来。正在这时，丫鬟端着茶盘走进门来，邵雍见了面露喜色，说道：“此次出门必定平安顺利，无论做什么生意都会赚钱!”张水高兴地走了。邻居李木也要出门做生意，看到后也抽纸卷请邵先生算上一算，邵雍拆开一看，上面也是一个“子”字。这时一只花猫从窗外蹿进来。邵雍见此，一拍大腿说：“糟糕，你这次出门有不测，即使能够生还，也会破财，还是不去的好。”李木心想：“这就怪了，同样的字会有不同的结果？这次出门，张水去哪儿，我就去哪儿，他贩卖什么我就贩卖什么，我倒要看看到底有什么不同。”李木一说，张水就同意了。于是，一路上李木啥事都随张水，二人去河南各买了一担干粉挑着往回走。一天来到一条河边，过了河再走不远就到家了。张水对李木说：“你在这儿看着担子，我去找个地方解个手。”张水走后，撑船的催促先把担子挑上船，省得耽误工夫。李木一想，待着也是待着，就挑起自己的担子往船上走，刚站到船上，船晃晃悠悠地摇摆起来，正赶上刮来一阵大风，一下子就把他掀到了河里。几经挣扎，虽被撑船的救上来，可一担干粉被浪头卷走了。而张水的一担干粉放在岸上一根没少，回家后卖了个好价钱。这下二人服了，一起去问邵雍。邵雍说：“张水抽字时恰逢侍女送茶，‘子’与‘女’合，不就是一个‘好’字吗？这‘好’也就是吉呀！李木抽字时，正值花猫入室，‘子’也就是鼠，这鼠遇猫便是凶多吉少啊!”

测字三换人

有个新上任的大官儿，听说邵雍测字特别灵，就想去试一试。他换上便衣，带了个当差的，来到卦摊儿上。邵雍见他要测字，便说：“请先生写个字吧。”大官儿拿起笔来随手写了个“人”字，然后将笔一放，恰好横着搁在“人”字的中间了。邵先生问：“你想问什么事儿?”“你看看我是干什么的?”“你是个大老爷，当官儿的。”大官儿听了，没有吭气，向当差的使了个眼色。那当差的也过来写了个“人”字，却把笔竖着搁在“人”字下边了。当差的问：“你看我是干什么的?”“你不过是个平常人儿。”大官儿十分惊奇地问：“为什么我俩都是写的‘人’字，而我是当官儿的，他是平常人儿呢?”邵先生摸了摸胡子，笑眯眯地说：“因为你写完‘人’字之后，把笔横搁在‘人’字中间了，这不成了‘大’字吗？大人不就是大老爷，当官儿的吗？他写完‘人’字之后，却把笔竖着搁在‘人’字下边了，这不成了‘个’字吗？所以他是平常一个人。”大官儿听了，心中暗暗佩服。心想：“好，我再试一试他。”第二天，他让人从狱中提出一个死囚犯，对他说：“本官今天派你去办点事儿，如果办得顺利，可减轻你的量刑。”说完，让他洗了澡、刮了脸，等他吃饱喝足之后，大官儿才对他说：“我今天让你去测个字，你别的字都别写，就写个‘人’字。”犯人应了一声，就穿上了长袍马褂，戴上礼帽，后边还跟着两个护兵。来到卦摊儿，犯人摆出一副当官的架势，气势汹汹地要测字。邵先生一看，差点没有笑出声来。怎么呢？虽说他穿得很阔气，后边还跟着护兵，但一看他愁容满面、面黄肌瘦的样子，一下子全明白了："请你写个字吧。""不用写了，我说一个吧。""我说个'人'字。""你想问什么事儿?""你看看我是干什么的?"邵先生讥笑说："赶紧回去坐你的监狱吧，你是个囚徒。"两个护兵回去跟大官儿一说，大官儿马上又来到卦摊儿，向邵雍问道："上次我们两个用笔写，你能测出，怎么今天他用嘴说，你也测得这样准呢?"邵先生说："无论笔写口说，均要用心来测，'口'中加'人'不是个'囚'字吗?"大官儿听了，连连点头。从此这位大官儿对邵雍更加佩服了。

邵雍测"天"

《梅花易数》记述：如"天"字，秀才问科第，今年尚"未"，当勉力读书，"来"年有望及第；官员求官亦未，宜勉力政事，主来年得人荐举受恩；若庶人占之，病未安，用巫方愈；讼者，未了主费力，必被官劾断（按：治罪）之。"天"字中间加上一直竖划就成了"未"字，再加点成"来"字，"来""刀（力）"合在一起就成"刺"字。（按：刺即给犯人面额刺字。）邵雍在《梅花易数·字体诗诀》中还有测"天"字及其他字的如下歌诀：

天字及二人，做事必有因，一天能庇盖，初主好安身。
地字如多理，从此出他乡，心如蛇口毒，去就尽无妨。
人字无凶祸，文书有人来，主人自卓立，凡事保和谐。
金字得人力，屋下有多财，小人多不足，凡事要安排。
木字人未到，初生六害临，未年财禄好，切莫要休心。
水字可求望，中妨有是非，文书中有救，出入总相宜。
火字小人相，中人大发财，灾忧须见过，日下有人来。
土字日下旺，田财尽见之，穿心多不足，骨肉主分离。
东字正好动，凡事早求人，牵连须有事，财禄自交欣。
西字宜迁改，为事忌恶人，心情虽洒落，百事懒栖身。
南字穿心重，还教骨肉轻，凡事却有幸，田土不安宁。
北字本比和，不宜分彼此，欲休尚未休，问病必见死。
身字主己事，侧伴更添弓，常借人举荐，仍欣财禄丰。
心字无非火，秋初阴小灾，小人多不足，夏见必灾来。
头来须鄙衰，发可却近贵，要过子丑前，凡事皆顺利。
病来如何疾，木命最非宜，过了丙丁日，方知定不危。
言字如何拆，人来有信音，平生多计较，喜吉事应临。

行字问出入，须知未可行，不如姑少待，方免有灾惊。
到字若来推，出入尚颠倒，虽然吉未成，却于财上好。
得来问日下，宁免带勾陈，凡事未分付，行人信不真。
开字无分付，营谋尚未安，欲开开不得，进退两皆难。
附字问行人，行人犹在路，为事却无凶，更喜有分付。
事字事难了，更又带勾陈，手脚仍多犯，月中方可人。
卜字求测事，停笔好消详，上下俱不足，所为宜不祥。
望字逢寅日，所谋应可成，主须不正当，却喜有功名。
福字来求测，须防不足来，相连祸逼迫，一口又兴灾。
禄字无祖产，当知有五成，小人生不足，小口有灾惊。
贵字多近贵，六六发田财，出入须无阻，宜防失落灾。
用字主财用，有事必经州，谁识阴人事，姓王并姓周。
康字未康泰，要防阴小灾，所为多不逮，财禄亦难来。
宁字占家宅，家和人口增，财于中主发，目下尚伶仃。
吉字来占问，反教吉又凶，因缘犹未就，做事每无终。
宜字事且且，须知在目前，官非便了当，家下亦安然。
似字众人事，所为应不成，独嫌人力短，从众则堪行。
多字宜迁动，死中还得生，事成人侈靡，两日过方明。
古字多还吉，难逃刑克灾，虽然似喜吉，口舌却终来。
洪宜人共活，火命根基别，事还牵制多，应是离祖业。
香字忌暗箭，木上是非来，十八二十八，好看音信回。
清字贵人顺，财来蓄积盈，阴人是非事，不静更多年。
虚唯头似虎，未免有虚惊，凡事亦可虑，仍防家不宁。
远字事多达，行人有信音，为事既皆遂，喜吉又来临。
同字如难测，商量亦未然。两旬事方足，尚恐不周圆。
众字人共事，亦多生是非，所为应不敛，小口有灾危。
飞字须可喜，反覆亦多非，意有飞腾象，求名事即宜。
秀字多不实，无事亦孤刑，五五加一岁，还生事不宁。
风字事无宁，逢秋愈不吉，疾多风癣攻，更防辰戌日。
天字已成夭，亦多吞噬心，事皆蒙庇盖，行主二人临。
元字二十日，所为应有成，平生刑克重，兀兀不安宁。
秋字秋方吉，小人多是非，须知和气散，目下不为宜。
申字是非长，道理亦有破，终然屈不伸，谋事难为祸。
甲字利姓黄，求名黄甲宜，只愁田土上，还惹是和非。
川字如来问，当知有重灾，仍防三十日，不足事还来。
墟字若问事，虎头蛇尾惊，有人为遮盖，田土不安宁。

辰字如写成，主有变化象，进退虽两难，功名却可望。

青字事未顺，须知不静多，贵人仍不足，日久始安和。

三字多迁改，为事亦无主，当知二生三，本由一生二。

八如来问测，分字亦安让，凡事多费解，仍防公扰忧。

字须有学识，初主似空虚，家下不了事，名因女子中。

士为大夫体，未免犯穿心，拮据是非散，番多吉事临。

《梅花易数》字画经验

敷字：昔者任宰（官），请拆之，云：此字十日内放笔（离任）。果以十日罢任。

家字：凡人书此，家宅不宁。“空”字头，“豕”应在亥月者也。

荆字：乂（杀）而刑，不利小人，大宜君子。

砚字：有一字天，出之乱尔，见明之兆。

典字：曲折多，四七日有典进（收获）之兆。贵人必加官进禄，雅（升正职）宜便。四十日有进纳之喜。

果字：凡事善果披剃（削发出家），盖口中无才，又云进小口。

马字：昔有马雅官，写“马”字无点。马无足不可动。

来字：“来”带两人之才，皆未见信，行人未应。三人同来，财午未年发。

葵字：逢春发生，又占名利，逢癸可发。占病不宜，廿日有惊恐之兆。

但字：如日初升，常人主孤，凡事未如意，十日身坦然。

谦字：故人嫌，盖无廉耻，目下有事，多是非。

達字：廿日未達，即日并不须，少喜多忧。

奇字：占婚奇偶未谐，应十日难，为兄弟事不全。

俊字：一住一利，交友难为。父兄反覆，文书牵连变易，凶。

常字：占病堂上人灾，有异性异母。上有堂字头，下哭。

每字：昔曹石遣人相此字，曰异日必为人母，后果然。

城字：逢丁戊日，六神动，忌。丁戊日田土不足，进力成功。

池字：凡事拖延有日，逢地必利。盖添“虫”为蛇。

春字：宋高祖写此字时，秦桧用事。相者（按：即谢石）云：“秦头太重，压日无光。”桧闻言召而谴之。

益字：有吏人书“益”字，廿八日有血光之厄。至期果然。

田字：有人书此字，相者云：“直看是王，横看是王，必主大贵。”

朱安国测例

南宋初年有个朱安国极善测字。江西鄱阳有一叫赵彦通的书生，曾以《周易》应明经之试，结果名落孙山。他心灰意冷，便萌生改习赋应考的念头。刚好朱安国来此，赵彦通就写了“易”字去求测。朱安国见字后，占道：“莫非你有改弦易张的意思了？‘易’这个字从且从勿，当且勿易，不能更改，最后定能如愿。”

欲退反升

南宋著名学者洪迈的哥哥洪适也很有名，洪适为参知政事时，上疏请求致仕，没有得到皇帝的批准，恰好朱安国去拜访洪迈，洪适也给洪迈写来一封信说起这件事。洪迈想让朱安国预测一下这件事的结局，说：“用书信中的字，能够占测吗?”朱安国说：“可以。”洪迈就指着信中的一个“去”字为草字体，很像“天”字出了头。朱安国捧着信，叹息说：“这位官员是贵人，他要预测什么事呢?”洪迈说：“他想去官引退。”朱安国道：“正钻头出天之上，将位列百官之首，不要再说退休之类的话了。”两个月后，洪适升至枢密使。

二九而升

朱安国到了鄱阳，当年是壬午年，正赶上科举考试开场，读书人都在州里面学习，很多人找他测字。有一个人写了一个“飛”字，朱安国在字的旁边写上：“二九而升。”别人问这到底是什么意思，朱安国说：“‘飛’这个字里面有‘二’字，有‘九’字，有‘升’字。我只是根据字理这么判断的，不知道它到底是什么意思，也不能判断是祸是福。”等到了秋天考试的时候，这人考了一个第十九名。朋友们祝贺他说：“十九就是第二个九啊，你肯定能够考取。”没过多久，他参加在省级的考试，结果名落孙山。乾道元年是乙酉年，他再次参加科举考试，又考了一个第十九名，马上又通过了省级的考试。这个时候才知道“二九而升”的意思是经过两次考第十九名方能成功。

字势如人

一因贫弃读的仆人捎一“慶”字让朱安国测命运，朱安国说：“此人虽是个小人，但也曾经玩文弄墨，但未成功。必字字势向左偏，主左脚跛，不久定有婚姻之喜。”观者说：“该人得了风湿，是个瘸子；现已七十，早已娶妻生子，不会有你说的事。”不久那个仆人为人做媒牵线，得了人家谢礼。

朱元璋微服求字

据说，明朝开国皇帝朱元璋称帝前，曾微服去某测字先生处测字，他写了个“承”字，测字先生连连称好，说“承”中有王之象，是一个人被双手捧着，秉承天运，断言他日后当大富大贵，登上皇位，一统天下。旁边一人不服，也写一“承”字让测字先生测，测字先生却说不好，“承”字中间有一“了”字，万事不成，只好一了，弄不好还要挨上三刀。

朱元璋相字定状元

明朝洪武十八年殿试，朱元璋晚上做梦，梦见殿前有个大钉子，下面缀着几缕白丝，在阳光下飘扬。第二天拆卷时看到丁顯的卷子，丁与钉同音，顯为日下双丝，与梦相合，便取丁顯为状元。

“帛”字二义

明成祖朱棣微服出行时，碰到了一位测字先生，随手写了个“帛”字。测字先生见字立刻跪下称罪，成祖问他何故。测字先生说：“‘帛’字，皇头帝脚，必非凡人。”又有一人用“帛”字求测，测字先生说：“‘帛’字，拆开是白巾。白巾为孝服，你家中有人去世了。”

合字不吉

明成祖时，永乐甲辰廷试，进呈第一者姓孙名日恭，朱棣（音帝）因日恭二字合在一起乃一“暴”字，以为不吉，就弃而不用，改点了颇为合意的邢宽做状元。

石璞善断疑狱

永乐年间，有一人娶妇，三日后回娘家，结果人丢了。少妇的父亲告官，说女婿杀了女儿，女婿被诬陷屈打成招，判成死罪。石璞向神祈祷，梦神示以“麥”字。石璞分析：“麦者，两人夹一人也。”天亮后，将犯人押上囚车准备行刑。没出大门时，见一童子在门屏间偷窥。抓住一问，是道士的徒弟。石璞呵斥道：“是你师父令你侦察此事？”童子点头承认，果然是二道士将少妇藏匿在了麦垛中。石璞立刻派人将其逮捕，依法论处。

韩雍斩测字先生

明代的韩雍总督两广时拿获一测字术者，怕他惑众，命斩之。行刑前韩雍

试问术者："知道斩你者是谁？"答："绯（红色）衣人。"韩雍命行刑人更换白衣斩之。一问行刑人姓名，原来是裴姓之人。

唐伯虎测字

唐伯虎是一位善于测字的高手。传说有一天，唐伯虎来到杭州城内一富商家作画，富商备了酒菜款待这位才子。席间，唐伯虎见主人高兴之余面带愁容，忙问何故。富商告诉他，自己虽然家财万贯，可是连娶三房都没有为他生出一个儿子。第四房眼看下个月就要生了，不知这次是否如愿。唐伯虎说："这有何难？不如您写个字让我瞧瞧。"富商听后十分高兴，忙吩咐下人拿来纸笔，随手写了一个"奪"字。唐伯虎沉思片刻，郑重地对富商说："恭喜您！这次一定生儿子，并且是一个很有出息的儿子。""为何呢？"富商忙问。唐伯虎解释道："这个'奪'字，上面是一个'人'，中间是个'佳'字，下方乃'寸'字，这不明摆着是一个下方长着一寸长东西的佳人吗？当然是儿子了。"这位富商的第四房果然生下了一个十分可爱的儿子。

双天西日

明弘治年间，长泰县有个叫戴侍郎的人，他赶考之前，曾去祈梦，梦见神人授给他一个条屏，上面赫然写着四个大字："双天西日"。他去请人占断，也没人能破译。后来，他在癸酉年应试得中，这才恍然大悟。原来，"双天"者，"癸"也。"癸"字下面为"天"，上面是一个"双"字。"西日"者，"酉"也。"酉"像"西"、"日"二字的叠合。

相面合字

明朝大学士焦芳的脸黑而长，很像驴脸。在他还没高升的时候，有一天跟他的同事李东阳说："您擅长相面，请您给我看看。"李东阳看了半天，说："您的脸，左边一半像马尚书，右边一半像卢侍郎，将来也要做到他们那么大的官。"语中隐一"驢"字。

吴承恩测字

吴承恩摆个测字摊子，以此挣钱度日。一位农民找他测字，从测字筒中抽出一个字，打开一看是个"林"字，他解释说："这字很吉利呀！大伯你要走红运了，左边'木'上加此'为'柴、右边'木'字上加两点便是个'米'字，柴米都是生活必需品，只要你勤劳检朴，靠自己的双手劳动致富，柴米油盐会滚滚而来，你家定能发财。”第二天，又来一位像官差模样的人要测字，在测字筒中抽一个字，也是个“林”字，吴承恩问到他测字何意？他说：“预测一下何时能升官发财。”吴承恩说：“大人，您抽这个字，凶多吉少，我能否直言？”他说：“但说无妨，不知道怎么样凶？请先生指点迷津，本人绝不怪罪于你。”吴承恩说：“那我就实事求是地告诉您，‘林’字是两个‘木’字组成，左边‘木’加‘官’为‘棺’，右边‘木’加‘才’为‘材’两个字组成‘棺材’，您想升官又发财，积德行善再投胎。”

杨向春测例

布政使徐樾将要出征，请杨向春占卜。杨向春来时，徐樾正在写字。徐樾见杨向春先生来，当即搁下笔去迎接他，杨向春见笔头从笔管脱落，便上前给徐樾作了一揖，告诫他不要出征，徐樾不听，结果死于沅江城下。

声响也是外应

有一年，学政来考察，杨向春请学政写字测问，学政便写了一个“由”字。杨向春就问学政：“你要问六甲之事吗（按：由为倒甲）？”学政很生气地大声说：“不是。”杨向春又对学政说：“恭喜老师，你家生了一个儿子。可惜你的声音太大了，报信人会摔断马腿，而你家公子的名字，也是由此而来。”后来一一应验，果然如杨向春所说。学政感慨地说：“世俗的评议不足以评定好坏，我差点就屈才了。”

严嵩求测字

相传明代的权臣严嵩找人测字，写一“從”字。测字的人说：“相公多人扶助。”于是严嵩的左右皆大喜。这个术士出来，人问其测字的情形，术士告诉了他，但却补充一句：“只可惜相助他的尽属阴人。”这即是因为“從”字凡撇皆短之故。

挥手即去

传说嘉靖年间，监察御史王献臣罢官归里，请画家文徵明设计拙政园，他知道儿子不成器，十分担心，造这么大园林，儿子能否守住？一天，他去玄妙观，看到一个拆字先生，心血来潮，想问吉凶，随手写了个“拙”。拆字先生见他面色苍白，像有病，估摸问病情，就说道："没有大碍，你看'拙'字，挥手即去矣！"王老头心头一震："我问的是家产，这下完了。"年迈体衰加心病，不久，王献臣病逝，儿子嗜赌成性，一夜之间将整个园林押上赌台，输于同城徐氏，最后只能靠替人哭丧谋生。

张翼求偈

明代嘉禾人张翼赴考前，在佛前求得一偈，上书："成不成，平不平，绿水湾头问老僧。"邑试结果竟名列劣等，回乡路过萧寺小歇，一老僧捧茶进来，口称"解元请茶"，张问此地叫什么，答曰绿水湾。后来在嘉靖戊午年，他果真中了解元，方醒悟"成不成"是"戊"字，"平不平"是"午"字。

包拯拆字断冤案

大孙押司疑半夜跳河身亡，其妻改嫁小孙押司，其女迎儿去东岳庙烧香，速报司判官给她一个纸条求帮伸冤，上写道："大女子，小女子，前人耕来后人饵。要知三更事，掇开火下水。来年二三月，句巳当解此。"遂呈知县包龙图，包爷喝教左右去拿那小孙押司夫妇二人到来。包爷道："'大女子，小女子'，女之子，乃外孙，是说外郎姓孙，分明是大孙押司、小孙押司。'前人耕来后人饵'，饵者食也，是说你白得他的老婆，享用他的家业。'要知三更事，掇开火下水'，大孙押司死于三更时分，要知死的根由，掇开火下之水。井者水也，灶者火也，水在火下，你家灶必砌在井上，死者之尸，必在井中。'来年二三月'，正是今日。'句巳当解此'，'句巳'两字，合来乃是包字，是说我包某今日到此为官，解其语意，与他雪冤。"众人似疑不信，到孙家发开灶床脚，地下是一块石板。揭起石板，是一口井。放人下去捞起一具尸首来。众人齐来认看，尸体面色未改，还有人认得是大孙押司。

郭青螺测人官运

郭青螺与蔡冢宰同官于浙。是时冢宰为右方伯，有引去（退休）意。一日两人坐在弘济堂上，冢宰指堂匾弘字说："你为我拆一字。"郭说："你问何事？"蔡说："你只拆字，不必问事。"郭说："你有意将引退而去，数次未能实现。"蔡说："为什么？"郭答："弘字左为弓而无'丨'，是未能引。右为'厶'而无土，是未能去。"蔡笑说："太奇怪了！"郭又说："还有，堂匾有'济'字。你将到齐鲁任职。不止如此，堂字是当尚书后而归土（按：告老还乡或入土）。"蔡笑着说："太穿凿了。"后来其预言一一应验。

三人同一口

明朝大臣杨涟，癸卯年元旦去测字，想看看自己的前程。测字者给杨涟的批示是：“但得三人同一口，九霄之上便飞腾。”杨涟当年顺利通过了考试，主考官是孙如游、董复亨，负责阅卷的是刘文琦，三个人的名字里正好都有一个“口”字。（按：三口成品，为官运之貌。）

棋子测字

明朝万历庚辰年，董伯念和他的父亲一起参加科举考试，向测字先生询问考试的结果。测字先生说：“请您随手拿来一件东西。”正赶上几案上放着象棋，董伯念就拿了一个“士”交给测字先生。先生问道：“您今年年龄多大?”“庚申年生的。”“这次您肯定考中了，考的是第十一名。”“您怎么看出来的?”董伯念非常惊讶。“您是庚申年生人，今年二十一岁。现在您是徒步走来的，类似‘之’字的形象，‘二十一人’再加上一个‘之’字那不就是‘進’字吗？您随手拿了一个‘士’字，那不就是‘进士’吗？‘士’字可以拆成‘十一’两个字，而且棋子是木头做成的，您出生的那年在六十花甲子纳音中属石榴木，在河图中东方木的象数是三和八，三加上八正好也是十一，因此可以断定您考的是第十一名。”过了一会儿，董伯念的父亲也来了，也拿了一个“士”，询问能否考取。测字先生说：“这个‘士’字已经是你儿子选剩下的了，看来您考的名次肯定在您儿子后面。棋子是木制的，两个‘木’字就是‘未’字的形象，您应该在癸未年考中进士。”后来，他的话全都应验了。

测字分有心无心

宁波儒士胡弘善测字，有士人应试，书“串”字问之。胡弘说：“君不光会中举，而且还会成为进士。‘串’字者，二中也。”另外一士闻其语，也书“串”字以问，胡弘说：“君且别谈科名，应当忧患你的疾病。”其后二人一连捷，一得重疾。胡弘解释说：“前问者出于偶然，后问者仿效他，则是有心。‘串’下加‘心’，故应得‘患’字。”

测字补缺

明朝时，有位进士正在等待吏部委派的官职，写了一个“住”字，问是否能够获得补缺的官职。测字先生说：“明天就是吏部派官的日子，你可以获得这

个缺额。因为这个‘住’字类似‘任’字的形状，但是比‘任’字多了一个点，说明被皇帝点到了。”进士问：“会得到哪里的空缺呢？”测字先生说：“按照你的意思哪个空缺比较好呢？”“绍兴好。”“那就是绍兴。这个‘住’字是‘佳’字残缺的形状，所以知道即将出现的是一个好的空缺。”当天晚上公布了空缺的官位，第二天中午进士就得到了绍兴的官职。

测升官职

明朝时，有位官员因为战功卓著被召入北京。大家都认为他会被授予军队里的官位，他的朋友用“黄”字询问测字先生，测字先生说：“‘黄’字可以拆成‘共由’两个字，他共由什么呢？也就是他从哪里走来的呢？他是由道路上走来的，所以他会被授予道台一类的官职。”后来那位官员果然当了道台。

崇祯测字

明朝末年，国势危殆。崇祯帝朱由检寝食不安，遂遣一宦官出宫打探民情。宦官来到一个测字摊前，先写个“友”字，术者说是“反”贼出头。宦官暗惊，再测“有”字。术者说：“‘有’字也不吉，乃‘大’字掉了一半，‘明’字去了半边，‘大明’岌岌可危。”宦官吓得满身是汗，忙说前面两字写错，实欲测“酉”字。术者说：“此字更为不祥，‘尊’字去头去尾，皇帝至尊快完了。”三个同音字测下来，皆是明王朝亡国之兆。

按：此故事另有版本说先测朱由检的“由”字，拆字先生把头一摇，说道：“‘田’字出头，农民造反，要太平难啊！”后问者心灰意冷，赶紧又写了一个“幽”字，更不料测字先生说道：“此乃山中有两根丝绳，正好上吊用。”预示着崇祯和王承恩一同吊死在景山树下的悲惨结局。故事传到现代，更增加“尤”为“龙”失足、“又”为“圣”下失“土”的情节。此外，“美”是“有”的同音字，术者有以“美”字论满清灭明。“美”字上半个字，“王”是虎额上的字形，“两点”就像两只眼睛在“王”之上，虎视眈眈。“久”字位于下部，似人。两个点、王和人字，三部分刚好组成“金”字，即满族的后金国。“久”字，由“争”字的端部和“人”字组成。表示后金国不甘寂寞，向大明国挑起争端。后金国的“金”字里，“人”在上面；大明国的“大”字里，“人”在下面，输赢已分。

周总兵以姓测军情

明亡，周总兵无意降清，以“周”测军事成败。测士说：“周字外围乃国破之象。”周总兵再以手指“周”中之吉，测士说：“更拮据不堪了。”后来周总兵于城破后自杀殉国。

张德元测例

张德元善相字。有个小孩子名槐，张德元说：“这个孩子必死，‘槐’字木傍鬼，不是死兆又是什么？”孩子果然早亡。一个朋友病了，欤人以“豐”字示之。德元说：“人已死了，明日讣至。”别人问其故。德元曰：“‘豐’字是山里的墓地，两丰是坟头的封树；豆是祭器。墓既然盖成了，还怎么谈生？”有人以“命”字求德元占人病。德元说：“已死，你持命字作揖求我，是垂命之兆啊。”后来果然得到验证。徐总制书“字。问德元。德元说：“这个字预示今天晚上你会纳宠。”徐回家后，其夫人呼一妇人出拜，原来是奶妈。

来远楼名不吉

洪武初，两位参知政事来到浙江，改拱北楼为来遠楼，揭榜时张德元看了说：“三日内会有哀丧之事。”后果然。参事问故，张德元说：“来者丧字形，遠者哀字形也。旁之二点相续者，泪点也。”

德字之占

参知政事刘某心有所欲，请张德元占卜，但又不言明其事，想考验张德元。张德元说：“书一字方可占。”正好有小学生在傍习字，正写《千字文》至“德建名立”一句。刘就指“德”字令占之。张德元说：“你想问行人之事。”刘说：“对了，何时当至？”张德元答：“自今十四日必来。”刘说：“恐怕人家事多没有了结，不肯来。”张德元说：“一心要行，悉如所占。”刘问故。张德元答：“德字双立人，乃行人也，故知占行人。傍有十四字头，故云十四日。其下又有一心字形，所以说一心要来。”

何中立测例

元末朱元璋领兵渡江，途中见有人建屋上梁，便问为何择此凶日，建屋者回答：“是何中立先生说有紫微星来化凶为吉。”朱元璋即去拜访何中立，问之曰：“天下纷纷起兵举义，夺取江山者究竟为谁？”何中立请他写一字占之，朱元璋掣刀画“一”字于地，何中立忙叩头拜曰：“土上一画，不是王者又是谁呢？”朱元璋大喜，携之同行，常置左右，每次战前便命其占卜。朱元璋定鼎金陵后，命何中立与刘基同去勘定皇城城址。何中立事先即以铜元埋于土中，立签时正中钱孔。朱元璋大为赞服，授予他五官保章之职。

當为赏田

陆文宰在去京城赶考前，听说何中立测字很灵验，特地赶去请他给测个字。陆文宰写了个“當”字交给何中立，他看了看“當”字就说：“大吉大利呀！这个‘當’字的下半部是‘福’字的右半边，故知你是有福之人，这次你是否去赶考?”陆文宰惊问：“你怎么会知道的?”何中立说：“你看，‘當’下面不是一个‘田’字吗?‘田’为‘廪’，所以知你去赶考。”“廪”的原意为粮仓，明朝时，把由州、县按时发给银子和补助生活的生员叫廪生，赶考又叫食廪。陆文宰十分信服，就进一步问何中立他的前程如何。何中立说：“没问题，这次一定能中。因‘当’字下面是‘田’，上面是‘尚’，‘尚’字是‘赏’字的字头，考试有赏，岂不是考中的意思吗?”

写字带钩

桂茂之被周美家聘为督学，接到聘书准备去宁波上任。桂书“去”字，令何中立占之。何中立说：“字虽云去，但你写的字笔笔带钩，不能去。”桂不信，又书“壬”字测。何中立说：“督学当不成了，三日内即有征兆，必丁艰（父亲去世须在家守坟）也。”至三日果然。问其缘故，何中立说：“壬上一撇，是亲人撇却士子去世，士字三画，故三日督学就要卸任。做不成不是别的原因，你的声名甚美，所以只能是丁艰。”

笔画浓淡

某人参加录考后，指柱间“三”字求占。何中立说：“你很荣幸得到一等二名，第一名则是个有名的老生员，可以享受公费读书待遇了。”后来果然。问其缘故，何中立说：“三字上画浓而正，下二画淡而轻，所以一有别于二。首笔方正严素，故知上一名为旧名士。”

吴崧若测例

明宪宗十八年，测字的吴崧若正在杭州，有一位名叫方楼冈的先生，询问一个出门在外的人的情况，他用两个手指在两膝之间虚写了一个“行”字。吴崧若说：“此人必定是你的兄弟，排行不是第二，就是第三。”当时方先生的父亲也在座，非常吃惊，说："您是怎么知道的?"测字者说："用两个指头在两膝之间写字，是膝前手足的形象，所以肯定是兄弟。写字的时候一直没有用到第四指，所以知道排行第二或者第三。"方老先生说："真是神奇，正是要问他三弟何时回来?"吴崧若说："这个'行'字是'吾'字从'衙'字中出来的形状，说明吾已出衙，看来他已经上路了，正在往家里走。"

测考试结果

吴崧若正在杭州为人测字，一位来自泰州的朋友写了一个"聿（音玉）"字，询问参加科举考试的结果。吴崧若说："依据这个字来看，您应当考取二等前列。"结果出来后，果然应验。这位朋友又来询问其中缘由，吴崧若说："这个'聿'字是'書'字无尾，'筆'字无首，書筆不全，说明您不可能考第一等。'聿'字是'肆'字的一半，所以应该考取第二等。'聿'字的第二画写得比较长，所以知道您在第二等的前列。"

"西"字的解释

又一个人写了一个"西"字，问吴崧若："我的前程如何?"吴崧若说："你的字迹器字轩昂，神采飞扬，肯定能够金榜题名，发达富贵。'西'字中有'两'字的形象，说明你肯定能够两榜得中。'西'字是'酉'字一部分，说明你在酉年能够通过州级的考试。但是，这个'西'字属金，在秋天乘旺气，所以金榜题名的时间肯定不是春天。"

坤卦之测

吴崧若在杭州为人测字，有一位姓钱的先生，为他的亲戚占卜打官司的情况，在《周易》中指了一下八卦中的坤卦（☷）。吴崧若说："这件事起因本在家里，但是祸患自外而来，幸亏有朋友相助，所以没有什么危害。"钱先生说："没错。本来是同胞兄弟，因为小事发生争吵，地方上把他们抓了起来，以伤害兄长的罪名进行诉讼，到现在已经半年了。现在找到一个当官的人，请他帮忙开释，请问这件事的结果如何?"吴崧若说："坤卦是六个断横的形状，在'門'字的内部，在'非'字的外部，所以知道这事起因在门内，是非从外来。坤卦又有'朋'字分解开的形状，所以知道有朋友相救，解除危难。坤卦六断是'罪'字的两边，所以知道已经从罪过中解脱出来了。"几天后，风平浪静了。

如字不露口

张先生书“女”字问婚事，问姓，曰：“张。”断曰：“张姓清河属水，女字得水为汝字，正乃汝之婚姻也。”问貌，先生曰：“子日占得女字为好，女加立字成妾字，女乃婢字少卑字，此人为妾可立，即居婢亦不卑，且必沉默寡言，能治内政。”公喜而未信。事谐，复来顾曰：“言无不验。此女原买为婢，今见其稳重贤能，将立为妾也。请问何以知其寡言？”先生曰：“女字乃如夫人之如字不露口耳，是以知之。”

马守愚测例

马守愚，明代测字高手，专研究谢石的测字，在当时颇负盛名。一日，一位拄着拐杖的老先生来找马守愚测字，想知道他多年在外做生意的儿子何时回来。老先生来到屋内后，把拐杖放在一旁的米箱上，告诉马守愚自己来测字的目的。马守愚听完后，告诉老先生：“你现在可以回家了，你的儿子已经回来，在家里等你了。”老先生听了后，非常诧异，他还未测字，为何马守愚已经知道他的儿子已经到家了。马守愚看到老先生一副吃惊的样子，就接着说：“你刚才进屋时，把拐杖放在米箱上。‘米’字加上一横而过，就是回来的‘来’字，所以我断定你儿子已经回来了。”老先生兴冲冲地赶回家中，发现儿子的确已回到家中正在等他呢。

测金不得金

一次，有一姓沈的人用一个“金”字请马守愚测一下他的将来。马守愚对他说：“你想在五行中安身立命吗？只是由于与小人有缘，三十年后因此而败，也因此而得。”后来沈因为后妻的缘故而打家族官司，所幸也因为后妻很能干，持理门户，沈某借此生活上才能温饱。此事正好发生在测字后的三十一年。

测字反转看

明朝时候，有一个卸职的官员，姓刘，辞官回乡差不多十年了。有一天，他把测字的马守愚请到家中，写了一个“休”字，让马守愚观看，当时这个字正处在阳光的照射下。马守愚拿着这个字，翻过来，正过去，看了半天，说：“真是奇怪！这个‘休’字转个方向就成了‘兵’字，如果兵部缺乏官员，不是您又是谁呢？”刘官员笑着说：“我在家已经十年了，早就不做当官的梦了，您不要瞎说。”没过多久，日本人入侵朝鲜，刘官员因为有治理边疆的才干受到推举，官拜少司马。

郑仰田测例

郑仰田，明中后期福建惠安人，善于拆字。明神宗末年，朝廷拟议韩、刘二公为相，但久没有消息。有一个叫叶福唐的官僚也在惠安闲居，就叫郑仰田来预卜事情结果，并写了一个“笋”字给郑看，说我有两个朋友想得官，不知道是否能如意。郑仰田回答说：“‘笋’字上有两个‘个’字，一个‘尹’者宰相也，大概是两个宰相吧。但君不开口，有什么办法。要想拜官，必须要君不成为君。”后来，在明神宗弥留之际，任命令才下。

世事难料

崇祯时，郑仰田在南中，临淮侯召见郑仰田，当时正值明末农民起义，京师形势危急。临淮侯说：“北方张大司马入援北京，能行吗？”当时他正在下象棋，就以象棋中的“马”字叫郑测。郑仰田说：“马走日步，今日下雨，不行了。”临淮侯又问郑仰田张大司马是否无恙，并以手中的犀杯给郑看，郑说：“‘犀’字之尸在身上，说明张大司马已经死了。”

魏忠贤求测字

明后期魏忠贤专权，郑仰田也曾经给魏忠贤测字。魏先写了一个“有”字，郑仰田解释说：“一人之下，万人之上。”问其故，回答：“有字上半天也，下为日月，乃君臣之象，今月食日，幸肩半天，否则无天矣。”魏又书“囚”字，郑仰田知其谬，只好说：“这是当国一人。国内幸赖斯人，如无斯人，国将空矣。”魏忠贤大喜，郑仰田赶紧逃走，而后私语人说：“‘囚’字目下虽好，只是结局不佳，一人悬在中间，将来必要吊死，四面俱无着落，家业自然荡尽。”

骰子测字

明朝官吏倪鸿宾任国子监祭酒时，与人合不来，想打算告退为民。有一天恰好遇到郑仰田，双方没有互通姓名，倪祭酒拿骰子中的“红四点”要郑预卜未来。郑仰田看了看说：“京官四品而掌印者，只有大司成。阁下大概就是祭酒倪公吧？”倪鸿宾点头称是。郑仰田说：“你必然是与人合不来，那个人姓名中可能带有骨字。因为骰子是骨头做成的，四面有棱角，不能圆，所以知道是与人合不来。阁下是想请求告退吗？因为骰子体方像口，加上四点是‘回’字。”后来果然如此。

棋子问卜

明代大臣顾邻初去官后，闲居在家，有一次遣仆从拿象棋中的“車”字去问郑仰田。郑对仆人说：“这一定不是为你自己的事来的，而是某大贵人派你来的。”仆人问什么缘故，郑仰田说：“‘車’分拆开来是‘一甲一名’，不是贵人是什么？在象棋局中，只有车能够纵横如意，此人的文章事业必定很显赫，只可惜现在在局外。”仆人问：“还能够复起为官吗？”郑回答说：“虽然想复出，但半身不遂怎么办？再者，车既已取出来，则不合棋规。所以我知道他身体有残疾，不能复出了。”

一字四宰相

明熹宗天启初，朝廷拟选宰相，某人写了一“全”字问郑仰田宰相当是哪些人。郑仰田说：“‘全’字从‘人’从‘王’，‘王’字四画，一共当选出四人。”某人请问四个人的姓名，郑仰田说：“‘全’字省去三画为‘土’，四人当中当有姓中间带‘土’的人。‘全’字省去四画为‘丁’，四人中间当有姓丁的人。‘全’字省两横，合起来为‘木’，当有名字属木的人。把所有省去的部分全部加起来，四人当中当有名‘全’的人。”某人说：“木莫非是指林尚书？”郑仰田说：“独木不成林，木是指名，不是指姓。”后来周如磐（“周”字中带“土”）、丁绍轼、黄立极（“极”字属木）、冯铨（“铨”中有“全”）四人当选宰相。

一口难吞天

晋江人李某与阉党吴淳夫有隔阂，有一次李某写了一个“吞”字去向郑仰田问这件事的结局。郑仰田说：“他的势力能够吞没你，不是小敌。‘吞’字从‘天’入‘口’，其人莫非姓吴？”李忙问结局怎么样，郑仰田接着说：“吴以口为头，他的头已经落地了，你还怕什么？”过了一年，吴淳夫被斩。

以书论命

明朝时候，张庄节率领军队在辽东一带镇压叛乱，他的儿子张遗将要从京城出发，去看望他的父亲，不知吉凶如何，于是前来问问。他随手翻开几案上的一本书，看到的是《太平御览》的五十二卷终了。郑仰田说："这个人是一个了不起的人物，曾经为国家镇压叛乱，荡平贼寇，因为名字能够登上《太平御览》的人肯定了不起。但是正赶上是第五十二卷终了，文治已经结束，武功即将开始，看来他是因为战功卓著才大富大贵的。"然后再往后掀一页，是第五十三卷，卷名是神仙。郑仰田问张遗他的父亲多大年岁了，张遗说："五十二岁了。"郑仰田说："世事就是奇怪！太平本是将军定，不许将军见太平。难道说他要急流勇退，学习成仙的道术吗？"第二年，赶上发生变乱，张庄节死难，寿命正好是五十三岁。

张铁嘴泄密

清顺治二年（1645 年），清兵南下，直指南京。南明弘光帝朱由崧率大臣到太庙哭灵之后仓皇出逃。数日后，清军统帅多铎攻占南京，四下搜寻朱由崧未果。一日傍晚，多铎步入夫子庙，路遇金陵测字高手张铁嘴，他正手拿账册收摊回家。多铎指着账册中的"叁拾"两字，要张铁嘴预测弘光帝是否藏身南京。张说："此人已走，赶快追赶。"多铎又指着账册中的"陆拾"两字问其逃走的方向，张回答："太平。"（今安徽当涂）多铎立即派出追兵，果然在太平与芜湖交界的黄得功军中将朱由崧捕获。测字先生把"叁拾"解为"大三十"，这几个字合起来是个"奔"字，由此推断此人已经逃走。而"陆拾"解为"大六十"，把"六"拆成两部分，上面一点配大字，其余配十字，就成了"太平"两字。

枯木立鸟

传说金圣叹青年时游西湖，到于谦墓中祈梦，梦见一株枯树，上立一鸟。醒后悟出乃一"枭"字。自思唯入官场方可能应"枭首"之谶，故决心不登仕途，仅止于秀才即可。后因哭庙案于清顺治十八年问斩。

李光地梦神授联

李光地，一代名臣。未发达时祈梦于神，问自己终身富贵。神示以十大字一联云："富贵无心想，科名总不成。"醒来而恶之。后中康熙庚戌进士，犹不以为意。及官至相国，方知"成"是"戌"而非"成"；"想"字无"心"恰是"相"也。又，李光地未出仕前曾游历福清石竹山，夜梦一队骑兵要追杀他，他仓皇逃命，不料碰到了一根木头，刺破他的眼睛。李光地梦醒后，眼睛疼痛难忍。由此而想："刚才一梦不说明自己前程无望吗？"他感到十分失望。可后来，李光地却仕途顺利，最后做了相国。这才顿悟到原来仙翁已将“相”字预告他了：“木”撞“目”，不就是“相”字吗？

卒不过河

大学士嵇曾筠未及第时到梦神殿祈梦，梦中与人下象棋，正要将一小卒子过河，突然醒了。有人对他说：“卒不可过河，恐不是好兆头啊。”后来嵇曾筠中了进士，历任南北总河，又改任浙督，管理海塘，虽加大学士衔，而终不离河务。至六十九岁时，诏他人阁，竟一病不起，“卒”于家，应验了卒不过河之梦。

尚之信自称“暂”

尚之信为清朝三藩之一尚可喜之子。朝廷诏撤三藩，吴三桂起兵，尚之信送伪印于吴三桂，自称暂管辅德将军。后反正归朝，自称暂管平南亲王。识者谓其前后两衔，俱以“暂”字冠首，于义为斩头，祸形已兆矣。后康熙命其自杀，称为“赐死”。

门内大虫休惹

范忠贞巡抚浙江，杭州西溪常有老虎伤人，他派手下人去打虎。一天，他向一个和尚问凶吉，把打虎的事讲了。和尚说：“山中大虫任打，门内大虫休惹。”范忠贞对和尚的话不甚明白。不久，他调到福建任官，和尚又云：“耳后火发时，须有主意。”后来范忠贞在逆藩耿精忠之变中丧生，大家这才明白“门内大虫”是“闽”的意思，“耳后火”是“耿”的意思。

预示吴三桂反叛

苏州上津桥有一位朱某，求他测算的人必须预先定好日期。因为他一天只测一个字，收一两银子，测完后就在门前挂上一个牌子，上面写着：某日，为某人测某字。吴三桂将要叛乱时，曾向苏州官府借军饷。当时慕天颜掌管苏州，对此事犹豫不决，就请朱某测字，并告诉他缘由。朱某说：“请大人随便出示一个字吧。”恰值茶几上有一张旧请柬，慕天颜就随手把它翻转过来，指着请柬的正面说：“就测一‘正’字。”朱某说：“不能借给他军饷。正像个王字，但王心已乱。并且刚才请柬的正面恰好扣在茶几上，正面反了，是要反叛的征兆啊！”慕天颜于是就拒绝了吴三桂借军饷的要求。后来吴三桂反叛，果然应验了朱某的话。朱某死后，他的儿子继承了他的事业，为人测字，也非常灵验，和他相比毫不逊色。有一个人让他儿子测“武”字，问自己会不会有子孙，回答说：“绝后了。一代无人，自此而止。”那个人后来果然没有后代。

年羹尧测字问吉凶

传说雍正时，派年羹尧出兵征讨青海蒙古，年羹尧出兵前，一时高兴，以“盪”字叫一门下客测。那门下客说：“将军此去，必定马到功成，以汤涤血，自然去尽群丑。”年羹尧听见，十分高兴。这门下客却乘机向他辞行，说家中老母患病，要回乡省亲。年羹尧立即赠以白银千两，以壮行色。后来年羹尧果然战胜，留守西康。过两年，雍正把他召回京师，寻些事故将他贬官；一夜连下九道圣旨，将他由大将军贬至守城门。京师的老百姓见到年大将军按剑坐在城门口，都不敢出城。过两天，雍正索性杀了年羹尧，且满门抄斩。这时，那测字的门下客才对人说，年大将军将“盪”字写成“水易皿”，而“皿”字为“血”象，由水变成血，十分不祥，故知他此行的结局必不得善终，所以急急诈称母病告辞。

移“玉”近“英”

雍正重臣张廷玉，一次梦其父张英独坐室中，手持一卷。张廷玉问：“爷看何书？”张英说：“《新科状元录》。”张廷玉问：“状元何名？”张英举左手示意儿子说：“你过来，我告诉你。”等张廷玉一走过去，张英说：“你已知道了，何必多言？”张廷玉惊醒，一直不解。后来丙辰状元名叫金德瑛，原来是移“玉”（按：王即玉）字至“英”字之左，果验。

乾隆“夫”字说

相传，乾隆皇帝下江南时，看见一个农夫扛着锄头从田间走过，便故意问身边的大臣：“那是个什么人？”大臣回答：“那是个农夫。”乾隆又问：“‘夫’字，该怎么写呢？”大臣答：“‘夫’字：两横，左一竖撇，右一捺，即成。轿夫、孔夫子、夫妻、匹夫的‘夫’字，也是这样写的。”乾隆听了摇着头说：“不对，不对！农夫是刨土之人，故先写‘土’字，下面再加一个‘人’字；轿夫是扛竿之人，故应先写‘人’字，再在他的头上加两根竹竿；孔夫子上通天文，下晓地理，‘天’字出头便是；夫妻是二人，故应先写‘二’字，再写‘人’字；匹夫是指大丈夫，应先写‘大’字，再加‘一’字。字意不同，用法不同，写法也应有别呀！”大臣们听了，佩服得五体投地，口称万岁，赞叹不已。

解梦拆字破谜案

乾隆十八年，高蔚辰在河南延津县当县官。白天在书室睡着，梦一马冲到院子里站立起来说话，高射之，正中其心，马吼而奔。高惊醒，正好外报某村妇卢罗氏夜被杀，并杀二孩。高往验尸，伤如所报，而凶犯找不到线索。因忆所梦，乃顺庄点名，希望能有马姓的人。点毕无有，问："外庄有姓马的吗？"回答："无。"高将庄册翻阅，沉思良久，见有姓许名忠的人，心里说："马属午，马立而言，则言午也；正中其心，当是许忠呀！"把许叫来说："杀此妇的人，就是你！"许惊愕叩首说："就是我。欲奸不从，故杀她，并杀其子。但你是怎么知道的？"高笑而不答。

三人问测同一字

乾隆时某士人于发榜前请人测字，以茶水书一"因"字于桌上，测字先生说："此为国中一人之象，你必为本次科考的魁首。"旁边一友跃跃欲试："我也用此因字麻烦您一测。"测字先生说："你这次科考大概没有缘分了，但是随后还有恩科，你一定会中。因为前一个人出因字系无心，你出'因'字系有心，以因加心，有恩字之象。"旁边又有一友，将所执折扇拍桌说："我也以此'因'字烦君一测。"测字先生紧锁眉头说："你的扇，正好加在因字正中，有困之象，最终也就是一个秀才。"后来三人皆如其言。

纪晓岚测字问前程

乾隆时，纪晓岚参加殿试后，尚未放榜，偶遇一浙士，能测字。纪晓岚书一"墨"字，浙士说："龙头不属于你了。里字拆之为二甲，下为四点，应该是二甲第四名。不过必入翰林。四点庶字脚，上吉字头，是个庶吉士！"后来果然。

纪晓岚狱中问字

纪晓岚获罪被关在狱中，每天有一军官看守。有一董姓军官能拆字，纪晓岚书"董"字让他拆。董说："你会流放很远，是千里万里。"纪晓岚又书"名"字。董说："下为口字，上为外字偏旁，是口外呀。日在西方为夕，是去西域吧？"纪晓岚问："将来能回来吗？"董说："字形类君，亦类召，皇上会赐还的。"纪晓岚问："在何年？"董说："口为四字之外围，而中缺两笔，不足四年。

今年戊子，至四年为辛卯。夕字为卯之偏旁，亦相合。”后来纪晓岚果然充军乌鲁木齐，到辛卯六月还京。

小鬼难辨简体字

一厨师名杨義，没读过什么书，识字不多，跟随主人出门，路经云南住宿一晚时，梦见两名鬼差拿着拘捕令来捉拿他，令上写着“杨义”，杨義便争论说：“我名杨義，不名杨义，你们一定是弄错了。”二鬼说：“乂上有一点，是义的简笔字。”杨義不服：“从未见过义字是如此写的，一定是乂上不小心弄了一滴墨。”二鬼说不过他，便离去。和杨義一起的同伴都听到他整晚在说梦话，此梦才被人所知。直至杨義的主人退休，回乡养老，路经平彝，他再次梦见两鬼差，这次拘捕令上写得很清楚是“杨義”，但杨義还是不服，说：“我已到北方，属直隶城隍，你们属云南城隍，怎能抓我？”争了半天，同睡者将他唤醒，杨義自言自语说二鬼差很愤怒，这次必定不会放过他了。第二天，一行人走到云南胜境坊下，杨義果然坠马而死。

刘墉拆字为爱才

乾隆派刘墉到南京主持破获“一枝花”的“谋逆造反”大案。刘墉乔装成算命先生给人测字算卦。一个青年来找他测字，刘墉了解他是“一枝花”集团中的干将，武艺高强。这青年随手写了一个“休”字。刘墉说：“按这个‘休’字来看，其意吉凶参半。‘休’乃一人依木之象，草木属阴，看来先生幼年早孤，你家中只有孀母与你相依为命，可是否？”青年不禁一惊，点了点头。刘墉接着说：“木乃东方青龙之象，一人依木原是升发之象，只是木属阴，属静，令堂贞静贤惠自不必说，只是木不能言，口齿不便利。”青年听罢，想到聋哑的母亲所付出的艰辛，不禁潸然泪下：“先生说得都对，请继续断。”“请莫怪我直言，这‘休’字不成‘体’，恐怕你小时候不成体统，是个浪荡儿。但‘休’有‘止’的意思。何时而止？‘休’可拆十八成人。十八岁以后，你才立志改过，浪子回头。可惜此时令堂人已就木了。”青年此时已是泪流满面。刘墉看他如此，说：“你不必难过，将来必有后福，可报先慈于地下。”“何以见得？”青年问。刘墉把纸递过去道：“请看纸的背面。”青年把写着字的纸翻过来，横着端详，竟然是一个“兵”字。刘墉说：“‘兵’字原是立人之象，你既不在行伍，则是个谙熟兵刃的好汉，必定身有武功。你再看，这‘兵’字实系横倒之‘木’，人卧倒木之上，虽树倒，而先生自可无恙。后半生的事业恐在其中了。”后来青年在刘墉手下办差，立了不少功劳。

沈衡章巧用外应

乾隆时期，上海有一个叫沈衡章的人，擅长拆字，找他测算吉凶的人络绎不绝。一天，有一个罪犯夜间越狱逃跑了，捕役就去求他占测，写下一个“鹦”字。沈衡章说：“鹦鹉是会说话的鸟，舌头虽然灵巧但不懂自我保护，最终还会被人逮住放在笼中。并且鸟旁加一婴，羽毛还没丰满，怎么能够逃远呢？犯人现在去得还近，赶快追捕还能够抓到。”捕役问现在犯人跑到哪里去了，沈衡章随意抬头看了一眼，瞥见一只麻雀蹲在屋后檐下，就说：“你可以到后面厕所中去找。”捕役遵照他的话，果然在屋后的一厕所中抓到了逃犯。

预测功名

乾隆年间，江南乡试题为“巍巍乎唯天为大”二句。胡元音望捷心切，同朋友一起等候揭榜。汪某在座，见其神情迫切，戏之曰：“吾为君测一字，如何？”元音口报“巍”字，汪某沉思良久说：“巍字上为‘出’字之半，偏旁有‘禾’无‘乃’，‘秀’字半‘出’也。有‘女’无‘子’，是半好也。加以‘魁’字，有‘鬼’无‘斗’。你必中副榜贡生无疑。”过三日揭晓，果然考中副榜第五名。

章为童无根

武昌李某拆字有神解，有陈某一直没有子嗣，正当妻临产时，忙问以“章”字。李说：“应当生男，但恐怕不能养育。”陈问其故，李说：“章字乃童字无根。”又有人问其子之病，以乳名六十而出“六”字问之。李说：“你口说六十，已是一卒字。虽去上一点似平字，目前可望平安，恐终不免来年之忧（按：卒亦似来字）。”

红粧粉已离

湖北人方某在外地做幕僚，一日接家书，说他妻子病重，催他回家。方某犹豫不决，有善拆字的朋友说：“试说一字，以定行止。”方某即应声说个“粉”字。友说：“粧台留半面，红粉已分离，可速行，迟了恐怕就见不到了。”方某急忙往家赶，等到家一看，棺材已放在堂上。

名利两不成

松江徐式如，长于推算之学，但多作隐语，不欲明以示人。其老乡潘兆芙准备应考秋试，登门求测。式如不语，唯书“和”字示意，众人皆不解其用意。后来潘兆芙落第，才恍然大悟：“‘和’字原来是指名利两不成。”

竹架豆腐

四川茂州富户张姓者，老年生一儿，甚爱之。每出游，必盛为妆饰。年八岁，出观赛会，竟不返。遍寻至某溪中，已被杀矣，裸身卧水，衣饰尽剥去。张鸣于官，凶手不得，刺史叶公身宿城隍庙求梦。夜梦城隍神开门迎叶，置酒宴之，桌上豆腐一碗，架竹箸其上，旁无余物，终席无一言。叶醒后解之，不得其故。后捕快见人持金锁人当铺者，获而讯之，赃证悉合。其人姓符，方知竹架豆腐之上，成一“符”字。

養浩堂不吉

乾隆时，有乡绅叶氏，家业隆起，作堂命名“養浩堂”，自后家中人死亡相继。有善测字者，指堂匾说：“叶被羊食，又入牛口，不能得全。”叶家听后急将堂匾摘除毁掉。

孙士毅测字问功名

乾隆辛巳年进士孙士毅，早年还是一个准备应考科名的在校学生时，杭州有一个测字师，非常有名。孙士毅就去试测，随手拈得一个“損”（右边“口”写作“厶”即“貟”）字，问能不能入学。测字师说：“字的左边为秀才之‘才’，右边为生員之‘員’。你现已入学，何必再问?”孙士毅问：“可否就将这字问一生功名如何?”测字师说：“若就此字问一生，可知你是个出将入相的人。‘損’字减去上面的‘厶’和下面的‘八’，便是一个‘相’字，官必至相。加‘八’于‘厶’上，则为‘公’字，爵必封公。而‘八’字在下，他日封公恐不能到头啊。‘厶’为‘弁’字之首，‘八’为‘兵’字之足，他日你必投笔从戎，帅领兵弁，生活在军营之中。”纵观孙士毅一生的发迹史，测字师所言，竟然无差。

陈钟年测例

浙西的陈钟年擅长拆字，名噪一时。有个姓吴的大商人，是江苏人，常年在浙江经商。一天他突然接到一封家信，上面说他妻子病危，催促他赶快回家。吴某非常忧虑，就去拜访陈钟年，想让他给测断一下吉凶。他到陈钟年家门口时，天已黑，钟年已经关上门睡觉了。吴某因为心里急躁，就使劲地敲门，陈钟年推开窗户，询问清楚他的来意，这时正有一犬在旁边汪汪地狂叫，钟年就告诉他："已经死了。"吴某一听，心中大怒，厉声质问道："我还没有拈字，你怎么能知道生死?"钟年说："刚才我的口和你的口交谈，这就是两口，下面再加一'犬'字。就成了'哭'字了。"吴某非常懊丧，悻悻而归，但心中并不相信。第二天早晨，他又到陈钟年那里，拈字拈出个"柴"字。陈钟年询问他要测算什么，他就把妻病的情况说了出来。钟年说："已经死了。"他忙询问缘由，陈钟年说："这个'柴'字，上面为两个'火'字，这是蜡烛，中间像一个台子，是灵台的形状，下面是个'木'字。是棺材啊。"吴某一听，大惊失色，立即乘船，匆匆赶回家，其妻子果然已经死了。

施公义待黄天霸

《施公案》：施公（施世纶）初收黄天霸，虑其曾作刺客，至夜行刺欲为已死之各盗报仇；今虽感化归降，未认其心究竟若何。遂祈梦问于主夜神。梦中只觉自己头上顿长两角。窥镜自视，见头生两角，成长白毛长寸许，颏下白长二三寸，竟成一羊头。一惊而醒，梦境如在目前。细加详解，憬然悟曰：此一"義"字也。"義"字为羊头而我身，今梦见自身者，我也，忽生羊头，岂非義字而何？由此信任天霸，以义士呼之。天霸亦忠心相报，主宾相得益彰。施公得天霸，而享清官威名；天霸赖施公而得保升提督。二人之福皆由此一梦造成也。

刘铁嘴测字寻玉

《红楼梦》中有一段测字的故事。那天贾宝玉把那块命根子灵玉弄丢了，为了找这宝玉，贾府的管家就去找刘铁嘴测字。拈了一个"赏"字，那先生说："丢了东西是吗？这'赏'字上头是个'小'字，下面是个'口'字，这东西可放在嘴里，必是珠子宝石之类，但'赏'字下面是个'贝'字，拆开来不成一个'见'字。可不是不见了吗?"于是建议到当铺里去找。实际上这块玉石是当年女娲补天留下来的，如今俗缘已满，被一和尚遣回天界。后来才有人明白，如果把“赏”字拆成“尚”和“贝”，不就说明是和尚拿回了宝贝么？

嘉庆帝微服问字

嘉庆帝微服私访巧遇赵文楷测字，随口说出“田”字，赵文楷测说：田是土，土生金、金生火，田又是六画卦，此卦以水为满，水又生木，所以此字涵五行，先生胸怀乾坤，再着意看“田”，正看是王，反看也是王，左看是王，右看仍然是王。说得嘉庆帝又惊又喜，惊的是微服私访让此人看出，喜的是大清王朝人才辈出，重整朝纲大有希望。果然赵文楷在会试中一举成名，成为钦点状元。

问字猜戏名

有三位少年相约去看戏，路经一测字摊，便想问问测士今日的戏目。他们随手拈了个“鸿”字求测，测士深思熟虑了一会儿便说，今日演的戏目是佛殿。三少年突然说，如果今天演的不是佛殿又如何？相士笑了笑说：“如果今天演的不是佛殿，你们可以把我招牌拆了；如果今天演的是佛殿，你们加倍奉酬，如何？”三少年答应后，匆匆离去。没多久，三少年又回到测字摊。其中一少年说，今天演的戏目若是佛殿，也有可能是你胡乱猜中的。你必须说出道理让我们信服，我们才愿意加倍奉酬。测士说：“你们所拈的‘鸿’字，左边三点水，加个去字，就是法聪的‘法’字。‘鸿’字中的‘工’字，加上‘纟’字旁，就是红娘的‘红’字。‘鸿’字右边的鸟，加上两个火，就是莺莺的‘莺’字。三个人是佛殿的要角，今天不是演佛殿是什么？”一少年又问：“那么张生何在？”测士不急不忙，从容回答，‘鸿’字左边三点水，加个各字，就是洛阳的‘洛’字，洛阳才子不是张生吗？三少年顿时语塞，一时说不出话来，但心有不甘，存心想要为难测士。于是其中一人又说：“你说得虽然有理，但只是把字拆开，故意拼拼凑凑而成，只是碰巧猜中罢了，那有什么道理。”测士并不生气，耐着性子解释说：“测字本是就字说理，但最重要的还是在测机。当我正要拆‘鸿’字时，有人正好担水而过，担水的人对一小姑娘说：‘聽明白了吗？快去吧！’我灵机一动，就断为法聪。因为三点水加上去字，不就是法聪的法字吗？聽明白的聽字，不就像个聪字吗？那个小姑娘，手中拿有一束丝，加工字旁，就是红字。而那个姑娘，可说是良女，合起来不就是红娘吗？测士接着又说，当时，我又看到对面某家门上插着三炷香，两炷点燃，一炷已熄灭。你们想想，门上加两个火，下面在加个鸟字，不就是莺字吗？当时正好有两只麻雀飞过，正好合成莺莺两字。再说，我看到你们三位客人，来时都脱帽露顶，‘客’字去帽，加‘鸿’字三点水，不就是洛阳的‘洛’字吗？不仅如此，你们再想想，当时太阳是不是正落在你们头上？洛阳才子除了张生还会有谁？”所以，测字既有字

中的意义，又有相应合的天机，这才是测字真正灵验的地方。三少年这才真正心服口服，付了加倍酬劳离去。

“一”字问病

有问病者，拈出一个“一”字，测字者说：“此不治之症，因为一画是不字起笔。”问：“死否？”答：“死，因为一画又是死字起笔。”问：“死在何日？”答：“今日初十无妨。十一至十七俱无妨。以诸字皆可安放一字。至八字则不能安。其死于十八日。”又问：“死在何时？”答：“子丑寅皆无妨，至卯时则难过。因为卯字内没有一字。”又问：“字虽如此测，但拈‘一’字者亦多，是否问病拈一者，即可断其必死？”答：“君不见拈字之时，有二人抬一木经过，此木就木之兆也。”后果如所言。

飞鸟卜吉凶

一人指飞过之鸟曰“鸟”字，问家中吉凶。测字先生说：“尊夫人病。”那人吓坏了，忙说：“我老婆原有恙，不知近日如何，故问。”测字先生说：“病重，当速归。”问是否会有生命危险，测字先生说：“难保了，过几日就会有信至。”过了一天，收到讣告。问所断之理，测字先生说：“鸟者，禽属，‘禽’乃‘内人’二字，故知其妻病危。‘鸟’乃‘鸣’无‘口’，难以生存。飞过之鸟，音必速。”

测字寻人

有一武林中人刘友，曾写了一“代”字让术士占一下某人的下落。术士一看“代”字，占道：“你求测的一定是你的好友，此人德行很高，但遇到骨肉之变，于是躲藏起来了。”刘友说：“情况确实如此，望先生明示他的下落。”术士说：“此人没走远，仍在杭州一带，明年九月可相见。”刘友问他道理何在，术士解释说：“‘代’字字势相连甚紧，休戚相关，判断此人必是你的好友。‘代’左为信字旁，右为義字下，信义兼具，自然德行很高。‘代’字左为伤字旁，右为残字边，有伤有残，自然会有骨肉之变。‘代’字左为伏字旁，右为藏字下，即有伏藏之象。杭州附近不外两个去处，要么仁和，要么钱塘，‘代’字左边仁字旁，右为钱字边，所以他仍在杭州。‘代’字左边仁字立人旁，人可谐音壬，右为戈字边，戈似戌，明年九月正好壬戌，我推断相见必在此时。”

属相救命

一测字者踉跄而来，问其父之病，随手拈得“一”字。术者曰：“一者生字之尽，死字之初，你父亲不行了。”术者又问：“你父亲哪年生人?”其子曰：“丁丑生，属牛。”术者曰：“这下好了，你父亲不会死，牛加一画则是生字呀。”

“葉”字占病

李昼公写了一個“葉”字占问其弟疾病，术者对他说：“‘葉’字在草木之中，象征着棄世，恐怕不是吉兆。葉有棄之字形，藥不成藥之象，很可能由于误服汤藥而致不治。”过了几天，报丧的人来了，李昼公的弟弟得病后由于误服补剂而亡。

拆字破案讯周秋

方敏慤（音确）公署直隶按察使时，饶阳民妇侯萧氏拒奸被杀，有周秋者迹可疑，而狡诈不肯吐实，悬案二载。公阅案牍近三鼓，坐而假寐，梦一人持素纸，下宽上窄，缺左角，中有方孔，孔下有“谨權量”三字。寤后细思：“周”字下宽左缺，而“谨權量”三字皆“土”字在下，移土之文于方孔之上，则成“周”字，且月令“谨權量”三字乃秋政也，凶人为周秋无疑矣。一讯而服。

鬼送字谜

上官生为太守聘，途遇鬼送一谜：“一十四点，一十四口，两头一只脚，六口两隻脚，三口四隻脚。”后太守为其娶妻米氏，妻不育，又纳妾田氏，孪生二子，取名曰典曰册。至此恍然大悟，笑曰：“一十四点者米也；一十四口者田也；两隻为雙字，言孪生也；六口两脚者，典也；三口四脚者，冊 也。”

字定前程

陆增祥是清道光三十年庚戌科状元，仕途却不顺，官只做到道台而已。传说他会试前去拆字，拈了一个“奩（音连）”字。拆字的说上面的“大”字拆“一人”，所以他这次会试将是第一人。下面的“區”字有三条边和一个“品”字，所以将来只能做到三品官，竟然全部被预测准了。

陶二峰测例

清朝咸丰同治年间，浙江人陶二峰，以测字名扬江浙。有一无赖欲陷害他人，书一“翠”字求卜。陶二峰说：“你在军中得翎顶，是不是呀？”无赖问何由知道。陶二峰说：“卒头加羽，乃从军中得翎顶之兆。”无赖欲卜运程，陶二峰说：“卒字有二小人，毕竟心存小人之计。”又书“翻”字测，陶二峰说：“你自以为羽毛丰满，若不翻然悔悟，恐有大难。”无赖大惊，终于在陶二峰劝诫下，停止了诬陷计划。

张之万拈“死”字

张之万还没有中进士时，曾经客居杭州。过新年时，和朋友一起到吴山游玩，半路上遇见一个测字先生。他想测自己的仕途，却拈出了个“死”字，吓了一跳，想扔掉离开。测字先生叫住他，问他测什么，他说：“测功名。”测字先生看了看这个字，随手把“死”字的钩抹去，然后在纸上写下“癸卯一人”四个字，拱手祝贺道：“大吉大利，你将是癸卯年天下第一的状元。”张之万的朋友在一旁，感到很有趣，也拿着这个“死”字，让测字先生测他的婚姻。测字先生说：“这个‘死’字，上边是一，下边像怨无心，不好。怨偶无心，昙花一现，恐怕将来有悲妻悼亡之事。”朋友尚没有娶妻，毫不在意，一笑了之。第二年，张之万果然大魁天下。朋友也娶了妻，夫妻两个感情很好，但他一直没有忘了测字先生的话，整天提心吊胆的，唯恐妻子有事。可没过多久，他的妻子竟一病不起，弃他而去。

曾国藩求测“國”字

传说曾国藩在草纸上写了一个“國”字求测。测字先生说：“从字面看，老先生善用中锋笔法，饶有筋骨，端庄典雅，是一中正之人，而且不是凡人，这是其一；其二，黄纸添‘國’字，老先生心系朝廷命运，应是朝廷重臣；其三，大口中小口，戈为兵器，老先生相面虽清秀高雅，字中亦有锋芒，既是一文人，更是一柔中带刚的将领。”

偃武修文

咸丰八年四月间，曾国藩正在家居，有人在他家请乩（音机）问休咎，乩笔书出“赋得偃武修文得闲字”的判词，苦不得解。乩判回答说是“为九江言之也，不可喜也”。当时湘军刚取得九江战役的胜利，气势正盛。几个月后，即有湘军在三河的惨败，曾国藩之弟曾国华也死于此役。及师败，始悟“赋”字弃“武”就“文”，合为“败”字；一“得”字，实为无用之闲字。

柳玉之测例

清同治元年，有位拆字者只有十七岁，名叫柳玉之，十拆九中。一天，一位老妪来求卜，手持一纸包说：“你猜猜看，我的纸包中是什么东西？”柳玉之说：“您抽个字如何？”老妪抽了个“草”字。柳玉之说：“是草药茅草根。”“对了！”老妪说：“我今天是来问我自己的寿限的。”“那就请再摸一字。”谁想老妪又把那“草”字摸出来了。柳玉之叹了口气说：“老太太！您可以准备后事了。既是问寿，这‘草’字不正是二十加十日吗？”这老妪人颇豁达，立刻返家告诉子孙，并预先准备后事。果然在二十日零十天之后，因滑倒摔跤而去世。

胡宏测例

宁波胡宏，深于易理，言多奇中，尤善相字。有二士人将赴乡试，测问得失，胡宏说：“两位之中会有一位考中，一位则因有服丧受阻。”二人皆不以为然。后来果真一人丧父，不得人试；一人考试过关。有人问原因，胡宏说：“丧父者问时，正好有人汲水而过，水与立，泣字也，故知其当哭泣。考中者问时，恰好有人立于旁，成位字，故知其必中。”

张济善测例

有两秀才问功名，一书“董”字，张济善说：“君今科必中。”一书“萨”字，张济善说：“君功名无分。”问其故，张济善说：“董字头上有簪花之象（按：状元头上要插花）；而菩萨面朝南，一生不向北（按：北方为京城方向）。”一人以“無”字问之，张济善说：“君妻会病，佳人伏卧四脚床，不是患病又是什么？”又有用湿笔书“土”字者，张济善说：“君患脾泄吗？土遇水而滋，等到六月土旺则愈。”又以“車”字问何时得财，张济善说：“月建申（申月为农历七月），则东去十分、西去十分。”同里吏部邵洪问今年能否升迁，随口占“午”字。张济善说：“君所愿会实现。言午为许，神已准许。”后来果然。县令问母寿可若干岁，书一“榆”字。答：“会八十八岁寿终。”结果真是。

陆学海测例

陆学海从小就会拆字。有以求财问者，拈一“也”字。陆曰：“无望也。地

无土，难栽栖凤竹；池无水，难养化龙鱼。”

胡三爹测例

近人杨度，年轻时请胡三爹卜字，先书一“钱”字，胡三爹说：“‘钱’字是由一金二戈组成，金者贵也，在干戈相斗的日子里，有贵人出来，先生将来必大贵。”杨度又改书“乾”字，说：“胡先生，我不问‘钱’字，是问‘乾’字。”胡三爹说：“‘乾’字也是好兆头，此字左边，双十拱日，说不定某年双十那一天，中国时局大变，右边的‘乞’字，作求得触，杨君将在大变中求得大贵。”杨度又说：“我今不卜‘乾’字，改卜‘骞’字。”胡三爹说：“‘骞’字是宰相头，千里马之尾，先生是一匹千里马，将来必大贵。”“双十”乃预测辛亥十月十日武昌起义，真是神奇极了。

光绪平遥求字

传说光绪皇帝避难路过平遥县，到清虚观测字说：“既然平遥是代王的发祥之地，那我就沾点代王的福气，测个‘王’字吧！”道主说：“‘王’字上加个‘白’字是皇，九五之尊，至高无上；可惜您这王字，‘白’字却在右边。”光绪问：“此话怎讲？”道长说：“王右有白，虽有王伯之才，胸怀文韬武略却施展不开。”光绪问：“也许是时候未到吧？”道长说：“您啊，就差在那一点上。那一点如果落在王的腰间，就成了玉字，有了传国玉玺，令行天下，您才是真正的九五之尊；那一点如果骑在王的头上，就成了主字，主子在上，号令不行啊。”光绪说：“‘王’字有何说法？”道长说：“‘王’字抽去中间的一根主心骨就成了‘工’字，那可就是玉体不安或者是毁玉之象！”道长叹道：“王都直不起腰杆，难成大事啊！”光绪听了很是沮丧，默默无言地离开了清虚观。

大不同测例

有一个测字先生外号“大不同”，光绪和宣统年间，在常州的城隍庙摆摊测字为生，名噪一时。有天，一个尼姑来测字。她拈出了一个“青”字。大不同问她测什么，她说：“测终生。”大不同说：“清不清，静不静，你出家不合适。如果你想出嫁，找个好男人，还有生儿育女的希望。你看，‘青’字的上部像个生字，下部是育字的底部，是不是？”尼姑顿时羞得满脸通红，忸怩而去。旁边知情的人说，这个尼姑本来就不守清规，早就动了还俗的念头了。

测戊戌变法天数

传说梁启超找大不同测字问变法能持续多久。梁启超说：“建首善自京师始，就测‘首’字吧！”大不同说：“既然测‘首’字，事情就明了了，首字可拆成百、一加上二点，或者说一个倒八字。这不就清楚了吗？长则一百零九天，短不过一百零三天而已。”

李鸿章求测一点

李鸿章参加中日马关谈判后来到了测字摊前，随手拿起笔点了一点，术士看这力透纸背的一点，深思片刻说道：“这点，有点点在心头之意，先生定有番心事，这心事很重，以至先生随意下笔都着墨很浓。”李鸿章点了点头，术士随即说道：“请先生再写一字。”李鸿章写下个“人”字。术士叹道：“先生心中的愁真是太大了。随意间就写下这个最易也是最难的字，这人字，一撇一捺成一字，缺一不可，这便是相辅相成便成人。‘人’字，左右两边又如刀刃一般，为人就要忍受这刀刃之苦。看先生的气势定是为官者，不知此时是为公还是为私而如此看重这人字？”李鸿章说：“公私都有，还请先生指点迷津。”术士说道：“我测字不言先生的目的，只是这人字，不论是为公还是为私，只要对得起自己夜静清明时的良心，是非功过由后人评说。”

测字寻簪

有个女人拈了一个字，测字先生展开一瞧，把笔在粉板上写了个“吾”字，对她问道：“为的什么事？”那女子道：“我的一根簪子失掉了，请问先生可否能找着？”他就把“吾”字分做两截，写了个五字道：“你这簪子，是初五日失去的，是不是？”那女子道：“不错，我初五日逛愚园失掉的。”他又写了个口字道：“你失掉了簪子，有些口舌，这五字底下不是个口字吗？如今要寻这簪子，须要到愚园梧桐树下去寻，这吾字加个木字，便是梧桐的梧字。”那女子无言，付了铜钱去了。

骨肉相逢

一个人跑得满头的汗，走到摊前，拈了个字卷，交给测字先生。先生打开一看，是个“背”字，问他何事，他道：“我是龙华镇上的人，同了儿子来城探亲，走到西门外，失散了。”先生思索一会儿，把笔在板上写个“北”字道：

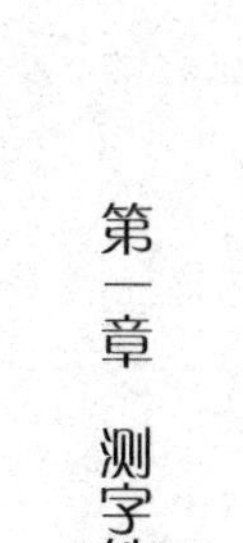

"你儿虽是在西门失散的，却要到北门去找，这'背'字上半边不是个北字吗？底下是个肉字，是骨肉相逢，那肉字的匡子，像个城门洞子，中间两个人字，令郎在北城门门洞里，还有人陪着他呢！"一去果然。

丫鬟被拐

某人的朋友家丢失了一位丫鬟，去测字，抽了个"捌"字。测字先生拆解道：这个字左边现了个"拐"字之旁，当是被拐去的；右边现了个"别"字，当是别人家的事，与问者无干；然而"拐"字之旁，只剩了个侧刀，不成为利，主那拐子不利；"别"字之旁明现"手"字，若是代别人寻觅，主一定得手。却还有一层：这个"别"字不是好字眼，或者主离别；虽然寻得着，只怕也要离别的意思。并且这个"捌"字，照字典的注，含有"破"字、"分"字的意思，这个字义也不见佳。

农夫丢物

一位农夫丢失了一把锄头，去测字，抽了个"酉"字。测字先生一看，即解说道：这"酉"乃似鸡笼，锄头当倒在鸡笼背后。农夫回家一找，果然锄头倒在鸡笼背后。第二次这人又丢失了一颗珍珠，找遍了鸡笼背后，未果，又来测字，结果这次又抽到了"酉"字，但见测字先生道："酉"乃属鸡，珍珠当是被鸡吃了。回家杀鸡开肠破肚，果然又找到了珍珠。

感情未谐难圆满

有女郎准备与某人私定终身，担心感情会不和谐，而向拆字者问休咎，拈得一"口"字。问欲卜何事，女说："有一事，能否有良好结果？"拆字者说："依字而断，恐无圆满之望。欲成'可'字，无'丁'；欲成'如'字，无'女'；欲成'何'字，更无'人丁'，不会有子女。"

一事二测生枝节

某君乙酉乡试，其兄卜于市，初拈一"鱼"字，卜者请复拈，得一"沙"字。卜者说："可惜！鱼龙，变化必售（按：试卷被主考官认可）之象；但鱼是水族，遇沙则失其自由；且拆'沙'字为'少水'，鱼怎么可以少水？是荐而不售（按：试卷虽有考官推荐，却被主考官拒绝）之象。"果验。

加字减字皆文章

一人问婚成否，随拈一“渐”字，测者断曰成。因取笔书板道：“左边为水，右边为刀，以刀斫水，岂能断乎？又将斤加断字边为断字，车加辶为连字，曰藕断丝连。复将斤加辶作近字，曰‘自去自来梁上燕，相亲相近水中鸥’。”后婚果成。

测字吓人

一个姓徐的人身体不太好，写了个“四”字找测字先生测运。测字先生说：“这个字不好，‘四’像睡着放的‘目’字，目已闭，岂可活也？另外，‘四’字属白虎之形，生白虎者大凶，必有丧事。再从你的姓来看，‘徐’为‘未入人’，未入人岂不是鬼吗？”徐某听罢如五雷轰顶，惊呆了。没过多日即病故，做了草中之鬼。

草木中人

一个孝子写个“茶”字为其生病的父亲测命，测字先生说：茶，上为草，下为木，中为人，草木中人，怎么期望老人能活得长久呢？

充军之罪

一大夫因公犯事在狱，其子拈一“羲”字占其应得何罪。测字者曰：“你父是正派的秀士，此乃仗義而致干戈，没有死兆。但羲为王羲之的名字，王羲之的官做到右军，以此推之，应当获军罪（充军）。”后果然。

自测刑罚

一军士出兵，诸将弁占吉凶，拈得“盆”字，术士说：“八日刀下见血，大凶之象。”军士惧而逃跑，被主帅拿获，用狗头铡刀问斩，正好是第八天。主帅还治术士煽惑军心之罪。主帅对术士说：“你自知有今天吗？”术士答：“请赏一字测之。”主帅说：“还是‘盆’字吧。”术士测曰：“八日当杀，但已经有人承当了，我会不死，终须杖责，免不了见血。”主帅问该打多少下，术士答：“分字四笔，当杖四十。”主帅说：“就打三十板，算你没测准。”

出行问运

一人欲往京都谋事，担心徒劳往返，便到测字处拈一字来决定进退。开卷一看，是个“運”字，测字的问什么事？答：“往北京谋事”。测字者说：“大佳。此字左为‘之’字，之者走也，宜于出门；内中有一‘车’字，车为出门所乘的工具，故以出行为利。且運字右半边为军字，最妙入军界。”其人大喜，后果然得到军界差事。

周亮工《字触》测例

周亮工，字元亮，号栎园、栎下先生，祖籍江西金溪。明崇祯十三年中进士，任清朝两淮盐运使，后升迁福建按察使、江宁粮宪等职。曾两次被诬入狱论绞，幸免于难。其测字专著《字触》出版于清康熙年间，记述了数百个测字案例，举一例如下。

有一测字先生在镇江碰到一旧交，旧交因为官司之事，久等其亲戚不来，就写“濡”字去问情况。测字先生说：“濡头如门，字形像马，旁边三点水借作镇江的江字用，则马行已到江门间，你的亲戚马上就要到了。”

问学之测

一读书人以“携”字问科举，测字先生说：“你以携问科举，必不如意，因为携字进不成进，秀不成秀，才不成才。”

有一世家子弟临场，抽出袖中汗巾问卜。测字先生问：“你家是否三代进士？”回答：“是。”“你是想中举，无奈肚里没货呀。”因为“汗”字从三从倒“士”，而“巾”字少“中”字下一画。

一士梦一树端两焰并发，占者说：“木两火，荣耀之光。”果得登第。

周亮工游姑苏，书“甲”字问生平事。测字先生说：“进士。”周问：“何以见得？”答：“甲是墨字之首，岂不是高举的人吗？”周亮工笑着说：“说对了，知道发自哪一科吗？”答：“字象半成于庚，全得于丑，必是庚子、辛丑两科。”亮工叹服。

有汪姓人自善拆字。试后求占，执笔独点一点，问道：“我是一等一名吗？”测字先生说：“一等可期，不能前列。”汪问：“点乃文字之首，岂能不前列？”他很不服气地说：“请发榜后再说。”金榜一出，果然列一等最末。汪又来问：“你是怎么解的？”测字先生答：“君知一点为文字之首，不知一点也居等字之末呀！”

有一人找到栎公（即周亮工）测字，用安静的“静”字占卜在乡试中能够有几个人考中。栎公说：“‘静’字的左边是‘青’字，可以拆成‘十二月’三个字，所以这件事十二月才能揭晓。‘静’字的右边是一个‘争’字，前面两笔也是‘解’字的前两笔，解就是解元的意思，会有七人考中，其中城里五人，城外两人。”结果出来后，果然如此。有人问其中的缘故，栎公说：“测这个字的时候，偶尔想到《孝经》中有‘天子有争臣七人，诸侯有争臣五人’这句话。我们这座城池是侯爷统治的地区，因此城里应该是考中五个人，城外距离天子的京城十分遥远，不可能是七个人，只是加上城内的一共是七个人，因此城外只有两个人。”

杭州有一个姓谢的相公，听别人说他的儿子因为科举考试失败，一气之下剃发为僧。谢相公非常担忧，写了一个“幾”字，让栎公测测。栎公说：“在这个‘幾’字中有‘丝’字，有‘人’字，而且丝在人的头上，说的肯定是人的头发。但是‘幾’字中有一个‘戈’字，正好穿插在‘人’字与‘丝’字之间，看来剃发是肯定的了。”后来果然应验了。

问病之测

一个人的儿子生了病，写一“砚”字去问吉凶，测字先生推断说：“见是儿缺之形，说明你儿子的病不会好。”

有一人母亲得了重病，就写了个“唐”字去求占，测字先生一见，立刻占断说：“‘唐’这个字，上为‘康’字头，下为‘居’字之尾，由此推断，你母亲一定康居无恙。唐字有疾形，恐怕目前不太安稳，幸喜有吉字尾，当可化危为吉。”

有杨姓者偕友北游，舟抵邗关，突然流鼻血不止，友书“已”字问，测字先生说：“是凶数也，难过明日。”友问：“流鼻血会丧命吗？”不信而去。第二天来了说，昨归舟时杨的鼻血已止，不期夜半血涌而逝。什么道理？测字先生答：“‘已’加‘一夕’，则‘死’字也，故断难过明日。”

有一姓闵的人，妻子得了病，很久不见好转，他甚是着急，便写一“闰”字请周亮工给占一下。周亮工知道此人姓闵，求占的却是“闰”，就笑了笑断道：“你姓闵，却以‘闰’字求占，这是以‘玉’换‘文’，玉者素（白）也，文者采也，以素易文，乃逢丧素服之凶兆。再说，‘闰’这个字，当中是‘圭’字去掉了头，所谓‘闺’中不全啊！不仅如此，‘闰’这个字，其中又有门内一土之象，这也不吉利。据此为断，贵夫人的病恐难痊愈，她将不久于人世。”

陆士冲身染重病，久病不愈，朋友很关心他的病情，写了一个“好”字向周亮工求测。亮工摇摇头说：“‘好’字只剩下一位子女，恐怕没救了，请早点准备后事吧。”不久，陆士冲果然病故。

有个人的儿子病危，写了一个“天”字请周亮工测病情。周亮工说：“天字，工下人不断，你放心，你不会断了后代的。”这个人很高兴地回去，过了几天，他的儿子果然渐渐康复起来。很巧的是，这个人的名字中，正好有个“天”字。

盐道朱公说：“吾弟返京，行时有微恙，途中安否?”遂书“此”字乞占。测字先生断曰：“‘此’字占兄弟，不吉之数。此字类比字，比肩就是兄弟，比旁多一点，而且止字引头，就是比肩之数停止了。何况字形如死，怎么还能生存?”朱又问：“能抵家否?”答：“‘此’字与‘北’字相去不远，纵然没到家，也离家不远了。”十天后报至，朱公之弟卒于河西务。

有以“午”字占子病者，栎公说：“上乃人字卧而不起，下乃数之终，占病岂能用这样的字?”后竟如言。

杭州城里有一位姓闵（音敏）的先生，他的母亲病了，就写了自己的姓氏，请栎公占断。栎公说：“从这个‘闵’字来看，是以文临门的形象，写着字的纸来到门前不是庆典就是治丧。现在病人躺在床上，不可能有庆典的事，肯定是治丧吊唁的意思。况且，这个‘闵’字中的‘文’字类似‘女’字，又不是‘女’字，所以有门内女不成的形象，看来她老人家的病情难以好转了。”几天后应验了。

周君以“六”字问栎公，不说问何事。栎公说：“此大事纷裂，因为字有大形而三分之也。后众人事乃一人担之，但有人从中作梗，事当不成。”周说：“我父以族田之租助学，贫士纷争事有变，乡绅又干扰，乃终止。”公曰：“六字右下角写出格了，你弟不久辞世。”未半月，遇周白衣冠丧服，对栎公说：“君以一字杀我弟，弟数日前暴疾卒。”

一友书“匕”字，问子目疾，测字先生说：“目已损其半，其一将愈。”友骇然说：“犬子果坏一目，何以知之?”测字先生说：“目者，北方水也。‘匕’字存‘北’字之半，故知目损其一。”又问何以知一目将愈，测字先生说：“匕乃皂字去其白。皂白已分，故知其将愈。”

解梦之测

昔一仕官连夕梦站在木边，术士占之说：“人旁木，休字也。”不久果罢职。

一人梦靴匠倚石，不知其意。占者说：“靴匠乃皮工也，皮旁石，破字也。”不久家破，萧条人口。

一人幼时常梦沼中四鱼，占者曰：“一水四鱼，鳏（音灌）字也。”是人至老孤独。

一人梦斗笠被风吹溪边，占者曰：“笠飘水畔，泣字无疑。”果有父母丧亡之变。

一人梦鼠头戴笠，术士曰：“鼠头戴笠，竄字也，快点逃走藏匿为是。”

一人梦骑牛背，占曰：“人在牛背，失字也。”果遭失脱之忧。

一人梦一人言，一犬吠。术士曰：“人言犬吠，乃狱字也。”

一人梦一斗入门，占曰：“一斗入门，鬦也。”是日果有斗殴之恐。

云南段思平起兵，方至河干。当晚思平梦人斩其首，又梦玉罐的耳缺失，又梦镜破，惧不敢进兵。其军师董迦罗说：“三梦皆吉兆也！你是大夫，夫去首，为天，天子兆也。玉罐去耳，为王之兆也。镜中有影，如人有敌，镜破则无影，无影则无敌。三梦皆吉兆也。”思平于是下了起兵的决心。第二天一早，引兵渡江，改国号为“大理”。（按：夫去首为天，玉去耳为王，用的是减笔测法。）

张环曾梦人告诉说：“老儿伸了脚，切莫出头来。汝前程止此，可记之。”张自意此梦不祥，凡遇老者，必远避之，恐不利于己，无复志于进取。后中进士，任考功郎中。老字伸脚是考字，切字不出头为功字，位遂止此。

婚姻之测

有个人知道周亮工善于测字，于是写了个“可”字向亮工求测，但故意不说测何事。周亮工推敲了一下，然后说：“男一丁，女一口，所问必是婚姻之事。”此人回答，正是如此。周亮工接着说，婚姻是可以成功，但是还有些问题。此人说，是什么问题，直说无妨。周亮工回答：“‘可’字虽是一丁一口，但丁字过旺，口字不敌。这表示男方因为权势过重，容易轻视女方，女方最后被男方所克，两人无法白头偕老。”数年后，周亮工的话成真。

沈云卿梦到喝羹甚寒，仰见天上有“无二”两字。天亮后告诉金回秀，回秀曰：“羹寒，无火也，就是美字；天无二字，就是人字。君当有美人桑中之喜。”沈当天果然遇到美人苗蕴，姿色绝代。

生育求子之测

某人为求子嗣，而到何仙庙祈梦。他梦见有人抱了一个西瓜送给他，有半粒西瓜子露在瓜外。庙里的释梦者恭喜他说：“西瓜最是多子，你一定会像西瓜般子孙累累。”但一直到了老年，他还是没有一子半嗣，于是认为何仙赐梦根本就是胡扯，而不无懊恼地将这件事告诉测字先生。测字先生听后，笑着说：“瓜露半子，正表示你会孤啊！”他听了，才恍然大悟。

某个人的妻子怀孕，他一天到晚期望妻子能生个儿子，于是写了个“子”字请周亮工测字。周亮工看了后，很明白地告诉他，“子”字，拆开来是丫头一个，你妻子这胎会生女的。事后果如周亮工所言。

有个人的妻子怀孕过月未生产，听说周亮工测字很灵，便写了个“萱”字求测。亮工看了萱字后断说，你妻子必须再等二十一天后才生。因为萱字上面有二十盖头，日字上面还有一画；字尾的最后一画即是生字尾。这个人把亮工所推测的日子一算，觉得太迟了，不太可能。于是改变话题，问亮工这胎是男是女。亮工说，萱草是母亲的代称，这胎生女，且极易生长，他日必为人母。测字的时间是五月二十日。这个人的妻子在六月十一日生下一女，正好是二十一天。

周亮工因事被困于秣陵，他的侄子顺路到秣陵探望亮工。亮工的妾此时已有身孕，亮工于是要他侄子写一字让他测测家里的情况。他的侄子写了个“喜”字。亮工看后大喜地说：“太好了，二十日之前，我就可以从这里脱困。”他侄子说：“只有二十日之前吉利吗？那二十日后呢？”亮工大笑：“非也，二十日后，我的妾会为我生下一个女儿。”亮工指着喜字说：“你看，‘喜’字中间不是有二十吗？二十的前面是吉字，后面是一个口字，一丁为男，一口为女，所以我才如此推断。”结果，亮工果然在二十日之前顺利离开秣陵，二十日后他的妾也生了一个女婴。

一次，有人请周亮工吃饭。席间，主人迫不及待地说了一个“九”字，请周亮工测一下他家中的一位孕妇情况。周亮工说：“你尚未有子，这次当生不凡之子。‘九’又似‘兄’而不成‘兄’字，故知你以前不曾有子。‘九’字是阳数，故为男孩。‘九’字又似‘凡’字，但非‘凡’字，故知不凡。”周亮工问那人：“孕妇是不是你的小妾？”那人惊奇地问道：“你怎么知道？”周亮工回答道：“‘九’字似‘元’非‘元’，故知不是元配夫妻。‘九’字添室中，似‘宄’字，外称奸，内叫宄，须防室中不测。”那人连呼：“奇怪，你怎么知道的？此孕妇是我的婢妇，其他小妾十分妒忌，千方百计让她流产，有没有办法保全她？”周亮工说：“无妨，‘九’是‘完’字之尾，不会有什么伤害的。”

官运之测

张某书“示”字，问一官何时履任。测字先生断曰：“小小县令，恐发生灾难去不了。”张惊问：“果然是吴县县令，何以知之？”答：“示乃小二也，縣脚有二小，丁字身，恐以忧阻。”后皆验。（按：丁忧，即父母有亡须在家守孝，不能出仕。）

破案之测

柳道彦性迂缓而好思，曾在旅舍被家奴盗其金逃走，身上钱财所剩无几，只能一段一段地继续旅行，夜里梦人画“陋”字给他看，柳想：“陋旁抱耳，乃是人字转手入怀，物尚不失。”白天走着走着忽见一个小店卖饼面，又想：“饼面者，丙乚也，组成陋字就全了，人应该在这里。”下马人其室，果得家奴，而金尚在怀。

江浙一带出了一个江洋大盗，名叫周体乾，中书令巡查江浙，就想为民除害，写了一个是非的“非”字，让测字的栎公看看。栎公说：“从这个‘非’字来看，在周体乾的左右都是不忠于他的人，您肯定能够除掉他。”追捕的命令下达以后，中书令指着旁边环翠楼的“翠”字，让栎公测测。栎公说：“‘翠’字上面两个‘习’字，写得类似八卦中乾卦（☰）的形状。整个‘翠’字从左边看是乾卒，从右边看也是乾卒，看来周体乾必死无疑。”后来这个江洋大盗被浙江官员捕杀。

有位冯姓官员的一个仆人逃跑了，他带着另一个仆人找到栎公，当时没有几案，就在这个仆人的手掌上写了一个“走”字，请栎公占卜。当时主仆二人都站在栎公面前，栎公说：“‘走’字加上双立人是一个‘徒’字，看来找遍天下也是徒然啊！然而此人也根本不需要去寻找，不久他就会死于非命，您看，这个‘走’字是由‘土下人’三个字组成的。”后来有人发现那个逃走的仆人死在了大堤之下。

应期之测

建宁贼王奇，占据了城池。官兵至，攻未克。栎公在绍武城，手下书“筆”字问栎公。时已廿三日，栎公说：“廿日已攻破建宁了。”“筆”字竹头，作草书似艹，“聿”为“建”破象。后知建宁果克于廿日。

栎公在杭州为人测字。有一个人的妻子怀孕了，他写了一个今天的“今”字，询问生男还是生女。栎公说：“这个‘今’字可以拆成‘人、一、丁’三个字，所以肯定生男。”那人问：“孩子哪天出生？”栎公说：“碰到天干的‘丁’日，就会出生，另外‘今’字是‘念’字头，‘念’字与‘廿’字谐音，廿日也就是每月的二十日，所以还要碰上某月的二十日。”那人问：“母子是否平安？”栎公说：“现在正是夏天，五行中的火乘旺气，‘今’字是人在丁上，天干中丁属火，正处在兴旺的地方，看来母子二人都平安。”

海寇围漳州城后又退走，满山起了白雾，守将既担心海寇偷袭，又恐盲目出击伤及自泉州驰援的援军，书“白”字问栎公。栎公说：“‘白’有兵字形。且自泉州而至，不是援军是什么？”复问曰：“何日入城？”答曰：“字首一撇是‘入’字之半，‘日’也又‘早’字之首，初与十俱过，应该是廿四日早。”援军届时果然自泉州至。

刘廷玑《在园杂志》测例

刘廷玑，字玉衡，号在园，清初人，曾任内阁中书、浙江括州知府、浙江观察副使。晚年调任河工，参与治理黄河、淮河。他的散文集《在园杂志》记述了其测字经历：有书“字”字请测者。刘廷玑一看即祝贺说：“是一位现任宰官，在内则都察院，外则按察使。因为上为宪字头。但下‘子’字，属地支之初，是新升迁的。恭喜必得。”那人又问：“任职地方怎样?”答：“总在好的一边。因为‘子’字为‘好’字之半。”临别，那人问：“还有不利的含义吗?”答：“子为一了，只恐此任不能再次升迁换地了。”后来果然。

一人失马，书“奇”字测。刘廷玑说：“肯定找不到了！因为无马在旁，则骑不成，但站立可以。”

一人入夜请测，不及书字，时已戌时，即口占“戌”字以请。刘廷玑问：“占什么事情?”答：“想谋事。”刘廷玑说：“不可直接把话说得太明白，须转一弯，其谋可实现。”因为“戌”字一点转弯即为成字。

测应期

一人书“文”字问讼事。刘廷玑测曰：“吝不成吝，凶不成凶，此事即当解决。”问：“何日可解?”刘廷玑反问：“今日何日?”答：“十五。”刘廷玑说：“再六日必解。”果符所言。问：“何以知六日?”刘廷玑解说：“以十五加六为廿一日，昔旁加文为散，是以知之。”

乡试后，一生书“花”字问结果。刘廷玑说：“必中无疑，恭喜廿七名！已有人到你住的地方去报喜。因花字分为立人、廿七。”那人回到住所，果然遇到报喜的。其人嗣后复书“一”字问终身，刘廷玑说：“廿年内官可至五品。”问：“有几子?”答：“三子。”问：“寿几何?”答：“七十之外，不到八十。”细询其故，以一字可加三字，故生三子。复加二竖，乃成五字，故廿年可至五品也。一字二三四五六七皆用，至八字则不用一横，故寿至七十以外即止。

一太守书“識”字请测。刘廷玑说：“文头武脚，若非管理决狱理刑方面的事情，即属喉舌近臣。”答：“是知府。”因为“識”字与“職”字相类，故知为官，而落笔先成言字，所以这么判断。刘廷玑问：“任职几年了?”答：“已任五年。”刘廷玑说：“满六年便会服父丧，因为字中间有小六字，一字为丁字之头，日为父象，故知其丁艰（看守父坟）。戈属武，但服丧期满之日不补文官而补武官，殊不可解。”果然那人后来补武官。

程省《测字秘牒》测例

程省，清初江阴人，字以三。一生漂泊江湖，以测字为业。晚年写成的《测字秘牒》，系统总结出测字的理论方法，为测字者必备，其中记载测例甚多。

壬午十月，有游宦书“青”字问：“昨闻邸报传说皇上南巡已到红衣铺。弟有一故旧随来，想等候见他，不知何日至此？请求细推。”程省说：“字中上乃主形，又是半个来字，皇上应该在南来的半路上。但月乃阴象，又是半个背字，塞北阴方必应。皇上心里惦记北方，会半道而返。”其人犹未深信。果报：圣驾还没过淮河时，得到太后之旨，于是星夜赶回京城。

考学功名之测

一生岁考书“投”字问考试结果，程省说：“四等。”其人屡考一等，至发落时却是一等三名。因为还给某生代笔当枪手，被发现后受杖刑二十大板，置之四等。其同来之友来问字理，程省说：“投乃股字、打字相合而成。秀才打屁股，不是四等又是什么?”

一人书“慶”字问府考，程省说：“知府大人甚爱你的文章，上六下八取之。”其人大悦。后果然。

一人书“楨”字问会场，程省说：“明明宰相之体，春闱考试必中无疑。且極字头、貴字尾，问功名可称极贵。数中卜，乃圣上钦点。”不知问字何人，后来才知道是姑苏吴廷桢。

一人书“用”字问求谒见某官，程省说：“断难见。”而其人说：“我屡候之。”程省说：“虽然坐等，他终不能见你。”问何故，程省说：“字之上半全是闭門不纳之象，不独闭門，而門内复将一木紧紧撑之，如此安能见他?”问：“他就不出门了?”程省说：“字乃截角之形，他再不肯出头了。”旁观者皆抚掌称妙。

婚姻之测

一人书“鄉”字问婚姻，程省说：“姻缘虽易成，男女亦相得，不过为何以童男之身娶再婚之女？所幸末笔乃节字，到后却能守節。”其人笑说：“此女果然做过童养媳，未成婚而夫死，她的公婆想把她嫁走。先生怎么知道?”答曰：“此乃牛郎织女巧相逢。因郎字全，织字只有半边，所以知道。”其人又问：“到后守節，为什么不为前夫守寡?”程省答：“節旁耳直。今鄉旁耳多一曲，是以知其守节须待第二次嫁。”

一人书“繍”字问婚姻，程省说：“婚姻必成，且十分得意。”问：“何故?”曰：“红丝紧系蕭郎足，姻缘自成。更美者，字末三川六段，又为地天交泰之象，夫妇可以偕老。”其人悦而去，至十二月成伉俪。

一人书“茆”（音毛）字问婚姻，程省说：“极易成，但对方是妓女，兄何留恋于她?”其人笑说：“果是！一美妓与我相处有年，现在她有从良之愿，我欲娶她，不知字理怎样，先生真可谓神见。”程省说：“此字全是残花败柳之象，所以知其为妓。末笔从节，还可以为善，兄可以娶。”

一人书“吝”字问婚姻，程省说：“上有交欢之象，下有和合之形，姻缘可谓美矣，必成！”其人说：“神数！本系已成之事，只是想随便问问。”

一人书“子”字问：“有一女，先曾许配给某氏之子，实未受聘。现在父母欲把她嫁给别人，但是那人想告官提出诉讼，此事吉凶何如?”程省说：“蜉游之羽，只取一时之荣，不顾后来之患。现在官司临头，谁教你存心不好？明明一个‘好’字，谁教你去掉旁边的女字?”其人又以“童”字问：“现在那人想在报官前，先勾搭恶党进行抢亲，有无对策?”程省说：“‘童’字似重，若报到官府，恐有重（偏）听于对方之兆。”其人悚然问：“如何结局?”程省说：“以字理度，可挽回，他可以不抢亲，亦不告官，但你能听从我所说的吗?”其人唯诺，程省说：“童字有奇巽之形，他人的计谋必定设计缜密；‘童’字又有立里之义，你应当代他另聘妻。可请至亲到他那里，婉转开导，许以赠财代聘，而于邻里中择一女为他订婚。等到他肯依，然后嫁女。此两安之计也。”其人谢别。一月后，闻其女已嫁，而那人亦得财息事。

一人书“虬”（音求）字问婚姻，程省说：“必系寡妇，先私后娶，然却易成。”其人背后一友笑曰：“请教字理。”程省说：“花烛之余，岂非寡妇；伤风败化，必有私情；所幸虽败坏之极，而風声只缺微边，往来虽久而知者犹少。”其人复问：“何日成婚?”程省说：“乚为半九之象，立春前五日成婚。”二人皆叹说：“神数!”果然日期到了就成婚。

一人手持一钱置于几上，复指钱上“顺”字问婚姻，程省说：“必成，何况已经成了。”问故，程省说：“钱乃团圆之物，外圆内方，地天交泰之义也。倒指‘顺’字，可谓手到即顺也。”复问财气，余曰：“唯财气欠旺，只可二三分之利。”问：“何故?”程省说：“钱乃外实内虚之物，衣服什物虽有，而资财恐不多。且‘顺’字从三写起，愿字结局，只得三分如愿。”

朝宦请程省问婚姻，书“卜”字。程省曰：“大贵！非本郡，比你还高数倍之家，且易成。”宦悦曰：“果然是在都中议婚，男女两家亦远隔五百余里，果然系大贵。求教字理。”程省曰：“字之体，金枝玉叶，一竖为金枝，一点为玉叶，故知其为千金小姐也。‘卜’字乃外字之边，则不在本郡可知。‘卜’字可上可下，则其易成可判定。”宦叹赏而去。

有一乡村姑娘写一“弓”字，请程省测姻缘。程省说：“弓加两条辫就是弗，你这段姻缘一定不成。”姑娘问：“为甚么要加两条辫呢？”程省笑道：“你不是梳着两条辫么？”那乡村姑娘的嫂嫂在旁边听见，很不服气，说道：“我也用弓字来问婚姻，我嫁的丈夫好不好？”程省道：“糟糕，你是有心来问，弗字加心便是怫，你两夫妇一定常吵架。”嫂嫂说：“我没有梳辫，为甚么弓字要加两条辫？”程省答道：“你是接着她的测字来测，而且你报‘弓’字时，姑娘的两条辫正在摆。你说，到底你们夫妇是不是时常吵架？”那嫂嫂还没有答，姑娘已经点头。于是，又再写一个“田”字，问姻缘到底什么时候到来。程省说：“一个月就另有姻缘，到时一定有人来问媒，可以成功了。”姑嫂两人问他其理何在，程省说：“‘田’字加两条辫是用字，用字拆起正是一月，不过‘一’字直写，正好像你们乡下人记数，所以我测一个月就有姻缘。”姑娘用手盘起两条辫，写一个“目”字，问这段姻缘好不好。程省笑道：“你盘起辫，目字便成眉字，张敞画眉，恩爱得很。”

生育求子之测

一人书“欠”字问六甲（按：怀孕生子），程省说：“明日生男，决非首胎。”时十月初十，至次日果生男。其人复问字理，程省说：“欠加两点为次，故知非首胎。加土为坎。坎，中男也，故知生儿。初十来占，加十一在旁成坎，则今日当产无疑。”

一人书“元”字问六甲：“男的女的？”程省断曰：“二八之形，巽卦之变，生女无疑。”至分娩，果产一女。又一人用“元”字问男女，程省说：“生男。”至分娩，乃一男。其人复来问字理，程省说：“元乃乾健之体，四德元为之首。兄之所娠又系头胎，何况时连笔三笔写成，可改作‘儿’字。故知生子无疑。”其人问：“师曾断此字生女，弟遂写此字求数；还拿去问你的同道，他们都断为女。何故却生儿子？何故师所断与前不同？愿闻其说。”程省说：“‘一’字之来有一字之机，因为前一人之元字中，二横如桥，字乃四笔写成，数属偶，故生女。兄所问之元字，头尾昂藏，字乃三笔写成，数属奇，故生男。奇偶尚不清，怎么能为人测字？邵康节先生曰：‘字同事不同，不宜此而宜彼；事同字不同，倏（音书）变吉而变凶。’说的就是这个道理。”

一人书“球”字问六甲，程省说：“王旁乃璋珍之畔，球琳为美玉之名；求配艮卦，主生少男；非十二即二十见喜。”分娩果验。

疾病之测

一人书“門”字问病，程省说：“死啦！还用问吗？”问字理，程省说：“門字之形，乃日有余、月不足。”其人说：“是女的病了。”程省说：“必死！”过了十四日（按：女字拆为双七）果然死了。

人有遗孤五岁，偶病。其乳母以“亥”字问吉凶，程省说：“亥乃孩不见子之象，上是六不全，中是久不得，下是人不长；本月三十日是月尽，亥为时尽，此儿活不成了。”复以一字再问，程省说：“一乃生字之终，死字之始，则生从此尽，死从此至。何况是半个十字，禄命止于五。”其老师又以“水”字问，程省断曰：“‘水’字之形，不能永之象。五行之数，土数五。土能克水，难过五日。”至九月初五果殒。

一人书“幸”字问病，程省说：“不吉。”于是问病人岁数，答：“四十九岁。”程省说：“幸字反有三不幸。问病不宜见土与木，今数中土木交加，一不幸也。木中桑木为最坚久，今不成桑木，二不幸也。不完五十，三不幸也。人不能全天命之年，虽幸，实不幸。逢辛日或辛月，恐不能侥幸。如果能挺过八月至十月，方可言幸。”病人一月后果卒。

一人书“病”字问病，程省说：“病人是女的吗?”答：“是。”程省说：“无妨！内省不疚，何忧何惧？上面主人安稳，下面内人端正，绝无害。丙属火，逢土日泄其气，可愈。”其人去，不到十日来说病已愈。

有人书“齒”字问：“一人出外十余年，何时回来?”程省说：“死了。”问何故，程省说：“太岁当头，外边重重险厄，终归于凶，是以知其死。不知岁数多少?”答：“三十六岁。”程省说：“必死！齿，年数也。普天之下，从无三十七齿之人，今以此字问之，恰值三十六岁，我知其必不能生还。”其人泣曰：“神数！这是说我弟，一出不归十余年，杳无音信。昨有一友从北来，言在某处会见，正巧我弟病重，不能作书，剪发辫寄归，令其妻嫁，死后行囊如洗，蒙此友施棺殓葬。我犹未深信，故特来一测。今如先生所断，则事实果然，而且三十七齿之说，匪夷所思，令人叹服！”

一人书“芍”字问病，程省说：“病者必年少之妇，二十岁上下之人。”其人惊曰：“是！生死何如?”程省说：“病犯黄幡豹尾，焉能得生？而且，花月，女象也，字中全是花残月缺之形，恐怕不行了！”其人去后，未一月来曰：“先生神数！所测芍字，是我老婆，二十岁，得輶（音由）羸之疾。昨忽谵语，至夜身亡。次日偶翻阅黄历，恰是箕水豹值日。数之奇验一至于此。”

一人书“言”字问病，程省说：“先凶（按：古凶字为离字头）后吉，其病无妨。但调理欠周，恐多反复。”

一人书“焉”字问病，程省说：“瘫症也。似马非马，不能行动；似爲非爲，服药无用。”其人曰：“果然！风瘫四年矣，近日因为得了足疾，故问之。”

官司之测

有一人跟王姓人家打官司，他想求和，王姓却不答允，此人十分担心，便写一“元”字向程省求测。程省道：“那姓王的人合该倒霉，敬酒不饮饮罚酒，你跟他去见官，审一堂官司就完结，而且必然是你胜诉。”其人问故。程省说：“‘元’字如‘允’不成，故欲和不允。‘元’加一顶‘官帽’就变成‘完’，所以官司一定要见官方得完结。‘元’加‘王’则为‘玩’，主王姓人家玩法，是故非输不可。”后来两家果然对簿公堂，官判王姓人家败诉。那测字的人买酒来谢程省，顺便又用“酒”字请测，看会不会受到报复。程曾说：“包保你平安，对方已经心怯了，你是拿着樽酒，边斟边叫我测‘酒’字，‘尊’字是‘酉’字加头脚，所加头脚却有‘不成方寸’之象，合起‘樽’、‘酒’的意思，便是‘水木不成方寸’，证明对方心意已乱，应该再也不敢生事了。”

扬州汪四被总宪拿问，其党羽以“張”字问吉凶，并且说：“今已有东王爷书到，早晚能出否?”程省说：“此字大凶，生且难保，不要奢望其能出狱。”于是断曰：“吊（弔）客当头，丧门煞局，内中王心已偏，恐终不能挽回。”测字之时在九月二十。至十月终，果然自缢于监中。

一人以“公”字问事，等了许久还测不了，因为先来者先测，而后至者次序应之，所以不得当即立断。到临测时问他：“何事?”则答：“忘了。”转身即走。程省说：“先别走！你不是真忘了，不过因我慢待而生气。”其人曰：“请说。”程省说：“字虽‘公’字，却有一团私心；况分字头、去字脚，你必与人共事，现在想分头而去。”其人曰：“诚如所言。我与表兄合伙开一银店，将及三载。今欲分账自开，不知吉凶?”程省说：“一言成讼，此话可谓难讲。末笔更带玄武，其中必主小人刁唆，不日将见官司，宜止之。”其人叹服。后旬日复来测定，自言：“承您指教回去，并不言及分账之事，而表兄与我关系重修于好，承诺明年分店各开。”

一富家的管家做了负心事，主人欲将其告官处理，书“恙”字问当否。程省说：“字乃恩断義绝之象（義头恩尾），此人已十分怀怨。又有隐恶扬善（善头恶尾）之形，如其可止，则当止之。”来人问：“现在管家反而无赖，想先去告官，如何停止?”程省说：“此字拆开，实是‘大人为美，自然得息’。你但凡静以待之，他并不能怎样，岂不闻穷寇勿追吗?”其人依言。后负心者屡屡告官，俱不准，遂息。

应期之测

一官欲赴京选，问行期，书“門”字，兼问功名事。程省说：“此字问功名，可谓大利，但行期迟缓。門，可开可闭。现在冬令，天地闭藏犹門之闭，进出不通。若等到春令，万物萌芽犹門之开，往来甚便。以此推之，今年尚不能成行。而且字体乃朋来未齐之象，你必然等候亲友同行，大抵在新年正月。”其官曰：“我确实想等浙中二友同行，约灯节前到。”

正月初八，一人指黄历上的“寅”（按：正月为寅月）字，问曰：“听说圣驾南巡?”程省说：“宇宙一人之象，正是兆民仰问圣上之字。上有离宫（按：离位于南）之形，下有甲胄之人卫之，必然南巡。寅，阳木。下月木日到。”后至二月初七壬午日，皇上到了扬州。

一人书“陸”字问天晴雨，程省说：“必晴。”问：“此时将午，已阴云霏霏，如何得晴?”程省说：“包晴！字左乃阴不阴、阳不阳之象，本日天色自然晦而无雨。字右却有两个土字，土能克水，岂能有雨？但土空则陷，恐怕来日当有雨。”果然。

命运之测

一人书“麟”字问终身，笔迹肥浓，横直停匀而有神采。程省说：“贵人之格也。”其人曰：“我一个贫汉，有何贵?”程省说：“你的贵不是自己挣的。字从庇荫起手，当是袭职之官。字有戈戟之形，必居元戎（军人）之位。虽然贵，但一生不利于南。纯水之形，宜往北方便利。二十上下，妻宫寂寞，夫人早已仙游。三八之时，做事多应迷舛（音喘）。末笔生三尾，子有河东。上有‘六十’形，下有‘死年’局，问寿只许六旬。纵然自少至老荣显，若不升往北方则不宜，兄弟不得力，六亲无依。此狂瞽之言，请贵人取择。”其人始点头曰：“我乃京口郭某。现授广东水师参将，今年二十九岁。二十四岁时丧妻。我的弟弟尚未登仕途。我本籍北京，十五岁因父去世袭其职，即来江南，至今十五年了。虽有一官，其实百事不遂。幸遇高明指教以南北之向，可谓半仙也。”揖谢而去。

一人书“錘”字问终身，程省说：“有金有玉，有位有基；有宝镜出土之象，有异乡重发之形；为八音之领袖，振众声之洪响。可谓美数矣。”

周友携一“筆”字问终身，程省断为：“笃字头，律字尾，中一竖有精神。逢丑年，交鸿运。十二年顺利，家业长二千余金。二十岁上下即走关津渡口，以建立功名。丰神虽潇洒，但眉间定有伤痕。笔之为物纵然贵重，却随人掌握而行。依我看，早年即当为入幕之宾，妻迟子晚，祖业又凋零，幸亏算字头实在，到后来靠撰写文策为生。”批毕，周友曰：“先生果然名不虚传，这是我友邵令铭所书之字。他今年二十八岁，尚未娶，在我衙门做幕僚数年。至于伤痕，跟你说的一样。”

一人书“磨”字问墓地风水，程省说：“歷字头、盤字尾，历年悠久，如盘之安。且数内人财两旺，将来富贵双全。”那人问：“既然此地可用，请细细指教。”程省说：“上面一点乃墓主也，石乃墓前之碑，林为树木，乃即林堂。如此之地，可谓吉矣。葬后二十四年有后裔会中解元，官至知府，俸享二千石而终，此地之发贵如此。”那人高兴地说：“字之恶而测之美，实在是奇门相反的道理。”

求财之测

一人云：“我欲求财，请测一字。”程省说：“什么字？”其人呆视不动，程省说：“你又不写字，又不拈字，我即将‘求财’二字测之。”其人曰：“知我做何生意？”程省说：“当是卖果子，否则必是树上所生之物。”问：“何方买卖？”程省说：“东南买至西北方卖，先曾做过。有本而艺不精，以致亏损。现在是第二次。生意虽精而本又不足，意欲与人合伙同行。”其人曰：“神数！果是往洞庭山买木瓜、香橼等至淮北卖，前岁之货大半黑烂，本折过半。今实约友同行，利否？”程省说：“利。”旁观者问：“先生所言句句对针，而其理何所据，遂如此之应？”程省说：“‘求财’二字皆有木形，故知是卖果子的。求中全然见本，而有不永之象，财中只有半本而有搬贩之形，所以又知其前后事。”旁观者又问：“何以知其前此艺之不精，而此番之精？”程省说：“求如丧字头，所以知其不精；财如射字形，所以知其可中也。”

一人书“非”字问所期望的事，程省说：“此事能成！将来四面纤巧，更有大利。”其人曰：“果然是已成之事，何以知之？”程省说：“非为韭芽，自春至秋不绝，其利故大。非乃纖字之心，故四面纤巧，事皆从心而起，故曰将成。”其人大悦，果得利，是贩官盐之事。

一人书“火”字问：“出门与在家哪个有利？”程省说：“出门利。此字中间有开脚之人，自宜行动。若在家中，有灾害。”时旁一人即指此字问曰：“我有一儿欲随贵人上京，今在姑苏找一儿做伴同行，利否？”程省说：“大利。”问何故，答：“火字迭见，乃炎字也。北方水乡，此去有既济之义，所以有利。”其人曰：“北方水旺，炎旁加水乃淡字也。财气不也淡泊吗？”程省说：“否！两儿皆南人，南方是火地。跟官之人势必炎，炎而字中又两重火。现据理断之，嫌其太过。所幸者，远游北方水旺之乡，得水制之，则火不猖狂，而两相为用。”其人复问二儿高下，程省说：“二火一上一下，自有高低。但你的儿子高，那个孩子不及。”问其道理，程省说：“先一位以火问事已过，乃退时之火。你仍以火字问事，乃方兴之火。以此比较，所以知此儿后来高于彼儿。”

一凫五测

一人书“凫”字问婚姻，程省说：“易成，当是再婚。”其人点头问：“理安在？”程省说：“倒凤颠鸾，婚姻极美。字之上是鸟，下如鸟巢。今鸟已不在窠中，则是换巢鸾凤之象，岂不是再醮之妇吗？”

又一人书“凫”字问：“守旧与更新哪个更好？”程省说：“字乃败翎鹦鹉之象，又像褪毛鸾凤。守旧不宜，决无兴旺之日。此时春光明媚、花卉向荣，细

推数中，乃天机到处鸟能言之兆也。若更改生涯，自然十分得意。”

又一人以“梟”字问生意，程省说：“皂皂鸟乘风，可以翱翔得意，然而无尽日飞腾之理，恐不得久。”其人笑曰：“神数！我所卖的是俏货，大抵半日能卖光。”又一人即指此字问生意与月份是否相合，程省说：“岛屿风轻鸟倦飞，此数不利，当慎之。”

一人书“梟”字问官司，程省说：“大不利。”其人问故，程省说：“梟神头，白虎脚，勾陈身，螣蛇尾，四凶齐犯。若到官，夹打俱有。一倒便见矣。”于是将“梟”字倒置几上，令其自观，时旁观者皆叹服。

杂事之测

一游宦书“家”字问家中事，程省说：“一家完全，人口皆安逸。守字头，缘字脚，你在此地守禄，家中事不用多虑。”后来得到报平安的家信，自来述喜。

一人以“沛”字问失物，程省问：“何物?”答：“镜也。”程省说：“在！速归，向宅边阴沟处寻，有破衣断带裹之。”其人去，到了晚上来说：“找到了！果在沟边，破衣坏带扎系。”

一人书“高”字问：“欲寻一店面，能找到吗?”程省说：“极易！现今有一店面等租，店头店底俱全，只将中间人口搬出，你住进去，挂个招牌便成店了。”问：“何方?”答：“字从庚辛起手，当是西南方。”其人去后十余日来云果然。

一人书“長”字问：“买一骑好否？一日可行几多路?”程省说：“马化龙肠，千里龙驹也；良字脚，德力兼全，宜买。若乘之，自然驰聘得意。”

一人书“纸”字问山地风水，程省说：“一边皆纺绩缝织之旁，此地必多生女，先从终字起，后全氏字，又应了夫终而氏存的说法，主多出寡妇。不利之地，勿用。”

一人书“瓦”字问摇会得否，程省说：“得会。”那人说：“人众尚在初起。”程省说：“虽系初会，必得！”于是批云：“瓦盖众人之头，字形二十九点。得会！”其人去，一会回来说：“会得了，点亦如数。”（按：众人聚会集资，摇骰按点排序，轮流交由一人限期使用，先用者即会得。）

一人书“弦”字问：“聘一伙友，约在腊月前来，现在已到新年正月，尚未见到。”程省说：“此人不来了！字左乃螣蛇，字右乃玄武，二人相合已共事，岂能再来?”于是批曰：“龟蛇二将相连，彼已别生枝叶。祖师不可认真，伙计须当另觅。”其人曰：“龟蛇之说信有之。我听闻他新遇一人，将有共事之意。我疑信未定，所以来问。”

范时行测例

乾隆时，测字最有名的人是苏州人范时行。他所擅长的是凭字义来测字。断语简洁而均有意义。每天以得钱六百为限，钱足，则谢客寂坐，有西汉严君平卖卜之风。曾有一人去测，写个“棋”字，问终身。范时行说：“棋是象棋，碁才是围棋。两种棋的性质不同。下围棋，越下子越多，可是下象棋呢，越下子越少，所以你的家宅运一定不佳，人口日益凋零。”来测者点头，说自己童年时一家十几口人，如今则只剩下五七丁了。范时行问道：“你是不是当兵？因为瞧你的衣服，像是行伍中人。”来测者点头说是。范时行便道：“象棋中，卒可以过河，而且唯有过河之后才能发挥他的力量，而且较难给人吃掉，所以你一定要离乡背井来发展。”来测字的人说，自己已经离乡了。范时行道：“象棋中能过河的子，以车最为威猛，炮则主突发，马行十分规矩，唯有卒子过河，每次只能行一步，限制十分大，所以虽已离乡，恐怕亦难得大志，突发固不可求，即使循规蹈矩亦难得意，只能见步行步，慢慢先求生存，然后才徐图后计。终其一生是难得大志的了。”

纪晓岚求测

有人写“解”字求范时行测。范时行见来人穿着差人的衣装，问之，原来是邻府的解差，路过本境，问此行的吉凶。范时行问他所解为何人何物，解差不肯说。范时行便微笑道：“解，一般当成是解散之意，譬如说讼事和解，病灾消解，都是这个意思。唯有押解犯人，解送珍宝的解，却偏偏不是解散，相反还要将他深藏重押。阁下既是解差，那就是深藏重押了。”那差人闻言，点点头，问道：“我只想请教此行吉凶如何？”范时行却道：“别急。深藏重押的人，写个解字，莫非此行有卖放之意，你老实告诉我，是不是想徇私卖放？”差人闻言面青，嗫嚅问道：“那又吉凶如何？”范时行悄声道：“你由此处路过，想必是往西南云贵边地去。”差人点头。范时行续道：“《周易·解卦》说，利西南，而且说来复吉，所以你不必卖放，解到西南，必有旨意将犯人赦免，你解的到底是何人？你不妨老实说。”差人也悄声答道：“是纪晓岚纪大人，他的门生想让他在两湖住下，叫我报病。”后来纪晓岚果蒙恩诏召返。

不得行贿

有人写“史”字问范时行，所问为官司。范时行说：“史必须信，不信则史官失职。因此打官司时必须如实告诉，不可歪曲事实，倘存心歪曲，定主官司

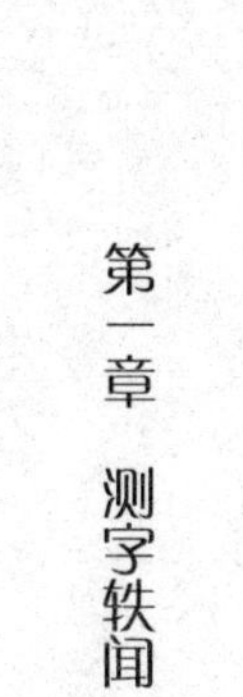

失利。”那人恰好是想诬告寡嫂与人通奸，企图夺产。本来已买通地保作证，听范时行一说，心中打个突，便再写个“吏”字，问范时行：“如果行贿县官那又如何？”范时行拍案道：“令人心从于一，心从于史者，然后才得称为吏。若想行贿，万万不可。”那人因为已经上告，无法收手，虽然听见范时行劝他不可诬告，也只好硬着头皮上堂。他不敢行贿县官，便只好行贿刑名师爷，因为县官断案往往听刑名师爷的主意。到开审那天，一开堂，刑名师爷便将赃银五十两呈堂。这样一来，官司便不必审了，县官立刻拔签，打原告三十大板。你道那刑名师爷为何如此公正？原来当日的师爷每逢新官上任，为了表白自己，每每便将必输的官司赃银呈堂。这宗官司，分明是捕风捉影，既无奸夫，又无凭证，县官精明，一审便可知是诬告，所以那师爷便乐得做好人，保存孤寡。

生肖触机

一人以“義”字问终身命运。范时行问他生肖为何，是否为羊。那人回答，正是。范时行感叹地说：“你打算光棍一辈子吗？从这个字来看，你恐怕这辈子都无法成家，无法成家的男人又有什么成就呢？”那人听了后，请范时行解释字理，为何会做如此的推断。范时行回答：“‘義’字，上面是羊字，下面是我字；先生属羊，整个字只见一个完整的我。所以说独身是先生一生的命运。”

寸木也有用材时

一理发匠写了一个“村”字，请范时行测终生的命运，但没有表明自己的身份。范时行说：“木以长为贵，一寸的木头有什么用呢？”范时行此话一语双关，因为剃刀之柄正是一寸之木，且说明此行业没有光明的前途。理发匠听了很难过，范时行接着说：“虽然是方寸之木，也能盖起高楼，只要用心去堆积，也能成大木。”理发匠后来跟随一位官吏做事，终于也成就了一番事业。

张官德《六壬毕法案录》测例

张官德，字次功，湖北武昌人，十九岁习六壬，至咸丰年间六十余岁时著作《六壬辨疑》、《六壬毕法案录》等，其测例摘录如下。

有人送信来，张官德以“若”字占信，自断曰：“萬字头，有字腰，信字尾，主萬家有信来也。上有童蒙（按：教书）求我之意，下有吹嘘荐举之象，必有萬姓相迎教读，大小皆从，但未免辛苦。十四日当有人到。”送信人问：“你怎么知道姓什么？”张官德说：“以草头口旁断之。为何说大小头像童蒙？中像大字，先是我教其大次子，一边教书一边还得应付科考，最是辛苦。因为若字很像苦字。口旁一撇有长舌之形，故多口角。中间像十字口，添四字应在十四日。”送信人问：“草头不说姓黄而说姓万是何原因?”张官德说：“萬与我有亲，故触及之，黄亦推荐我，但未来信。”

当时有乡民暴动的警信，诸生以“问”字请占科场是否受阻。此时门内有吟咏之声，张官德说：“届时人口可人龙门，不会阻碍科考，而且只户为门口，加一竖为中，及门者必中二人。口能报信，字上左右各两口，又有喜服入门之兆。”那年秋天乡民暴动未波及省城，果中张生、余生二名。

张生用“千”字占母病。张官德说：“头有披麻之象，孝服已成，不出十日，可速归，以赴永诀之期，”果然。

一次，张官德自己拈一“育”字，占卜说：“明日必有秀才上门求学受业，其人面黑、身肥而长，家不寒而姿且敏。”次日吴生相距八百余里，不期而合。有人问：“字义何解?”张官德说：“上有顶戴之形，下有修脯之义。字长而肥，且黑，又取发育之意，故云。”

一次，为占胡友来否，张官德拈一“友”字。自己解释说：“有字头，又字尾，固有人来，却又是一人，非前所期者，已不能去，以脚有一横撇勾住，故也。下截辰字，辰日必验。”果辰日毕姓来，原约胡姓未来，已有事绊，亦不得去。

一次，拈一“獨”字，占万表弟几时到。断为：“左犬为戌，右加火为烛，戌时必秉烛而来。”果然。又以“王”字占行人。断为二十一日到，很准。

有人以“容”字占荐石先生做私塾老师。张官德说：“身在穴里，藏而未见，此时不得，出来上有六字形，又为窗字头，下有会字形，又为言字脚，六月必来西窗一会，共话晨夕，不谈私塾之事就行。”果然石先生当时没有来，六月始来。

一次，拈一“臨”字，张官德自己解释：“主有仕宦家人三口来临。字不正，‘澡’字无水，难以除旧立新；唯先来的一人尚可以管教；后来两口一身坏毛病，积重难返。”

徐道一以黎元洪测运

徐道一精于卜，辛亥革命时在武昌，知清军第二天将宣战，胡姓朋友书“黎”字测问，徐道一说：“明之战汉军必利。此字首即利字。唯此战之利全仗人心联合，如快刀割禾，犀利直捷，胜可操券。但恐明日开战之初，小有不利。因字首多一画，令利字小变形，所幸人心继于后，始收功。”胡又书“元洪”二字，促徐一卜大势之成败与汉族之前途。徐沉思久之说：“此二字中，不独蕴有六机，且巧合谶纬，大汉必兴。”胡曰：“请言之。”徐道一说：“昔汉族中兴之伟人，其首非朱元璋莫属，其国号为洪武。元洪二字不期与之吻合。后来洪秀

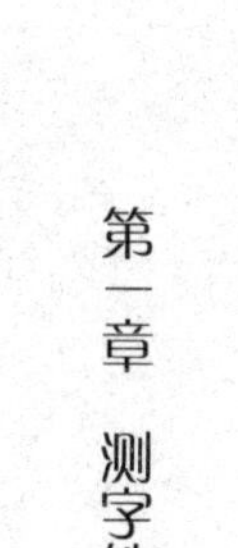

全占得一字，亦于中原树十余年汉帜，所以元洪为兴汉之象。”胡又问事成后政体如何？徐指洪字说：“此不待言，共和也（因洪字含共字）。此共和政体，初时恐只南方之一半，未能全国统一。”言罢即止，目注二字，若有所触说：“元，大也，洪亦大也。元字又从二从人，可能同时有二人皆为大总统呀！”胡曰：“是一正一副吧。”徐道一说：“否，卦无中副象，此副者，或另一人。此二大总统其初必各据其势权为敌，幸一人中立其间，调和两面，乃能水乳相融（指洪字旁之三点为三人而又体其字意为水也）。并二人为一（指元字为二人所并）。合并后，此二人中之占上着者成为一袁姓之人（指元字居洪字之上，元与袁同音）。”胡又指洪字，让徐卜以战后事之得失。徐道一说：“以后皆利。”随信手书一“漢”字说：“试观洪字，加人中土二字，不就是漢字吗？这便是汉人居有中土，无往不利之象。”

袁世凯居洹上

袁世凯被摄政王罢官后居彰德洹上村。测字先生说：“‘彰’字拆开，左边的‘章，去日为辛，右边的‘彡’撇加帽为亥，此主辛亥年，而去日则主改朝换代，加帽则主加冕华盖。洹音寰，乃寰宇；洹去三点水，加竖心旁为恒，此主以水德而行的大清将完结，贵人居洹上而有恒。”

袁世凯忌黄色

袁世凯晚年非常忌讳黄颜色，据说这也与算命先生有关。袁中年时曾有一算命先生说，只要袁红光满面，就不会遭受挫折，但如果面色变黄，“则殆运至矣”。还有一次拆字算命，袁拈得一个“簧”字。拆字先生说：“一簧字拆之为竹，为黄。竹逐节而高，佳兆也，但其下为黄。竹至于黄，死之兆也。故前程甚得意，但起居饮食之间，凡遇黄色，均须慎之耳。”经过这两次算命，袁氏对黄十分忌讳，十多年中目不见黄色，甚至后来对革命党人黄兴也十分厌恶，怕死在黄兴手里。后来，袁氏冒天下之大不韪，登基当了皇帝。按中国传统，皇帝所穿龙袍及所用之物，都用黄色。但袁氏不忘拆字先生之言，将龙袍及所用之物都改为大红颜色，还要把屋顶的黄瓦改为红瓦。

元宵改汤圆

袁世凯当政期间，听到“元宵”，实在是觉得不吉利。“元宵”岂不是“袁消”。遂改称为“汤圆”或“汤团”。袁世凯实在不聪明，殊不知“袁”谐音“鼋”，而“鼋”又称“圆鱼”、“团鱼”，而汤为热水，汤中之鼋岂有生理？此乃凶险的谶言。袁世凯新年号为洪宪，年号中的“洪”字，后来被人拆为“既是前清，又为共和”。

袁世凯以“玖”测运

传说袁世凯找人以“玖”测运。测字的说：“玖是个吉兆，预示皇上基业久长。‘玖’字左边是个王字，右边是两个人字。人中之王，可成霸业，却非至尊。至尊并非人王，而是人主。所缺的一点不能加在字上，在新华宫大门左边挖一厕，这一点就加上了。”

袁世凯的皇帝梦

大不同给袁世凯测字，请袁大人赐字。袁世凯脱口而出，请测“皇”字。大不同不慌不忙地说：“‘皇’字，拆开来就是白与王字。白与百相差一，白也就是九九。九与久谐音，九九也就是久久。所以‘皇’字，就是王位久久长的意思。”袁世凯一听，拍案叫绝，“测得好!”我再请你测一个“袁”字。大不同说，袁字是喜头衮尾。古代天子穿的龙袍也叫衮袍。袁世凯一听，大喜过望。当晚，大不同悄悄南下，到了上海，立即主动找到《申报》的记者接受采访，第二天，《申报》在头版头条发表了采访录，公布了大不同为袁世凯测字的真相与内幕。大不同说，袁世凯要测的“皇”字，拆开来就是白与王字。白与百相差一，白也就是九九。皇帝是九五之尊，《周易·乾卦》第五爻：“九五，飞龙在天。”九九则过了九五，满则损，过则溢，且过的刚好是四，四是死的谐音啊。你们瞧，王字是一个土字上面躺着一字，好似土地上躺着一具尸体。会背乘法表的小学生都懂得九九就是八十一，这就是说，想当皇帝的袁世凯，他最多只能当八十一天的短命皇帝。袁世凯的姓袁字，袁字是喜头不错，可并不是衮尾，而是哀尾，他以喜剧开场，但离呜呼哀哉的收尾已是为期不远了。

应期八十三天

袁世凯称帝前微服出巡，见一测字先生，袁世凯以“春”字测事业，测字者说“春”字是“八加上三加上日”，此事业只有八十三天的寿命。结果袁世凯的称帝真的只有八十三天。另外，段祺瑞曾和朋友谈论王世珍，二人便以“珍”字测袁世凯建帝制之事。测字先生说：“珍字左边有王，帝也；但右边一个八，下是三撇，为八三之数。称王仅有八十三天!”

定国军的下场

段祺瑞、徐树铮为首的“皖系”军阀组织“定国军”，与曹锟、吴佩孚为首的“直系”军阀针锋相对，大战一触即发。此时，毫无实权却又恋栈其位的“大总统”徐世昌，要想保住总统之位，就不得不面临支持哪一方的选择。为此，他请来以测字闻名的了然和尚，并写了个定国军的“定”字。了然照例先要铺垫一番江湖“纲口”，然后断字说：“此事太过明显了，大总统请看，今日为初一，初一为元，‘定’字从‘宀’从‘疋’，宀加元为‘完’；而疋字似正非正，似走非走；兵祸非吉事，又不以正道行之，哪有不败的道理？再说些俗话请您听，疋字加十（实）为走，加虫（从）为蛋，‘从实’道来，定国军的结果只有‘滚蛋’一途。”徐世昌听从了然的指点，在“直皖战争”的乱局中押中了这一宝，但终究难免一年多之后被逼下台的命运。

张勋测“贵”字

民国年间张勋几次搞复辟均遭惨败，便蜗居在天津做寓公。这天，他来到一个测字摊前测字，想预测一下前程，看是否有东山再起的可能。张勋报出一个“贵”字要先生来测。测字先生道：“只有贵人才测贵字。我出道几十年来，还头一回遇见。”张勋听到这开场白，喜上眉梢。先生又说：“只是这个贵字不大好测，还是请足下摸个别的字来测吧。”张勋怎肯轻易换别的字，他坚决说：“除了这个贵字，在下绝不会更换别的，吉凶祸福，自是天意，请先生真情实说，莫须避讳。”测字先生说：“悉听尊便，只是测这贵字价钱要高。贵者，昂贵也，必须现付大洋一百块，且莫开尊口砍价！”张勋随即拿出一百块大洋的银票递了过去。那测字先生便开始解说了：“单单一个贵字，如果没别的字来傍依，要说‘荣华富贵’吧，荣华富都不在；若论‘富贵荣华’吧，富荣华又无存。从衣食住行上来看，都是贬谪之意，从心上到人身上，又均是不吉不利之字眼。先说衣。贵加衣便为‘衤贵’。无论死衤贵还是活衤贵，易结不易解。人若生活在衤贵中，如身处樊笼，能好受吗？再说食。贵加食便成‘馈’。将所食之物尽送别人，又怎么活命下去？三说住。‘匮’本为四合院中居贵人，但贵人偏偏去了西厢房。东为上，西为次，自然要减去福分了。”张勋听得心惊肉跳。测字先生说：“鄙人先解说贵字在人身上的含义：竖心加贵，便成愦，是所谓年迈昏愦。左耳加贵为聩，失聪则称‘聩’，耳聋眼花，黄泉路近矣。又假设贵者着草帽，那是‘蒉’字，是用来装粪土的草包；若顶竹笠，便为‘篑’字，那是盛土的筐子。贵者若是行伍中人，带兵打仗，只可跋，不可涉，怕是连江河都不能过，因为一遇水，势必‘溃’不成军，注定要一败涂地！”测字先生讲得头头是道，那张勋听起来却如坐针毡，芒刺在背，他压低声音问测字先生：“先生还没告诉在下那行的结果。”测字先生附在张勋耳边悄悄地言道：“行即走也，贵字加走之便成了‘遗’字。个中玄机，不便泄露，还是写在纸上，你带回府上去慢慢地自个儿体会吧。”说罢提起笔来写了字折叠好，交到张勋手中。张勋回到寓所小心翼翼地展开测字先生折叠的纸片一看，立刻被气了个半死，原来赫然写着的竟是“遗臭万年”四字。张勋从此一病成疾，不久就呜呼哀哉了。

靳云鹏两试测字师

山东督军靳云鹏由师爷介绍到亚卧龙的卦摊前问卜。亚卧龙说道：“测个字吧，此时来测字的定是贵人。”靳云鹏提笔写了个“卜”字。亚卧龙忙道：“恭喜！贺喜！您是大官，而且您的官还能升，一直能升到替皇上掌管大印。”靳云鹏半信半疑，心中暗忖：此人一定看出了某些破绽，便过分地奉承我。皇上已经退位了，我怎么还能替皇上掌管大印呢？（后靳云鹏果真当了民国总理）回家后靳云鹏让手下去找相貌比较像督军的乞丐打扮一下再去测字。当乞丐提出要算卦测字后，亚卧龙说：“不算也罢。”乞丐便说：“你是算卦的，我花钱测个字还不行吗？”亚卧龙答道：“也好！你写个字吧！”乞丐写了个“卜”字，亚卧龙看后哈哈大笑，开言道：“算了，我不收你的卦钱了！世上哪有收乞丐的钱的啊！不过你还能混上窝窝头吃。”师爷随后请亚卧龙让其拆卦，亚卧龙说：“第一个测字者占的时辰太好了。他占了三个‘午’，这说明他是吃皇家饭的。他写的‘卜’字的竖是上头大，下头小，就像金銮殿的柱子，这说明皇上的天下要靠他来支撑。他写的‘卜’字的‘点’位于竖的下部，代表着传国玉玺。因为皇上的龙案上的玉玺位于殿柱的下侧。这说明他能替皇上掌管大印。第二个测字者占的时辰就不好了。他是辰、巳之交前去测字的。辰，就是辰龙。巳，也就是巳蛇。辰、巳之交也就是龙尾、蛇头之时，这有三种卦象：一是掉到空里，二是踩到蛇信子上，三是踩到蛇头上。他写的那个‘卜’字的竖是上头小，下头大。在卦象上看，也就是要饭棍；他写的那个‘卜’字的‘点’位于竖的上部。在卦象上看也就是要饭篮。所以说，他是要饭的。测字是从巳时开始的，也就是他踩到了蛇头上了。他写的‘卜’字的那个点比较小，既像要饭篮，又像窝窝头，所以说，他还能混上饭吃。”

穿皮鞋戴草帽

民国初年，有人以“黄”字问时势。测士曰：“现在时势，凡人不过头戴一顶草帽，脚下着一双皮鞋。以表面观之，上下虽似共和，但一心总想自由出头，其实共和既不能成，而自由出头亦属妄想！”

进士自测

钱振鍠是光绪二十六年进士，民国时约见沈某于上海茶社，久等不至。正好有测字者来，便让其拈一字猜何时能到，屡猜不中。钱情急自拈之，乃一“黄”字，高兴地说：“快到了。黄去田为共，只一田之隔。你这个江湖卖术的，连我都不如!”过了一会，沈果至。

“化三千”测例

杭州城内梅花碑有著名拆字者曰“化三千”，生涯鼎盛。一日，某绅士家失窃，派仆人来拆字，正好拈得“合”字，问失窃结果。化三千说：“快快回去，必有着落。”仆人问：“何以见得?”化三千于“合”字下加一“手”字，示之曰：“这不是‘手到拿来’么?”其后失物果得。

“第一穷”测例

有号“第一穷”者，设摊沪上，见其所拆三字，新颖可喜，非胸无点墨者可比也。一年过花甲的老人，随手拈一字问：“我儿子在新疆，每年必有四信，今年仅接一函，未知凶吉如何？如何化解？请先生判断。”测者展卷，见一“楼”字，乃摇首说：“不佳！楼者，重屋也。按‘重屋’二字拆开之，为‘千里尸至’，令郎恐已去世，遗骸行将抵府。”老人慨然而退。又有一绍兴人，从事染坊业，拈一字问：“家乡有讼事，年内能了结否?”测者展开一看，系一“愷”字，乃在石板上将“愷”字分作三处写出：“山”、“豆”、“忄”，遂于“山”之下加一“山”，“豆”之右加一“頁”，“忄”之右加一“夬”，说：“出头快了。”又一年近三十的男子，手拈一字问：“拙妻病已半年，未知有无风险，乞先生决之。”及展视，为一“鑫”字，测者于石板上分书三“金”字，遂曰：“敲断玉钗红烛冷，破镜难望团圆，玉人儿多一点风险，谨防之。”

张作霖求测“梨”字

张作霖来到中东铁路护路军巡视，找人以“梨”字预测吉凶。测字先生说：“‘梨’字下方为木，系扎根土下破土而出之意。上为利字，为大吉大利。梨逢霖更为百祥，如植一梨树，必上应天时，在全国破土而出。”大帅大悦，令人去哈尔滨东郊天恒山，选来一株有十几年树龄的梨树，亲手栽之。

吴佩孚求测“孚”字

吴佩孚和北伐军开战前，在洛阳练兵，走到街上请先生测字，报上一个“孚”字。先生说：“好字，孚的本意是使人信服的意思，你一定是深孚众望之人。可惜‘孚’字的周围多险峻，加上一个人字，就变成‘俘’字，如果是军人行军作战就得谨防身边的小人，这个小人与‘孚’字贴在一起就是‘俘’字，能让你成为俘虏的人不是敌人，而是你身边的人。因为你的敌人离你远，构不成威胁。‘孚’字加三点水就是一个‘浮’字，与‘俘’字承应。记住，不想当俘虏就走水路，浮水而生，择陆而亡。”

李宗仁求卜“小神仙”

北伐前夕，李宗仁路经上海，一天在路旁见到有个挂牌叫做“小神仙”的测字先生，信手拈起了一个“弗”字。那个术士问他要问什么事情。他说是经商的，问问生意的前途怎样。那个术士把“弗”字端详了一下就对他说，你这次的生意有两条路。一路是顺利的，另一路会出问题，并指着那个“弗”字对他说，这一只弓上的两枝箭，一直一歪，就很明显地说明这个道理。后来北伐军在京汉路上是顺利进展的，而在津浦路上在济南却遭到日本军队的阻挠，果然中了测字的说法。

还有传说，李宗仁和白崇禧在北伐前找人测字。先测了个“伐”字。测字先生说，“伐”字拆开来就是单人旁和戈字。左边的单人旁，一竖通到底，一马平川，通畅无阻，左路完全可以顺利进至北京。右路可就麻烦大了，因为右边那个“戈”字不是直的，中间还有一横一撇，很可能会有事端发生。李宗仁又写了个“鲁”字。测字先生说：“鲁是山东。在甲骨文里，鲁字从鱼，从口，口像器皿，整个字形就像鱼在器皿之中，本义是鱼味嘉美。鱼字中间是个田字，田嘛，首尾难伸，这可是兵家大忌。鱼嘛，则是有鳞无甲，打仗的人，丢盔弃甲，还能打得赢吗？鱼只能活在水中，这个发生麻烦的地方是一个带水的城市，最大的可能就是济南市了。请注意鱼下那个日字，它不是代表日子，而是代表日本，也就是说日本军才是右路的最大敌军。”白崇禧说：“那我再测一字，就测‘白’字。”测字先生说：“白的字首一撇是‘人’的一半，你们这次孤军深人，必有恶战；撇下的‘日’是‘早’字之首，你们要及早行动，果断出击，这一路将是势如破竹，所向披靡。”

胡宗南求测功名

据说胡宗南上中学时，和朋友路过拆字摊，测字先生劈头指着胡宗南说：

"年少眉浓必发。"胡因相面费大，改用拆字来预测功名。但胡拈取的是个"空"字，朋友拉着胡走，说："这字我们两年前拆过的，叫'一顶歪戴帽'。"测字先生忙边拆边写地说："且坐勿急，这字意思是：昂头望天外，八面显玲珑，两肩担道义，巧夺胜天工。二十年后如不发迹，你们来撤掉我的拆字摊子。"

向高人测例

民国十九年张发奎部下的号兵罗、于二人被派去防堵贺龙的队伍。他俩来到向高人家，把两块银元放在向高人面前的烟盘子里，然后开言道："听说贺胡子要来了，我们今天去会他一会，烦请您老给测一个字，预测一下吉凶，指点一下迷津。"向高人说，你们随便说两个字来我看看。于见向高人正在穿衣服，就随口说了个"穿"字。向高人问是哪个"穿"，是穿衣服的"穿"还是四川的"川"？罗说是四川的"川"，于说是穿衣服的"穿"，二人互不相让。向高人说："你们莫争了，我给你们一人测一个，如何？你看这个川字，站着是个川，睡倒是个三，旁边掰了个弯，站也站不稳，睡也睡不安，命还是可以捡一条，恐怕你要另外换碗饭。"向高人问于在队伍里是干什么的，答是吹号的。向高人大惊，说："如果不是吹号的还好说，正因为是吹号的，可就活不成了。你看这个穿字，上面是一个穴，下面一个牙，牙巴骨在坟里吹喇叭，不死也是鬼的妈！"后果真如此。

阮玲玉凶机已露

上海有位精通易理的落拓文人严芙荪，专门在街头给人测字，自称"葫芦子"，往往奇验。阮玲玉男朋友李竺孙给她拈了"禾"字、"尹"字，严芙荪说："'禾'字无口可和，如果涉讼，官司要打到底，而'尹'字为伊人不见，往深里看，穿龙杠抬着尸首，凶机已露，慎防慎防。"李竺孙数问皆凶，知道大事不妙。果然阮玲玉觉得人言可畏，在 1935 年 3 月 7 日服了大量安眠药自杀身亡。

丁太炎测例

据陈存仁《银元时代生活史》记载：丁太炎在上海测字很出名。一次，陈对丁太炎说："朋友托我有两个字带来，只要请先生解释一下。"丁太炎先看了"福"字，问陈要占何事。陈答："出门远行。"他见陈站在他的右面，他就说："福字半面是示字，加上右字，是一个'佑'字，可见洪福齐天而有神明保佑，要是到福州去的话，更是顺利；要是到福州莆田的话，那么田字是累字的头，有些麻烦。"陈再问："有无生命危险？"他说："没有。"接着他又看"放"字，他照例问："所占何事?"陈说："不知道。"他说："这个放字的一点是代表一字，下面是简笔的万字，旁边是一个文字，大约是有一笔钱想要放出去，占这个字的人，是一位有心人，要是他真的想放息的话，放心去做可也。"

吴大头测例

民国时成都吴大头算命特准。有个棒老二（土匪），队伍被剿灭了，想躲过杀身之祸，要吴算命。吴大头说："印堂发黑，灾星降临，不出三月，大祸来临!"这棒老二本来就心虚，这时更被吓得冷汗直冒，"咚"的一声给吴大头跪下道："请大师给我指点迷津，把我的命给改了!"吴大头叫棒老二测字，棒老二战战兢兢地抽了个签是"痒"字。吴大头摇着脑壳道："这个字，上面是'广'，下面是'羊'，羊入广内，看来会身陷囹圄，被关押囚禁。不过还有两面未封口，你的命还有改。网开两面，你会绝处逢生！你再测个字。"棒老二只好再抽一个签，上面写的是个"羁"字，棒老二心都吓掉了，这个字是被关押的意思，是不是官府马上就会捉住他?吴大头从容地说："这个字，上为'四'，下为'革'、'马'，和你问的运刚好碰上，就是说你向四方寻求，一定会时来运转，有贵人相助，会平步青云，戎马一生，不当团长就要当师长，至少也是个将军!"想不到吴大头的话后来真应验了。棒老二的队伍被刘湘招安，几年下来，这棒老二成了少将旅长。

刘神仙扶助民生公司

刘神仙是四川军阀刘湘的高参，善测字。卢作孚创办民生轮船公司，但是深为刘湘防区官兵追索。卢作孚找到刘神仙，以重币贿之。刘神仙见刘湘，曰："古人道'一林不藏二虎，一川不容二流（暗指刘湘和刘文辉两个姓刘的人）'。'湘'字是水旁，'辉'字是火旁，水火相克，要水盛才能灭火！因此，凡是与水字有关的事情，主公要多多关心辅助。"刘湘因以问策，神仙曰："办航运可兴水德，主公可行之。"于是民生公司从此在川江通行无阻。抗战结束后，汉奸陈公博托人捎"琴"字向刘神仙测问。刘神仙说："琴，二王压一人，人又没有根基，此为大凶之兆。二王者，国共两党也，国共两党都要惩处陈，陈又没有根基保护，恐性命难保。"

徐养浩测例

武汉有个算命先生叫徐养浩，在三镇很有名气。日伪武汉维持会长计国桢系上海市人，曾找他测字问前程，拈得一个"海"字，徐养浩说："来之海，归之海，不回上海无病灾。"问他此话怎讲，徐养浩回答："天机不可泄露!"计国桢认为他故弄玄虚，不以为意。民国三十一年，上海安清帮在南京成立安清帮总会，选计国桢为汉口分会理事长，计国桢回上海探亲时，没几天，突然死亡。徐养浩还真算准了，从此名声大噪。

汪精卫测字挨骂

大汉奸汪精卫到苏州的玄妙观拜谒三清殿中的三清道祖，他发现殿外坐着一个测字先生，于是走上前去搭讪着说："先生，在下流年不吉，欲求先生一算，以卜未来。"那测字先生略一欠身道："请贵人自抽一字。"说罢，递上字盘。汪精卫伸手抽出一张交给测字先生。那测字先生打开纸条一看，见是个"哥"字，又递给汪精卫过目。汪精卫问道："先生，这'哥'字应作何解？"测字先生说道："哥者，两可相连也。为哥者，一可作父，二可作师。得此字者，有'师长'之尊，可做后世之楷模也。"汪精卫一听测字先生如此解释，心中大喜，接口便说："请问先生，这第二解呢？"测字先生把汪精卫仔细打量一番，惊奇地赞道："这'哥'字第二解嘛，意为'可歌可泣'、'可敬可佩'，想必客官少壮年时定有几番壮举。"汪精卫不禁喜形于色，连声说道："托福托福，先生灵验无比。"随即摸出一块银元递给那测字先生，笑眯眯地走了。汪精卫在观内园中转了一圈，刚要出门时，发现观旁高墙边测字布幡上写着"字作三解，一生可知"八个大字。汪精卫转身进观去找那个测字先生，可是找遍全观也没见踪影，只见地上用白粉批了两行字："哥字三解，可剐可杀。"汪精卫如当头挨了一闷棒，赶快掉头离开玄妙观，惶惶似丧家之犬。

钱景浩测例

1948年6月，翁文灏出任行政院长。《益世报》编辑钱景浩写出《为翁内阁测字》："翁"字的上面是八，即八面威风，七品芝麻官外出尚且要鸣锣开道，当宰相的人是何等风光就可想而知了。"八"字下面是厶字，不方不圆，乃三角形状，可见此人性情很怪，他当行政院长后自然会提供生动的事例。最下面的"羽"字，则是本次测字最大的看点了，这是两个"月"的一半，那是不是说翁文灏的行政院长当不了两个月呢？当然不是，古人诗云："白发三千丈"并不是说头发真的有那么长。可怜兮兮的两个半边月只是说明他做官的时间绝对长不了，在此可大胆预测，长则七八个月，短则半年。翁文灏果然在1948年11月底下台，这正好就在钱景浩预测的时间内。

淮海战役中，人民解放军对徐州已完成包围阵势，此当孙科出面组阁、另称"和平内阁"时，钱景浩便写文《为孙内阁算命》，将"科"字拆为"禾""斗"，断曰：孙内阁的八字为"欲和无口，欲鬦无门"。盖和无诚意，有口难开；士无斗志，即欲斗无门；而且翁孙是一家，翁文灏组阁，不久下台，称为“短命内阁”；而有其“翁”必有其“孙”，也逃不出“短命内阁”的命运。

采访主任找钱景浩为蒋介石测个字，问蒋什么时候下台，而且就以“蒋中正”三字进行测算。钱景浩把“蒋”字拆为“艹将中一止”五字，然后理顺为“艹一将中止”，而其中“正”字可暗合“元月”。钱景浩断言曰：“一月二十一日将下台。”果然。

由于几次测准，李宗仁代总统上台，总编陪李宗仁秘书登门拜访钱景浩，并戏言可为李测个字。钱景浩说应验在现成的成语“李代桃僵”上，桃花盛开的时候下台。秘书听了一怔，只好悻悻而去，李宗仁后飞往香港，南京4月23日解放，正是桃花盛开的季节。

吕测字测例

成都以前有个吕测字。有一天，一名中年人问他用“正”字给小孩子取名字行不行。他斩钉截铁地说：“绝对不行！因为‘正’字拆开就是‘一’和‘止’两个字。什么叫做‘一止’呢？就是事情到此‘就为止了’，很不吉利！三国时候的魏主曹芳，建元‘正始’，其下场众所周知，被司马师所废！又如，继曹芳为帝的曹髦，以为前任坏在了‘始’与‘死’的谐音上，遂改年号为‘正元’，结局却更惨，被司马昭派贾充所杀。还有明英宗年号‘正统’——”他话犹未完，要取名的那位接碴儿了：“朱祁镇可没有死于非命啊！”“但是在土木堡之变中，他却当了俘虏！”想用“正”字起名那位无言以对。但一位看热闹的却不服气，把当时一位顶级人物抬了出来：“蒋总统的名字‘蒋中正’，其中不也有‘正’字吗？怎么说呢！”吕测字成竹在胸地说：“好例子！把蒋和正两个字拆开，不就是‘二、十、一、将、止’五个字么。啥叫‘二十一将止’呢？大家可以算一算，从他民国十六年（1927）主政到今天的民国三十七年（1948年），是不是刚好二十一年？如果还止不了的话，那就惨了！得再把中字拆开，而中字拆开后，不是一箭穿胸么！”

黄维兵团覆灭

淮海战役中，黄维兵团被刘邓的中原野战军一路围追堵截在徐州西南的一个小村庄双堆集。本来凭借兵团的强大兵力，部队还可以继续推进。幕僚中有一位拆字先生却说：“司令长官，我们最好停留此地，你去看看这地名里的两个字。堆字左边的土字旁为十一，集字下面的木字旁可拆为十八，合起来便是十一佳，十八佳。大军驻留此地一定会逢凶化吉。”黄维一听这字拆得有道理，便命令部队驻守双堆集。后来兵团被歼，黄维被捉后实在是想不通，便去请教解放军高人，他的拆字幕僚哪儿没搞对。解放军里果然藏有高人，他们告诉黄维说："你的拆字官怎么就忘记了那个'双'字？拆字可要拆全了，不能断章取义。你要是加上那双字，这小村庄的名字便是十一难、十八难，哪有不败之理？"

相传，蒋介石叫顾祝同电令杜聿明立即救出黄维突围南撤。顾祝同说："南撤有三条路：一是走连云港，比较保险，但是缺船；二是走两淮，比较近，但水网地区路不好走；三是走武汉，路好走，但是比较远。叫他们走哪条路呢？"蒋介石把蒋经国找来，对他说："你上街去测个字，命由天定吧。"蒋经国扮成一个市民模样，上街找了个测字先生，说："我有个表弟在徐州当兵，负了伤，不能当了，打算到江南来做点小生意。现在江北兵荒马乱，很不安全。他又想从连云港坐船来，又想从淮安来，又想绕道武汉过来。请先生测个字，看看哪条路平安一些。"测字先生眉头皱了皱，说："你叫他走淮安。"蒋经国感到有点蹊跷，说："我还未说测什么字，先生怎么就叫他走淮安呢？"测字先生笑道："你说的话当中已经有字了。连云港的'连'字，是'车'字加个'走'字，'车'字是个无头'军'字，你表弟是当兵的，走这一路肯定凶多吉少。武汉武汉，伤兵遇到个武汉，还不吃亏么？这一路肯定也不能走。而淮安的'淮'字是三点水加个'佳'字，不就是告诉你走淮安水路最好么？再说淮安淮安，走淮才安嘛！你如果不放心，再随便说个字给我测测看。"蒋经国想了想，说："他人还在徐州，就测个'徐'字吧。"测字先生笑道："这个'徐'字，还是叫他走淮安为好。'徐'字左边是个双人旁，说是双人，上面一个'人'字还少一捺，实际上只有一个半人。俗话说，半是人半是鬼，一个半人就是两个鬼。右边是个'余'字，'余'字是一个'人'字，加一个'二'字，再加一个'小'字，也就是两个小人。所以，你这个表弟走左路会遇到两个鬼，走右路会被两个小人暗算。这不还是走中间好吗？"蒋经国回来一说，蒋介石便叫黄维兵团从两淮南撤。不想电报被中共破译了。

陈明仁求测"毛"字

陈明仁在陆军大学学习，一天，偕同夫人谢芳如和朋友驱车去南京白下路访一个叫葛少琴的测字先生。陈顺手向测字筒里拈出一个"毛"字，说问前程。葛瞧了他一眼说："你现在有的是工作，要问什么？"陈夫人说："看能否有所发展？"葛说："发展要到十年以后去。"大家听他说得这样斩钉截铁，都感很失望。陈夫人问他："先生根据什么？"葛说："你看他拈的'毛'字，本来是个手字转了一个大弯。你的这位先生并不是平凡的人，有朝一日，由于他的一个大转弯会改变中国的局面。"当时大家对他的话不过姑妄听之了。到 1949 年 8 月，陈明仁在长沙率部起义，全国西南半壁的解放势如破竹。一些人回忆往事，暗暗称奇。

香港王亭之测例

王亭之，原名谈锡永，香港著名测字大师，现居加拿大。王亭之于五十年代末申请来港，递申请表后，路过城隍庙，忽然心血来潮，便踱进去庙前那条街找人测字，随手写了个“卜”字，其人断曰：“不上不下，事必难成。”王亭之问：“难成即是始终可成?”其人曰：“卜为冷木，及至壬寅年丙午月即可成矣，因为既有寅木之助，又得丙火温暖。”王亭之屈指一算，是时距一九六二年壬寅年还有两年多，岂不糟糕。后来申请果然被拒，以后一直申请了二百五十多次，然后在阴差阳错的情形下得到批准。到澳门时，是壬寅年端午节前三日，即是壬寅年丙午月，果然一片木火，那位测字先生可谓测得十分灵验。不过王亭之却始终不明，“卜”字为甚么会是“冷木”呢？后来读了几本宋明人编的测字书，才知道直画直横为木，有依靠则木有寄托，若上下左右依靠不足，那称为“冷木”。然而直笔若长则为阳木，“卜”字的一直很长，故占者乃许壬寅年得以申请成功。(按：“卜”为“直中一捺金伤木”，不吉。)

王亭之曾为人测“車”字，问新职业能否久长，断为“孤木克重土”（长短横笔参差则属土)，因此甚为吃力，不过始终有成，结果未破招牌。

有人找王亭之闲谈，谈及某人是否可成“筹委”，当时此人随手写一“立”字，恰巧此时又有人过来跟他打招呼，站在他身旁，王亭之便以“位”来测，断那某人一定可成为“筹委”无疑。测字时是在王亭之的素食馆，是故王亭之还开玩笑说：“某公必为素餐之士。”相与大笑作罢。及名单公布，此某公果赫然在榜上焉。尸位素餐，可谓必然。

“目”字属金。可是，若来人将“目”中的两画写成跟两边的直笔相连，那便是“无源水”而非金格了。有人写“眠”字问移民，王亭之曰：“可以移得成，但却很难在外地挣钱。”因为他将“目”旁写得十分工整，成为无源水。水而无源，自然是移民之象，可是亦是挣钱艰难之象。

第二章　问学问考

科举制度起始于隋代，完善于唐代。唐代有个孙龙光，梦见自己来回走在数百根木头上，请先生圆梦，先生说："恭喜啦，你走在众材之上，来年一定是状元。"后来利龙光果真做了状元。这位测字先生把木头当做木材看，再把木材转换成人才，不愧为劝学励志的高人。这种激励学子力争上游的测字传统至今仍被延续着。过去科举曾是平民百姓出头的唯一途径，到了今天谁再把考学当做人生上进的唯一选择就未免迂腐。且看测字先生如何点拨。

秃 露

某生将随意翻书翻出的“秃”字递给李半仙。李半仙问：“测什么?”某生说：“想知道科考的结果如何。”李半仙掐指算了算，说：“放心吧，必定金榜题名。这‘秃’字，拆开来，是禾和几。虎中有几，科中有禾，虎榜登科，龙榜无望，喜登虎榜，可喜可贺啊!”某生又写“露”字问仕途，请李半仙定夺。李半仙说：“露字，拆开是雨和路，雨是云字头，青云得路，你的前程是不可限量呀!”

鱼

一测字先生善测字，一日，一人问学业前程，测一“鱼”字。先生曰：“近日必发达。”另一邻者见状，也出一“鱼”字问前程。先生曰：“恐遭杀身之祸。”后果然，前者不日后中进士，后者当日回家遇土匪劫财，因反抗而被害身亡。何故？前者出鱼时恰有挑水者路过，此鱼得水也。后者出鱼时，恰好有买锅者路过，受烹之鱼也。

官

上京赶考的三个秀才一同写了个“官”字测运。上京科考，自然为谋求一官半职。测字先生会意一笑，提笔在解签纸上写下“吊锅”二字。秀才们忙问何解，测字先生捏了把胡子，却低吟一声“天机不可泄漏”。三人失望离去。走了一段路，其中一人恍然大悟道：“吊起来的锅，岂不暗示着及不了地（第）。”另一人也叹道：“我听说这吊锅有平底跟深底之分，平底锅常用来煎油饼，深底锅用来熬骨汤。这一煎一熬，岂非暗示着好事多磨。”后于客栈见吊锅实物，锅底颇黑。问因，厨子答：“终日在柴（财）烟里熏着，能不黑吗?”

葵 携

有人测“葵”字问考试，术者曰：“不恭喜，葵字是落头失尾，中间又不成发，你考试定然名落孙山。”问者改口，说是“携”字。术者摇头曰：“携字的左边，是欠夫不成扶，主欠人扶助。右旁是进不成进，秀不成秀，既非进士，亦非秀才，如何能够考试中式!”这求测字的人是位名人，一向有文名，心中不服，于是另找一测字先生去测，同样写个“葵”字。术者说：“恭喜，阁下必然中式。”那名士问他何故，术者说：“葵字是以一对旗杆夹为头，以一个旗牌脚为尾，中间为发首，所以阁下定必高中，然后才有旗杆旗牌，定然中一甲无疑。”名士说：“如果我测携字呢?”术者又恭喜道：“一手揽进头秀尾，定然由秀才连中，直至进士。”后来这名士果然乡试得利，中式举人，会试成进士，可是却考不上翰林。但由进士放官知县，亦有旗杆旗牌之荣。

又

一位书生将去参加秋季的考试，临行前，到城里找了一位有名的测字先生，欲测测自己的前途。书生写了一个“又”字，告诉测字先生自己的来意。测字先生沉思一会儿后说：“又字上加一点是‘文’字。文曲星主宰考运，而又字偏偏缺少这一点，你这次的考试恐怕没办法上榜。”考生正在懊恼时，测字先生又说：“你不但秋试不中，而且会遇上一些麻烦，卷进倒霉的官司中。因为又字末笔两画相交，属六神中的朱雀，此神主管口舌、惊忧之事，你可要小心点。”书生很担心地说：“有没有办法化解?”测字先生问了书生的生辰八字，发现书生命相属水，于是说：“这是短暂麻烦，不碍事。因为朱雀属火，你命中带水，水克火，你可逢凶化吉。”后来，书生受到他人的诬告，说他调戏良家妇女。官府花了三个月时间调查，才洗刷了他的冤屈，但也因此延误了他的考期。

五

秀才写“五”字测运。测字先生说：“‘五’为全十之一半，如问考运得此字，成功只得一半希望。这‘五’，阴阳在天地之间交午也。本义便是交错相接，亦通行伍之伍，伍是军制，兵者便有刀兵之意。兵刃相交，公子乃文秀之人与这个字沾上边，不吉利，看来公子会有血光之灾来自刀兵之刃。”（按：天干戊排位五，戊为斧，武器也，因此，“五”字的发音本身含有挥舞武器、兵戎相见的意思。）

进

高考结束，尚未发榜。一锦州考生写一“进”字问能否如愿考人大学。测字先生断曰：“‘进’者，走到井边之意。井，乃邑（城）活之源也。所以，井也就代表了邑（城）。邑，这里可以看做你所居住的城市。所以，这个‘进’字的意思，就是你只能在就近的城市学校读书了。”几日后发榜，该考生被辽宁大学录取。

米

张三、李四两学生来求测高考结果。张三自上衣兜中取出一张纸，双手呈上。只见上面用毛笔端端正正地书了一个“米”字。术者说道：“你的愿望已经实现，你考中的学校是在省外一所著名的大学，而且与交通有关。”李四于是说：“我也测米字吧。”术者说：“一字定乾坤，你这个米测得不好，今年你的愿望要落空了，要成功只有等待来年了。张三的米字，一是来前就写好了的，说明准备充分哪有不成功的道理呢？二是米代表收获的意思，携米前行意味着要远走高飞；三是米字的结构是四通八达，一方面是表示前途顺利，另一方面预示未来的学业与交通有关。李四的米字，一是没有准备，只是随口而说的，未见真米，所以说明没有结果；二是他的米是借张三的米，借的东西当然不属于自己；三是米字可拆为四个不字：上不下不左不右不，说明求测的问题没有出路。”后来高考的结果正如所测：张三如愿以偿，考入了上海交通大学；李四名落孙山，准备明年再考。（按：米字之形为补丁，须补考而成丁。）

田

一位对高考无望的考生在参加高考前找了一位测字先生，随手写了个“田”字，问其考运如何。先生道：“田，未之思也，寅畏中存，首尾难申，轻重得体。”考生对此不解，先生补充道：“从字面上看，田字暗示了你被困在学校内很难有大展手脚的机会，对于考试，可重可轻，有得有失。”（按：田为封口，此路不通。）

腾

某君以“腾”字问考试结果。断曰：“‘腾’字右半边，卷字上半部分加一马字，恐怕是草草做了半张卷子之象，恐难过关。”（按：腾似誊，有抄袭作弊之嫌。）

柴 扁

高考完的某学生测字，术者正坐在道场里整理柴火。学生随口说了一个“柴”字。术者说：“你考学的事，今年恐怕没门。你看这个柴字，一开始就是个止字，止就是完了的意思；后面跟着的匕字，本意是一把刀，刀要砍下面的木，这岂不是凶多吉少吗！”学生问：“还有解吗？”术者说：“止字中隐含一上字，匕字也可看做七字，这木字可分解为八与十，如此看来，你的事情在明年七月、八月、十月这三个月份上留心，保你有学上。”后来学生果然没能考上，第二年再考后一直没消息，术者在挑水路上遇到学生，学生就请他测了个扁担的“扁”字。术者只在地上画了两画，就站起来祝贺学生准行，说：“这个扁字，首先是个户字立头，这说明你今年要自起炉灶，单独立户；这户的下面是个册字，册字就是书的意思，下面一个册，上面一个户，这预示着你今年单独立户出去读书。”结果，没过几天，入学通知就收到了。（按：“柴”含“大比”，即古代科考之义，笔画添多即须多考一次。）

动　面

某生以“动”字问学业。断曰：“动，有‘功’之形，主学业有成；左边‘云’字，元武之形，右边‘力’字中有一撇，青龙之相；元武为水，‘青龙得水，位列三公’，前途无量。”另一学生写“面”字问考。断曰：“你呀，没戏！你不看那‘面’字里是一把梯子让墙给四面围住了，跟个囚犯似的，想爬也爬不出来。所以这次你甭管怎么努力也考不上。”

应

某生冬日以“应”字测学业。术者曰：“应，学头受压，兴奋不起。不吉。除了学头受压外，还有‘子’藏不显，况且现在正是子月；上虽为广屋堂，下却为兴缺脚举不起，明显乃头重脚轻之象，而作学问要脚踏实地。”

不　丕

两人同问是否考研，分别写个“不”字和“丕”字。断解：“‘不’乃‘木’去其冠，但其根尚在，可继续吸收养分，所以应该读研，俟机再发。‘丕’为一‘木’先去其冠再断其根，无根无冠不能合光于天，亦不能汲水于地；强立于原地期年之后可见朽木耳，不宜再读。若出于外而求见用，或可为栋梁之才。又，‘不’字的预言有两个。一个是比下有余（请比较‘不’和‘下’二字的区别）。你考得可能不是非常好，但是比上不足比下有余。另一个是人被丁隔（‘不’字中的‘人’被‘丁’字隔开了）。古代男子又叫丁，看来你可能被另一个人挡住了，跟考试的成绩无关。”

补　习

某学生高考不理想，写了“补习”两个字求测。术者断曰：“你不能再补习考大学了！你做服装生意必然大有前途！你看你一‘卜’命运‘衣’字就占先，‘习’是一点‘刁’，说明你做生意精明，一点就通。”后来果真应验。

隆

某生以“隆”字测学业，术者断曰：“‘隆’字有高起、多盛、厚重之意，求测者对学习很重视。‘隆’字左为‘耳’，说明注意听讲，但是也要把说、读、写、练加进来。观其右有‘冬生’之字形，有‘隆冬’一词，冬乃万物萧条却蕴藏生机，说明求测者还没有激发出潜力，有失落感。‘冬生’与‘东升’谐音，有旭日东升之意，应前程似锦。”

铭

某生求测“铭”字，问公务员考试。断曰：“铭，左金右名，名下口，为兑，为金，有竞争之意！铭为铭刻，用金属刀往石上刻写，是最慢的一种书写。考试要求固定时间内完成大量书写；铭字，表示考试完毕时，也写不了几个字。金榜题名，应榜‘上’有名。现在名不在榜上，在金榜的右边，为落榜之兆。”

学

某女求测“学”字问学业。断曰：“‘学’字中含个‘字’字，对女性而言，‘字’有二意，一是‘待字闺中’，说明还未出嫁；二是表家中有子之意，学习会因旁边小孩子的琐事受干扰。‘学’字下为子，子为坎，考学会比较艰苦，存在诸多困难。‘学’的上部为三点，说明兴趣广泛，学习上会因此而分心。”（按：“学”有“尚”形即“上”，小口为兑卦即少女，应能上进。）

线

某生以“线”字测考。断曰：“大凡测功名，要有清秀直笔为佳，上下、上中下结构为佳，字中见鬼、见士等为佳，而‘线’字无此三者，总体上没有胜出的明示。该字没有主笔，字头是火，字末是土进尘，火生土，泄气，表示有所损耗而不得好。字头丝绞同丝绊，字尾是藏了金的钱和收了皿的盏，那么应该是费了点小钱、小酒还不得上线。”

强

某生以“强”字测学业。断曰：“‘强’，前有‘弓’字，有欲张之势；后

边‘虽’字，一‘口’在上，下面‘虫’字，乃‘贵’字露头。主阁下学业有成，日后必为贵人。然‘强’字有螣蛇、玄武之笔形，主虽然前途无量，必有曲折坎坷。强字右边口角相重叠，主婚姻家庭不和谐。”

益

某生以“益”字测考。断曰：“‘益’为‘善’字头，上善若水；中间‘八’字，五行属于火，热而不燥，且得水上水润之；下有气血充盈，神完气足；再者，‘益’字字形工稳匀称，不偏不倚，主求测人在考试中应对自如，得心应手。”

题　深

某君以“题”字测学业。测字先生笑着说：“红日当头，定字底，这一页一定能翻过去！恭喜你孩子，你肯定会金榜题名，考上大学。”又写“深”字，先生说可得第三名，因深有探形，探花为第三名。左边三点水浇灌右边之木。

断　急

某生测“断”字问考。解曰：“断，有继续和重新之意，考得不理想。”又某生测“急”字问考。解曰：“急字中间的山字都倒了，所以比较难矣。急字拆开是刍心，刍乃草也，心生杂草，不够稳健。不要着急，静下‘心’来，‘稳’扎稳打，积极‘争’取，还有希望。”

沿

某君以“沿”字问学业。解曰：“沿者，海边沉舟，学海到边也，估计将步入社会了。同时，沿字为水几口，金水之气旺，‘几口’为金为虎，应该有口舌之事影响继续求学。”

完

某君出“完”字问公务员考试结果。解曰：“完者，官头元身；元者，二八也，可能十六天左右会有结果。完中有二，可能考取第二名。完也是官头、‘远’身，应该显示的是去远方赴任。”

梁

某君以“梁”字测考。断曰：“‘梁’字为‘水’、‘刃’、‘木’三字相合，‘刃’者‘金’也，‘水’生‘木’，‘金’又克‘木’，正乃‘轮回不定’之象，应不能一次通过。”

监

某君庚寅年以“监”字测考。断曰：“临时抱佛脚。庚寅木年，添木为槛，不能通过。须等等，方能加竹字头为‘篮’，剩到篮子里才为菜。”

立

某生以“立”字测考。断曰：“‘立’字是‘竞’字头，看来竞争很激烈。立加十为辛字，考试‘十’分‘辛’苦。立字是‘位’字的字尾，所以考试成绩排‘位’可能比较靠后。”

三

一学生以“三”问考。术者曰：“‘无三不成礼’，考试一定能不负众望，‘三’字加一竖为‘王’，又是一与二的组合，所谓‘下笔为王，坐二望一’，想要考上第一志愿当然不成问题！此外‘三’是乾卦之象，只要加倍努力，必定能金榜题名。天地人是三界，上中下是三维，福禄寿是三星，民间亦有三三不断之说，意为绵绵不断之发展。”

難

一学生以“難”字问继续上学还是工作。术者断曰：“‘難’字是一种稀有鸟类，不易被人发现，如同问字者心里有怀才不遇之感，或许正为选择升学或工作而犹豫不决。‘難’字是‘廿中天佳’，显然升学和工作同时进行会更好，‘難’字意味无口则佳，会有出头的一天。”

書

一学生以“書”字问学业。术者断曰：“‘書’字是‘聿’字与‘曰’字的组合，聿为筆、曰为口，能写能说本是美事，但聿乃无头筆，空无实质，曰只说而少做，让学习态度易流于好高骛远。从书字看‘筆上不足、筆下有余’，如能好好发挥才华，应不为人后。”

鼎

某生测“鼎”字问学习。断曰：“‘鼎’字上有日，下有‘爿’为‘状’头，所以此字有状元相，你将来学习必有不错的成绩。不过‘鼎’字下边还有‘片’，与‘爿’方向相反，说明你有叛逆心理，会影响你的学业。此字日在上，阳气生，冬季休养生息，明年春天发运，二十四岁大运，中年成就一番伟业，此字有赤口神煞，主病灾，而鼎字右下‘片’为包扎所用，为后天乾卦方位，注意你命中头部会有伤害，注意防御。”

侖

某生以“侖”字测会考。术者断曰：“侖内存一人上冊，登上及格之冊内，即成绩及格。因侖字字顶是尖向上，成绩应属上等。”

遥

一青年写“遥”字测考试，术者断曰：“你这次考试必能过关，应考取一本科上等学院；此学院应在正南方，且距离遥远。此‘遥’字为采字头，即爪字头，缶象形‘王’字、‘玺’字，故有高中采（彩）头，而有得王得玺之象，所以此次考试必考中，且有抓住王牌学院之象。因为走之向着南方，‘遥’字训作远，故学校一定在遥远的南方。”

惘

某生因病休学，出“惘”字测学业，术者说：“你应该发出的光芒一时被家门遮蔽，家门距离校门不远，你却长期不能跨越，竖心旁说明你内心紧张，有很无奈的被束缚感。不过，生病也等于上学，你上过别人不曾上过的学校，体会到家人的痛苦和关爱，你的人生知识不知要比同学多出几倍来，这是你的财富。芒是麦芒，就是你一定会要脱颖而出！再跨进那个校门，你将是全班级的骄傲！”

灵

某生测“灵”字看能否考进“二本”。术者言：“‘灵’字测考，雪山能被火烤化吗？更大的可能是雪山把火压灭，除非你的火种放在像登山队使用的火种罐里。再说，火是要焚烧木头的，‘二本’也是根木头呀。灵字头偏在一边，估计你的学业也有偏科的问题，影响高考成绩。”

艺

某生以“艺”字测学习水平，术者言：“‘艺’字含乙，甲乙丙丁，你是中上水平无疑。乙字有螣蛇之状，成绩可能忽高忽低。繁体‘藝’字具有种树技巧的含义，乃古代的盆景艺术，非一两年可以成型；下面是个云字，行到水穷处，坐看云起时！”

鬼

某生夜出“鬼”字测学业，术者言：“‘鬼’字合白虎、玄武于一身，学业艰难。鬼字的田不是财产，而是大脑袋，你的学业会弄得家人头大。鬼字也有褒义，如机灵鬼、调皮鬼，看来你一点不笨，只是心思没用在学业上。鬼字有‘卑’字头，问题在于自卑感。晚上敢用鬼测字，说明你不怕向鬼挑战，尽己所能，问心无愧。”

资

某生以“资”字问最终能拿到什么学历。术者言：“‘资’字测学历，学历是靠资金供出来的。资字拆为欠贝，你为维持学业，已经处于负债状态，应适可而止。字上边的冰字旁也在提示你该就此‘冻结’。”

第三章　问情问婚

南宋时赵明诚未娶妻时，做梦读书，醒来只记得书中有三句话：“言与司合，安上已脱，芝芙草拔。”其父解梦说：“言与司合是词字，安上已脱是女字，芝芙草拔是之夫二字，看来你要成为词女之夫。”后来赵明诚果然娶了著名的词人李清照为妻。过去夫妻婚前不见面，不得不依赖测字了解对方信息，所谓“待字闺中”可以解释成女子出嫁前都要测字，当然，这是玩笑话。现在可以自由谈情说爱了，彼此的信任反倒淡薄不少，测字盛行不减当年，十之八九都是问感情、姻缘和夫妻关系，令测字先生应接不暇。

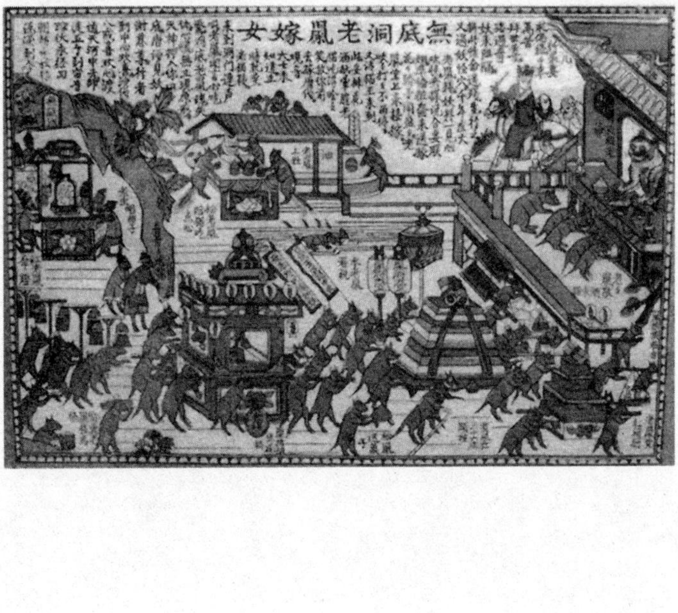

恋爱

骂

某君以“骂”字问爱情。术者断曰：“‘口口’为‘言’，‘马’为‘午’；故骂者许也，借故娇嗔笑骂的，其实是芳心暗许的伊人。口为兑，为少女，所以两口为左右逢源之象。不过先别得意，这是建立在马字的基础上的，提示将受奔波颠簸之苦，而且马象征迅速，表示这种关系不会持久。若问事业：‘马’为‘午’，属火，性奔腾向前；口为兑，属金，象口舌之争。火克金，因此纵有犬吠狺狺，终能一马当先，天马行空，马到功成。骂有倚马万言之象，对搞文字工作、程序开发的人再合适不过，尤其是那些需要捷才的，如新闻记者之类。”

耐

某女以“耐”字测真情。术者解曰：“‘耐’字拆开是而寸，而乃‘面’破也，所以你以前谈恋爱都会撕破脸面而分手，寸字有勾陈之体，主迟滞。所以你的真缘暂时还不会来到，还需要耐心等待。”（按：寸为“手”法，把握分寸。）

易

某君测“易”字问情。术者解曰：“‘易’字上面一个‘日’，下面一个‘勿’。‘勿，要一起过‘日’子之象，所以和她应该没有结果。易乃改变也，也希望你改变对生活的态度，振作起来。”

音

某君以“音”问感情。术者断曰：“问音添口为喑。喑为嗓子哑的意思。有心问音添心为愔。愔默不作声的意思。还是不要说了的好，恐怕有口难言有心无力。”（按：音不成章，章即彰显。）

登

某女写“登”测情。术者断曰：“登者，蹬也；人一口，分开之相。”

乔

一女子问爱情的前途。出一“乔”字。术者断曰：“乔者倚人为侨，有女为娇，二人同道，到头成夭，若论婚事，泪落今宵。乔字加一人为侨，侨者远方人，男朋友在远方；有一女则为娇，此女一定漂亮；乔的上面拆开就是‘二’字和‘人’字，共同构成‘夭’字，主二人的爱情夭折。”某男也以“乔”字问婚姻。术者道：“乔字，上面为夭，桃之夭夭，先生不日将有桃花之运！不过这个乔字下面还有两道，说明先生的桃花之运不是那么顺利，花开两枝，有分歧啊！桃花运还不止面对一个人。”（按：“乔”有外人介入之兆。）

好

许先生写一“好”字来预测感情，写字时间为午时。断曰：“好字，一女、一子为好，为两情相悦、感情合和之象，可是此好字为许先生所写，姓许，许有午象，午冲子，不利，又是午时求，加上许先生为男性，本来应左为阳、为男，右为阴、为女，而这个‘好’字却偏偏左为女、右为子，女占男位，男占女位，为本末倒置，为感情不顺、不和美之象。”

结

某女以“结”字测感情。术者曰：“‘结’字，左有丝，右有吉，千丝万缕为纠结，感情路一定不是一帆风顺的。不过还好右边有吉，结局应该是不错的。而一个‘结’字，亦是一个了断。前情已逝，后来者还没出现。”

断

某女以“断”字测感情。术者曰：“断，左边加绞丝为继，右边加手为折，你们这段感情近期还会纠缠下去，迷蒙幻听，即使会继续，终会折!”

域

一君以“域”字问女友的情况，拆字者曰：“女有‘倾城倾国’的容貌，‘域’字可拆为倾斜的‘土’、‘或’，此乃‘城’、‘國’之各一半。”

人

某女以“人”字问何时遇到真缘人。断曰：“从‘人’字来看，一撇一捺没有任何偏旁，预示有孤独之感，一时半会儿恐怕还找不到伴侣。再给你‘一’年时间，‘人’加‘一’为‘大’字，大字拆开还是‘一人’也。再给你‘二’年时间，人加二为‘夫’也，两年后你的‘夫’君才会出现。”

叁

某女士报“叁”字问感情。术者断曰：“大学三年级时有感情上的不顺，另外，至今已经有三段感情不顾了。”因“叁”字中有大三，结合其实际年龄判断为大学三年级，“叁”字头上为三角形状，有三角恋之象。“叁”字加感情的情字的竖心旁，变形成“惨”字，所以说有三段感情不顺之事。

马

一中年男士写个“马”字求测。算命先生说：“俗话说‘讨来的老婆买来的马，任我骑来任我打’，写出‘马’字，定是有一件与女人有关的事情委决不下。先生写的这个‘马’字，笔画第一笔是一个‘折’，显示先生所测之事，一开始就道路曲折、遭遇挫折。第二笔是个‘三折’，说明接下来的路似乎会更加不平坦。古人云，否极泰来，这第二笔虽然曲折，却也显示了峰回路转的笔意。这第三笔是一个平直之笔，所以先生所测之事，最终将是一马平川，毫无阻滞。”

桃

某女子写“桃”字测运。术士说道：“《诗》云，‘桃之夭夭，灼灼其华’；您是要交桃花运了！‘桃’字拆开成为两部分，一个是‘木’字，一个是‘兆’字。先看‘木’字，隋朝末年就有‘十八子主神器’这种影射‘李’姓的谣言，可见‘木’字可以拆成‘十八’二字。俗语说，‘十八的姑娘一朵花’，为渴望爱情之兆。‘木’字又是‘才’字加一‘捺’，所以显然是‘无奈有才’。古人云‘女子无才便是德’。女士满腹经纶，曲高和寡，因此难觅佳偶。‘木’字加一横笔为‘未’字。以‘一’表示‘所指’，以‘木’字像人体。那么，所指在头，即是说所指、所重者为感情，那么这次追求或者‘未’能成功，再说‘兆’字。中间两笔合成一笔，成为一个‘水’字。古人说‘红颜祸水’，此字形却似是而非，从‘似’的角度讲可能有‘祸’。‘兆’字左右之两笔各合成一笔，则是一个‘北’字。‘北’的古字形是两人相背，是‘背’的本字。从字形看，‘兆’字预示事与愿违。”

幻

某先生以“幻”测字。术者说：“幻字的原形是狐狸的‘狐’字。左边的‘幺’是尾巴，右边则是简省了的狐狸身躯，狐狸就是以变幻莫测著称的。测字的男士选择幻字，原因就是美女。幻字右边是一个弯弯，说明这是一段曲折的感情。单说‘幺’字，右边加上个‘色’字，看起来像个‘绝’字，却又不是。所以，她长得不错，但算不上美女。第二层意思是断绝，你们想要结束这段感情！然而，这个似是而非的‘绝’字，说明你们心中摇摆不定。右边添上个‘佳’字，则是一个似是而非的‘维’字。这说明，你们又想维持这段感情。狐狸尾巴是不能露出来的。这说明这段情是秘密的，是瞒着双方的家人的，你们双方都是有家的。而‘幺’字加个盖子就是个‘玄’字，这里面大有玄机。玄是‘黑色’，所以这段情是地下恋情。两个人都有心掩盖，我们又得到一个‘慈’字。首先，是你们两个人心心相印，志同道合。其次，是你们的掩盖是因为善意，不想伤害自己的家庭和伴侣。如果要撇下这个曲折的幻，那么又得到一个‘幼’字。想撇下这段情，则是幼稚的。”

卿

某女以“卿”问爱情和事业。断曰：“‘卿’，亲卿爱卿，是以卿卿；甲骨文上就是两个面对面跪坐着的人。‘卯’和‘皀’合在一起，就是两个人围着簋在吃饭。卿卿我我，感情不错。卿可解为‘卯、既’，卯兔年事业既顺。‘卿’是种相当高的官职，预示你权力颇大，生活优越。”

思

某君以“思”字测感情。术者曰：“‘思’字结果有好有坏，四口压于心上，有口舌之争，摩擦难以避免，朋友也议论纷纷！田字为地，也可解释为房，矛盾因此而起。既然测此字必感情深厚，排除外界干扰，心平气和后会有幸福未来的。”（按：甲骨文的“思”是“心”的上面加“囟”。囟门是婴儿大脑发育完成最后闭合的地方。故“思”有初恋、幼稚、纯真的含义。）

想

女以“想”问爱情。术者答：“木和目音同意不同，一块在心的上边，应是同床异梦，没有好结果。”

笑

某校女教师求测“笑”字。术者略一思索，言“笑”的古体写作“咲”，其左边之“口”，为背后有人论说；右边之“关”，乃“夫”字出两头。问是否结识第三者并与之有染，女教师赧然而退。后其与第三者有染之事败露。

逢

某女以“逢”字测问感情。术者断曰：“逢字有个走之，说明你的感情并不在眼前，而是要边走边寻，而逢字的本身是指碰巧遇到的意思，也就是说你未来的老公是碰巧遇到的。而逢字的上面是夏的末端，下面的丰即是三生贯穿之相，而丰字也有财富、富有的意思，想必未来的老公家中很有钱。”

等

某女以“等”字测感情。断曰：“如做朋友，修竹绿瓦，清风明月，对句吟诗，好一个世外桃源；如做夫妻，清冷的竹林下，一间孤寺，生活不会美满。”另一测字先生说：“竹字头是凑在一起的两‘个’，恰是一双俪影，定下的爱情基调是甜蜜的。竹子提示伊人清雅脱俗，‘可使食无肉，不可居无竹；无肉使人瘦，无竹使人俗’。而且预示两人会如胶似漆，‘不可一日无此君’。寺是古代官署名，提示伊人最好是在政府机关工作的。寺是十一寸，即尺一，而‘尽’是尺二，因此寺有似尽非尽之解，表明感情也会遇到危机，但还不至于断送，要好好把握。”

大

一女出“大”字问爱情。术者说：“你还没有谈过恋爱。”问何以见得？答：“大分开不就是一人吗？”

菲

某女出“菲”字问男友是否真情。断曰：“‘菲’字按象形来拆，三为河，二竖为桥，卄为二人牵手。二人牵手过桥，指能共患难。你男朋友是真心对你好。”

志

某女写“志”字测男方感情。断词：“士为喜字头，不二之象；心为忠字底，料无外心。未婚者当在热恋，已婚者如胶似漆。‘心’形带勾陈，主‘是非门内有喧哗’，口舌之争难免。然，心属火，勾陈为土，火生土；故虽有是非争执，亦属人民内部矛盾，不足虑也。”

弱

某女写“弱”字测感情。断词：“弱，下为‘羽’形，羽，鸟也，鸟于弓下，危矣!”

串 想

某女求测“串”字。测字先生一看这字，皱着眉头说道：“唉呀呀，此字大不好！串者，双口被拦腰斩断，心事重重。加穴为窜，加心为患，姑娘您哪，或家人分离不能相见，或失物蚀财无法找回，或家人现有病患难以医治。”该女又提笔在纸上写了个“想”字道：“先生再请看看这个字。”测字先生看了一眼即问道：“姑娘可是心中有意中人？可惜呀可惜。想字，右有目示意，而左为木，以目示木，对方懵懂不解，自然无回应。而下有心，心中思念，岂不是落花有意流水无情?”

娜

某女以“娜”问。术者曰：“‘娜’字的左半部分为一个‘女’字，字的首位阳宫为女，在家庭婚姻中易当家做主，娜字的中间部分为一个‘刀’字，刀字当中又有一个‘二’字，脾气不好，身体上易有手术刀伤，娜字的右半部分为一个‘阝’旁，耳根子软，看上去高傲不可攀，不想搭理人，其实内心软弱，依赖性强。综合起来看，娜字在事业上易有长辈贵人相助，多数好从事娱乐业，感情上不稳定，眼高，叛逆。”

梅

一人问“梅”字。术者曰：“‘梅’字有点冷艳，俗语有‘梅开二度’之说，在婚姻感情上会比其他女性的波动性要大一些，特别是生在梅花开的季节。如果是生在夏秋季节名字里也有带梅字的，则说明花无开。主感情来的晚，或没有真感情受到伤害一类。梅字还是分南北方的，也就是北方人在冬季梅花开时名字中叫梅才是真正的梅，会主长相好，而南方的就不是了。此字还与煤和没、霉字谐音，因此叫此字者命主多数会比较辛苦，特别是30岁以前。”

欣

一人出“欣”字问。术者曰：“‘欣’字在谐音上为辛，有辛苦之意，为新，有新生之意。不过新生之意放在感情婚姻上是不看好的，因为一新就要变，一变就要乱。其欣字本身为欠斤之字，也就是欠斤量，做事欠火候，关键时刻易掉链子，其欣字的左半部分为斤字，此字为“斧”字尾，主凶；其欣字的右边部分为欠字，有欠意，很不看好，主累；此欠字与土为坎字，特别是在土年就容易造成有坎，也就有是难不好过。”

城

某人写“城”问情。测曰：“‘城’字由一土字和一成字组成。‘成’字为‘戊’字和‘丁’字之合，戊在五行中属土，丁在五行中为火，火生土，故以此字问财为旺。土字又为坐上无人，土旺有骨肉分离之患，戊又为‘成’、为‘盛’之始，亦有旺盛之家的含义。但戊中带‘戈’，急成不成，反成干戈，问与人合作或婚姻，易发生争执。”

丽

某人以“丽”字测感情。术士曰：“‘丽’字为檐下二人比肩而立象，形影相随，关系亲密；丽字像两厢屉柜架着一个木板的书桌，有过二追一的过程。丽，美目却一字联心眉，愁眉紧锁，双目朦胧。古丽字下有鹿，不安分意。此人心性多疑，有不太讲理的小胡闹内质，日后须防有变。”

爱

某女写“爱”字测感情。术者曰：“爱有‘受’之字象，为‘收’、‘敛’、

‘夏’、‘反’之收尾，代表你目前的对象，正和你享受浓情蜜意的两人世界，因为‘受’字表示对方比你付出得多，但尽管你被捧在手心里，可千万不要趾高气扬，切记要做到‘收’与‘敛’，不可恃宠而骄。另外，更要慎防此段恋情容易在‘夏’后秋初突生‘反’相的收场。‘爱’是用一双手，一颗心，呵护一份最珍贵的友情。爱在心里，上面是一层层的保护，下面是个友字，把友情放好，盖上。”

恨

一人出“恨”字问情。术者曰：“一个竖心旁、一个‘艮’字组成了‘恨’字，爱是因，恨是果，因果之间，爱恨相连，有了爱才有了恨，有了好才有了坏。‘恨’字是一个不成形的‘根’字，因为恨字没有根也是不能生出的，只是恨一般还是因为爱引起，如果我们把‘恨’字的竖心旁变成‘心’字放在‘艮’字的下面，这样就成了‘恳’字，心在下就为诚恳了，心竖起来歪在边上就成了恨，同样一个心，我们不如把恨变成恳。如果我们再把‘恨’字的竖心旁变成走之旁，这样就成了‘退’字，恨成了退，退去了恨，爱又起来了，因果圆满。”

青

某女子冬天测“青”字问感情。术者断曰：“青，情字无心，今天是你在这里测字，那么无心的就是对方了，肯定爱情不顺。青字下面无人无日，空有一轮明月，不但是镜花水月一场空，而且可见你们感情是见不得光的，极有可能一方是有家室的，日为阳而不见，那么肯定男人是有妇之夫。青，为春天之色，现在为冬季，生机全无。”

旦

某女以“旦”字测爱情。术者曰：“你还是个小丫头，‘丫’和‘旦’字组合在一起刚好是个‘单’字，可见你还是单身。‘旦’为‘目’字跳出一个‘一’，所以，适合你的人，就在眼皮子底下，只是你没有纳入视线范围之内。‘旦’为‘最’上，可见你的标准很高；那个人要有‘胆量’才‘是’，一个月里见分晓。”

雨

某女出“雨”字测感情。断曰：“雨，两难；雨，水从云下也，云，上不着天下不着地。你对过去的感情很失望，喜欢浪漫幻想，对未来要求很高。雨从阴，阴为弱病，最近要注意身体。雨代表着新生，你非常希望另一半的出现；雨水，二十四节气之一，那人可能现身。”

申

某女用“申”字测感情。测字先生说：“‘申’字上下各加两画即为‘重’字。‘重’乃千、里两字结合而成，所谓重重关山、千里之遥，令男友此刻想必人在异邦。‘申’字乃‘甲’字出头之象，甲在天干中排行首位，所以令男友必定领袖群伦，是个不可多得的将才，而且现在已到了出人头地的时刻了。‘申’字加人为‘伸’，他遇有贵人相助，可以一伸抱负。恭喜你，你的终身大事若能与他结成，富贵不可限量。申字去头为‘甲’，去尾为‘田’，所谓‘弃甲归田’；再者，申字去头加二为‘里’，所谓‘回归乡里’，因此，令男友会回来，你们两人的情缘仍会接续下去。”

律

某男想追求某女，心里没底，出“律”字问能否成功。拆解：“律字是双人旁一个聿，双人指你们两人，聿乃‘建’字少个‘走’字底，所以两人很难‘走’到一起‘建’立恋爱关系。”果然没戏。

民

某人以“民”字问与异性关系。断曰：“民字是睡眠的‘眠’字少个目，预示你们无法同床共‘眠’，只能是普通朋友而已。”

悉

某女以“悉”字测感情。术者曰：“悉是会意字。上边的采字有辨别、挑选的意思，可见你是用心缜密选择的人。采为五色，从字形上看，心上部分笔画交叉很多，看来感情丰富，需要逐一识别、慢慢理顺。”

珊

某女写“珊”字测感情。术者曰：“‘王’为孤，‘册’似为‘朋’字少一横，这样的人应该性格孤傲，还没有找到男朋友。‘王’偏大，且有压迫‘册’

字之势，应注意低调。而且‘珊’字处于最暗位置，应该少出面。”

情

断曰：凡问测带有“青”字的女性都是性情中人。情，字体分左右结构。男左女右，心为男，青为女。字分先后，先书“竖心”旁，横心为死，竖心为坚。所以，你的男朋友有一颗坚定的心。再看“青”。起笔三画成“三”为乾卦，乃天。再加一竖，却不成“丰”。天不成丰，却暗含土、含干、含王。土乃坤，为地，你的爱情开始如天堂，结果是地狱、水中月也；你要努力地“干”才能成“王”。所以你的爱情最终还是靠你努力经营才能好起来，别指望一个坚心之人会自然给你情义。那到几时才成王？大概四个月左右。“青”为三个月多一些而五个月又少一些。

唯

某君写“唯”字测感情。术士曰：“‘唯’字一分开，成‘一口住’。是一个人单独过的意思。你单独过，感情还会好吗？遇事不要单独行事，要一起商量，多让着点女方，突出‘女’方，就变成‘如隹’，如佳，感情就好。”

佚

一女求测情感问题，写一“佚”字。断曰：“感情出轨，正在婚姻的十字路口，是否离婚左右为难。佚字组成是‘单立人’，‘一撇’和一个‘夫’字，象征此女的一只臂膀搭在另一个男人的身上。”

喜

某女以“喜”字问感情。术者断曰：“‘喜’字从上到下四结构，说明事多反复驳杂，士为男友，表面忠厚老实，其实草头在心里为花心；口为兑为少女，至少他有两个女友，相互纠缠，结局不善。”

時

某女写“時”测情。术者断曰：“時，日之寺也，纯阳之所居；最佳机缘现时间难以遇到。而等字和待字均为双人之相，因此还需要‘等待’，或许‘指日可待’。”

非

某女以“非”字测情。术者断曰：“看‘非’字形，原本是个‘丰’字，一个‘三’字被两竖隔开，似楚河汉界；二人本有一一对应、琴瑟相和之兆，从此却被银河所隔，彼此不得相见。”（按：非、北相似，败北之意。俗云“三画无伤作乾”，看来非字是三画俱伤不成乾，乾为老父，父命难违。老父长女乃乾门巽位，金克木也。）

念

某君以“念”字测感情。断曰：“‘念’字拆解就是：人二心（人有二心），字尾是个‘心’字，心乃愁根（愁字的根部是心字），所以这段感情前途堪忧。”

憂

某女以“憂”测感情。断曰：“这个‘憂’字，是‘夏’字头和‘爱’字尾啊！半夏可以说是端阳略过的五月中旬季节，也是中草药名。或许半夏之期，借助药材传递，可以收获爱情。”

傲

某君以“傲”字测感情和事业。断曰：“‘傲’字为债字头、放字尾，测主恐是太沉迷于前缘旧意，还是放手为妙。傲字，左边为人，右边为文，中间人行弓步，则王字出头。表示若能右得文臣良将，左得民心归一，军行千里，则有王者傲立之意。左右若不能合二为一，终只落得负债累累，不得不放弃。”

将

某君出“将”字求感情。断曰：“从‘将’字看，妆字头，前素后残，奖字头奖缺一人，夕字身黄昏隐约，守字底付之无人；早年错过天赐姻缘的‘奖赏’，时已黄昏无人约，守候着仍未来临的婚恋情缘。”

惠

某君以“惠”字问感情。测字先生说：“惠字拆开是个十日心，中间有虫字底，你是这个‘十’字，而你想测的这个姑娘，是那个‘日’字，‘十’和‘日’穿在一起，说明你们有缘，但十字没能向下贯穿到‘心’字底里，因为有个虫字底横在了你们中间，‘十’字不到‘心’，所以你们是有缘无分。十与日合在一起，说明你们相见的日子很短，本来日和虫字底是隔开的，但有个十字连到了一起，说明见到了虫子，你们的缘分就尽了。”

黄

某君以“黄”字测感情。断曰：“‘黄’字草头为共屋檐之象，中间为田为地，田地产物为禾、米、油、菜，为家旺之兆；下面八为两人；两人同作一田肯定有戏。黄是成熟的标志，可见时机成熟了应该能成功。”

奈

有以“奈”字问对方回信否？断曰：“‘奈’字大小不通，回信只怕是有些难。”

身

某君写“身”问情缘。答：“身，加寸为‘射’，近在咫尺却没有实际行动；‘身’加‘弓’为穷的一部分，说明你有点自卑；‘身’拆开为‘自、才’，说明你心里自己觉得自己不错，而且相信自己能待她好，但行动上缺乏自信；‘身’反过来看为‘良’，你们还是有缘分的；‘身’内有阴水不泄，外有‘撇长撇短皆为火’，水火既济卦，说明很易成功；‘身’似‘舟’字，舟赖水乃行，冬季运佳。”

湖

某女以“湖”字测感情。断曰：“湖乃沽月也，即为水月之意。沽为买卖，买卖月亮岂不是凭空想象、画饼充饥。湖字结构三分，会有第三者出现。湖去水加米为糊，诗情画意一旦转成家务琐事，立刻就会口角冲突、十口难辩。又，‘湖’字若测事业，则有各路之财汇集，各路关系聚合，如有蓄洪之势，利于‘闯荡江湖’。”

幽

某君以“幽”字测财运和感情。断曰：“‘幽’含‘山’，五行为‘土’；其内含两‘丝’，酷似火之燃烧。土者生金，而火又生土。若想发大财，必有火来助方可。‘金’可表示金钱；‘火’代表活力、旺盛之气，或品格坚毅、信心坚定。以此字问财有望。况‘幽’字外形酷似元宝，其饱满形状预示钱财充盈、富足！而‘土’的五行旺相休囚中：春季土融，夏季土旺，秋季土衰，冬季土囚。求财可望在夏季。‘幽’字似有两处家室，幺是梳有辫子的年轻女性。”

杨

某君以“杨”字测感情。断曰：“杨，左边独木难成连理，右似马形四体不全；且左有‘不’字形，右有‘勿’字象，恐感情不太和谐。”

悲

某君以“悲”字测感情。断曰：“你心上之物分明已经成双人对，夫复何问?”

偉

某君以“偉”字测爱情。断曰：“人旁一韋，韋字从舛（音喘），舛像两脚相对形，意为违背。口在中间，让你有口难言。”（按：口为兑为女，似另有人围转其裙下。）

阿

某君以“阿”测情。断曰：“阿字，耳朵旁边是一个可，你和女友不易见面，却相互认可。过去是耳听为虚，眼见为实；耳朵不同于心灵的窗户——眼睛，在五官中最不受重视。但现在手机很普及，耳朵可以听见的，眼睛未必非得看见，耳朵可觉察于千里之外。阿字本义是山脉转折处的意思，意味着与女友关系会发生重大转机。阿字似一丁一口紧密拥抱，丁为男，口为兑，为少女，应为婚姻吉兆。”

宁

一女子哽咽着写了个“宁”字求测。张铁嘴道：“好字啊好字，宝字头下面一个丁为之宁，如果我猜得不错的话你的男朋友应该姓宁对吧?”女子微露愕意，忙点了点头。张铁嘴继续道：“室内有丁，就是家中有男子，你的本意又是测算婚姻，钉子虽然扎手，但只要你能吃了苦头，还是可以凤求凰，赢得一线生机的！不过可惜啊！怨只怨你掉在纸上的三滴泪！本是一个很好的宁字，却因为你这三滴水变成了泥泞的泞字！道路坎坷，崎岖难行，方为之泞，你倘若非要一意孤行的话只能摔跟头！”（按：繁体寧字也有“丁”，心在受捶淌血，是好兆头。）

佛

某君写了一个“佛”字测感情。他写的笔画有如细丝缠绕，《谢石测字秘诀》说：“笔法如线，颇具识见。”显示他很有内涵，但是笔画有些抖动，又表示内心中有些彷徨及迷惑。修佛必须抛弃感情，问感情之事写个佛字，相当奇怪，也许对方跟修行有关。“佛”字是单人旁，要问感情，感情是两人之事，将佛字换成双人旁，便成了一个“彿”字，彿字与“浮”字同音，可见这段感情没有根；佛字右边的“弗”字，其中包含一个“弓”字，弓字弯弯曲曲，有螣蛇之象，主纠缠是非，如果将弗字的两直线代表两个人，两个人被螣蛇包围，依此判断，两人在一起有麻烦。“佛”本来是要用念的、用观想的，而他是用手写的，将人字边换成手字边，“佛”就变成了“拂”，拂有扫除之意。根据这些资讯，测字先生劝他这段感情不要继续。

華

某小姐告知测字先生，本身身材已算丰满，但新相识的男友仍不满意，多番要求她“加工扩建”，否则会舍她而去，特以“華”字问如何是好。先生答：“中国字之中，论重量，首推这个‘華’字，不信？请数数它当中肩负了多少个十字架，够沉重了吧？以此推测，如果阁下选择隆胸的话，结果可能会不胜负荷，搞不好更会有仆倒在街之虞。请想想，要不要为讨好一个男人而冒此风险。”（按：華为一时之花，须有贵人扶，变作“葉”后可得长久。華字古代发葉声，如烨、晔等；古華字形下有撇有捺，与葉相通。）

引

某小姐告知测字先生，公司新来的男同事甚有吸引力，碍于少女的矜持，不敢主动追求，但又怕错失良机，“苏州过后无艇搭”，以“引”字问爱情。先生答：“‘引’字既有‘弓’又有‘箭’，可见时机十分适合，阁下尽管放马去追，弯弓搭箭，把爱神之箭射向他吧。不过，如果对方乃已婚男士，则一切追求的行为便是勾‘引’，伤人又伤己，宜三思。”

梨

某小姐问其感情一事，书写一“梨”字，术者判其感情已到尽头，当夏末至秋初与朋友分手矣。其理“梨”与“离”同音，而梨的成熟期在夏末秋初。

學

某君写“學”字测感情，“子”字略小。卜筮者曰：“學字可拆为上下两部分来看，上半部的中间是‘爻’，而爻字的左右两边似‘臼’字，则是代表双手的意思。爻者，可分阴、阳，三爻成一卦，共八卦，而两爻相重则可得八八六十四卦。此意谓着阁下于感情上心猿意马、举棋不定，不能专注在一人身上。而學字下方之‘子’略小，整字而言，头重脚轻，无法有所担当。”又一术者云：“‘學’字是‘覺’字之头，但见字未现，且字形数箭插身，既然痛得如此，想必已分手。”

邵

某女以“邵”字问测男友对其观感。断曰：“‘邵’字口上口边都有刀（耳刀），说话伤人；邵字歪斜，为人有不正经的印象；字的左右大小一样，处事轻重不分。”

擔

某女以“擔”来测感情。术者断曰：“‘擔’字若去掉左边偏旁，是为‘詹’，故能得知‘危机’的征兆已出现。因为将‘詹’字拆解，上半部是为‘危’字头，下半部有‘言’字的组合，乃‘言多必失，祸从口出’也！以‘詹’的本意来阐述，即有多话，喋喋不休之意。所谓‘小言詹詹’，意即说话繁多琐碎。要知道一个男人，若是被人一直‘碎碎念’，试想他的内心思绪岂能不烦呢？”

柳

某君以“柳”字测感情。断曰：“卯乃接合之处，木上留下接合的凹入之处，表示被认同而在对方心中留下印象，有进一步交往的可能。卯为阳气旺、万物生起的意思；柳字在春天测问，亦无枯败的意象。”

蓉

某女以“蓉”字测感情。术士曰：“‘蓉’字为草头、幂腰、双人口，‘草’字头表示你是被压抑在下，‘幂’字是被包覆及隐藏，‘谷’字是为双人一口在帷幕中，此‘幂’字是代表了他与一人同住在一起，一同吃饭，一同共枕；你的感情可能有第三者。”

豐

某女以“豐”字测感情。术者曰：“豐字，五色不艷，估计你不算一名美女。豐字下有豆，上有稻米，言明种豆得豆的道理，你和他是有机会的。当然，种田除了勤力，还需要看雨水、旱蝗，变量是有的。另，豐字上方有韭，音同久，有长久之意，是好兆头。”

遇

某女以“遇”字测感情。术者曰：“遇去‘辶’添人为偶，是偶遇之意。遇头戴花为迈，即感情正在前进、发展。遇去‘辶’添心为愚，看来这段感情不够理智，应事事小心。”

寶

某君以“寶”字测感情。术士曰：“寶字，其为富之始、贫之终，如在感情始富终贫，即是开始火热，久了便冷淡了，始乱终弃也。”

王

某女出“王”字测感情。术者断曰：“王字有一十一之象，应会有第三者出现。第三者终会是个王者，王者即胜利者夺爱，对这段情寄望不要大，自己要有心理准备。”（按：王者上敬天，下敬地，中敬祖先，唯独缺少夫妻相敬。）

美

某女以“美”字测感情。术者断曰：“美字为義字头、夫字尾。你男友对你有朋友之義气，对你还有为夫之情，充满美好的祈望，希望能珍惜这段情。”

聯

某君以“聯”字测感情。术者断曰：“絲者，甜蜜；卯，是对上之意，双方应有意思。聯字去絲是聊，你这段感情一定要多沟通，用耳聆听是很重要的。”

傘

某君出“傘”测感情。术者断曰：“‘傘’同散音，其形有如人分两边；多人撑一傘，自然有人是撑不到傘，故推测成功机会不大。”

欒

某君以“欒”字问感情。术者断曰：“‘欒’字上有二‘幺’，全为捆绊，碍事之象，正是阁下现在之情况。阁下现在之阻碍，应该是逞一时之强所犯。因为丝中之‘白’，在五行上属金，为锐气所在。然，‘白’在丝中，从中间突破这重阻碍，做法也是‘白’，说明白了，就应该没什么事了。‘乡’为‘缘’之首，而两边皆有，应该是双方也有心，机会还是有的。而‘木’字，亦是‘葉’字尾，葉生于春，发于夏，还得慢慢发展、细心培育，不宜过急。不过，谨记一点，毕竟‘木’上有‘丝’绊脚，暗藏‘白金’，而金克木，且为暗处，又正在中心，需防暗箭！”（按：两“幺”隔白，乃二长辫女争男伯之相；白色丝帛缠树乃上吊之相，乐极生悲也！）

信

某女以“信”字问能否与男友和好。术者断曰：“‘信’字，为‘人’‘言’，碍于人言而不能顺利和合。正坐为男，侧立为女，‘人’侧立在旁，应该是有别的女生绕着他身边转吧！自古阴阳有序，左阳右阴，今‘信’字‘人’侧立在左，‘言’正坐在右，为阴盖阳之象，似乎不利。而阳者为男，阴者为女，言在右旁，应该由阁下主动为佳。可是，左旁之‘人’却有逃避之象，恐怕是徒劳无功。男女和好，需要二人之力，今‘信’字只一人，且侧立在旁，不能正视问题，何谈和好？”（按：若问字人属蛇，则信为蛇信，不吐为好。）

過

某君以“過”字测应否放下感情。术者断曰：“‘過’，‘咼’在船上，船之

根本为水，水是漂浮不定，而‘咼’本有歪斜之意，表示阁下现在的心意也是心猿意马。而‘遇’字的不定，也反映出此女的心思不一，经常转换，故阁下捉摸不透，也是正常。加以，‘過’下水，水代表智能，此女应该挺聪明，有花伎俩把住你的心，并不以真心相待。如此，要不如弃。‘遇’本身就会‘错’之意，且不论是读音还是字形，也与‘祸’相近，不宜继续！”（按：過犹不及，已达不到和好如初的心理预期。過字隐含三口之象，另二人已同居。问字人乃引桥跳板。）

刁

某女以“刁”字问情。术者断曰：“‘刁’字看起来是明知是死角还往前冲，刁意有刁难、刁钻，在一起会维持得很辛苦。”

豐

某女随意出“丰”字测感情。断曰：“丰字有繁体为‘豐’，上有二丰，却被山隔，‘土山居上作艮看’，艮为限止；你和男友分隔两地不常见面，只能电话沟通，导致感情交流出现障碍；‘丰’是玉饰或朋贝，象征高贵、富裕；二人各自事业都有远大的志向，似王者出头伸脚，但受环境左右，不易扩展。豐字原义是收获之后敬献祖先的祭祀仪式，婚姻最后会尊重双方父母态度而难以自主。豆有‘一口’逗留之象，说明成婚时间要拖后。丰为王字两边出头，可能意味有两次爱情经历。豆为繁体頭字缺‘頁’，丰是手术符号，感情的心理负担如同大山压顶，情绪波动使头部容易受伤；破解的方式是去做美容小手术。豆子须一粒一粒地拾取才能收获，感情也须从小处积累，不以事小而不为，最终会丰收在望。”后知其男友名“凯”，在国外进修，字形亦与“豐”似，巧合。若以“豐”字测事，内含扫帚星符，锋芒毕露；酆都鬼城，不吉不顺；取其丰字的古代发音“邦”之义，则须与人相“帮”共事方成。

正

某女出“正”字问感情。断曰：“‘正’字三横两竖交汇复杂，看来处了好几次男友了，中间短的一横为问字人，不上不下，上下不得，有点高不成低不就。正字拆为‘一止’，止为繁体歲字头，应该一年后能认识新男友，在丑年尾寅年头搞定。因左边短的一竖为另一半，短横在这里才处得上去。两人行成‘征’，两人会常闹别扭。”（按：正的甲骨文字形上口下止，有欲进城之象，而城内者欲出城，两人最终各奔东西。）

动

某君以“动”字问感情。断曰：“男左女右。‘动’字中男方是‘云’，‘云’本身是阴性字，其性飘动，喜自由，不安分，而且‘云’字带有明显的玄武形，说明这个男的在感情上有暧昧、偷偷摸摸的一面。女方是‘力’，这是个阳性字，所以从男女双方的性格来看，他们是阴阳颠倒。简单来说，男的缺乏男子气，女的缺乏柔情。‘力’，可以看做是乾卦或兑卦，阳刚气盛，说明女的解决问题不善于思考，不会采取委婉的方式，很容易就动怒、争吵，甚至动手。”

冰

某女以“冰”测爱情。解曰：“冰字有个有趣的地方，一点加水是冰（是它的一个异体字），两点加水也是冰。所以您那位性格宽容大度，不管什么差一点两点都不计较。其人经济状况良好，有那么一两点‘水’（钱财如水，所以钱币又称泉，广东俗话把钱就叫水）。不过既是‘冰’，想来是不动产。《诗经》中有冰与嫁娶相关的诗句‘士如归女，迨冰未泮’，就是说要成好事，得趁着冰没有融化。看来你合意的情人近在眼前。”

丁

某女出“丁”字测情。解曰：“丁字是一个三岔路口，表示你会在爱情方面面临抉择。令人无奈的是，看起来好像能一直到底的路，快走到尽头时，却会出现曲折，甚至一笔‘勾’销。判断、选择的时候要凭你的眼睛，而不是耳朵。丁字加目是盯字，可以锁定观察目标，令其无所遁形。如果凭耳朵作抉择则是‘耵’字；听信对方要给你一个家的承诺，则是‘聍’字，耵聍栓塞会造成耳鸣、听力下降、眩晕（压迫鼓膜所致），听不进良言忠告，辨不清东南西北，容易误入歧途。”（按：丁为男子，男方强势而不顾女意；丁为榫头，榫卯结构难脱身；丁是文火，激情已经降温；丁若有第三者介入即是“停”或“不”，则会与现男友了断。）

戀

某女出“戀”字测情，术者断曰：“‘戀’字由四个字符组成，纟、言、纟、心。两个人纠缠在一起，山盟海誓、甜言蜜语，是恋人之间常听到的‘戀’是‘言’之头，‘意’之尾，用‘言’来表达心‘意’。双方都是用心来交往，不会分手。”

杰

某君出“杰”字测感情。断曰：“‘杰’字是落叶的意思，木为感情，故有原来的感情终止的意思。而木生火（杰字下的四点水不是水，在古字里为火）。火烧落叶，很快就没了，所以不是旧情复燃。新感情到了春天才能开始，至夏天旺木生旺火，自然感情要好。”

莲

某女写“莲”字问感情。断曰：“‘莲’字草头暗含蓬字，对象出身并非大贵，而‘连’字暗含异地相恋，合成莲字，莲心通透，必然心心相映，所以感情方面无须怀疑，但莲花高洁，有不肯低就反误年华之遗憾。”

梦

某女以“梦”字测感情。术者断曰：“双木并立，下多字底，婚外情之象；夕阳林下，大地入阴，地孤阴无阳，坤无乾配，怎么可能已婚？若测事业，如在草木之间徘徊不定，同事对你横眉冷目，有小人阻路，混一天算一天。”另一术士解：“梦字为日落林下，当有入洞房之象。林者，东也，男也，夕者，西也，女也，帅哥配美女，应该是如胶似漆的恩爱一对。”又一术者断曰：“梦字，夜深沉，林寂静，是幽暗难实之象，林木为风为巽，夕为隐伏，看来你要经历一些分分合合，聚散如云的情缘，纠结难免，梦的繁体见落网和侧目，是被追逐和盯梢的样子，也许你将来的姻缘是一个长期关注和追逐的人。”

麻

某女写“麻”字问有否感情麻烦。断曰：“麻者，广林也。二木居下，似躲在屋檐之下，看来与同性有争房之象吧；或应是‘二木争床’，彼此是情敌。同时，木要向上生长，上为男性领导，为土，木克土，估计与男领导也有冲突。”

岳

男以“岳”字问恋爱。断曰：“岳字乃‘兵头岔尾’，你谈恋爱缺少变动，对待不同的女子基本都是同样的方法态度，不够专心，女方觉得跟你谈不到一块。你脾气直，既自卑又心高，应该自信洒脱些。”

珑

女以“珑”测感情，断曰：“此字左为王，右为龙，你们两个都属于极端世界的人，很难走到一起。珑有朦胧之感，说明你们的关系很微妙，难以启齿；龙加耳为聋，说明你越想知道关于他的信息，越难以知道；加竹为笼，说明你们进展节节阻隔，困于其中难有自由。我劝你顺其自然，不能再强求这份感情。”

佳

某君测“佳”字问感情，断曰：“从字形上来看，‘佳’字左为火（因撇长撇短皆为火），右边‘圭’为土（因横直交接土最深），代表火生土，你为这女孩付出了很多，单人旁表示你在追她的过程中并非正大光明，或是没有表现出阳刚之气，右边‘圭’代表女孩很高贵，而且善于交际（因为圭璧是古代王侯朝聘、祭祀时所用的贵重玉器），又包含两个土，说明她要接受你将会很慢，从字画起的卦来看为泽水困卦，又是金生水象，你总是泄体之象，我劝你还是放弃她的好，因为她虽然柔情似水，但性情也如流水般无情，到头来受伤害的总是你。”

李

某女出“李”字问情。断曰：“‘李’字拆开为子木，木有才形，对方应为江南才子之貌，多了的那一捺为金，其家庭殷实。子水生木，女子合为‘好’，看来应有相辅相成之意，但须相互走动，李为行李也。‘李’字原义是锯木为板，破开木料才能为‘材’，对方必遇人生一劫方能成器。今年桃李花开虽迟，但此时也多凋谢了，事成估计须待来年。”

修

某女以“修”字问某男是否为未来丈夫。断曰：“就字论人，‘修’字是修长、修饰的意思，他的个子很高，容貌帅气，腿上毛浓或者以前可能受过腿伤。人很有修养，讲究‘边幅’，爱学习，就是对什么事都爱发表议论，修正别人的说法，活着很累。应该从事技术工作，动手能力强。但事业、仕途不太顺，老是在修修补补替人家收拾烂摊子。若有进修机会即当别论。不过，在感情方面其有‘三人’之嫌，估计他不是初恋状态，你若已排在第三个，往后自不必担心。‘修’在古代是致送老师的酬金，这恐怕还要你耗费不少钱财了。暗恋迟迟不会有结果。修字中间有一竖，一层窗户纸需要捅破。不妨勇敢些，制造对话机会，对方若无意，你也好就此结束这段忐忑的心情。”

惜

某君以“惜”字测旧情。断曰：“昔字的甲骨文有‘洪水’的含义，惜为昔+心，心竖立，表示紧缩、警惕，而不坦然、舒张；这是对过去交往的悔恨，一想起来不免心动。说明对方之所以被挖墙脚，源自你对她的轻视和淡漠，可能她有过你当时不能接受的缺陷或过错，不交往时便淡忘了。娶妻生子过上平凡的家庭生活后，反而心里想追求一种无所顾忌的感情冲动，即便洪水猛兽也有波澜壮阔的一面，也有心存留恋的回味。见面有何难？廿一天内就可达到目的。但是今昔非比，人心已散，如旅途相错之陌生路人。以‘惜’字测前女友，从心理上是把前女友当成已经出‘借’、抵押的家产，想再索回或赎回，体现出你的占有欲望和‘贸易恋爱观’之间的矛盾。占有即不容他人染指，贸易则必须作交换，二者如能择其一，你现在的感情痛苦即刻解脱。”

遇

某女测“遇”问男友。断曰：“禺的原义是传说中的北海海神与西北风神，性格暴躁，相貌不佳（田字头即鬼头），遇字下边的走之旁，是禺神所乘龙舟。以此判断，你的另一半是偶然相遇结识，为人比较豪放，天马行空，权力欲强，不受他人束缚；花销如流水，留不住上万元的钱（繁体万字缺草头），对你会很仔细呵护，但其海神性格决定风流事儿也不会少。最终龙舟会战胜狂风巨浪，将你们一家安然护送到幸福的彼岸。”

仙

某女以“仙”字问感情。术者断曰：“‘人’正坐为男，侧立为女，所以单立人就是卦主你本人；你的另一半就是‘山’啊，从山字看的将来的这位品性比较好，德行不错，性格直来直去的，很难得的一个人。山是你的依靠，值得托付终身。艮为山，所以他应该在你的东北方向。艮也有艰难的意思，所以要做好面对困难的准备。”

红

某女以“红”字测前男友。断曰：“红字的绞丝旁暗示你与前男友藕断丝连，仍心存一丝感情纠葛不能舍弃。工是古代测量工具规矩的矩，说明你看见红灯即踩刹车，遵守行为规则，没有越线。灯红酒绿、花红烂漫是人生的一种享受，不可多得、不可持久，回忆起来不免脸红心跳，然而昨是今非，不会往复。以红字测前男友，可能是人家正在筹办喜事，希望得到你的祝福，甚至是你亲手制作的礼物（女红）!”

拼

某君以“拼”字测感情。术者断曰：“用拼字测感情有争夺的意味。‘拼’字是人家两人并肩相依行走，你要用手生生拆开、分作两头。幸亏你是个男生，若是女生还有宁可为‘姘’的冲动。事业可以拼搏，女人却只能悦服。感情之事不可强求，命中注定有的绝不是靠拼命取得。”

清

某女以“清”字测爱情。断曰：“测清字的术者往往忽略字的本义，意味字右下边是月，而得出水中之月的结论。其实篆字的青，下边是个丹字，留取丹心照汗青。青绿的竹简在书写前需要烤白，新竹渗出水珠；晾干后写上丹砂颜色的隶字，历经千年而不褪色。你作为新竹必过烤白之关，虽汗泪如雨，但一片丹心可见，若保持清净的心态，期以时日，会有新人入‘主’丹田。”

空

某女出“空”字测感情。断曰：“空字为空穴来风，感情有虚无缥缈之嫌。男方虽工于心计，却不得要领，无法取得你的信赖和喜爱，无‘功’而返。空仓表面上即没有收益，也没有损失，但是损失的是时间和无法积累经验，把握时间尺度对于女性来说最为重要。空加才为控，看来你喜欢有才的人，甘愿为其所控。”

疼

某女以“疼”字测感情。断曰：“疼字拆开为冬病，现在已经初夏，是感情释放的大好时机。冬字的本义是在冰上行走，需要谨慎处事、小心防滑。病字旁说明因感情过去受过伤害，回忆起来不免心痛。俗语说，病树前头万木春，生活自然会弥合以往的伤痛。疼是人体天然的防卫机制，麻木之人没有疼感，也没有人生的许多启示和激励。疼字中含友字之影，疼又是一种疼爱，似乎这种疼爱来自你身边的朋‘友’。”

真

某女以“真”字问男友是否真心。断曰：“事情往往不遂人心愿，‘真’字拆开是直八，‘直’的意思是目光如箭，自上而下将对方‘扫描’，目字‘三口’并存，看来对方真心不假，但心眼太多，存在第三方。繁体的真字上悬匕首，凶多吉少。‘八’即分开。就字论字，婉转回避、长期观察似为万全之策。”

静

某君以“静”测情。术者断曰：“静字拆为情、争，一个是正位‘青’，一个是侧位‘争’，正位的字，在感情中是属于独立的一方，就是说，不是很依赖对方；侧位的字，要看方向，如果是向另一个字侧脸，说明这个人是很喜欢对方的，如果是向外侧头的，那么形态就不好。字形左男右女，或问字者为左，因此，静字说明女友对你很倾慕。”

士

某女以“士”字测感情。术者断曰：“《说文》云：‘推十合一为士。’是说古代知识分子会算术。移植到以士字测感情上，意思是说要学会做加减法。对方身上的优点你尽量夸大，做加法；对方身上的缺点则别太在意，做点减法。你的感情看来会寄托在一个知识人才身上，学而优则仕，可能是个公务员，但是他的事业根基不深，处于十字路口，忙于择路，因而会一时忽略你的感情，彼此间容易形成隔阂（壳）。这就考验你的自信和‘帅才’，在象棋规则里，士必须围着帅转，而帅字源自巾帼，那就是你需要做的角色。”

明

某女以“明”测男友态度。术者断曰：“明字是日月同辉、阴阳相济，男女搭配，他应该不会远离你。能在天空同时看见日月的时间是早晨与黄昏，你问字时间在中午，早晨已过；而黄昏之后夜幕降临，你们的关系会显得有些暗淡、朦胧，直到晨曦再现时才会又萌发激情、海誓山盟。不明则不白；白者，白头偕老也。”

乾

某女以“乾”字测未来的另一半。术者断曰：“你的择偶标准太高了。在《周易》八卦中，乾者纯阳，为天、为父，看来你至少要按照父亲的榜样来找对象，心理上还摆脱不了儿童期的恋父情结。‘乾’字通幹，你的未来另一半应该是个干部或公司的中层领导，来自西北方向；‘乞’字上面的卧人像有病兆，乙字为水中滚木，虽有欲漂流的迹象，但气候干旱无水可漂；工作不能安定，显朡蛇状。乾字左边双十夹日，字义为早晨的太阳藏在草丛中，人有点散漫、懒惰。对方追求你可能会到伏地乞求的地步，那时你的感情就会像在夏日阳光暴晒下的鲜花，渐渐枯萎。”

绘

女测“绘”字，问感情。断曰：“绘字为缘头会尾，有缘千里来相会！绘字绞丝旁，你和他已经缠绕在一起，想分都难。简体字的会字拆开可解释为人云亦云，似乎你们的关系发展取决于朋友或亲属的评论。繁体会字的上边是人合之相，下边有日、有‘田’；本身含义就是盒子的盖，能与盒子相合在一起。《礼经》云：‘器之盖曰会，为其上下相合也。’这些解释都指向你们两人应为天作之合。”

嗨

某女以“嗨”字测男友是否真心。术者断曰：“‘嗨’有‘骇’音，这份感情来得突然，吓了你一跳。他这个人已经对你夸下‘海口’，看他的口水直流，足证有吞掉你的‘贪心’，绝对真心实意。每字拆开为卧人与母字，像似一方有母亲卧病在床需要看护，这对双方感情发展可能是一个考验。母亲的评语会起决定因素。男人谈女朋友时大多没有不真心的，只是这份真心能维持多久不变的问题。当他微笑着对你打招呼说‘嗨’的时候，可能真的是表达真真切切的情感；你这时却在想，我能让他真心到永远吗？男女之间的心理差别未免太悬殊了。”

欣

某女以“欣”字问缘。术者言：“欣字测缘，不太像有缘。欣字拆开为斤、欠；斤是斧子，欠是哈欠，疲惫不堪，懒得抡斧子砍柴烧，不像个过日子的样子；在感情上'缺斤短两'。欠字又像人背着人走路，不是情侣携手并肩而行的态势；欠字似久非久，感情难以持久。"

麥

某女写"麥"字测感情。术者言："'麥'字上面是来字，下面是'夕'字，晚上来约会的人不太光明正大，'夕'是'外'字的一边，此人是外地人，并且家中有妻，把你当做外室。感情怕不长久。"

曉

某女以"曉"字问情。术者言："'曉'字含义是拂晓，朦朦胧胧；左边日字为一天，说明你与男友认识时间不长，许多事情不知晓；右边三个土，都是走字的开始，下面是完字的结局。你看不清对方的真面目，'小'心为妥，还是走吧，不然就完了。"

倩

某男以"倩"字测情。术者言："'倩'字说明她对你没有真心，如果有心就是对你有情了；只是人在而没有心，你若强求在一起，青字下加上一横两点，两人合二为一，就成责字，加上立人旁就是债，不是你欠我，就是我欠你，何苦来呀。"

镇

一女在线出"镇"字测与某人是否继续交往。术者解曰："真金不怕火炼，见见面加深了解再决定不迟。测字讲究外应，刚才打字时，真金打成'枕巾'，说不定此人真和你有缘，别错过。"

断

某女以"断"字测与男友能否彻底断掉。术者言："繁体'斷'字的字形是斧劈乱丝，好像要斩断情丝。可是断与继同根，继续的继字也是乱丝，却要耐心地续接起来。看来若真心断交，不必测字，你心里有些左右为难。简体'断'字左边被改成了米字，迷途知返，关系还会修复一新。"

今

某女测“今”字问今年会不会有爱情。术者言：“先引述一个典故。原来北京的中山公园里有个叫‘来今雨轩’的饭馆，鲁迅、钱玄同等名教授定期在那里聚餐。今雨新知，比喻新近结交的朋友。其出处是唐代杜甫《秋述》序：‘秋，杜子卧病长安旅次，多雨生鱼，青苔及榻，常时车马之客，旧雨来，今雨不来。’指宾客旧日遇雨也来，而今遇雨则不来了，初亲后疏。‘今雨’引申为新交的朋友。故此，断你今年能新结交男朋友，但是他还不能常来常往、马上进入热恋状态。”

放

某女以“放”字测旧情能否放得下。术者言：“测‘放’字表明你现在的心情是放而不弃，一会儿拿起来，一会儿又放下，反反复复很矛盾。你现在要做的不是放弃，而是放‘心’，把心解放出来，自由自在，无所谓拿起还是放下。放字左边的‘方’原义是大河蚌，本来就收放自如；右边的反文是人持棍敲击，亦含朱雀之形，有口舌之争，证明你的旧情并不完美。”

虎

某女以“虎”字测与男友感情。术者言：“虎年测虎字，寅木为适合老虎生存的森林，事遂人愿。虎字含有‘厂’，是能够遮风避雨的‘虎皮’，象征有贵人或冠冕堂皇的名分庇护。但是，伴君如伴虎，能够相伴，却要小心谨慎。虎字带白虎之形，伤不了自己而伤他人。虎头中的‘七’是牙齿，‘切’的意思，走到哪里都要和人争名夺利。虎似乎不太遵守一夫一妻制，吃到嘴边都是肉。”

球

某女以“球”字测感情。术者言：“**王**是美玉，求是裘皮外衣，皆境界高雅，雍容华贵之字，却不能代表世俗婚姻生活。球圆而不稳，被人一脚踢开的概率较大。”

席

某女以“席”字问情缘。术者言：“席字上有广厦遮护，中有官轿可乘，下

有帝字之底，本乃大贵大富之兆，应高枕无忧；甲骨文的席字乃一个‘口’（音围）字，口中有两个‘人’，其实就是草编的席子，吃饭也用它，休息也用它。事已至此须认命，命定还是人为有何差别？天命也须借助人手来实现。”

曾

某女以“曾”字测与某男缘分。术者言：“先引述《西京杂记》记载的一段故事。曾崇范的妻子，以前拟嫁过数人，每次到娶亲前夜，其丈夫都会病死。一次梦见有人对她说：‘田头有鹿角，田尾有日炙，才是你丈夫。’后嫁给曾崇范才领悟。女人多次克夫，到了曾家才开始旺夫。曾字有扭转乾坤的功力。古书的曾字中间为田字，田指固定财产，鹿角指官禄，日指寿命如同太阳。曾字福禄寿俱全，你与某男的缘分值得珍惜。”

酒

某女出“酒”字测未来丈夫。术者言：“‘酒’字测人，此人平头方脸，个子敦实，一脸尊严，不苟言笑。酉为金，金生水，不差钱儿，比较潇洒。有当‘酋长’的心思，却不愿出头露面。‘酉’字的方位为正西，也是八卦中的兑位，看来他的资质和言谈有点‘兑水’，酒如果兑水，还不如酒精。酉字中酒不满，半瓶子晃荡，职业不安定，估计是餐饮、酒店。”

念

某君以“念字”测感情关系发展。术者言：“‘今’字为‘合’字有缺，‘令’字差笔，一时还不能下决心走到婚姻殿堂。口念为吟，吟诗作画，自有一番浪漫，而暗藏呻吟，预示还有一段痛苦异常的内心冲突过程。唯有保持信念才能化解冲突，心情坦然。”

错

某女测“错”字问前缘可否再续。术者言：“‘错’字既为‘过错’，亦为‘错过’，若人问‘错’，去金加人，借也。世上什么都可以借，就是时间借不了。昔日前缘已似前世之缘，若真想续缘，恐怕非得‘许愿’，积德行善。”

姻 缘

不出头

浙江有一秀才名叫周正国，满腹才学，到了婚配年龄，向一大户千金求婚，大户看了此“周正国”之名，三个字无一个是“出头”的，心想让女儿嫁给这么一个永无出头之日的人，不是坑了女儿吗？无论媒婆怎样夸秀才的人品、才华，那大户就是不同意这门婚事。

里

一妇以“里”字测女儿婚姻。测字先生曰：“里字，上日下土，日为天，土为地，天地得配，此乃天作之合。此女得配天地，有贵人之相。如配平人，乃是一个俚字，成俚俗之事。如配王者，乃得理字。理，治玉也，顺玉之文而剖析之。有助夫雕琢成器之意。王主外，里主内，实乃佳配。”

孤

一光棍测运抽到“孤”字很失望。测字先生说：“‘孤’字拆为瓜子，是吉兆。其生子女将如‘瓜瓞绵绵’；有道是‘末笔是青龙，万事不成凶’，‘孤’字末笔长捺须角长尾，乃是青龙形象，主喜事盈门，很快就能成婚。”

死

某甲想问父母定的亲事吉不吉利，在字匣里摸了个“死”字。测字先生说：“别急别急，你抽到的这个字是大吉大利的啊！这个字把它拆成上下两半，上面是个‘一’，下面像不像一个‘夗’字？‘夗’字下面加上个‘鸟’，变成一个‘鸳’字，而你又是问婚姻的事情，所以这个字叫做‘一床锦被盖鸳鸯’。”某乙跟着问婚姻，也在字匣里摸出个“死”字说：“我知道结果了，你不用测了，钱给你。”测字先生说：“不对不对，你抽到的这个字叫做‘棒打鸳鸯两分离’。”某乙傻了眼：“为什么？”测字先生说：“刚才那位在抽字的时候，外头有两个人抬着一床锦被路过，锦被是喜事用的。你在抽字的时候，外头又有两个人抬着一根大木头路过，大木是寿木，办丧事用的。所以你们虽然抽到同一个字，但

是结果不同。"

韻

有个女子很迷信，经常去拆字。这一天，她捡了个"韻"字，问婚事如何。拆字先生不假思索，有板有眼地说："韻字拆开是音、員，你姻缘俱备，婚事必定圆满!"女子听了大喜，但恐婚后婆媳难处，再请释疑。拆字先生献媚道："但请宽心，二老活不长，父在母先死。"女子申辩道："老太太还活着，是老头归天了。"拆字先生随机应变道："我算得一点不错，父在母先死，就是说，父死在母前面。"

恨

一女写"恨"字测婚姻。测字先生说："恨的左边是半个情字，右边是半个眼字，又是半个根字。用双句取格法来断，这叫'眼角传情，情根难断'。你有段不愉快的婚恋，给心灵留下伤痕。"

龙

某女测"龙"字求姻缘。术者解曰："龙，春分而登天，秋分而潜渊。冬季关系处于低迷状态，春天会有发展。"

亮

某君以"亮"字测婚姻。术者曰："'亮'字上为半个高，下为冗长的冗，只怕自身条件不错，门槛也高，命中的姻缘还遥遥无期，是急不得的了。"

八

女子测问姻缘，随口出一"八"字。术者曰："八字，人分开，穴无盖，儿形隐其中，穴即家也，断以刚离婚，房子归对方，子女归自己。"果然。

感

某君以"感"字测婚姻。断曰："感，上有似'成'之形，下有'心'基沉稳，主婚姻有成，但多曲折磨难。咸，似成非成，去'一口'添'一丁'方为

‘成’，主离婚再嫁（或再娶）。咸有朱雀之形，且从‘口’从‘戈’，主有口舌是非，纷扰争斗。若有争斗，恐伤残在腿足，盖因去‘一口’添‘一丁’，‘一丁’实为‘一拐’。心，属勾陈之形，主谋事迟滞。”

笑

某人以“笑”字问婚姻。术者曰：“笑字上面是双竹头，在婚姻上易出现二次之意，下面是个夭字，不看好，男人还好一些，如果问者是女人，此字为妖字。”

熊

某女出“熊”字问婚姻。断曰：“熊字下面四点水乃爱情、婚姻受煎熬之象。熊字上面的能字右边是两把匕首，所以感情有受伤之象。又熊字有玄武之体，应防脱失，所以有分手之可能。又，熊字加四、去火为“罷”，去火、加心为“態”，“能”似龍形却非龍。以此粗推之，对某人有好感者多，事主于此事思绪进退反复，期待某人示意而无得，欲表白而考虑许多，此缘恐不是长久之缘。”

君

某人以“君”字，求测婚姻危机结局。术者断曰：“君，上为一刀入砧，下为方形物状，仍喻为挥刀而出，未中其的。有其意无其果矣。君者，君子也，非小人也；凡事宜有君子风度，宽容为怀，不可斤斤计较。问君能有几多愁？恰似一江春水向东流。”

难

某君以“难”字测姻缘，术者曰：“其实并不难，左又右佳，乃柳暗花明之相！只是‘人’字被挤在中间，右边又是双主，可能有你言听计从的重要人物在施加压力，最后还是能解决的，但反复颇多。难字，一人立于又、主之间，又者，权之侧，友之尾也。说明你得不到友人、同事的有力帮助，只有自己努力。”

安 吴

一少妇写一“安”字问婚姻。测字先生解之曰：“安，家中只有女人，是无

男之意。所以没有婚姻的迹象。”少妇笑着说：“看来大师也有错的时候啊，我下月五日就要结婚了。”先生不为所动，问：“那你的对象姓什么呢?”少妇回答：“姓吴。”先生点头：“你的婚事可能要耽误了。”少妇忙问缘由。先生解之：“吴音同‘无’，所以对方难以成为你真正的男人；另外，他姓吴，是你说出来的，所以言与吴，不正是个‘误’字吗？所以，你们的婚事真的要耽误了。”后来果然如此。

慶

某女之名为一单字“庆”，求测字先生以此字测其婚姻，断曰：“‘庆’之繁体为‘慶’，首为鹿，中插一刀，刀悬心上，下为‘友’字少横，恐将要遭男友遗弃伤害也。”后半载又见某眼圈灰暗，称前所测之字义已现端倪，其男友已移情别恋，女虽厚爱他，彼已寡情矣。念及数年间钱物相助，到男家收种吃苦，及偕其娱乐，今五内受伤，备觉委屈。

恆

术者拆“恆”：“恆”左部为竖心，有向往之意。“亙”在甲骨文表示上下两横化为天和地，中间是一弯弦月，有圆满之意，此字有天地合、日月合的联想，“亘”像二人围坐过小日子之吉相。“亘心”为长久之心愿，可顺势而为，梦想成真。

满

一女子出“满”字问婚姻。术者解曰：“水边草屋内，一门下两人到头，和谐美满，白头偕老。”

家

癸未年夏，一妇写“家”字问婚姻，术者说家中有猪，夫妻有属猪的，妇说他们两夫妻都是属猪的。术者说：“两个人都属猪就不是好事了！双猪同槽必不相容，亥亥自刑有麻烦了！夫妻皆属猪而此字中只有一猪，另一猪则在野，老公长年不在家恐有离婚之虞。家中很有钱，因家字里面有个大肥猪（亥字写得较扁肥），‘家’的右边写得像个‘人’字，右为女，此女离左边之人远，左（男）形如‘勾’字，男人被别的女人勾引而去，故而常不回家。”此妇听得直点头。术者说她老公是做车子生意的，还当了个小头头。因亥为马星为车子，亥上是官字头。妇反馈说是在摩托行业做质检官。术者接着说她应该有一男一女俩小孩，因亥即豕，但家字头下不见“孩”左边的子，只有右边的亥，故一男孩未出世便被勾走（左边如勾）流产，现家中为一女儿。从辛巳年起丈夫就常在外住不回家，回家就吵架！因家下的豕即亥在辛巳年被冲走也。妇说都如所断。

山

一女士问女儿与男友的婚事最终能否成，报“山”字。术者说：“你女儿和男友性格都很固执，两人常有矛盾而争吵得很厉害，谁也不让谁。有长辈不同意你女儿与男友交往，最终两人不会结婚。‘山’字，形状像古代武器戟的尖头部分，所以判断两人常争吵得很厉害；山又是固定不动的，所以判断两人脾气都很倔，都不肯让步。至于有长辈方面的阻力，则是因为‘山’字左右各一竖分别可代表女儿和男友，中间更长的一竖代表站在中间的长辈，是长辈插在中间阻止两人接近之象。‘山’字是‘中’字的一部分，但又不是‘中’，所以是‘不中’，也就是不成功。”

選

某小姐以“選”字占问能否与她相爱六年的男友成婚。测字先生说：“看来六年相爱也生变化，你的男友已选择离你而去，男友亦已有另一个婚姻对象。”“選”字拆开为巽象，巽乃变故之象，另“選”边也有远走之意，“巽”字也有比翼共偕之意，只不过女主角另有人选而已。又，简写的“选”字有“先行”的意思，预示男友先你而走，不辞而别。

绸　锦

一小姐来测字，侧目见不远旁是个绸布店，便顺口道：“便测‘绸’字吧!”算命先生道：“‘绸’字由丝与周所组而成。这个丝字乃情丝纠缠之丝，由此可显姑娘此刻正被情丝纠心，所问的乃是姻缘。丝与彖而得缘字，姑娘所测之字带丝，可见你与心中所念之人乃是有缘，只可惜这‘绸’字拆开来另一半是个‘周’字，要成这段姻缘只怕要费些周折。”小姐脸色微变，问道：“老先生，有法可解吗?”算命先生道：“姑娘不妨再写一字。”小姐提起笔来想了一想，又在“绸”字后面加了个“锦”字。算命先生说道：“姑娘写这个‘锦’字是左金又帛，金乃刀之金，说明欲解此事需动武力。帛是金玉美帛之帛，意指美好之意。由此观之，这既要动刀动武，却又会得美好之结果，成其一段姻缘。”

超

某君出“超”字测婚姻。断曰：“‘超’字土下二‘人’相叠，有重逢之意。字面含‘土’与带刀的‘金’，故：金土相生，有和合之意，结局美满。”

醒

某女子，书一“醒”字占婚。婚者昏也，醒与昏相对，婚姻岂能成乎？又断其对象属鸡。是何道理？左为阳为夫，“醒”字左方为“酉”，属鸡无疑。又，醒即酉星也。时值初夏，酉时星辰若明若暗，故女子之情感若何自知之。

凤琴

某女以名字“凤琴”测。测字先生说：“姓名的第三个字代表子女的信息。你的儿子是不是不太好管，性格刚烈，好勇斗狠？琴字上面二王相争，下面与令字相似，二王发令，龙争虎斗之象。”“我以前叫风琴，后改为凤琴的，这有说法吗?”“自改名后，你有了婚外情。不动不变，动而生变，凤琴与风情谐音，风变凤，字里面的乂变又，又字有重的意思，重则重婚，有勾在一起之象，凤也主恋情。”

亲

一女随手拿起了一根木筷子在地上写了个“亲”字问事。术者就说：“你最近要结婚，可是你在三个月之内结不了。”她问为什么，术者说：“你父亲不同意你们马上结婚。”她说和对象已经处多年，最近发现怀孕了，就想马上结婚，父亲不同意，原因是她的弟弟才结婚，农村老令，兄弟姐妹之间结婚要隔开一百天。她接着问怎么看出来的，答：“你在土上写了个亲字，拆开了就是立木，立木在土上就是要盖房子，你这个年龄就有成亲的意思了。断你父亲不同意，是因为你蹲在西北方写这个字，这个方位克你写的字义，这边要立木，那边不允许，西北是乾卦，代表父亲，现在刚刚立秋，金当令，克木有力，没有商量，因为秋季是三个月，就断了你百日内结不了婚啊!”

作

某君写“作”字测婚。断曰：“‘作’者合字首，开始有和合之象；可惜

‘作’亦为非字尾，终非理想之选。”

终

某女出“终”字测缘。断曰：“‘终’字有丝旁总难断，藕断还有丝连，缘字还有多半。冬与尽字，字头不同，目下虽然结冰，现却分不了，因尽头不到，缘分未尽。”

威

某女出“威”字问缘。解曰：“威字内有一女，成字无丁，丁为心，成不了。他心里装着另一女子，你俩难以结缘。”

蕙

某人代问“蕙”字。测字先生道：“‘蕙’为多年生草本植物，有观赏价值，多比喻女子秀外慧中。‘蕙’不但美丽、聪明，还洁身自好，兴趣高雅，有唯美倾向。‘蕙兰’为一茎九花，象征有超长的生育能力。‘蕙’字从‘艸’，从‘叀’又从‘心’。‘艸’为阴属，说明问字者是女性。‘叀’为古‘专’字。‘蕙’为女人专心也。‘叀’字在古代有‘悬挂’的意思。心悬在‘艸’下，用心虽‘专’，但其情殆哉，岌岌可危。‘心’已落地，‘情’未生根。落花有意，流水无情。‘蕙’中间为‘甫缺’（少一点）。‘甫’为男子的美称。问字者之‘心’与姻缘之‘甫’之间有阻隔（横）。为何心到而缘未成？男性不足，‘甫’缺一点，上不足，而下有余，问字者如鲠在喉（横）。‘革’字穿心而过，恐将来的婚姻会有大变故。”

姻

某女写“姻”字测婚姻。断词：姻，从“女”从“因”，前为半“安”之相，“因”有“囚”之形，为一人受困；一女孤单在外，一人受困于内，主目前婚姻有阻。

因

女问姻缘，以“因”字示。对曰：“有心则‘困’；又‘姻’字无‘女’，婚亦难成。”另一术者曰：“因字，像不像一个人躺在大床上，枕着个双人枕头啊？

所以，你未婚，特想结婚。但姻字，要有女才有姻缘，所以，你要有朋友帮忙，而且很可能帮你的人是女的。”

靈

某女信手写下了个“靈”字请测字先生指教。先生说道：“这个靈字，上面是雨，中间是三个口，下面是个巫，笔画廿四之数，为大吉之数。雨者，水也，为阴，下为巫祝，古代为祈禳专司，又为沟通阴阳，撰说婚姻，一人游说三人，阴阳乃成，此即是婚姻之喜。不过中口乃人之意也，天降甘露普惠世人，却要有人在下面祈雨，承担人所难受之责。”（按：简体灵字乃雪山压火，妇泪涟涟之状。）

世

某君出“世”字看何年遇见正缘。断曰：“在媒妁安排之下，年内结婚。世字在形象上有点像抬轿子，除了中间的轿子外，还有个外面的‘乚’形，这个托付看做是媒人（有重要关系的第三者），而中间的一横除了抬轿用，还有一年的暗示。”

矮

某女写“矮”字测婚姻和事业。测士曰：“‘矮’字拆开，乃‘委矢’也（古人从右往左读书）。此言女子当委身于‘矢’。‘矢’谓大人也，今日之公职人员也。‘矢’字形似‘夫’，只是头歪了点，外貌欠佳。‘矢’为丈夫，成家之后，便与你是‘两口子’，即两个‘口’和一个‘子’，一‘口’在‘矢’之旁，是个‘知’；一‘口’在‘委’之上，是个‘和’；一个‘子’在‘委’之下，是个‘好’。合而言之：知一家三人（两口一子）十分和好。‘矢’为箭，表示指向事业追求的目标。‘委’之上为半‘利’，‘委’之下为半‘好’。看来你仅能获得‘利好’之半，难以达到全部目标。”

丹

一人出“丹”字问婚姻。术者曰：“丹字本身为一个不全的‘舟’字，也就是残舟，表现在感情上不圆满，婚姻不好，坎坷多，与父母易离多聚少，与其一方沟通不好，易独自离家在外地生活，丹字在性格上多数是急性子，义气，不怕事，综合起来看丹字有其沉舟一说，沾其水易其败，火炼久纯为丹。”

中

一人出“中”字问婚。测曰：“中字有一箭穿心之象，从中分离之意；中字与终字同音，终有终结、终止之意。”

英 包

冬日，某女写“英”字问婚姻。测字先生说：“英字，上草下央。草生在春天，代表希望，而现在是冬天，所以，有草也是无草；央字，可看做一个人在屋里。所以，从字像上看，没有婚姻的迹象。”某女闻听，心中失望，又写了一个“包”字，测字先生说：“包字，加手为抱。抱，是有对象的意思，可以象征男女之爱。可现在是包字无手，不能成抱，所以还是单身的意思啊。”（按：“包”字上有“勾陈”，代表碰到困难，事情进展迟缓；下有“螣蛇”代表事颇棘手，惊慌失措。）

玄

某君用“玄”字测婚姻。术士曰：“‘玄’为有花无果。玄字就是不真实、不可靠、不切实际的意思。玄字的上边是一点一横，像个家字的宝盖头，看似快有希望成家了，但这个宝盖只是一点一横，两边没有两竖。就像家有棚无墙，挡雨不遮风。玄者，天也。天就是空，空就是没有，预示未婚的分手，已婚的分离。玄的下边‘幺’字，是‘丝’字的半边。说明两人分开了，但又割舍不下，为情所困，斩不断，理还乱。玄，黑也。黑色在五行中属水，水主智慧，说明事主脑袋不糊涂。你心里也明白，看得也清楚。玄武的形象为龟蛇合体。龟和蛇，貌似长得像，但毕竟是两种动物，没法真正结合，偏偏还要长在一起，既痛苦又别扭。”

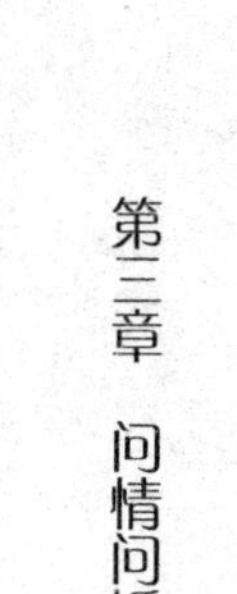

新

一女求为其测婚姻，写一“新”字。测士断曰：“立木加斤，婚有阻碍，左为男右为女，必是女家不允许。”该女点头，又问：“能成吗?”测士说：“能成。新字与親字形相似而音相近，况且立木当春令，必主欣欣向荣。”

缘

某女以“缘”字测姻缘。术士曰：“彖（音团，去声）兽即野猪，以牙利善咬断丝为用，《易经》之‘彖曰’即‘断曰’，所以‘缘，又有斩情丝意，虽想借缘相续，恐不得也。又，‘缘’有丝字旁，丝，绊也；况其笔乃玄武之形，玄武主失落。右边上有半‘死’之形，下乃‘不成家’之象。恐姻缘难偕。”

燕

某君出个“燕”字问爱情、婚姻。术者曰：“头奉官袍脚下忙，落得佳人两茫茫！”燕的上部“廿”，是一个官帽。头顶官帽，脚下是象征前程和婚姻的忙乱脚印，佳人却背道而离！北乃运背之意，姻缘未到；燕下为火，乃焦虑之意。（按：“廿”亦为官轿，问字人整日跑动，忙于酒宴应酬，琐碎烦事缠身，致使男女之间因口角产生隔阂。女方身体有病伤，说话犀利，对男方获取官职提供支撑。如将脚下四点改成一横，则得上下青龙保佑，双方最终言好如初，燕尔新婚，未来生的第一个孩子是女孩。）

柏

某女以“柏”字测婚姻。术者测析：“柏，字意为耐寒常青乔木，含有长久、抗艰难、常青之意，可寓意爱情、婚姻长久。发音为百，含百年好合之意。从拆字看，柏为白木，木为坚硬长久之物；木色白，则温雅浪漫。柏字左边为木，为床之底，表示其人可得床第之娱，有爱情基础；右边白字，上面添一笔则为百，表示为百年好合。白字是谐和偕字之尾，象征二人琴瑟和谐，白头偕老。”（按：日为两口合一。）

琴

一人写“琴”字测婚。术者曰：“琴字的上半部分为两个王字，两个王字即两夫，易出现两次婚姻。两个王字还易脾气不好，当家做主，两王不能相容，做事又易自我矛盾。琴字的下半部为一个‘今’字，‘今’字是‘令’字少了一点，不成令，虽有两王却不得令，说的算也只是一时而已，不能长久。综合起来看琴字在事业上会不错，有一定的管理才能，不过事业辛苦，人缘方面不是太好，好与别人争斗。”

袁　去

某男丧偶想续弦，挑出“袁”、“去”二字测。术者曰：“‘袁’字添‘走’字旁变成‘遠’字，你现在想谈的这个女士不是本地人；‘去’字添三点水变成

"法"字，所以她不是丧偶，而是通过法律离婚之人。再说'去'字上面添一撇，变成'丢'字，既丢失还能有吗？所以她到你家里看了以后就走了，婚事不能成。"一问果然。

青

某女写"青"字测婚姻。术者曰："'青'由'三'、'丨'、'月'构成。从上半部分看，上有头、下有底；从下半部分看，属于下弦月，圆月渐渐消瘦。所以说谋姻缘的话，现在似乎感觉特好，但是好中有着不踏实，就怕热情过后，渐渐平淡。"

韻

某女写"韻"字测婚姻。术者曰："韻者，和也，音响相谐也，指的是和谐悦耳的声音。要想听到和谐的音乐，就得五音协调搭配，独木不成林，单调不成'韻'，要想有个和谐的家庭，就得找到个意中人。'韻'字的左偏旁为'音'，音者，消息也，声生于心，有感于外谓之'音'，'音'下加个'心'为'意'。只要你有心寻找，是可以找到意中人的。'音'是由'立'与'日'组成的，也就是指日可待的意思。'韻'的右边是'員'，'員'字就是'人'的意思。'員'又与'圓'相通，都属佳兆。所谓'同声相应，同气相求'。琴瑟能否合鸣，就看那人能否知音了。"

哭

某君以"哭"字测婚姻。断曰："哭字，两个口，就是两口子；下面一个犬，古人习惯把儿子称为犬子，就是两口子拉着一个儿子。此测婚大吉利也。"

累

某女以"累"字测婚姻。术者曰："累字男头系尾，男少力＋系少头。系有依附之意，系字少头上一撇有不能依靠之意。意思是将来你家阴盛阳衰，夫君少力不得依附。暗示你的能力、事业各方面要强于丈夫。田字压头，代表工作压力大，不顺心，中间'幺'代表烦乱，被压得很重。头重脚轻，婚姻生活不幸福，顾得上工作，忘了家，系字为两头顾不上。"

姻

某女以“姻”字测婚姻。术者曰：“‘姻’字‘好’字头、‘烟’字尾，结局恐难看好！问题可能出在女方。‘因’字为口中一人受困，女子在口外，口中人必是丈夫，难以脱身。姻有恩字形，所谓一日夫妻百日恩，所以一时不会离婚的。”

寅

某女以“寅”字测正缘。术者言：“寅为家中一自由人，一时尚无结婚迹象。字属木，术数为三，三个月左右应有姻缘机会。字本中正，应是正缘。”

寐

一女孩以“寐”字测姻缘。断曰：“‘寐’字同床异梦之象，因家字头下二人共眠，男左女右，一侧一正，侧者为随意、主动，主动权在男方，能否成婚尚在两可之间。‘寐’字，左侧为反写之片，男方片瓦无成。寐若为家，当在豕出现之时，应在亥月。”

测

某女求测“测”字，问男友是否为最终对象。断曰：“此男子对事主不利。‘测’字拆开为‘三点水’、贝字（读音为‘背’）、立刀，合起来解为‘带水字旁的人背着刀’；或为‘血溅铡刀’。跟这男孩交往，等于送死。”

世

一妇问婚，拿报纸指一“世”字。断：“外不包内，感情不太合。但一横把内外两部分紧紧相连，想离也离不开，且世也有一生一世之意，不会离。”实际情况：男爱打老婆，但一直没离。

果

夏天五月某妇出“果”字问其儿子婚事。断曰：“婚不出半月很快就成，而且女方主动。”后果半月后谈成，女方父母找上门来订婚。果字上日为火为男，下木为母为女，木女生火男，且木上穿日中，火旺于五月，故五月成。果也有结果之意。

礼

某妇写“礼”字问儿子与对象能否成婚。断曰：“从字形上来看，‘礼’字有分离之象；往往开始觉得很好，越后来越各揣异志；中间的小点，表示会因小事而分道扬镳，即使结婚，最后也会离心离德，各奔前程!”结果，没过几天，两个年轻人因一两件小事，不欢而散。

儿

某君出“儿”字问女儿相亲能否成功。测字先生马上告诉他：“一见面就拜拜，不会成功！你看，‘儿’字的两笔，没有亲和力，是分向两旁的!”结果，两个人只打个照面，连句话也没说就各自向后转了！

难

某女写“难”字测婚。断曰：“单从‘难’的字形看，是‘人’被紧紧地夹在中间，而且‘又’是‘双’的半边，不成双，婚姻暂时很难成功。”后的确如此。

破

某君以“破”测婚姻。断曰：“婚姻以和睦柔美为本。‘破’，左右两分。从‘石’，‘砸’字头，以‘硬’见，违背了婚姻之本，撕了面‘皮’，‘碎’掉基‘础’。从‘皮’，‘彼’字尾，见双人，藏了重复之义。‘颇’字首，‘颇’者偏也，测主偏了重心，破‘彼’之镜，另圆他梦，问婚姻取吉难。”

命

某君以“命”字问婚姻。术者答：“‘命’字者，合字头，却字尾，先合后却，先聚后散，婚姻不顺。”

西

某女以“西”字测婚姻。断曰：“西字，贾头茜尾，贾就是商人，茜是鲜明亮丽的意思，你未来的爱人是个很有经济头脑、商业能力之人，婚姻生活总体鲜明亮丽！你求测时间已近中午，可以考虑西加‘日’为‘晒’，西加‘水’为‘洒’，你要做好风吹日晒的准备，要洒下辛勤的汗水，才有甜蜜的收获！西为‘要’头、‘尊’心、‘牺’尾，要相互尊重，把他放在重要的位置，舍得牺牲自己的一些习性。西在八卦上对应‘兑’，为口舌，容易吵嘴，但也为悦，最终还是喜悦的！西拆分为‘一、儿、四’，四年之后得子。”

想

某女写“想”字测姻缘。断曰：“相由心生，心生之相，虚幻居多，事有不实！上有木字，本心不固，做事犹豫；又有目，一目之见，瞄准也，还在搜寻观察阶段，一切还待落实。心上少一撇，还非必然。还需要点时间细细观察，最终要下决心，不要太犹豫。”

法

某君出“法”字测婚姻。术者断曰：“你和女友断断续续谈了六年了吧？应该中间断过两次。这‘法’字看起来是有结婚的‘结’字形状，今年准结婚！‘法’字拆开，三点水，水是自由身，见圆则是圆，见方乃是方，代表你现在是自由独身。右边的土和下面的三角形，其实是古代人用土制成的盛水用的陶罐，或称为器皿。用土制的器皿来控制自由不羁的水，不正像国家用法令来规范人民的言行嘛！在这里土制的器皿代表家庭，约束你要负起家庭的责任来，难道不是快要结婚了吗？这三点水断开两处，而这水在《易经》先天八卦中，卦数为六。说明你结婚前恋爱时间只能是六年。右边的‘去’字，有土，土为坤、为女性，代表你女友，下面三角在甲骨文中通假‘私’字，其形为鼻。古人以手指鼻为私我，说明女友心细，但有些自私和小心眼。土下三角上最后的一点，是鼻翼两边的法令纹。法令纹主寿，说明她家里有长寿基因，家中必有高寿之人，而且她将来也长寿。‘法’字里的土在上，将来你俩结婚的新房，应该在很高的高楼上，大楼东边还有水呢！”

流

某女写“流”字问婚。断曰：“木年能结婚。流，走的意思，走为出嫁的意思，流去水加木为梳，梳妆为出嫁，庚寅是松柏木年，流为水，水生木，大吉。”（按：三点不连是坎方，夫家可能居北方。）

良

某君出“良”字问妻子啥时候出现。断曰：“良有艮象，《易》曰：‘艮，止也，时止则止，时行则行。’所以‘艮’未必全代表‘止’的意思，何况‘良’字上面还有一点呢！艮为少男，对象一般是少女，八卦中‘兑’卦就代表着少女，测问人必须等待少女的出现。庚寅年，庚在寅上，庚是兑卦，寅是艮卦，少男少女相配，当为应期。”

晶

某君出“晶”字问婚。断曰：“晶字问婚一般不太妙，三个日字阳气过盛；此字字形有多角恋爱诱导，也表明目标不专一，心不在焉，朋友被伤害而缺失。”（按：日复一日显露倦意，口舌颇多，唱歌跑调。）

黄

某君以“黄”字问婚。断曰：“黄字为共字由中间分开，苗字被横切两段，想来你们共同的婚姻目标将因某种事由而分道扬镳；由字为田出头，估计涉及家财房产纠纷。”

重

有一女友认识了一位男士，彼此都有好感，甚有希望发展下去，但有一晚女友梦到男士递给她一张白纸，纸上写了一个“重”字，问术者此梦何解。术者认为重字拆开乃“千里”，即有可能两人分隔千里，而且字写在白纸上，白纸即“白白指望”之意，看来是没有希望了。后来男士果然全家移民到外国，两人分隔两地，难以维系，也就无疾而终。

慧

某男说一个“慧”字测姻缘，术者说：“‘慧’字上部是两个丰，是‘双峰’之象，女身材健美，‘慧’字之中部为‘山’字横摆，状似匕首。‘慧’字之下部为‘心’字，心上人也，横‘山’似匕首而汇在甜心，有‘横刀夺爱’之象，要时刻提防被人撬墙脚。”

渐

一人问婚成否，随拈一“渐”字，测者断曰成。因取笔书板道，左边为水，右边为刀，以刀斫水，岂能断乎？又将斤加㡭为断字，车加走之为连字，曰：藕断丝连。复将斤加走之作近字，曰：自去自来梁上燕，相亲相近水中鸥。后婚果成。

斌

某女以“斌”字测婚姻。测士曰：“斌字左女右男，本身就阴阳颠倒，武中有止，是男方要终止的迹象。”

園 圓

某君以“園”测婚姻。术者断曰：男女结合叫“圓”满，游戏休闲的地方叫花“園”或“園”林。此圓非彼園。圓中有员，员即是人的数量名称，所以代表人，口字代表在同一个圈子，所以是一家人。而園字中有袁，有心猿意马的意思，口字代表笼子，是指被自己困住，婚姻难佳。

芬

某男写“芬”字问婚姻。术者断言，其妻心意已决，但两人尚未离。因芬字，阴木利鼠、中夹人、刀尖在下，有抽刀断绝之意。

结

某女以“结”字问婚。术者断曰：“结字由纟与土、口组合成，纟是线的一种，非常柔软，可作捆绑用；土顽固、坚硬，能包容万物；口是言语，代表说话、口舌之事。你是柔纟，又爱争辩，火气猛，男友是土，比较顽固，牛脾气，与你在一起，常有吵闹。你用结字测未来，只能说结束是迟早的事。”

爱

某女以“爱”字测婚。术者断曰：“爱字有觅字头但无觅字身，即你没有主动寻找爱侣；爱字下部有友字脚但没有头，即是你连朋友都少过别人，谈婚论嫁尚早。爱音同碍，婚姻会遇家庭阻碍。”

缘

某君出“缘”字问姻缘。术者断曰：“缘 = 纟 + 彖。纟乃细丝，引申为细心之意。彖乃未驯化之野兽，引申为野性大胆奔放之意。意指您追求异性时，心里细行为要大胆。静如处子，动如脱兔，莫畏首畏尾，如此方有所成。”

肉

某君报“肉”字问好友的婚姻状况。断曰：“‘肉’字，正好是屋内二人，女人红杏出墙。看来很快就要离婚了。”

叶

某君出“叶”字测婚。断曰：“叶逢春为草木之盛时，但还没有开花的迹象，可能结婚的条件还没完全成熟；口为兑卦为少女，落在震木的位上，金木相战，女子个性好强，要男方肯让人，婚姻才能和谐稳定。震木为长男，你是长子，‘十，为医疗标志，逢白虎，有需要医药的信息。‘十’为震木中人隐去，要防伤损。繁体‘葉’有一世之心，你对婚姻是认真的，有娶一而终的心态。‘葉’草头木尾，婚姻开始虽然如花草般要经历风雨的考验，但经过自己的呵护（‘世’在中间，为自己），最终亦能长成参天大树。”

山

某君出“山”字测婚姻。断曰：“山字，中间只一竖，独身一人之象。山字，口字上方开着，大门是开着的，可就是没人进来。山者，有高之义，有诚实稳重之义，你有些眼高，为人过于老实，不善与女子打交道。山者，要有水才能构成一幅美丽的画卷，因此，亥年、子年，见水了，为可以谈成之象。山字，缺巽位与坤位，目前经济不十分好，名利尚不到位。山者，一阳两阴，要谈两个女友。山字，离位高出，离主文，本人应该文化知识不错，有学历，经济普通。山者，土也，蕴藏矿藏，长养矿藏之所，本人有才学，有待时而发之象，今后前途无量。山，艮象，艮为少男，你不是老大，就是独子。山，艮土之义，祖上务农。”答曰：“姐弟四人，独我一丁，农务。”

丑

某君以“丑”字测婚。解：“丑含‘五’形，巽风为五，主遇事不果，拖延之象。又因巽木为野木草，其女貌美柔情，待卯木年可成婚。”

席

某君出“席”字问相亲。解曰：“宴席的席字，看上去不错。但要注意防止破财，因为席字有‘巾’，巾乃‘财帛有损’之象。席字又是‘度’字头，所以你还需要细细揣‘度’，有得必有失。”

艳

某女出“艳”字问婚姻。断曰：“艳字左丰右色，丰乃玉串，象征家财殷实；色即美貌，倾城倾国；婚姻初始相当美满。然而，艳字似邦非邦（右耳朵为邑字简化），家族地盘不好划定；丰是王字上下出头，当家之主过分扩张；色似刀疤，疑与左邻右舍有暴力冲突，家族成员易受外伤，丰字亦为手术线。艳字右上有勾陈，最后以螣蛇收笔，暗示后期感情开始呆滞，关系周折起伏，婚姻最终变幻莫测，甚而居无定所。若为姓名中字，需要做一番调整，以期改运，避开不祥。”

云

某女秋日以“云”字问婚，断曰：“你现在心有意而动，是秋天流动的白云，有了自己的意中人。由于云处于天而动，自是有心无行，秋天有肃杀之气，云得风而动，云想衣裳花想容，故然情窦初开，云聚云散空欢喜也。”

胜

某女士写一“胜”字问婚姻。术者断曰：“‘胜’字婚姻迹象明显，左半部为‘月’，代表织女，右半部为‘一牛’，代表牛郎。一男一女为正配，然而‘月’有‘槽’之形，二口象征两个牛槽，一牛二槽，吃着碗里，看着锅里。你二人相距甚远，见面困难，眼下你想与他分手。”果真如此。

中

某女问“中”测婚姻。术者言：“‘中’与‘终’同音，婚姻可能到了终点；应是第三者介入，而使你们两口子分开，因为‘中’字为一竖分开两口。”

中

某女以“中”字测感情婚姻。术者断曰：“一条青龙（直竖）守护着两口人，感情通畅，婚姻美满。甲骨文的中字是旗帜（相当于军旗）的意思，能够聚合力量、指引方向，不偏不倚，说明你有一定的领导能力，做事有主见。中是看中、射中，好像已有中意之人，只待射出爱情之箭。”

狂

某女以“狂”字问婚。术者断曰：“就字形而言，王字三横均被一竖断为两截，有坤卦之象。《周易》坤卦把女人比做‘牝马’，有‘先迷后得主’一辞，说明你在感情方面起得太早，走迷道了，后来才找到‘主’。‘主’字表示丈夫。不过，你未来的先生有点野性、抓狂。”

夫 妻

從

一妇拈“從”字测夫妻关系。测字老头说：“测字不留情，留情测不灵。这个從字是由六个人字组成的。中国字，先左后右。左边是个双立人，这说明你丈夫年轻时受过严格教育。你看，他规规矩矩地站着。右上边是两个小人字，说明你丈夫前途上没发展，因为小人当道。左内右外，这就是说，你丈夫过去和现在，从家务到外事，都还没有站到指挥和领导的地位，都不是执牛耳者。底下还有两个人字，一个是不完整的人，一个是被压扁了的人。这就是说，你丈夫的事业不顺利，精神上还受过压迫。你丈夫贵姓?”妇答：“姓马。”老者说：“马有千里之能，无人不能自行。你要加强领导啊!”

未

某女以“未”字测老公是否花心。术者曰：“未，土也，温顺之土性之人。未反过来是土中有根，土上有叶柄。未出花蕾，他不太花。未字似米，米亦无花。但你们总有口角，未为二人中间有一竖相隔。”

老

一女子问家庭，出一“老”字。术者断曰：“老字，夫有头无尾，断定不能偕老，夫一脚被刀截断，凶象，主丈夫伤残。”果然。

吕 感

一女教师写一“吕”字问家的情况。测字先生解之曰：“吕，由两个口组成，应是婚姻已成之象。但两口之间有距离，说明夫妻现在并没有在一起生活，而是两地分居。”女教师很钦佩，又写了个“感”字，问什么时候夫妻团聚。先生说：“大概要等到你四十岁时。‘感’字，上咸下心，说明你们夫妻感情很好，能够同心协力，但有些事情并非人为就能成的。‘感’字同‘惑’字字形基本一致，但又不是‘惑’，可理解为‘不惑’。古人云：四十而不惑，所以断定在你四十岁的时候应该团聚了。”

天 吴

一大龄女写一“天”字问丈夫事。测字先生解之：“天，由二人组成，应是二人天合、男女相爱之意。但‘天’字无头不是夫，所以婚姻虽有实而无名。”女点头称是，但想知道什么时候能够名副其实。先生说：“那你就再写个字吧。”于是，女便在“天”字的上方写了个“口”字。测字先生问：“你那先生可是姓吴吗?”女大惊：“是的，大师如何知道?”先生说：“这很简单，‘天’字上添个‘口’，不就是吴字吗？但是，他要做你名副其实的丈夫，恐怕很难！二人上面有一口，不正是对方已有家室的意思吗!”女叹息而去。

粉

一妇书“粉”字测夫妻吵架事，术者断曰：“其夫为粮站站长，米而分，会因此调离原职，米为饭，分米即夫妻分居；分下有刀，事态会将动武，应在八天左右，因刀上是八。粉似纷，纷杂多端，将节外生枝。”粮食局家属写此字不见“良人”、“郎君”只见“分”字，显为分兆也。后其夫果因此事调出本站，七天后夫妻操斧头柴刀大演全武行，后离婚。

解

一已婚女写一“解”字，问测字先生能看出什么。先生说：“解，有分开、解脱之意。解，又一音读谢，同邂，邂，有偶遇之意，所以，你现在想摆脱的是外遇问题。”女子承认最近是因为婚外情比较苦恼，想尽快结束。问可否从解字上看出对方是做什么的，先生说：“解，有押送和执刀杀牛的意思，可知是有权力和使用武器的人，所以判断为警察。”女大为叹服，说只是还有事情有求于他，担心一下决绝会有麻烦。先生乃说：“缘来自有缘去时，待到冬天自然息。从解字本身看，杀牛的原因应当是牛没有什么用了，春、夏、秋都是生产和收获的季节，没有牛怎么行呢？等到冬天，该是杀牛的时候了。”

风

某君用“风”字问夫妻感情。测士曰：“风为虎雀叠加。风字的外面是个几字，为白虎，代表刑伤；里面的乂，为朱雀，象征口舌。风字倒过来，就是个凶字，感情明显不好。”某君承认夫妻二人经常吵架，担心会离婚。测士又曰：“风主漂移，主移动，是动相，闻风而动，意味婚姻的变动。一时分居也是动的意思，会对维持婚姻有利。又，这风字，外面一个门，可不是四四方方的门，门分八字，是个柴门。门里一撇一纳，是两个贫贱之人。有风就有雨，风雨交加，把两人赶进了一座柴门里。常言道‘贫贱夫妻百事哀’，事事计较伤和气。”

好

一女求测夫妻感情好坏，以“好”字求占。术者仍将其拆作一女一子，但解释为此婚姻不好，是其丈夫有了外遇。如是婚姻好，必不会找人推测，既来求测，婚姻必然出了问题，断其不好一定不错；将一子解作其丈夫，将一女解作另一女子，其丈夫和另一个女子在一起，不是外遇是什么？

死

某人已婚，写“死”字测婚姻。测士断曰：“死字上面风平浪静，下面夕阳垂落，刀刃在心，且测时为午时，想分手之象。死的下半部分像个‘外’字，

老婆是外地人；死的下半部分还像个‘处’字，处字中间断了，所以现在两人分居。”

嘉

某女以“嘉”字测家庭。术者断曰：“‘嘉，可拆作喜力，上男下女；男方为一小吏，但家境须靠女方竭力维系。两口子之间已有隔阂，口舌之争发展到鼓角相对、叫嚷有加（‘加’字似倒写的‘叫’字）。茄字原指莲蓬，寓意残荷护莲子，女方顾虑孩子而忍让。”

飘

某女出“飘”字测和丈夫会不会离婚后另组家庭。术者曰：“看‘飘’字，两个小孩被西风所吹，风雨飘摇。西风亦称金风，离婚原因是家庭经济（钞票）问题。西风扫落叶，婚姻难补救。男方漂在水面，视感情如玩票，处处投摽，家庭重组希望渺茫；女方可飒可扬，一帆风顺，风住雨停后，泊位可待。”

嬲

一汉子随手拈了“嬲”（音鸟）字，摔在先生面前。先生说：“哎呀，你那女人，除你而外，还相好了一个人呢。你不看见这字形上面，一个女字，就是你的妻子，那两个男字，一个便是你，一个便是奸夫，这不是分明那个奸夫领着你妻子在前面跑，你在后面追赶着，这个字再灵再准不过。”汉子又续问了一句道：“奸夫淫妇，是打从哪里走了？我此去追赶，宜从哪一条路走，方才追赶得上？”先生说：“难得这男子中间有个十字，大约你每逢十字路口，便尽着力去赶，少不得终是要赶上的。”

悦

某君出一“悦”字测问。先生说：“你这事与心有关，所以右边有个竖心旁；而右边有一个‘兑’字，从八卦卦象看，‘兑卦’是阴卦，因此，这事也是因为女人而起，且上爻为阴，而阴爻中间有一口子，没连接上，也就是说，这心开了一个口子，已受伤，或者已经发生变化，有了外心。‘兑’字上为一个‘八’的反向，说明两人各走各的路，或者意见不同，或者闹分手。下边一‘口’，说明可能吵架了，为什么吵呢？下边有一个‘儿’字，可能是为了孩子的事。因为你写的‘儿’尾笔上扬，比较轻飘，可能是个女儿。”

三

有一个人，夫妇正面临离异，去测一个“三”字，却因为这个字从头到尾的笔画都是“一”，所以被测字先生说成“从一而终”，没有第三者问题。（按：程省《测字秘牒》云：“三，始终如一。”）

共

一位婚姻不如意的妇女求救于一位测字先生，她用的是“共”字。测字先生说：“这个字上头那么重，下头两只小脚怎么走得动，怎么走得远？显然你还不能离开你的丈夫独立生活，离婚万万不可。”这位妇女又经受两年痛苦的婚姻后，她再度去测字，这次她换了位测字先生，她仍用“共”字。第二位测字先生说：“共字旁边加口为‘哄’，哄是欺骗，你的丈夫一直在欺骗你。”当妇女提起两年前第一位相士的解答，第二位相士立即说：“你看我的这个‘共’字，写得扁，其形活像一架飞机，中间一横特别长，等于机翼，下面紧紧贴着两个瓜子点，等于机腹下的轮子。飞机都准备好了，真该恭喜你！你这次一定能离婚，而且可以远走高飞。”

分

某君出一个“分”字测南方亲属婚姻。术者曰：“既然是分字，就说明分开，直断婚姻不好（意测），又南方午火为心，加分为忿（境测），为忿怒之忿，又南方为离卦，分加离为分离（境测），都是代表不吉之信息。此人婚姻不好，夫妻间经常口角不断，目前同居但过不长，因分字平声，所以目前还是比较平静的。”

肉

某女因夫妻感情不和，写一“肉”字求测。术士说：“此‘肉’字分为‘冂’‘人’两部分，‘冂’字有房宅，房内之形，又有一‘人’字头上偷偷伸出‘冂’字外，东张西望，鬼鬼祟祟，有男女偷情之象。而又‘冂’内有两‘人’字一上一下，主不正常男女关系。”故断其夫用情不专，在外沾花惹草，有婚外恋情。

滙

某妇出“滙”字测能否与前夫复合。术者断曰：“滙字有封住水在一起之意，滙字内藏佳字是吉象，佳字由两个土叠成，所以你们复合机会很大。”

十

某女丈夫离家出走，报“十”字测。测字先生说：“你这个十字写得很吉利，你看它既是吉字头，又是喜字头，吉喜两现，说明你婚姻不错，不会出问题。再细看，这个十字又是去字头，又是来字头，说明你丈夫出去后马上就要回来，不必担心。再从字形来看，十字一横一竖，表示四通八达，财运亨通。一横代表你，一竖代表你丈夫，你看你们夫妻两人横竖交织在一起，四面通达，正在迈向事业的顶峰，只不过发生了一点小纠纷，你有啥想不开呢？”若断为纵横交错，形似打架，有夫妻各奔前程之象，岂不毁人？

单 韵 仁

某女想离婚，出“单”字问。断曰：“‘单’字加‘示’为‘禅’，无指示的禅机，是与不是都在一念之间。无‘女’不为‘婵’，女去形影单。就算你丈夫离开你，也将是孤单一人。所以你丈夫并没有被什么诱惑，应该还是念着你们之间的感情吧。”女又写下一个“韵”字。术士说：“‘韵’这个字，前面是‘暗’字无‘日’，后面是‘赏’字无‘尚’，合起来是‘暗赏’二字。就字面上来说，这两个字也会变成‘无偿’。”女再写了一个“仁”字。术士说：“这个字不太好，写的是‘二人’加上你刚写的‘单’字，莫非正喻你们两人真的会离异？这个‘二’字，上下两个‘一’字，分得很开，而且又写得很平行，并行线没有相交。下面的‘一’写在‘人’字旁的右下方。与其说有点疏远，不如说是像地板，而另一个‘一’像一把剑伤到人了，也许你最近会有血光之灾吧！”第二天，该女被谋杀。

是 否 非

某人写个“是”字，想知道老婆是不是真要跟他离婚。术者曰：“‘是’者，确定也，看来这婚是离定了。”问字者又写“否”字，术者曰：“‘否’字拆开来看是‘一’、‘个’、‘口’，一个口就是一口人的意思，从两口子到一口人，这婚当然是离定了。”问字人再写了个‘非’字，术者曰：“你看这个‘非’

字，不是明摆着的两只翅膀各奔东西吗？我不仅能测出你们会离婚，而且知道离婚的原因！你看看这个‘是’字，拆开成三个字，是‘日、下、人，或‘日、一、仆’，你大小是个老板，却跟你手下的雇员有染，打翻了老婆的醋坛子，她不跟你离婚才怪。”

甜

某女测“甜”字。断曰：“婚姻不顺，可能正在闹离婚。”舌拆开是千口，很严重的口舌。而甘字中有两个口，一方面说明这是个三口之家，有个女儿（右边甘，草字头，花草，女儿之象）；另一方面说明家里不和睦，口舌多。女人口舌多一般与婚姻有关。右边甘，草字头，花草，可理解老公在外有女人。左边是男，男子而口舌，说明这个丈夫婆婆妈妈，大事不干总关心鸡毛蒜皮的事情。右边甘字是女，音通“干”，劳累之象，甘上面是两个“十”字头，这是医院的符号，说明身体不好，在这种情况下，男人只喜欢动口不动手，女人天天干活还不得好，那夫妻关系能好得了吗？因为一直受苦，潜意识里面就会想：我什么时候能得到甜蜜的日子呢？“甜”字形稳固，而且报有希望，不会轻易离婚。对于男方来说，自己懒惰，需要这样一个妻子。对于妻子来说，本分之人（甘，五行属土，土者，本分，劳累）也不会轻易离婚的，而且，虽然丈夫有点懒惰，但毕竟会说好话哄骗她，对于本分的女人来说，这是她心里很需要的。

午

一女出“午”字测家庭关系。术者断曰：“您脾气略暴躁，性格耿直，心里存不住事情，是直性子人。午为离，主心目，您近视。您要注意心火上升，千万不要导致争吵不断，让家庭战火蔓延。您丈夫比较新潮，留较长的头发，很有艺术气质。因为午字的首笔画为‘一撇’在上，视为头部，类像长长的头发披肩而下。但他听力左右不一。午字，可以拆分为‘一撇’和‘干’字。干字就好像一个人的躯体，那‘一撇’就是人头上的耳朵，但只有一撇，没有一捺相配合，就好像此人少了一只耳朵，很可能是一只耳朵的听力不好。他的双腿修长。午，表一个人的整体，最后一竖就是腿，但只有一竖，当然不会只有一条腿，所以长长的一竖代表双腿修长。午字表躯干的‘干’字，那两横在胸部位置，可以直断他胸肌发达，爱练双杠。同时说明男的心胸很宽，至少能容忍你的一些不好的习惯。”反馈皆准。

区

朋友夫妻闹矛盾已经四五天了，苦恼得很，写“区”字求测。测字人乍看，心里咯噔了一下，这不是“横凶”嘛？但实在不忍这样说，改口为“八字相合，破格录取”，将区内“乂”当做两个“八”字相合，然后借题发挥给予一番劝解，并鼓励他主动示好，果然使他一家和气融融。不过，也有同行认为，测字师的社会功能就是化凶为吉，善意引导，不能视凶不见，绕道而行，应该将字相本身的含义告诉求测者，可以使其今后注意避免事态恶化。如此案例之夫妻定会再次争吵，知道凶意后会克制许多。区字毕竟还不是凶的正字，凶乃人无处逃避，区则可以向旁边躲闪。特别是区字收笔曲脚，先难后易，可以有化解办法。

离

某女以“离”字测是否离婚。术者断曰：“离，上有古代的凶字，下似内，玄武发威，离则内凶，身体会有病，亲属受影响。字收尾挑勾，即便离，也会有漫长过程。”

廣

某女报“廣”问事。术者言：“此为家里桃色纠纷。”答：“是，趁我不在，丈夫带女人回家。”术者言：“此事不要声张，更不要动手，以免‘扩’散，黄字说明那女人不是正道的良家女子，迟早分手；你装聋作哑，事情会雨过天晴。”

思

某女测“思”字问丈夫外遇是否离婚。术者言：“思字是人印心田，你的男人（田字头）在你心中还留有位置。坦率讲，男人有时会本能地、复归野性地去‘拈花惹草’，游猎一番，满足了好奇心和占有欲，大多数又会回到安稳温馨的自己家（姑且称作克林顿心态）。你难以接受他的越界，换个男人又能保险吗？但是，男人有强烈的家庭责任感和领地归属感，不到彻底厌烦妻子的地步，轻易不言离婚。一见男人有外遇就离婚，恐怕是女人最冲动、最简单、最无奈的对策。在离婚上，谁也不是胜利方。家庭破裂，伤害孩子心灵，把离婚衍生出的灾难全部归咎于男方容易，你作为妻子和母亲积极勇敢地应对了吗？你作出挽救婚姻的一切努力了吗？白居易《长相思》云：‘思悠悠，恨悠悠，恨到归时方始休。’既恨又思，是你现在心情的真实写照。古人讲三思而后行，慎思！”

第四章　问孕问子

清朝军机大臣张廷玉得子迟，祈梦于前门关帝庙。梦关帝给他竹竿，无枝无叶，心颇不喜。有解梦者贺道："公得二子。"张廷玉问："何故?"答："孤竹君有二子，这是历史传说。破开'竹'字为两'个'字，这是拆字之法。"后来果然。怀孕或流产，生男或育女，都不能由意识决定，因故测字求子的习俗流行至今，甚而大有替代B超的趋势，其中灵机闪动的智慧断语，令人拍案叫绝。

（清）任颐《测字图》

求　子

张

某君以“张”字求子。断词曰：“张，从‘弓’从‘长’。长，残辰之形，主宜于壬辰三月底生子。张，无论简体繁体，笔画均为单数，为阳，主生男。另，弓，六神之蛇象，‘螣蛇遇者有虚惊’，主迟滞阻隔；长，半丧之形，不吉。好在春日万物荣发，生机旺盛，当可无虞。”

英

某女名“英”，结婚数年不孕，在医院的院子里出“英”字测孕。术者说：“《尔雅·释木》曰：‘木谓之华，草谓之荣。荣而实者谓之秀，荣而不实者谓之英。’说明带‘英’字的女性怀孕原本较常人难。其‘央’字像人身半在门内、半在门外，人在门内者为‘闪’，闪失也，暗喻流产。人在门外者为‘们’，是人的复数，也作“么”的变音字，说明其老公也有欠缺之处，若在夜间行夫妻之事，则必见‘殃’。英字草字头的十字代表医院，而测字地点恰好在医院，应求医解决。‘院’字为‘完好’，且‘元’是头胎，会生儿子。西医偏离，与‘央’不合；在中医门类里，藏医最适合，因‘藏’字有蕴藏之意。‘英’上木下金，为金克木，须用温水抑金润木，少吃寒冷食物。估计明年春天应能怀孕，因春天播育种、插秧。”

悔

某女出“悔”字问孕。解曰：“悔字竖心旁一个每，竖心旁预示你现在正为此事担心，心里不踏实。每字上面一个人下面一个母，按理说能成为人母，但这个人字是卧着的，只有生病的人才是卧着的，所以估计得暂时先治疗好病后才能添丁。”

全

某人以“全”字求子。断词曰：“应该能成功。‘全’从‘人’从‘王’，‘王’乃乾坤和合之象；有‘壬’字形，‘壬’加‘女’为‘妊’，主生女。”

厚

某女出一个“厚”字问生育。术者曰：“厚字，有个房子盖着，要拿掉盖子或者搬到另外一间，可能怀孕生子机会比较大，因为里面为日、子，‘早生贵子’，加个‘十’为早字，‘十’为十个月后有希望。”

老

某妇用“老”字问怀孕。断曰：“这老字对你来说是年纪越长越心急，但你问何时怀孕，这老字正好为孝字起头，独缺子，若你心里一直期待想怀男胎，则将大失所望，甚至连怀孕的迹象都没有。”（按：“老”字为火生土，匕是女性符号，若生也应生女胎；但刀穿长身而过，必伤下体，故难以怀孕。）

古

某女以“古”测孕。术者解曰：“古，音孤，上十加一为士，头胎为男，口字为兑，二胎是个女孩，口字只有一个框，中间没有东西，现在还没有怀孕，十为数之极，所谓孤阳不生，孤阴不长，好像身体有点问题，十、口均有手术刀口象，注意剖腹产，口距离日差一，距离月差得更多，更不用说年了，怀孕再等一两年吧。古者故也，以古问孕，目下不成，未有生机故也。”

子

一中年妇女写“子”字求子。术士言：“‘子’字写得好像孑然一身的‘孑’，你和孩子缘分少。命里有时终须有，命里无时莫强求。”

乘

某女以“乘”字测孕。术者言：“测字理论认为以字测孕，其字应该有被包裹的字形或字根，才预示怀孕。乘字四面开口，没有包容迹象，并且，中间两个人背对背相隔，似怀孕不成功。乘字五行火旺木盛而缺水，子乃水也。”

做

某女以“做”字测孕。术者言：“做，拆为故人；有诗云：‘故人西辞黄鹤楼，烟花三月下扬州。孤帆远影碧空尽，唯见长江天际流。’孤帆已远，碧空已尽，啥都没留下。”

渊

某女测一“渊”字问是否已怀孕了。一人答：“渊字，中间是米，谐音是‘没’。没有怀孕。”另一人答：“怀上了，有米粒大了。”检查结果真是怀孕了。

光 兴

一湖南女子多年不孕，为之甚烦，写“光”与“兴”两字，测能否近期怀孕。术者解之：“‘光’与‘兴’表面为两字，实则为一字。两字笔画相同，结构一样，上面三点代表三口人，光字下半部是一儿字，当为有儿之兆；兴字下半部是一八字，八字有了两撇，更是事成之意！故一定能够怀孕。”两周后，该女经医院检查已怀孕。

芳

某君想测的话题很难启齿，因为某次他没用安全措施，所以写个“芳”字问他的女友是否怀孕。术者从字面上看，认定其女友没有怀孕。因为“芳”字整体没有一个可以封口的地方（封口者如国、某等），而如果一个小生命必须有个封口的地方去孕育。“芳”字的中间那个点很像精子，而且不是连笔，四周没有着边，所以还差了一点，更加肯定没有怀孕。后果然。又，芳字上是花字头，但花不全。下是男字尾，但少了田。从这个字看，是阴损阳缺，故难怀孕。

肥

某女阴历十五以“肥”字测孕。术者断曰：“巴有精形；月属纯阴，又逢满月，你还真是怀孕了。但‘肥’字有阴阳日月颠倒之象，‘肥’字两边合起来像个‘甩’字，故有流产先兆。”

港 我

某女以“港”字问孕。断曰：“港，水进巷道，应该可以。”另一术者曰：“水巷，难通。等庚寅年木已成舟时吧。”又，有出“我”字测孕者，断曰：“‘我’字，正好是双胞胎之象。正反都是‘戈’象，两个背靠背。”医院检查后反馈就是双胞胎。

子

某女以“子”字测孕。断曰：“‘子’字加‘亥’为‘孩’字，孩字可拆解子、亥两字，子为阳水，亥为阴水，阴阳和合应有身孕。子与亥皆为水，水字是永字少了一点头，字形为不永之形，所以此胎儿难保矣。”（按：子下为丁，是男孩；子上为横折，与夭折义同；测字诀曰：“横画连勾作土称”，土埋儿也。）

肉

某少妇当年怀孕，不知怀的是男是女。术者要少妇写下一字，少妇不知写什么，因为正在晚餐，嘴里咬着肉屑，便写下“肉”字，术者连声恭喜，说会生双胞胎，因为“肉”字内有二个“人”，但另一术者则认为少妇在二至三周内会流产，他的理由是，少妇虽写下“肉”字，但“肉”字下面的“人”字，少妇草写成如同阿拉伯数字“3”，像流水状，不成“人”形，所以会流产。后来少妇果真流产。

玉

某女出“玉”字问生男生女。断曰：“王字外加一点，在字体之外，意思是留不住，容易流掉，加上玉本身清明高洁，滑溜难附外物。建议去医院安胎，以防万一。”又，“玉”字若问病，测为“子宫肌瘤”。

有

某君出“有”字问事。术者看字后即说：“你是问孩子的事吗?”他说是。术者说：“你到现在还没有孩子，老婆多次小产，你家西南方有一条斜路直冲你的住宅。”他说：“真神，我对象多次怀孕后两三个月就流产，我家门口有条正西偏南的路。”术者说：“此字上为‘十’下为‘月’，‘十月’即怀胎，因上‘十’偏斜象形、谐音为‘失’，下‘月’字一撇没撇出，可象形‘目’，即所谓‘目中无人’；‘月不出头’也主小孩没有。‘十’字就是‘十字路口’，竖斜则路斜，所以说这条斜路是没有孩子的主要问题。”

胖

某女以“胖”字测这个月是否怀孕。术者答：“你是在考验测字术能否比B超更快。胖拆为半月，从月字形看应该是上弦月，即从亏到盈，直至满月，象征怀孕过程。月中二横是无源之水，其中一横被包容在内，若有被包容之字，可判为怀孕。女性怀孕，大多数情况下会身体发胖。有三条线索支持怀孕的结果。将来你会剖腹产，‘半’有剖开之义。”

回

某男以“回”字求子。术者言：“大口中有小口，主孕。”另一术士断曰：“回加双人为徊，徘徊不定。口中之口事多节，生孩子不乐观；又临留连煞，女主产厄，看来此事要拖延。”

怀

某女出“怀”字问孕。术者言：“繁体怀字左边为‘小心’字形，右边衣中包着一个大眼睛的婴孩，好似襁褓，应断为已怀孕。”又一年轻女子写问号及省略号，也不答话。测者断：“你怀孕了，进退两难，问怎么办。”果然是。问号者，大肚子也，省略号，怎么办也。

性　别

廠

一孕妇写了个“廠”字测。术者笑着说道：“大婶啊！这廠字是一个厂中有一个敞字。你的夫君应该是在工厂中谋活，而这敞字中有个尚字，你的孩子定是个男孩，而且这个孩子还是菩萨给你的啊！”孕妇高兴地走了。

楊　春

有男写“楊”字问其妻生男生女。断曰：“四天后中午当生男孩且要动手术。”果于该日剖腹产一男孩，因“木”为四画，为震卦，震为男，为数四，日当头，似正午象，日为阳也为男孩，下边“勿”似“一刀”之象。又有人写“春”字问，解曰：“人有三爻，三为奇为阳，初断为男，又人下两股间有‘日’，日为阳，再断为男，无疑！”

生

某女出“生”字问生男生女。断曰：“‘生’字形为人在土地上躺卧，坤在五行中属土地，属阴，坤是女。‘生’字又像牛站在草地上，牛在十二属相里为丑，丑在五行中也属土；古代的丑念作妞，如扭、纽、钮之类。所以，牛乃妞也，必生女孩。”

孕

台南孔庙前有一测字黄半仙，他测的字非常神奇。有一天一个男子求占，要问他老婆已怀孕七个多月，已近临盆，不知生男生女，生产顺利与否。黄半仙便说：“先生请写一字吧。”那先生提笔写了“孕”字。黄半仙沉吟一下说：“你很希望夫人帮你生个男孩子吧!”男子说：“那是当然，因为我妻子已生了四个女儿，父母均期望她能生个儿子。”黄半仙便说：“先生请放心，您夫人一定生个男孩，且生个大娃娃，但生产时可能会较难生产。”“怎么说呢?”这位先生急着说。黄半仙说：“因为你所占问的是生男或生女，就你所写的孕字，拆开来就是乃、子两字。乃子即可意味为男孩的征兆，故必然是生男的。而你刚刚写的孕字的子比乃大得多，故可断定为大娃娃。大娃娃通常会比较难产，但不代表一定会难产，但大概会阵痛十三天，因子上的乃字写得像13。”果然该男子之夫人阵痛了十三天后，安全产下一男娃。

里　帛

某女出“里”字测生男生女。测字先生说：“这‘里’字拆分出来是‘田’字和‘土’字。能有力气在田地里干活的，必定是个男孩。”又出“帛”字问孩子的前程。答曰：“这‘帛’字，上边是‘白’，与‘百’谐音，代指平民百姓。下边是个‘巾’，也是平民的服饰，这小孩以后就是一个普通的庄稼人啊。”

孩

某女出“孩”字问其怀孕何时生，是男是女？术者断曰：“有一个典故说，明朝大才子唐伯虎得知诗友徐贞卿之妻生一子，就与好友祝允明商量贺喜之事。谈事之余，唐伯虎以此为题吟出上联：‘半夜生孩，亥子二时难定。’古时没有钟表，半夜生孩子，既可能为亥时，又可能在子时，故难定。祝允明煞费苦心，未得妙句。贺喜那天，祝允明偶闻徐贞卿夫妻，一个属蛇，一个属鸡，便有下联：‘百年匹配，巳酉两属相当。’孩，男左女右，子阳亥阴，此字子处于一旁，且有变形之嫌，而亥为正体，断为女孩有七成把握。亥时接近子时，晚上快十一点时生产。”

吉

某孕妇以“吉”字问生男生女。术者断曰：“你会生女孩，但以前你流产过。”孕妇问如何知道的，术者答：“吉字分解开是‘十’、‘一’、‘口’，不是拾一丁，不就是女孩吗？‘十’字又谐音‘失’字，所以以前你还损过一女孩。”

随

某孕妇出“随”字问生男生女。术者断曰：“‘随’字中成形的中心组成字是‘月’，就是怀孕数月的胎儿，因为‘月’为阴，应该是个女孩子。将来这个女婴出生长大嫁人后，则会生男孩子，因为这个‘月’字形含‘日’。‘随’字左面是耳字旁，耳字旁有儿话音，男左女右，断定女士的先生希望生个儿子，但音似形不似，何况耳字旁在整个‘随’字前面有点阻隔的意思，所以说生儿子的希望渺茫。‘随’字也是走字驮着个‘有’字，将来孩子会有发展前途，很富有，‘月’字上面是一横一撇又构成了出头的‘人’字，说明孩子将来能出人头地。‘随’乃随卦，兑上震下。上卦是兑，代表外象、表象，兑是少女，所以生女孩。下卦是内卦代表本质与心愿，下卦是震，代表长男，所以内心还是想生男孩。”

花

某女以“花”测何时怀孕。术士断曰：“以花测孕，已然有孕。一般而言，开花必结果。花字下边的化字是人体变化的意思，‘匕’字为倒置的人，象征返老还童，即是胚胎。花字头顶两个十字，恐怕将来要剖腹产。‘七’为奇数纯阳，应该是个男孩。”

理

某君以“理”字测生男孩还是女孩。术者言：“‘理’可拆分为‘王’、‘田’、‘土’，‘王’通‘玉’，古代生男为弄璋，生女为弄瓦，‘玉’为璋，况且‘田’为男字头，生男等于有田有土，故生男。”

第五章　问病问灾

宋王患病，夜梦河水干，忧形于色。以为君者，龙也；河无水，龙失其居，不祥。正好宰相来问病情，宋王以梦询问。宰相说："河无水，乃'可'字；陛下之疾当可痊愈。"宋王听了很高兴，很快病就好了。境遇再好的人也有生老病死，人生若有缺憾即在于此。有些病不如说是心理疾病，适合测字暗示疗法。更多的病还得靠医生诊治，测字可不能包治百病，能够起点作用的是对病人亲属心灵的抚慰，在焦急等待的黑夜中燃起希望犹存的火把。

瘟神像

问疾病、健康

梦

某君出了个“梦”字问亲戚病况。术士解道：“‘梦’字双木为林，有鸟倦人归的意思，病情沉重，人不久矣，繁体‘梦’中有‘皿’字形在内，如人瞪大双目，不甘闭眼，其人心中还有许多未竟事业，非常不甘心就此离去。‘夕’在古时为潮水起落，可视为女性月事。你亲戚应为中年女性，患有妇科方面的重疾。她有许多心事，求生欲很强，但终究回天乏力。”果如其说。

出

某病者书一“出”字测。术者用“当加亦加”法，在“出”字加一个“尸”字旁便成了“屈”字，病者年轻而患重病实够冤屈的。此“屈”字为内出外尸，只有人死之后才能“出尸”。“出”还可直解为“屈魂离壳”，如果“尸”代表肉体，则“出”即为灵魂，既然代表灵魂的“出”已经离开了代表肉体的“尸”而单独存在，死亡征兆当然明了。

得 宋

某官写“得”字求测。术者问之：“欲测何事?”答曰：“先生神通，岂不知乎?”术者细观其字，但见笔体貌似遒劲有力，但笔画之间甚不协调，有离散之象。乃叹曰：“令尊令堂身体‘行有所碍’，有不虞之象!”某官面露惊诧，请详解。术者曰：“‘得’字为双立人旁，可知所问之事定与人有关，且为两人。人，所关切者，父母也，故知所问必为令尊令堂。然则另一边拆为一日一寸，暗含时光不多也。左右相合，乃知令尊令堂身体有不虞之象。”某官闻之，微一颌首，又写一‘宋’字。解曰：“‘宋’字，家字头，可视为房也。木又有棺材之意，房中有棺材，为不祥之兆。另外，‘宋’与‘送’谐音，且‘宋’为今日所测最后一字，有终了之意。上下相合，不正是家有丧送终的预兆吗!”三日后，某官父母双双辞世。

禾

正值农忙收割晚稻季节，一人急急跑来报测“禾”字。术者答：“此字大忌问病。”对方立即答：“是问病啊！”术者大惊，说：“这下麻烦大了，这所问之人肯定是个上了年纪的老人。现在正收割晚稻，这‘禾’不正是到了大限了吗？另外收割禾的穗在头部，添用镰刀收割就变成一‘杀’字，这人必然死于脑病！”后反馈：所问之老人，医院诊断是突发性脑溢血，转院途中死亡。

一

某文盲动手术前测字，只会写“一”字，且不告问由。术者断曰：“你是站着进去，横着出门。”又，“一”字有上不接天，下不连地，浮于半空，有阴阳阻隔，幽浮之象。又因“一”字在《易经》中代表阳爻，孤阳不生，独阴不长，所以亦为凶卦。

舞

某君因朋友生病，想测病情，左思右想，说了一个“舞”字。术者说：“‘舞’字，动态，主此人好动，而不喜静。‘舞文’有文采，‘舞剑’带杀气。如是女性，则带有男人性格。‘舞’字上部是‘人’字，但已经卧倒，恐已住医院。下面是一个‘歹’字，不吉。中间部分有‘血’字相，大概是血液病，应无大碍，因年轻。”

吉

庚辰年春，某甲代问某乙病报“吉”字。术者说此人有胃病，因上如土字，在春天木旺土受克之故，“土”下有一口，会开刀。人口在土下，危象！数月后听说此人胃癌开刀而故。

庆

一警察名中有“庆”字。一日以简体字书“庆”字问健康。断曰：“‘慶’字繁体有心居其中，今以简体书之，广大而无心，必然心力不足，防心脏之疾。”其人果然患心脏病，刚做完心脏搭桥手术。

昔

一位友人得了重病，痛不欲生，生不如死，整天度日如年，便请先生为他测字。汉字成千上万，他偏偏选中了“昔”字，先生看罢，仰天长叹：“按说天机不可泄漏，我还是斗胆跟你挑明了吧，你只能活二十一天了。”友人不信，先生说：“你自己把‘昔’字写一遍，不正好是二十一日么，这可是你自己选的。”友人写罢哑口无言，大呼天将亡吾也！先生连忙好言相劝：“你不是说度日如年吗？这个日字对你就表示年，因此你还有二十一年活头。”友人听罢又破涕为笑。（按：“昔”字问钱为“借”贷铸“错”，问情可“惜”，问寿未“黄”。）

六

某君写了个“六”字测父病。术者说：“你父亲生的病好不了，赶紧准备后事。”那人觉怪，问理由，他说：“‘六’字中的一横，代表抬棺材的杠子，上面一点，就是站在抬杠上的鸡，下面两点，就是代表抬棺材的众人。”（按：六为“大”人散架。）

牌

某君取“牌”字测父亲的病。术者将“牌”字拆为一牌石碑，石碑有墓碑之象，既见墓碑，人必亡矣，所以断其父不吉。又说了一个“奋”字，用繁体奮字来拆，断为田地里起了一个高大的土丘，土丘里有一个人，土丘有坟墓之象，故断不吉。后不久其父果然去世。

懒

某友写个“懒”字问。测字先生说：“‘懒’字由三部分组成，‘忄、束、负’，从这个字分析，你有心脏病，做生意要亏本，买股票要赔钱。一般的‘心’字又宽又胖，所谓心宽体胖，但是你的‘心’被‘束’缚得成了竖棍棍，所谓竖心旁‘忄’，这样的心必定有病。‘负’字，代表亏本、赔钱。”（按：赖，负债不还；癞，皮肤病。）

德

一教授所写“德”字，他把“十”中的那个横写得上挑而长，划过双立人上部。术士立断：“你小时头部受过伤，是一针状物从头侧扎入，应为金属性的缝衣针或钉子之类。”此人大惊，事实是，此人小时趴在地上的麻袋上玩，被上面的钉子所扎，从脑侧扎入约一寸多深，离太阳穴只差一点儿。

点

某君以“点”字测病。断词：“点，上有‘占’字，从‘上’从‘吉’；从‘兑’，八卦中‘兑’为悦，主大喜；中有小‘口’，五行属金；‘兑位西方太白间’，金之位亦在西，西为四时秋之位；下有四点，五行属水，金生水，顺。总而断之，病无大碍，悉心调治，秋天即可痊愈。”

德

某女士写了一个“德”字问：“大师，请测我婆婆的身体如何?”先生说：“您婆婆是心脏病，两周以后会加重，病情加重的原因有可能跟两个人有关系。”“我婆婆是有心脏病，但两周后会不会加重，不得而知。”半月后证实果真如此。其夫与弟因房产相争，婆婆生气而导致心脏病病情加重。

肥皂

某人请测“肥皂”二字问家人的安好。张铁嘴说：“令尊大人在七月会病故。肥字左边是月，右边是个巴。皂字上面是个白，下面是个七。白在上是带孝，时间是七月。白、七、月都用上了，还剩个巴。巴字乃是爸字的一半，有父为爸，无父为巴，所以断定你失去的将是父亲。”

方

某君以“方”字测病。断曰：“刀已出头，又病字头，刀字尾；又天圆地方，地为坤，主脾胃方面的毛病。刀为金，坤为土，动刀病愈。”

伤

某君遭变故以“伤”字问影响。断曰：“伤字拆解开来是一个站立的‘人’、一个卧着的‘人’和一个‘力’。看来伤得不轻，都卧着了，今后做其他事会很吃‘力’的。伤的繁体是‘傷’，傷字内有‘湯’字形，估计今后要长期服用‘湯’药，慢慢调理。”

尽

有人问父之病情写简体“尽”字。解曰：“不好，‘尸’字当头，应在二月。”果于次年二月去世。

好

丈夫出车祸昏迷，妻子用“好”字求占。术者将好字拆开还是一女一子，此人家中还有一子，加此女子，正是一女一子之象，字象之中不见其夫，其夫哪里还能生存？故断不吉。后来果然死亡。

康

某人以“康”问健康。测士曰：“康字为初愈之象。康字上边是广字，就是病字的丙上半部分，只是缺了两点水。说明生病刚刚好，但还没有完全好。康字下面是隶字，隶的下面是水字，必然和水有关系。水主膀胱和泌尿、生殖系统，再延伸就是血液、血压。隶字本义是逮、捕、追及的意思，会为疾病所惊吓。‘康’与‘庚’字近，土能制水，辰属土，故要到庚辰日才能见痊愈。”

杀

某人于秋日为亲属测病，不曾想拈一简体“杀”字。测曰：“杀字沾凶，表面似不吉。然而‘杀’字旁无‘殳’或‘金’，身边没有致命的武器，应无碍生命。杀字上的‘乂’似在无边之风中，有秋风扫落叶之意；落叶之木乃多年生植物，秋衰春荣为自然常态，‘野火烧不尽，春风吹又生。’如不伤根，来春仍会枝叶繁茂。‘乂’在甲骨文中是‘五’，《说文》：‘五，阴阳在天地之间交午也。’在神话中能沟通天地的木为‘世界树’，或为木制算筹，筹有寿，皆长命。”

程

某女出“程”字为老人测寿。测曰：“程字原指称量谷物，后为度量衡的总称，运程亦可测量。从五行配置上看，程字含土、木，撇为火，小口为金，口下之‘王’实为‘壬’字，在十天干中属水，五行俱全，且符合上离下坎、东木西金的八卦配位。老人身心状况良好，曾务过农，担任过度量衡（考绩）方面的小官。口字属金，克木为官鬼，老伴做过大官。但‘壬’字从‘千’，像个驼背并有腿疾的人形，预示老人骨骼受损；口舌倒置，呼吸道时有问题。程字含有三撇火，火‘旺’会对心脏带来负担，治病疗程上可能要走一段冤枉路，最后因‘和’而平安。木字可拆为八十，王字拆为十二，可活到九十二岁，‘程老’指外出途中去世。须提防三年后会有一坎，因‘呈’字可组合成‘一千日’。”

古

有一同事家中来电话称祖父病危，以“古”字测祖父的吉凶。在场有同好数人均以“古”为“作古”之意断其大凶，又以“古”字像“故”断其凶，测士独以装头法断吉：“古”字加“尸”则为“居”。“居”中无“尸”则为“古”，“居”为家居，现家中既然无尸，当断祖父病虽重，但无妨，尽管放心。既然是电话，并无文字书信，那“古”字就不能加“文”。后果如所断。

共

一朋友测父病吉凶，写了一个“共”字，术者说：“这个‘共’字，横看是杠子，竖看是杠子，中间是枋子（棺材），底下是脚子，抬出去埋了。”果然其父病情急剧恶变而亡。

生

某人得病，其子来求测生死，写了一个“生”字。看了他的写法，术士说：“生字上面是个牛字，中间这竖没有和最下面的一横连接上，牛已无立足之地，活牛是不会离地的。另外，这个生字，是人已进入土中，测病是大凶之兆，神仙都难救了。”又，有个人写了一个“生”字，询问其家的母牛生产是否顺利，术士道：“这个生字是牛字底下画了一横，表示牛底被封，恐怕会难产哪！”

太

某君以“太”字问身体情况。断曰：“人在上部的中央区域来了一横，组成一个‘十’字符号，是医院里的阳性符号，代表病兆部位，所以判断腹部有问题，病兆在胃里。人字的右腿膝盖骨部位多出一点，是多余的东西，多了就不成人字了，所以判断一定是长出来的脓包，或伤口的伤疤等。”果然应验。

洋

某君写了一个“洋”字，问其父病吉凶。断曰：“‘洋’代表水，你父亲属马，马为午，代表火，水克火，为凶。另就‘洋’字来解释，左边为水，右半边‘羊’属十二生肖中的未，代表土，土克水，字的本身就自行相克。此字去水加人成佯，有佯装欺瞒之解，说明你还不能告诉父亲病情真相。”

安

一男写其名“安”，安为草体，点与女连一体，且宝盖下像刀子。断：“脖子处易得病变。”刚说完，他连忙指着自己的咽喉说我这儿开过刀，看疤还在。解字：点为头，宝盖为肩，刀在脖下也。（按：安字中空，心脏有病之兆。）

水

某君以“水”测健康。断曰：“细看‘水’字，乃垂直一竖，虽左干右扰，仍保持直立状态！若问健康，则虽有小病时来缠身，终无大碍也，乃上上卦！再有，‘尸’字的解释为身体。若与‘水’相合而为‘尿’。可预测你的身体疾病多与泌尿系统有关联，在这方面需多加注意才是！”（按：据《测字全书》，问疾病最忌五行字，盖金多心肺疾，木多肝气手足疾，水多泄痢呕吐之症，火多伤寒时气四肢疼痛，土多脾胃疮疖之症。又字之有虎头两口者，其病难救。）

给

有人以“给”字问友病。断曰：“‘给’字的偏旁‘纟’是‘懸而未绝’，‘合’是不完整的‘命’字，合在一起就是‘残命未绝’。”

亥

有以“亥”问孙子之病者。断曰：“亥，乃孩失子，又为十二时辰之末，上为六不全，中为久不得，下为人不长，恐怕令孙凶多吉少！”

梅

有夏日以“梅”字测健康者。断曰：“梅发于冬，盛夏问此，不得其时，必处虚弱，少生气。梅字拆开，右为每字，上为躺倒的人字，卧床之象，下为母字，毒字心，毒火在内，病则在下焦、腹内；左为木字，人捆在木桩上，行动不便之象！”

良

某君出“良”字测人。断曰：“良字拆开是点、艮。艮为山，为山脊背。一点立于山脊之上，此人高矣，应比常人高出一头以上。两眼大而突，鼻如山梁，又高又挺。后背脊躬得较厉害，看起来有点驼。山顶上的这一点，就是一点水。水既然能高过山，为大水。大水者，海洋也，故此人在海边工作。‘良’字的一条腿是直的能撑住身体，最后一捺的中间插着一把刀呢，故曾经断过左腿。”皆然。

崔

某女问男友的健康，测“崔”字。解曰：“崔，有山，为远。加人为催，左人为男，人在远方，压力比较大。崔，山下为隹，但腰间多了东西，山里多石头，故担心是肾结石。但隹换成柱，则可以撑起山，所以他需要和木命的人结交，或多吃绿色植物。”

的

某女出“的”字测病。断曰：“‘的’字拆为白芍而花谢，患病人为老年女性，是家中‘老大’（白加立人旁为‘伯’），具有权威性。白色属西方金位，白勺二字均上有一撇为火，火旺伤金，金在身体脏器中代表肺和大肠，勺字形像结肠部位，尾部大约长了肿块。字中没有动手术的十字符，看来只须药物治疗，‘芍’本身即为药。字尾出现勾陈，一方面说明治愈过程缓慢，一方面提示或用钩钓的方式将肿块从肠道剥离。‘白’则暗示‘清白’、‘干净’，不必过分担心害怕。”反馈是其母便血。

跷

某君以“跷”字测病。断曰：“‘跷’字拆开，左边是‘足’、右边为‘尧’。‘足’字拆开为口、止，食物从口里进，到胃里止，说的正是胃。简化字‘尧’的字形是由‘堯’字的草书演变而来的，‘堯’字上面的“垚”字为三个土，而胃在五行中就属土。然而土下还有两个小土。胰脏位于胃的后下方，所以，下面的两个小土代表了下面和后面，说的正是胰脏。‘兀’字为突起，意味着胰脏有炎症，肿大而突起，结论是得了糖尿病！”

而

某女以一“而”字问母病。测字先生说：“‘而’者，连词也。既然连得下去，看来并无大碍。而求测者为一女子，还须在‘而’下加‘女’，得一‘耍’字。‘耍’者，玩也。你妈妈还能耍，你就放心回去吧。”

太平　官　立

一人写“太平”两字，欲占妻病。问其妻年龄，其年六十，因心疑，乃求再写一字，又写一“官”字，心更疑，乃再写一“立”字，术者至此乃断曰：“病已无救。”盖先两字“太平”，拆开为“一人六十”，其妻年龄适值六十，寿元已至。次写“官”字，适其身边有一树，合为“棺”，乃死之字。再写“立”字，适时树上落下数滴水，“立”加“水”旁成“泣”，已显然无救。后问之，果已死。

麗

某女以姓名中的“麗”字问健康。断曰：“‘麗’字中的鹿字上半部在甲骨文中象征妇女的生殖系统，鹿字下半部藏有两把匕首，因此有生殖系统被切割的现象，因此姓名中有‘麗’字，怀孕生产时多半采取剖腹生产，此外也容易因为卵巢或子宫方面的问题而开刀。”

贵

某君以“贵”字问病。术者断曰：“贵字本就有富贵之意，用来占财可谓六六大顺，占病则恐有富贵之疾，贵字加食旁为“馈”，加水边为“溃”，吃东西反胃，喝了水就吐，换言之恐罹患肠胃等毛病，且贵字如同拆散的柜子，如不好好地保养，散失的恐怕不只是健康。”

傷

某君以“傷”字问病。术者断曰：“傷乃受伤之意，若以人换土偶可登場，则又有傀儡之意，换句话说轻者有皮肉损傷，重者恐有截肢之虞，且傷字的简写为‘伤’，乃两人合力，此病恐需人扶持，患者绝不可心存歹念，否则一旦成了‘殤’字，就死得很难看了。”

是

某君以“是”字问病。术者断曰：“‘是’字乍看之下有是有非，上半部为明之半，下半部乃定之尾，用来占病则是不明不白、不安不定，表示所罹之病难以预测，一会儿出现在头，一会儿出现在脚，且该字看来像一急走之人，显示病势趋急。”

福

某女以“福”字问病。术者云：“福字，右侧上一口变下四口，病症有加剧的意向，一种象如肿瘤增多，一种象如肚子上面开刀，里面的十字就是医院手术的标志，田字框就是肚子或开刀的部位。不过，福字有‘复’的音在，此病可以恢复，但也容易反复。”某女答：“确实是子宫肌瘤，无法彻底割除，并且容易反复。”

壅

某君出“壅”字测事业和健康。断曰：“壅＝亠＋幺＋佳＋土。亠：该字乃顶头之意，引申为顶头上司。幺：骰子最小的一点叫幺，引申为最小下属之意。佳：小麻雀的象形文字，引申为小而噪啼者。土：乃五行之末，中医五行论说，土当属消化排泄系统。壅字意指您由于本质学能不足，故长期为人下属，受顶头上司所驱策。若勉强与人合伙开公司，亦无法与股东们平起平坐，合作地位危险。身体方面要多注意消化系统方面的疾病。”

坤

某人占疾病得“坤”字，断曰：“‘坤’字，左为土、右为申，土中埋金其光暗淡，乾为脏、坤为腑，土为脾、胃金为肺，夏伤脾胃秋伤肺，若为男性脾气不和、肺气不喧，故病在肺受脾胃所困。”

亲

某君以“亲”字测亲人病。断曰：“‘亲’字上面为立，就是马上立刻的意思，下面似大不是大，倒像小，又是先大后小的顺序，所以会‘大事化小’，立木顶千斤，病人是家庭的顶梁柱，也能抗住病，很快就会有好转。”

病

某人以“病”字测病。术者断曰：“病字拆开里面是内字上加一横。内中一人已经出头，但头上有一横阻隔，所以是头部内的毛病。好在一人端正在内，不会有生命危险。”

贞

某君以“贞”字代人问健康。断曰：“此病不容乐观，上见虎头，人气难有起色，见棺椁压人之象，坎、巽位虚缺，巽为细长之木，藤状物，类风气质，除了指示身体部位外还可类近神经、风湿等气象，看来病灶在神经及肾脏方面。”后反馈，此人神经性病痛，由于长期的药物副作用死于肾脏衰竭。

制

某女出“制”字测人。术者断曰：“牛下槽倒立，牛吃不上草了，此人身患重病，旁边还有一把刀等待分割。此人病入膏肓，‘门’字为艮，为止为土，所以戌土九月会去世。”

寿

某君写“寿”问父身体。术者断曰：“‘三’为乾卦，乾为老父，有火式‘丿’撇来克，所以你父头疼病很重；下有一燥土笔‘寸’字，此燥土有火性，也克金。全局火性较旺，故心脏超载，去日不多。”

块

某女出“块”字问母病。术者断曰：“块字，左‘土’右‘夬’，问老人病，见土不吉，土为二、五之数，‘夬’字，上了心（竖心）就为快，有言及此便为诀（诀别），恐怕二到五天之内就要准备后事！”后应验。

川

某人从川西高原打电话报“川”字问某人住院何时能好。术者断曰：“在高原报川字，有一落千丈之嫌，看来是凶多吉少！川为水流，有‘坎’象，主能量代谢有问题。川字作腹部看，肠道不连贯，会有肿块梗塞。川字作肺部看，呼吸也不顺畅。川亦有刀痕之象，但未连接，最终会放弃手术，只能活三个多月。”

齊

某君出“齊”字测病人。术者言：“这人刚做完外科手术，齊字上面是手术灯，下面刀和丫是手术器械，最下面是拄拐，需要康复一段时间。”

命

某君以“命”字测父病。术者言：“命字下面是个叩字，叩首需要长跪，令尊大人腰和脚有毛病，无法走路。”答：“正是瘫痪在床。”术者言：“长跪不起，‘人一叩’即是见一人磕一头，你要有心理准备。”

先

某君以“先”字测父病。术者言：“人们常称自己去世的父母祖宗为‘先’祖、先父、先母，只怕令尊大人离‘仙’去已不远了，而且是因瘫痪，因为先字两脚不能自立。”

马

某君以“马”字测母亲身体状况。术者言：“繁体马的头部有王字护卫，简体字马头中间空了，你母亲会经常偏头疼。四个点原指马蹄子，简体变成一横，你母亲腿脚会不灵便，风湿性关节炎很严重。‘马’字右下角挑钩，说明你母亲直肠可能有病灶。”

吃

某君以“吃”问病的吉凶。术者言：“吃字上有卧人，暗示你会有段时间静躺养病。口为金，乙为木，金克木，病情在秋季会发展。乙是曲脚煞，又含螣蛇之形，是说病情时好时坏，指标忽高忽低，治疗过程曲折，先易后难。乙字诊病有两种可能：第一根据五行，肝属木，莫非乙肝？第二根据字形，乙像大肠，乙状结肠，可能有囊肿。不过，乙木也是青龙的变形，有青龙护体，没有性命之忧。”

带

某君以“带”字测病情。术者言：“带字上面三个十字，医院少去不了。中间的秃宝盖‘冖’是秘密的意思，隐秘之事不好说出来，秃宝盖暗示是种皮肤病。巾似币，也是古代货币之一种，需要花费不少钱；巾还是帷幕，需要用巾裹住，避免光照过敏。‘带’字有长的含义，治疗时间长。”

红

某君以“红”字测其父身体状况。术者言：“从后天八卦的卦象位置角度看，红字右边的兑位空缺，是说你父亲身体五行中属金的部位有损伤，属金的部位为肺、大肠、鼻和皮肤，如咳过血，是肺部问题；若便血，则大肠有囊肿。绞丝旁代表纠缠、缠绵，此病慢性发作，不易根治。‘工’字像钢受力均匀，抗压；你父亲对疾病的承受能力很强，不愿告诉家人。你得多关心他。”

问凶灾征兆

滄

某君出一“滄”字测亲属状况。术士曰：“‘倉’为家中君也，在家庭里是权威，供养全家人口；仓又为粮仓，寓示善于管理、计量和积累财富，做事有条不紊。字中有‘尹’而未出头，‘尹’在上古原是厨师，后来商代皇家的大厨做了宰相，遂成官称，但其‘尹’不能出头，上面有人压制，故宫职不高。古语云：‘滄海变桑田’，最近会遭遇很大的变故，对依靠土地生存的事业有利，而对依靠行走江湖、经常旅途奔波的事业不利；滄桑连称，桑与丧谐音，恐有性命之难。《说文》云：‘滄，寒也。’所谓‘曾经沧海难为水’，‘难’因为‘水寒’。”某君坦言果如所测，接电告亲属旅途中在沧州遇大雪出车祸身亡。“州”为水中沙洲，变故无常。

穎

某君以“穎”字问友近况。术者曰：“‘穎’字意味聪慧，此人能说会写，凭借机敏脱颖而出，出道较早；字有‘真’、‘和’象，颇有人缘（右頁为妻，夫人不爱出头露面，视力不佳，有点小心眼，撑家有些力不从心）。但是，‘颖’字原义是麦芒，容易折损；右页下八移上为‘首’，匕首凸现，头上悬刀，木上一撇似被刀削；且颖字撇多即火旺，火旺又无水相克，必定燃木；目中小口为金，金亦克木；而禾为草本，容易‘倾倒’，更不耐火烧、金克，故判其身体或将受伤致残，或赖手术刀求救。字有‘夏’、‘秋’相混之痕迹，须防夏秋之交出事。”某君随后反馈：该友已于八月底因车祸身亡。

炭

从前有人测字问休咎，拈得一个“炭”字，卜者脱口答道：“冰山一倒，一败如灰。”

丑

算命先生半仙死前为自己测过一个字，他顺手摸到的一个子丑寅卯的“丑”字，大惊失色，连忙对徒弟说：“徒弟，我要大难临头了。”半仙把写着“丑”字的纸方递给徒弟看，徒弟说：“师傅，我看不出有什么灾难，这‘丑’字是主牛，现在刚入夏，草木旺盛，应该是有口福哇。怎么会有危险呢？”半仙回答：“这次我测的不是什么财气福气，我问的是平安。你看这‘丑’字是‘土’字头上一把‘刀’，刀砍下去人不入土吗？这叫入土为安呐！”

姻　醋

某问字者年方四十，家有贤妻娇女，甚富足。与歌伎勾搭成奸，有身孕。欲休妻，妻不允。夫妻反目，闹得鸡犬不宁。遂怀恨，欲除之。是日，携歌伎至老道案前测字，以卜凶吉。道窥其妇，妖气十足，思忖：“是其妻乎？非也，年太小。是其女乎？非也，年太大。莫非姘妇乎？”于案前测得“姻”字，并夹出“醋”字坠于地。道微闭双目，口中念念有词：“姻字拆开，左女右因，口乃田埂，田里出大力者，男也。一男一女，男耕女织，好姻缘焉。若加一女子中间插一杠，变成困字，锁汝之心扉，蔽汝之耳目，挡汝之前程也。无意中夹出‘醋’字坠于地，两女吃醋，打翻醋坛子，可谓酸也！”问字者曰：“吾家拥有十万金之巨，何忧之有？”道曰：“汝不闻树大招风，财大招灾乎？汝印堂发黑，年内必有血光之灾，前方有路多艰险，望汝好自为之。”问字者曰：“恳请道长明示？”道曰：“近君子，远小人，弃一女，破财乃保平安。”问字者误解老道之意，视其妻为祸根，破财以除之。遂取金二万与弟，使之杀其妻，以求与歌伎做长久夫妻。案发，州官遣衙役逮之问罪，秋后斩。

安

某人儿子与女友流连在外未归，当时发大水，有多人失踪，找术者测字。先生要其在一张未看的报纸上，选择某标题第几个字，那人选择第五个字，定睛一看，是个“安”字，因“安”字上头形如屋字，下面则有个“女”字，术者告诉那人，他儿子现在没事，正在房间泡妞。不过未来可能会出事。“为什么?”那人一惊，迷惑不解。术者解释，因为该张报纸是放在木桌上，“安”字加上“木”字，就成了“案”字，代表将来可能会犯案。后来，那人的儿子真的因为骑车撞伤人，吃上官司，得赔一大笔钱。

淡

某天台湾“外交部”次长及其夫人走在街上，一个摆测字摊的当街拦住次长，说：“我不收你钱，但我要告诉你，三个月之内会有水火之灾!”外交部次长是留学法国的，怎会信？但次长夫人认为“宁可信其有”，交代下人：这三个月内家里不开火，洗澡也一律干洗。这样相安无事过了两个多月。恰巧淡江文理学院新礼堂落成典礼，次长是主要嘉宾，谁知典礼中礼堂屋顶竟然垮了，压死了正在台上致辞的次长。次长夫人找到测字先生。测字的问：“在什么地方发生的?”答：“淡江。”测字的说：“唉呀，淡江怎么能去呢？在‘两个水、两个火’夹攻之下，焉能不亡?”

角

问者书一“角”字。术者道：“照字而断，做买卖大得其利；倘问终身，后来凶多吉少，因这个角字，头顶上有一把刀，底下一个用字，就是不周全，因是周字之中少一口，故云不周全，看将起来，十分凶险。用字之中，虽有士字，却没有口字，则不能成一个吉字，故而断定是凶。”

滩

问者提笔写了个“滩”字求测。先生拿起那字看了看，便摇头晃脑念了起来：“昔日有个严子陵，终日打坐钓鱼滩；钓得金鳞好下酒，钓到皇家可做官。此字读做滩，左边三点水，右边有个难，有水不为难，难去还留艰，中间藏小人，须防水中难!”问者说：“先生测得真准，我从北方贩来一船药材，结果遭遇风浪，船家是新手，不光翻船丢货，我还差点搭上了性命。”

筷

有这么哥儿仨成天游手好闲。这天没事，哥儿仨一起到了前门外，找到测字的赛诸葛先生，老大拿起毛笔在竹板上写了个快慢的“快”字。“您问点儿什么?”“我问我今天的运气怎么样。”“好，这个‘快’嘛，今天有人请您吃饭!”老大说完老二过来啦：“先生我也测个‘快’字问今天的运气怎么样!”赛诸葛说：“噢，您这个‘快’，可不如那个‘快’，今天犯水灾！我看您得掉沟里!”老三接着说：“先生，我测个字！‘快’!”赛诸葛也不客气啦，说：“你这个‘快’可不好！你有牢狱之灾，今天你得蹲起来！不过，别害怕，日子不多，顶多蹲一宿。”这事儿也该着测字的享名，全应验了！哥儿仨刚走不远，碰见把兄弟老四，“哟，你们哥儿仨在这儿哪，今儿个是老五的生日，在家等着你们呢!”这哥儿仨还真是把这茬儿给忘了！到了老五家是足吃足喝呀！吃饱了喝足了，天已经黑啦，回家吧。那会儿没路灯啊，正赶上半路修沟，老二在前面走，醉醺醺的，扑通！掉沟里了！哥儿仨回到家，老三睡不着，找邻居几个人凑了个局，要上钱啦！真倒霉！老三碰上抓局的，蹲了一宿，第二天给放出来啦。哥儿仨来到前门外找测字的。老大说：“先生，真灵！昨天真有人请我吃饭，老二掉沟里啦；老三要钱遇见抓局了，蹲了一宿。你得说说，同是一个‘快’字，为什么三种不同的遭遇?”赛诸葛一想啊，我随机应变吧！“同是一个‘快’字，老大写在竹板上了，快慢的‘快’加个‘竹’字头儿，是‘筷’子的‘筷’，筷子只有吃饭的时候才用得着它，所以我说有人请你吃饭。”老二过来啦：“我怎么就掉沟里呢?”“他饭吃完了这双筷子该洗了，放在盆里一洗，这不是排沟里了吗?”老三说：“我怎么得‘蹲’起来呢?”“筷子洗干净了，往筷笼里一放，这不就‘蹲’起来了吗?”“啊，你怎么就知道我只‘蹲’一宿呢?”“是啊，第二天吃早饭不还得拿出来吗?”他全蒙对啦!

筷

一天，测字先生到洛河桥头摆了卦摊。临近中午，一位老农过来问道：早上出门时，总觉着要有事，这不，菜卖完了就急急忙忙往回赶，您给算算是吉是凶？老农弯腰拿了一个字递给测字先生说：“我大字不识，还是请先生明示吧。”测字先生一看是一个“筷”字，便抬头对老农说：“恭喜恭喜，您今日中午必有口福，快快回家吧，晚了就赶不上了。”老农回到家，他的外甥见他就说：“我已等两个时辰了，见你不回准备走了，今日是我爹的六十大寿请你去喝酒。”老农换了件干净衣服，高兴地赴宴去了。此时午时已过，又一个人说：“早听说先生神机妙算，请您看看命运如何。”此人捡了一个纸卷拆开一看是个

“筷”字，望着测字先生心里七上八下。测字先生慢慢地说：“从这个‘筷’字来看，乃不吉之兆，你今日必遭水淋之灾，望处处小心。”此人一路上快马如飞，直到家门口才长出一口气，心说：都到家了也没见着一个水珠，可见测字先生一派胡言。话音刚落，却被一盆脏水浇了个正着。原来是老婆不知他回家，将一锅刷锅水随意泼出，碰巧让匆忙赶来的丈夫遇上。下午又有一人说：“老先生，给我看看今天的运气。”抽取一个纸卷，仍然是一个“筷”字，测字先生说：“从这个‘筷’字上看，你今天将有关笼之灾，你性情暴躁，不免要招灾惹祸，望谨慎行事。”那人说：“我待在家里不出门，看还会不会招灾惹祸。”说完，扬长而去。那人回到家中，蒙上被子就睡，一会儿便鼻声如雷。不料，被一位妇女骂醒，原来是他家的猪糟蹋了妇女家的菜园子。那人火冒三丈，冲出去伸手就是一拳。那妇女本来就有病，一拳下去，便倒地没气了。不到一个时辰，来了几个衙役便把他抓走关进了大牢。三人问卜，先后抽取了三个“筷”字，为什么会占出不同命运呢？因为时间不同。中午那筷子是用来吃饭的，所以第一个人有口福；午时过后，饭已吃完，筷子要放到水里洗，所以第二个人必遭水淋之灾；筷子用完了，就要装入筷笼，所以第三个人将有入笼之祸。（按：筷字可拆为“个个缺心眼”。）

盛春

有个叫盛春的找测字先生测名字。先生说：“你的前程不妙啊。盛字上面是个成字，下面是个皿字。坏就坏在成字上面的一撇，那一撇是致命的一刀，这一刀下去，虽然不能把你怎么样，但也差不多要了你半条命。好在你姓好，因为盛字下面是皿字，皿字少了一撇，就是说一刀杀得你没见血，差一点就见血。”盛春说：“那‘春’字又怎讲呢？”先生说：“春字的上半部是泰山的泰的上半部，意味你有泰山压顶之嫌，下面一个‘日’字，恐怕没有出头之日了。”

稻

一商家写个“稻”字问吉凶。老道一见脸色一变，捻着胡须却不说话。那商家见老道脸色不对顿时紧张起来，问道：“道长，可是有何不对之处？”老道点点头说道：“我这乃音测之法，稻字谐音之一倒也，主你近来不顺，如出门则半路倒地，但却不知是染恙还是其他事端。但又有谐音之二刀也，却是主血光之灾，却有性命之忧啊！”

柱

某仆为主测字，看到客栈里的几根立柱，便指了指，道：“就出这个‘柱’

字吧。”测字先生道：“柱者，广厦之撑也。此字左‘木’右‘主’，你的主人依木而生，想必是居于多树之地。你看这个‘柱’字，在‘主’字的上一横边加一撇，便成了‘桩’。‘柱’乃顶于天，可做大事，但未必久长；‘桩’乃扎根于地，是万业之基础。有柱有桩，基业可成矣！这一撇看似这‘主’字之臂膀，也许此主在待一贤人之辅佐也。还有一点，尔主近两年宜静不宜动，否则将有血光之灾！你想啊，这‘主’上这一点没了，则‘王’无首也，‘柱’字可就成了‘枉’字了！‘枉’上面去一横，成了‘杜’字，中间去一横，成了‘杠’字，下面去一横，又成了‘杆’字。这几个字，从寓意上讲，皆非吉言也。”

二

某公子写“二”字求测。测字先生道：“二者，二心，二德也，此卦大凶啊，铁锁横江之象。船在江心被铁锁拦截困住，让你前不得，后不得，左不得，右不得。公子此番甚至会有大灾啊，上有铁锁坚韧，侧有洪水滔天窥伺，即使能逃得过这洪水之患，必然也不敌这铁锁坚韧呐！”

人

有个人在一张小方纸上写了一个“人”字求测，收笔的一捺还出了格。测字先生见了说道：“恕我直言，人字出了格，恐怕这位小兄弟，做人会有出格之时。方格又为口字，人在口中为囚，多做出格之事恐有牢狱之灾，以后处事应该三思而行，切莫坏了规矩。”原来那人正是一个赌徒，输了本钱偷了邻家财物想远走他乡，又拿不定主意，来问个吉凶。听了测字先生的话面红耳赤，抱头鼠窜。

三

某君随手写了个“三”字测运。先生测曰：“横画为木，是为三木之象。古人称三木之刑，是象大凶，至于应期当在酉年。”

七

术者断曰：笔画里有“七”的文字为数甚少。首先看到“七”暗藏在“蛇”字里，恐怕会有吓人的疑虑。而“七”的头上加一点为“亡”，右边加刀为“切”字，改成一撇则为“匕”字。加上“七”的谐音有“欺”、“凄”、“缉”，颇有凶相。问字人不只是容易上当，还喜欢报复对方。

八

术者断曰：“八”加上宝盖头为“穴”字，加“厶”为“公”字，有藏私、分赃、分离的意思，利分不利合。“八”的谐音有“叭”“巴”以及“扒”，意指心怀鬼胎、所托非人或互相蒙骗，也就是说，问字人在人与人的关系中，常常互相欺骗与猜忌。

九

术者断曰：“九”字有长时间、等待之意。可分解成“十”和“乚”，然而“乚”字形有钩，有死亡的联想。从字形看，“九”再加上“人”字为“仇”，中间加一点为“丸”字，“九”缺一不得完全，差一点就有完蛋之象。

十

术者断曰：“十”常为数字之终，有完满、非常之意，“十”上下各加一横为“王”，象征完全充足。“十”的谐音为“拾”、“实”，常最后会一切成空。问“十”字者常有被吞灭之感，好骗又容易上当。

君

某人以“君”字问。术者断曰：“‘君’字拆开乃是：一口咬住笋尾，人力难为，唯待转机。而‘群’族失‘羊’，于老弱不利，或恐家中将失慈爱之人。”

副

有以“副”字问者。断曰：“事主家庭、身体与事业均显不妙。‘副’的古代原始字义是解剖、拆开；其中的‘田’是财产，事主为‘一口’，看来要婚姻不保，势必分割家庭财产，损伤自身利益。五个口字互相叠垒，在病理方面象征肿瘤，存在手术割除的可能性。副者附也、辅也；‘副’字为‘富’字脱帽佩刀，意即解除原官职，降为依附于人的仆从。‘副’字卸刀加‘辶’为‘逼’，事主被逼无奈，想调动工作，一走了之，但是尾笔乃勾陈，走动不成。其实，一人吃饱，全家不饿，没有责任也就没有负担；家富万贯，走时也只能是骨架一副。须懂得平日多靠近示字旁，吃斋祈祷便是福。”

脑

有以“脑”问者。术士解：“脑字带有凶符，求测婚姻则应断为离婚；问病则胸部要动手术；问事乃‘闹’也，朱雀相啄、口舌之争，须告官诉讼；问情则会篱笆相隔。唯求学问考稍吉，‘文’字出头，应名列前茅，但出头的椽子先烂，文采出众却不能当饭吃。月旁为肉月，乃半个酒肉朋友，交情淡薄；月腹中之点，即为子水，无心则为脑袋进水之相，有心则自寻烦恼。在测字规矩里，‘乂’为‘穿心撇捺火陶金’，此金在烈火中也。所幸‘文’字上有一点活水携月中子水完全能够压住火势；‘乂’在筐内，有盖开合，凶符尚可控制。”

爽

某警察以“爽”字测前程。测字先生脸色一变，说道：“根据你的警察身份和测算前程来看，这一卦是凶卦，卦意是大杀四方！这个爽字，是一个‘大’字加四个斜‘十’字。在测前程时，‘斜十’在卦相中为刀兵之相，犹如两把剑相交，这个爽字中有八把剑，非同一般，主大凶大邪；而且‘斜十’是‘杀’字的头部，所以又有‘杀头’之称。四个‘斜十’在卦象里还代表东南西北四方齐聚，所以可以推出‘四方’二字。在这个凶卦中，四个‘杀头’和‘四方’聚在一起，意为四处杀头、大乱，是凶卦中的极凶之卦。”警察追问：“既然我能大杀四方，为什么还是凶卦?”“杀敌三千，自损八百，事与愿违。”

屋

某君写下一个“屋”字来测新买的房产。术者端看这个“屋”字一会，暗叫不妙，他把“屋”字写得像“屍”字模样，“屋”字拆开也是“屍”字头“墓”字尾，故断定此屋不祥，会发生凶死之事。原来事实是当年非典期间，屋主与母亲死于此疫。（按：屋拆为“尸至”，内含玄武，不吉。）

應

有人求测“應”字，术士说：“‘應’字写出来就是‘屋破妻亡心焦思人’。”

寿

测字先生讲：寿字问寿似不祥。首先，简体“寿”字为春不全，泰不全，光阴之短以寸计算。其次，繁体“壽”字，虽吉字头，對字尾，时红时喜，却“寺”中起内讧，“工”字难为王；“吉”字上下被分离成两不相见；而“壽”字中的大横断有六，小横断有三，命运坎坷，大起大落，事有周折，且“断”亦训“短”也。多横土旺，字尾勾陈亦为土；木矮则弱，寸木乃加工后之死木，无法克土，覆土下面，唯有寸钉落木棺。

卒

某人梦见老者在他手上写了似“九十”的字样，醒后很高兴，以为老人言他寿将及九十。有占梦者却说：“‘九十’乃行书的‘卒’字，这不是吉梦。”果真，某人数天后死去。

烟

某君随手写了个“烟”字测。测字先生道：“你从火边来的。起火的是座房子，里面有一个人。火旁加个因字是烟字，这火没烧着人，但烟是可以熏人的，烟一熏人，人就会流泪，所以我断你有哭的祸事。”问：“你说有什么办法破解？”测字先生道：“你若要躲开这场祸事，你就往上风头跑，这烟是往下风头飘的，你去了上风头，烟自然熏不着你。”（按：烟字含二人，外面人火气大，里面人是惹祸原因，不敢出去见。）

禍

某女以“禍”字问事。测字先生说：“你问的是办事，偏偏要写个祸字，不用测就知道你要办的是件祸事，兆头不对。禍字从‘示’从‘咼’，‘示’字古意为鬼神，意味着有难测的事等着你；‘示’字出头为未，遇事不出头自然无事，强要出头事情必定办不成；‘示’字拆开是二和小，你是女子，古人云‘唯女子与小人为难养也’，这会儿小人与女子都齐了，实为不吉。‘咼’为四环两两相套，其中一环开口守于下方的格局，意谓真相环环相扣，被重重掩藏；‘冂’字向下开口，既是生门也是死门，因为有‘口’字守在正中，你人一进去必定要入口为囚，只有向后退出才有出路，所以你如果办事，这趟最好不要去，免得变成阶下囚徒；但若真的一走了之，却又有過错，是两难之境。字面上这么多‘口’字，看来你须要紧防着鬼从口入，入口成囚哪。”女说：“要是我找人呢？”测字先生说：“禍字十三画，五行属水，你要找的人当在北面，但天干属丙火，主此行忌犯水，水火不容，于你必有大害。再看咼字旁边加水就是一个渦字，主你此去身陷旋渦，大凶。”

信

一人以“信”字求测，术者断为前十日内定有车祸。对方说昨天刚撞车，问如何得知。术者答：“信的左边‘亻’为刀剑，三横为乾金，口为兑金，整个字为金旺之象，金若旺极有折断之意，‘亻’与‘三’重叠，就成为‘车’字，所以确定必是车祸。”

大

有人测“大”字，其人闷闷不乐。术者则曰：“棍（一）在人上，不是吉兆，你可要小心啊。”

凶

一人以“凶”字求测。术者言：“白虎无头，不吉之兆；有山之形，不动之象。”又一术士断曰：“凶字中间的‘乂’为‘女’字的一半，有女人会受伤。”

逐

某君测“逐”字问。术者言：“字有凶相，逐字乃家无宝盖，人走边外，家破人散，灭顶凶灾。”

華

某人以“華”字求测。术者言：“華字头上是两个十字架，甚为不祥；腰间又是两个十字。按测字原则说是：‘家里或有四人用得上，遭殃。’（按：抬死人杠之意）凶相毕露，不可不防！”

示

测字忌讳：丑牛年、未羊年、亥猪年避免求测人出的字有“示”之字根，如祯、裕、示等，那将意味成为祭祀牲品，要有难以承受的付出；若非本命年，午马年还要避免出带草字头的字，寅虎年还要避免出带肉月旁的字，将会有财富被年神吃掉的暗示。子鼠年忌讳出字像蛇或有立人旁的字，因“蛇吞鼠”和“鼠怕人、人喊打”。

煞

清代陈素庵《命理约言·字形论》：“旧书以字形论煞。凡八字甲辰丙寅丙辰丁酉多者，谓之平头煞。乙巳己巳多者，谓之曲脚煞。甲午甲申辛卯多者，谓之悬针煞。戊戌多者谓之倒戈煞。夫古圣人制立干支，各有意义，即以形象论，岂在一画一竖乎？信如斯例，则庚寅辛亥多者，当为探头煞。庚寅癸亥多者，当为掰脚煞。戊辰戊戌多者，当为倚剑煞矣，况人贵顶平，修养须曲足，有何不美？前人反兵攻后，是为倒戈，戊戌二字，戈皆正写，何倒之有？故亟辟之。”

何为“悬针”？主要是看字的形象。如：甲、申、章、辛、卜、十等字，似一支针直悬。卯字，就有两针直悬。但凡悬针都会有破相及刺伤的可能。甲字如问事业，有上重下轻之象，事业上要预防有头重尾轻或虎头蛇尾之象，小心切勿忽略下层问题，会引至事败。甲字如测某事，此事棘手恐防会以损手收场。何为“曲脚”呢？主要是看字形的最尾一笔。如：乙、己、巳、远、述等字。乙字最尾一笔是转弯的，代表最后的转变。乙字如问事业，可测有转变，先难后易。又可跟当时天气、季节而测，如春季测，有春回大地，万物向荣，可测会好转。如落雨天测，有水多木漂，可测会转坏。“曲脚”又是指跛脚，喻属下不得力也。

增减笔画

古传相字术中有一款甚为奇怪，认为凡书写一字时，每多添一笔，则主其人福泽丰厚，能发意外财，能遇贵人。反之，若字少一笔，则主其人破财，或遇小人。在这相字诀影响之下，明清两代的仕宦，写字时便多添笔。例如“玉”字本来只有一点，有些人却依篆文，将之写成左右对称各有一点。又如“酉”字中间本只有一横，却将之写成两横。相反的例子则为李邕的字，他写楷书每多减笔，是故其被人陷害屈死，亦可谓遇小人矣。这一相字术还有一点补充，即添笔不可披离，如“猛”字，有将其反犬旁写成长短共三撇者，倘如多添的一撇特别离开其他的笔画，则不作发财遇贵推断。清末翁同龢为珍妃的师傅，他写字有添笔，可是却披离，他晚年因珍妃之故开罪慈禧太后，殆其为先兆？（按：一说为“朝添晚减”，即所测之字，如果是早上就增加笔画，晚上就减少笔画。）又，民间传说，林则徐在西安写“碑林”的匾额，因为被朝廷摘去了顶戴花翎，所以“碑”字少了花翎的一撇。又，《世载堂杂忆》记：清朝犯大辟不赦之罪者，犯者本名如有吉、祥、宏、大字面，文卷中都要特加偏旁，如张文祥为汶祥，赖文光为文洸，洪大全为犬全。

第六章　问官问职

东汉时蔡茂梦见自己坐在大殿上，殿顶有一束三穗禾。蔡茂跳起来去取，得到了中穗，转瞬又消失了。醒来后，询问主簿郭贺此梦有何寓意。郭贺离席贺道："大殿是宫府的形象。屋顶有禾，高居人臣之上，是指官禄。取中穗，是中台（尚书）的职位。用字来折，禾失为秩，'秩'的本义是官吏的俸禄。你虽然失去禾，却得到俸禄。"当今社会，官职也是对能力和贡献的一种衡量标准。测字问官运，是因为有能力任职的人供大于求，升迁须得机遇，具有不确定性。其实，测官运不若测民意，知天命而尽人事，为百姓做实事必有善报。

问 官

卒

过去有两个当兵的，服役多年，仍然还是小卒，不能升为将官。问卜前程，测字先生要他们去问放鸭子的人。两人到了一条河边，果见对岸有个放鸭子的人。卒甲见河水不深，就卷起裤管，涉水过河，来到牧人面前施礼请教。牧人举起赶鸭子的竹竿，向他道贺说：“你虽然还是个小卒，但敢于涉水过河，自然可当‘车’使用。既过了河，就要勇往直前，其‘将’自然可取。”卒乙胆小，绕道行走，走了好远地方，见河水干涸地方才过河，同样请教牧人。牧人对他说：“卒子惧河不敢过，有何用处?”后来果然卒甲升任将领，而卒乙却终生为卒，实在事在人为。

申

某将微服以“申”字问李半仙。李半仙说：“这‘申’字，上下各加两画即为‘重’字。‘重’乃千、里两字和合而成，所谓重重关山、千里戎机，由此在下即可断定你是一位身居要职的军爷，而且‘申’字乃‘甲’字出头之象。甲在天干中排行首位，所以军爷必定领袖群伦，是个不可多得的将才，相信军爷在军中绝对是独当一面的统兵将帅，而且现在已到了出人头地的时刻了。‘申’字加人为‘伸’，若遇贵人相助，可以一伸抱负!”

卜

有测官运者测一“卜”字。解曰：“上不去下不来，上，无人提携；下，无人挤压。但卜字一点下倾，有明升暗降之虞。”后果然应验，此人由从七品升为正七品，但退居二线，权力油水化为乌有。

布

某君以“布”字测官。测析：“布者，朴素舒适之物也，说明此人不重形式，不喜华贵，质朴真诚，为正人君子之相。同时，布衣也不是高官之相，为隐在民间的怀才抱德之高人。布字拆开，为才和巾，说明此人是有才干的人士。

布为有字的头、幕字尾、帷字边，证明这个人有很大的才能，但因为有幕字尾，可能属于幕僚，运筹帷幄，行文谋划。布还是左右的头，帮字的尾，也是在人左右帮助做事之意。布字再拆，还能拆为一字和币字；布本身即为古币，说明此人有钱币，为不缺钱财之象。”

斌

某君以“斌”字问官。术者曰：“‘斌’字为一个文字与一个武字组成，此字中的文字旁意为此人出头早，有头脑，有一定的权力，此文字还会主命主或主父亲在牙、咽和心脏上易出毛病。此字中的武字意为命主脾气硬朗，说话厉害。但是此字存在自我矛盾，文武是不能相容的。就像是秀才遇上了当兵的一样，有理讲不清，在现实中，武力应该为第一的，可是此字却把文字放在了前面。命主容易自我矛盾，或外表文质彬彬，内心却较为火暴，令官运受阻。”

洛

一中年街头测字问官，出一“洛”字。先生断道：“你是秘书或宣传人员，官不大。”求测者大惊，称是，问缘由。先生解曰：“洛字左边水，右下口，上面文，口水出文章，必定是秘书类或者宣传人员。口在下方偏角，文为反文，皆不正，不能为贵，所以级别有限。”

鸿

某君写了个“鸿”字问官运。术者说：“言为心声，字为心画。瞧这鸿字，拆开是江、鸟二字。江边鸟，叼鱼郎子是也。此鸟，性极贪，是个叼住鱼囫囵吞下去不吐骨头的家伙。哀鸿又指灾乱流离之民。为官不利，一生碌碌，至老寒微呀！”

舞

某君写“舞”字测官运。术者断曰：“‘舞’字上面是个人（不正）加上四个十，也就是说四十岁会有小人欺压，然而这只是一半，过了四十就过了这个坎。下面是个‘舛’（音喘），差错的意思；夕字旁边是个断角之牛。太阳偏西时的耕牛，没有多少力了，这时催赶它，往往会犁得马虎草率。应该是早年气盛，过了四十尤其是人到晚年，会收敛锋芒，忙中出错。”

弈 酉 呈

某副司长梦里得三字，为“弈”、“酉”、“呈。”一术者先说：“弈，其形似阶梯，上下各半，上为‘亦’，意为‘又’，其下类似一‘开’，意为‘又升了’！酉，时也，酉时万鸟归巢，鸡入圈，酉，五行其属为金，意为金银归库、四方纳财；再拆其字来看，乃兀、口、一字组合而成，可推为：口里衔住一，一兀则为元，元即为首。无论金钱、官场一把手，都是口中之物。呈者，供也，奉之，种禾者为程，食禾尽者便为呈，正是种禾者供奉之意！论其形，王上一口，口为‘日’之一半，正是：朝日初升，只露半脸，神龙来时，首尾不见；必将升官为‘王’，即一把手。”另一术者则道：“弈，神似‘变’，取其‘放’术，放开‘变’之‘又’，下为草头，草者庶民也。如此，弈，可拆作‘又变为草’，推其命相，乃是不久有贬谪之虞，重为庶民或有狱讼之事。酉，形似‘尊’，取其‘收’术，尊，长者也，权势富贵非同一般，然首尾皆收，不能出头，且无退路，则化为‘酉’，上下皆失，从尊者之位一落千丈，推其命相，亦是不日即有灾厄之劫也！呈，势如‘皇’，王上加白为‘皇’，合九五至尊；皇不能出头，腰缺一玉带，化为‘呈’，取其‘合’术，‘王’合为‘一土’，天子口下一捂土，尊位落地，伦序扭转。推其命相，亦即征兆你官位不保、富贵难继！”

正

市文化局长退休，最有希望接替的是王某。下午两点，王某在纸上写了一个“正”字测前程。测字先生接过纸来，摇摇头说：“‘正’字本来是不错的，可惜问的时辰不对。正有太阳在正中的意思，可是现在太阳已经西斜。另外，‘正’可拆为上‘一下’而‘止’，说明还没有到‘一’的地方就止步了，所以问鼎正局长的位置，现在还看不到希望。”见王某失意的样子，先生笑笑说：“先生姓王，按笔画看，与正字只差一笔，说明这个位置早晚是你的，需要时间而已。”数日后结果确定：文化局局长位置暂缺，王某升为常务副局长，主持工作。

张

乡党委书记和乡长二人一同测字。书记顺手写了个“张”字。因为他姓张。术者说：“恭喜您，一年之内您要升了。”乡长也姓张，也写了个“张”字，术者看了一眼就答道：“三个月内，诸事不顺，如问官职，不升则降。”果然不出所料，一年内书记升为副县长，而乡长三个月后因患胃癌做了手术不能上班，被调整为虚职副主任科员。有好奇者问同写一个字，为何竟测出两种不同结果。术者解释说，书记写的“张”字，左边写了两个竖道，右边是正规的“长”字写法，就是书记带长，十一个月内准升。乡长写的那个“张”字，是草体写法，左边像是个3字，右边一笔连成，先向上画弧下来向右边甩尾巴，所传达的信息便是曲曲折折从“长”计议。

测 册 侧 策

某局长请术者解一下“测”字。老者一听，眉头紧锁：“此字可是不祥之兆！左为水，深渊也；右为刀，血光之灾也；中间为贝，钱财也。为一己之私而敛财，将有滑入不劫之深渊、身临血光之灾的大祸！”局长一听冷汗直冒，连忙改口：“其实，我想测的是‘册封’的‘册’。”老者回应：“此字亦非吉兆，朋友离心，一绳缚之；横祸来时众叛亲离啊！”局长打了个冷战道：“那‘侧身’这个‘侧’字呢？”老者闻言微微一笑：“这个‘侧’字嘛，左为人右为刀。向左，意谓在钱财面前侧身而退为直立之人；向右，仍为贪字所困，刀光血影重重。如何抉择，全在先生一念之间！”局长听罢脸色一阵红一阵白，当下向老者道谢。第二天一大早，局长就去了反贪局，门口正好见到昨天那老者。老者呵呵笑起来：“看来局长也是心有灵犀之人啊！既如此，再给你解个政策的‘策’字如何？上为竹，下为刺去锋芒。竹筒倒豆般交代所有问题，方可脱离如芒刺背之苦！”

、(点)

有个贪官找先生测字。先生问他测什么事，他什么也不说，举笔给先生写了一点，对先生说：“你既然会测字，就用这一点来看看，我要测什么事？”先生指着这一点对他说：“心动则笔动，笔画如心画，这一点就代表你的心，它就是你心中要问的事。它可以是个好点子，也可以是个歪点子、瞎点子，不知你要测的是啥点子？”来人分辩道：“这一点是‘文’字之首，‘官’字之首，又是‘安’字之首，它代表文星高照、官星高照，平安大吉，是一点吉星，你看不出来？”先生笑着说：“你却不知它是‘灾’字之首，明现灾星一点，大灾临头，你还把灾星当吉星看？”来人小心问道：“你看这灾能有多大？”先生说：“因为它是‘官’字一点，应是官灾，这一点又恰似泪点，这灾犯大了，怕要最后落得钱藏家中，人进狱中，凄凄惨惨一场空。”来人再也没有争辩。

乃

某官道：“我出个乃字！”测字先生说：“乃字为缺笔之及，及乃过犹不及，阁下怕是常思过而不思功的，看来立品是正的。循其本意，乃，无工不成巧，无人不成仍，无皿不成盈，此皆心劳太过。观此字形，右有危级，上有平顶，左有悬崖，于仕途而言，不可再求进取，恐有许多关碍呢!”某官脸上微微变色，笑道：“足下所云危级平顶，不是攀上了危级而后便是一马平川吗?”测字先生笑道：“这个自然。但圣人设道，原为警世醒人。那危级便是台阶不稳，一尺之阔其险可知，要谨慎才是。若稳操祭器，十为盈数，阁下定必还有十年好官可做，只管放心就是!”

建

某君以“建”字测官运。术者断曰：“建上为‘聿’，手握笔状，应为文官笔吏，靠笔谋生，但秃笔无头，江郎才尽，为官似不能再次晋升，半途而废。建乃律字不全，身旁无人辅助；戒律难守，肆意走笔，为人豪放，不拘小节。建下走之，有移动肇事之征，恐途中遭遇车祸，或损失津贴，切记提防。”

手

某君先洗手后写“手”字测官运。测字先生说：“看来不妙啊！手足为兄弟，是帮手，但有手无足，这忙还是帮不上啊。足乃支撑，这次你会因靠山倒塌而受牵连，所以升不了的。你写这‘手’字时是刚洗完了手，洗手一般是指停止不干；‘手’字拆开乃是‘丢’字头、‘剥’字尾。你以后还会丢官，官职一剥到底。”

丽

某君测“丽”字问身体情况会不会影响升职。断曰：“丽字，谐音离，为火，有远离之象，却非升迁。‘丽’下似‘朋’，此岗位应该有竞争的人。‘丽’上为‘一’盖头，可为水，居离宫；下似二‘日’，可为火，本应是水被熬干，主肾有病。另外看‘丽’中两点居上半身略靠下一点，好似肝胆之病。看字形，头上一盖，无出头之象，难以升职。”

景

某君问官运，书“景”字。术者曰：“京为京城，借指上级，日为光照，此谓上峰已有光照于你，可晋升。京为就字一半，故应在近日，景为影字一半，故如影随形，已有消息。又有小口二字，防小人之口舌。”彼曰皆如是言，且数日内即将升迁。

高

某人以“高”字问。术者解：“高字为上中下结构，上有‘文’字头，说明求测者出身文官人家，成名早，自视颇高。中间的口是指高谈阔论，口无遮拦，缺少圆滑。下面字形似钱眼，为人豪放无忌，花钱愿与人分享，存不住家财。若问婚问情，则两口隔阂，层次分明，无法沟通，有口舌纷争。若问官运，则小小京官，悬在半空，有事未了，尚待推敲，了必官运亨通。问子则口兑为金，为少女，应有一千金女儿，呵护有加，字形中的勾陈意味不满其男友状况，故意拖延女儿外嫁。所谓‘金旺得火，方成器皿’。但高字笔画中有口无撇，即金旺缺火，无火克金之势，其女难成器也。问病则头容易受伤，消化器官运行欠佳，身体亦现手术刀口。”

悬

某官出“悬”字测官运。断曰：“悬字心上有县，说明事主时刻惦记要保住县团级官职。悬字有‘且’有‘厶’，‘且’为男性象征，‘厶’为雄性符号，事主颇有男子汉的气概，心宽体胖。繁体‘懸’字则为三字合体形态，主三角恋爱关系：事主心仪二女，一美目，一细腰，难以取舍；中有二‘小’字，均非正妻；‘小’又与‘虑’字底联系，是须加倍小心谨慎之意。右上为系绳、为玄武，乃偷窃、破财、缠绕、纠纷之兆；下面‘心’火过旺则隐白虎之忧，主疾病和祸事，事主将受两个小人牵连而遭遇凶灾，命悬一线。不过，‘目’中无源之水与二小之水点可用来制约心火过旺；‘目’前的扶绳（即权力之靠山）未‘断’，暗示涉案悬而不决，且大拖成小，悬悬乎乎过关，近期运程应无大碍。”

翁

某君以“翁”替友测官运。术者断曰：“古代三公，即太师、太傅、太保，这三个职位都是官禄，所以从翁字看得出来此人有为官之才。而羽字乃党羽之意，即是说此人必须拥有大量的党羽扶持才能够成为高高在上的公爵。而倘若党羽一分为二，就变成习习，习习乃风状，人说风吹鸡蛋壳，财散人安乐。即是说如果此人因为党羽分裂而失官，可不止是失去官职，就连财也会散尽。翁下方的羽亦为箭羽，即是越多的战乱，越是成就翁的公爵霸业。翁是踩在箭羽之上的人，不小心跌下来会全身刺满箭羽。所以公是不倒翁，不能够倒下，一倒就是毙命之祸。”

君

某女以“君”问官运。术者曰：“‘君’为王者气，好向别人发号施令，‘君’字的上半部分为一个‘尹’字。此字为‘伊’字的‘人’部首没有了，伊人去，感情上易失恋，君字的下半部分为一个‘口’字，能说会道之人，具备统管能力的口才，口在下，易受到别人私下的议论。男人名字中有此字的易脾气不好，上学时学业不太好，不好管，有的好惹事，感情上不稳定，君者多女人。女人名字中带君字的多为男人脾气，有的长相也好为男相，内心好强，不服输，婚姻上不好。”

仝

某君以“仝”字问。测字先生说：“这个‘仝’字是‘人’字下面一个‘工’字，‘工’字指劳作、做工，即工人。在古代，‘工’还是官，《尚书》上有记载。这就是说，先生您不管在技艺上，还是在仕途上的成功都不容易，都是付出勤劳、付出代价的。再看这个‘工’字，两横中间有一竖相连，先生可能有兄弟两个或姐弟二人，亲情深厚。在工作中或仕途上，您也有一亲密伙伴，彼此帮助，互相支持，命运相连，也情同手足。您看这个‘工’字，当中一竖把上下两横连得密不可分，这样撑着上面一个‘人’字才构成了完整的字。如果缺其一，不管是缺了上面的一还是下面的一，都成不了字。这就表明二者不可损其一，一损俱损，一荣俱荣。仝者，同也。”

禄

某君以“禄”问官运。断曰：“禄字乃吃官家奉禄的意思，问字者应是公务员或国有企业干部，祈求官运亨通。字形拆开，左有神灵护佑，右则为登录、录用之义，看来能够升职；但上有穷途潦倒之山，下有恶劣污浊之水，新任职务的岗位环境风水不佳。横山为雪字底、寻字头，雪地寻路，必然面临艰难困苦。彐部表示一身同时担任几种职务，有兼职工作。‘录’字古代写为‘彔’，是过滤、渗漉的意思，能够渗透‘层层阻碍’、最终被录取的就是精华；甘于一时的碌碌无闻，甚至甘于被剥层皮，才能保证官运常青（绿）。示字旁是提醒要遵照领导指示办事，像录音一般不要走样。彔头似鸟喙（音烩），工作中少不了口角；彔尾似聚，自身还应有凝聚人气、财力的得力措施。回禄即火神，谨防引火烧身。”

天

某人测“天”字问官运。解字人说：“你当官也只是副职罢了。‘天’非‘夫’，人不出头；头顶老一，岂非无有官运?”（按：邵雍说过，男子测“天”必有“失”。）

贵

有以“贵”字求官运者。断曰：“贵字似头戴一顶体积大、两边耳翅向外伸展的贵人官帽，寓意吉祥。此外，古代有人会捐钱买官做，即经济条件不错者，有感到现时地位不高，希望用钱买名气，以利求名。”

乙

某君写“乙”字问官运。断曰：“‘乙’的天干排序为老二，加人为‘亿’，要想升官发财须贵人扶持。”某君于是依附贪官飞黄腾达，在贪官倒台后被撤职，流落街头，又问缘由。解：“‘亿’字左边是个‘歪人’，‘乙’攀上‘歪人’后，‘歪人’不能长时间地立住，一旦立不住，就要瘫在你这‘乙’的头上，你又无法甩掉瘫在头上的‘歪人’，那就只得背上他，变成讨饭的‘乞’丐。”

宋

某君写“宋”字测官运。解：“‘宋’字，是个宝盖头，其实是个‘家’字，表示你不管官运如何，不会放下这个家，责任心强。有这一份责任心，工作实绩应该很不错，即使差一点，领导也会很信任你。从宝盖头看，你的官运起点蛮好。‘宋’字下边是个‘木’字。木本区别于草本。对于官运而言，草本表示官运平平，不升不降。木本表示官运不错，最少也是只升不降。‘木’上边的一横，相当于大厦的栋梁。表示你胜任将来所任的职务。意思是说，按照你的工作实绩，应该升，按照你的工作能力，也胜任得了。‘木’字下边的一撇一捺，写起来也非常大气，不给人猥琐的感觉，可见路越走越宽广。‘木’字如果去掉一撇一捺，是个‘十’。看来你也能背得起为自己、为工作该背的十字架。‘木’字下边的一撇一捺，如果写成两点相抱之势，再去掉一横，便成了‘小’字。其中一竖下边的钩藏起来而已。猛一看已看不出来了。‘小’表示你每上一个台阶，都有小人从中作梗，并且这小人藏得非常严实，轻易看不出来，以后说话做事要小心一点。”

化

某女报“化”字测官运。断曰：“求官为仕途，今土化匕，必是有所图谋，且化为仕不全，目前事情尚未明了，属土的年份当有提职的机会，但多是比较大的变动，地域与官职同时会产生变动之象，往西南坤位求职吉利，多是自己主动破财求职，求职可成。”

向

某君报“向”字问官运。断曰：“向同饷，官运是不知不觉地渐渐好转，不是一下子飙升上去的。”（按：口说为响，还要多多宣传、汇报，影响上级。）

口

某中年妇女出了个“口”字，为丈夫求测官运。术者测解：“‘口’字测官运，隐隐似有吉象，还可能有升职的希望。因为以‘口’字问卜官运，可分析为‘口一卜’，合成起来就是个‘吓’字，表明求测对象曾受到惊吓。但由于‘口’字密不透风，又四平八稳，求测对象如果自己不慌乱，就必定有惊无险。俗话说官字两个口，现在再以‘口’字问卜，增加了一个口，岂不是个‘品’字，而有升职的希望？然而祸福相依，倘若过于贪婪、欺压百姓，则众口能吞人，形成了‘囚’字，那就难免牢狱之灾祸。”

呼

某君以“呼”字问官运。断曰：“你和同级别的人要有口角之争，提拔你的人是位大领导，最近要倒霉或者退休，你看呼的右半边，是保护伞的伞丢失了半边。”

开

某君报“开”字测官运。测字先生说：“从表面上看，‘开’字有抬脚迈腿之象，好像开步走的样子。但仔细观察，‘开’字乃‘升’字不开口，像‘升’但不是‘升’字，想‘升’却‘升’不起来，‘开’字是一个守本分的字，不宜乱闯乱撞；再细看，‘开’字又是半个‘刑’字，‘刑’就是‘刑罚’，相当不利。由此看来，你没有官运，怕还有官灾。”

前

某人以“前”字问官运。测字先生说：“这个‘前’字，上边是两个长点，点下一横，横下有一个月字，月字右边是两个利刀。含义是：两把利刀护明月，二人奔月遇到‘前’，‘前’字发音也念钱，钱到多时便是官。两把利刀护明月，说明两个人要夺明月，谁也不甘心舍弃这明月，结果一人栽到河里去了。这明月是钱也是官，得了明月，便得到了钱；有了钱便能升迁嘛!”

官

某君求测“官”字看升迁。断曰：“人们都说官字两个口，得会说上下两套话，不知你有没有这样的口才。其实做官很累人的，上有宝盖，要有宫中之人护着；下要出力干活，耜是古代翻地的农具。庚寅年是木年，与官不合（木官成棺），测官字反而不利求官。若你属相非虎，则与虎谋皮焉能完肤？官字的宝盖头是家，下边的字念四，家中两口人关系密切没啥事；字形似吕非吕，吕是脊椎骨，看来腰肌劳损难免。”

科

某君以“科”字问官运。术者断曰：“过去登科即得到功名，科字含‘才高八斗’之意，以斗盛禾，收获在即。你仕途虽畅，但官场险恶，你争我斗。古人言：‘宁多一斗（容器），不多一口。’意思是多张嘴吃饭，日子难过。现在恐须反过来了：‘宁多一口，不多一斗（行为）’，和比斗更顺民意，民意更决定你的仕途走向。”

公

某君以“公”字测官运。术者言：“怀着‘天下为公’的思维当官，官运一定不错。厶即古私字，八为相背、分开之义。《韩非子·五蠹》中说：‘仓颉之初作书也，自环者谓之私，背私者谓之公。’而最近有学者认为，公共社会由无数私人组成。公本身就包含私，没有私哪有公？我国古代实行井田制，将耕地划成九块，呈‘井’字形。八户人家除分种各自的私田外，还负责共种中间的那块公田。所以由‘八厶’合成一个‘公’字，公含八私，意为公私统一。其实上古时，‘公’是平分的意思。因此公私不是绝对的对立。公而忘私能够理解，大公无私绝对不存在。当官的也是人。说这些，是提示你把握好做官时公私兼顾的分寸，绝对不能损公肥私；对正当的个人利益也必须理直气壮地维护。”

愿

某君以“愿”字测官运。术者言：“愿字拆作原心，在原地打转，似无升迁迹象。字有反字头，悲字底，相反还要小心表白，少惹是非。”

旗

某君以“旗”字问官运。术者言：“旗字的右上角是个倒下去的人。扛旗的人要冲在最前面，自卫能力几乎没有，牺牲的概率也最大，如果能活下来肯定是功臣，再懂点文化，升官不在话下。敢扛旗子玩命的人，官运和寿命成正比。”

态

某君以“态”字问他能否官至“副处”。术者言：“态，心静稳重，太为太极，气沉丹田为太一。有此心态，‘副处’不能止住，还能再升。”

问　职

人

某人写个“人”字测问。先生见他书生打扮，字写得大大咧咧，不甚工整，便说道：“客官恕我冒昧，你的人字一撇粗壮，一捺无力，缺少支撑。要问前程，可以在衙门做个文牍，但是长官未必重用。日后应在修身养性上多下工夫。”原来那人是衙门里的推事，数日前刚被除名。

瓜

某女以“瓜”字问去商场工作如何。术者断曰：“瓜；分而食之，食之见籽，有粒（利）。繁体商场的場字含陽，俗话说：旱瓜涝枣，此工作可行。”

换

某君出“换”字问能否换岗位。解：“换者，‘人’居‘奂’中，似乎被套牢，而且头上一把刀，实有动弹不得之象；左手，上刀，二者直接看管下面一人，故是管人的工作；奂似免，还是不要强换了。”

鬼

某君测“鬼”字问工作。断曰：“鬼，上白下心，心有纠结，有心事难以抉择，不是准备换工作就是刚换了一份工作。上为白，白为百里缺一，处事时总欠缺火候。鬼加斗为魁，欲与他人争第一之意；鬼加木为槐，独立苍天，想要自主创业；单字为鬼，见不得光明，事业不能和人相互扶持；加忄为愧，应为缺乏恒心之意。”

兔

某君以“兔”字测是否跳槽。解曰：“兔：人上一个口，口上一把刀。下部分人（你）有心，心无点（没有主意）。你现处的工作环境比较恶劣，头上顶着别人的一张口和一把刀来工作，如果能安心工作，时时刻刻都被支配着，头顶上的刀随时可能落下，变成半边‘鬼’（兔的左边和鬼的左边相似），人不人鬼不鬼的。早跳早好。又，兔有‘免’字形，意谓应当尽速‘兔’脱，才能‘免’祸。兔字遇到戴帽子的警察，还会含‘冤’莫白。”

创

一女子测前程，出“创”字。术者解曰：“立刀守仓，可享现成之福。仓者，财务也，人在仓上，是为保管。立刀守仓，最可能当财务主管，仓在前，刀在后，主中年后才能升任。但若贪污，就是铡刀等待仓上人也。”

烟

某君出“烟”字问工作是留是走。断曰：“烟乃厌也，看来你是比较厌倦目前的工作。烟拆解开来是‘火因’，因风吹火之象，火只有借助风的力量才会越烧越旺，所以你想离开找新的单位必须有人相助才行。在没有人帮你找到新单位之前，建议你待在原单位。等‘烟’雾散尽，事情明朗再作决定。又，烟霞之类都是不能长久之物，可知此人即便调换工作，也不能长期富贵，如有也不过是过眼云而已。”

黄

某男测“黄”字问工作能否调动成功回家。断曰：“‘黄’字有‘戴’相，似乎能加官进爵，但末了不会成功，因为‘黄’倒过来看，是‘单’字，内含‘甲’，可甲字是倒甲。‘黄’字乃‘共’字和‘由’字组合而成，你有理由成为大家的一分子，难有出头。‘黄’字的腰部是个‘由’字，乃‘申不成’，所以难以伸腰。‘黄’字乃小吉神煞，行人可以回家，小吉神煞为五行木，木都‘黄’了，自然可以落叶归根。综上所述，可以回家但不会调动成功。”

留

某君以“留”字求问工作是否变动。术士曰：“虽然你想留下，但两刀悬头，五口闹心，也不爽。故加水为溜，走的好。否则郁结成疾，瘤也，必遭割除。”另一术士则曰：“上卯下田，兔行于春田之上，何以忧哉？留有刀耕之态，留于田上细耕，春来得生长，必有所收，春种秋收，前景可看。”又解：“卯为榫铆结构，彼此之间不能分离，即离不开现有岗位。卯字形为开门鞠躬迎客，卯时又是清晨五点钟到七点钟，说明测问者创业异常辛苦，十分敬业。测问者配偶姓名中若有木字旁，留加木为榴，有旺夫多子貌。‘留’在书写时要将‘刀’写做‘卩’，与上峰冲突时要注意有理有节。”

服

某君以“服”字问工作。断曰：“服字于内者，乃指服从、服务、服侍之意。在外者，服乃穿着遮蔽肉体御寒之衣物。中医者，称吃药为服药。服字意味你的工作迟早要换，就如同衣服般，三至五年便需更换新衣物。未来新工作会从事服务业、服饰业或医疗保健方面的事业。”

博

一个女孩出一个“博”字测工作情况。术者说：“你工作主动性不强，工作不够积极，需进修一下或者找一个比你能力强的人学习。”对方很惊讶地问：“你怎么知道我很懒？”其实这个“博”字，是“搏”字的一部分，乃搏字之不成，显然是拼搏不够，不够主动，另外“博”字又很像师傅的“傅”，但是也不成傅字，显然应该进修或者找个师傅学习提高。

巢

某君以“巢”字问找工作。断曰：“巢，上面水，中间田，下面木，木水相生，则是良兆。田是耕耘的地方，意思是工作，水一波三折才入田，则第三季度会找到工作。”

世

一女青年问工作，信手写了一个“世”字。术者说：“此字右边是二十，左边是七，加起来二十七，你今年二十七岁了?”女说正好二十七岁。术者说：“你在医院工作，因为左边十字为医院，下面拖过来如医院的大院子。”女说正是医院里工作的。术者说：“右边两个小十字下边有一横，表你在某一科室做得不开心，想调到另一个科室去，路子也通好了！”女大笑说正是，问可调到什么科室去？术者见女手握茶杯，便在世的左边加上三点水，成了泄字，便说想去泌尿科，女说完全正确！

咨

某君以“咨”字问工作。测字先生道：“‘咨’，古代同‘谘’。‘谘’字从‘言’从‘口’，说明‘言’从‘口’出。《后汉书》中有所谓‘国有大政，必议之于前训，谘之于故老’。《国语》中有‘咨亲为询’的说法。说明‘咨’也好，‘询’也罢，都是要用语言说话的。而问字者的这个‘咨’字，是从‘次’从‘口’而不从‘言’(谘)。说明想询问的工作，已经是‘说不上话’了。‘咨’在古代又通‘资’，为同音通假字。《说文》曰：‘资，货也。’货者，贝也、泉也、布也、钱也。‘资’字无‘口’便是钱。祸从口出啊，看在钱的份上，只要‘关上自已的嘴巴’，沉默是金，‘钱’是没有问题的。‘次’的本义就有‘临时驻扎和住宿’的意思。所以，《礼记·檀弓上》注曰：‘次，舍也’。舍者，弃也。结论：既然工作是‘临时’安排，弃之可也。”

退

某单位传达一份关于内退的试行文件，待遇优厚，搞得人心浮动。某君写了一个“退”字，问测字先生能不能退成。断曰：“‘退’字本身虽有动的迹象，但在八卦中，‘艮’代表山，是不动的意思。”几天后，领导开会研究，认为该单位不适合执行此文件。

坤

某君以“坤”字测找工作。断曰：“‘坤’字拆开为‘土、申’。土加亏为圬，你刚刚毕业，在择业上不要嫌弃脏累之职，不然会吃亏的。土加亢为坑，你也不要好高骛远，那样反而坑了你，只有从最底层做起，将来必成大器。布衣加申为神，你这个‘坤’字中的申，乃‘甲出头、电无尾’，说明你不要急于出人头地。土加文为坟，你不适合做文职。坤卦本身就有断断续续、迟缓的征兆，有系‘留连’，因此找工作宜缓，不急。”

委员会

某女写“委员会”三字测工作。测字先生说：“委字是女字从禾，员字是口字从贝，会字是人字从云。你要卜的人是位女士，她农家出身，一生动口不动手，将来必青云直上。”某女又说：“还是这三字，如测婚姻呢?”测字先生说：“委字可以拆为八千女，此人是八千女中出一个，女中豪杰；员字有贝，贝者钱也，闭口有人爱，开口有人怜，一生不缺钱。要说婚姻事，难理难断。会字是人在云上，云者说也，必然是众说纷纭啦。”

好

一男子因有提职机会来求占，以“好”字求测。术者将其拆作一女一子，解释为小人作祟，为什么？因为中国有句古话，“唯女子与小人为难养也”，一女是女子，一子是小人，合起来不是小人作祟吗？后来果验。又，男左女右为规律，而女左男右却是阴错阳差，故不顺。

巧

某君以“巧”字测与某公司缘分。断词：“‘巧’，左为‘功’不全，右有‘亏’之象，且带勾陈之形。勾陈，六神之一，主谋事迟滞、有是非及其他闲事，难以圆满成功。”

度

某君以“度”字测与公司缘分。断词：“度，上有一点中正，且广厦佑护，主上峰正直大度；‘又’为‘安’字底，主和谐稳妥；再，‘穿心撇捺火陶金’，主有财运。廿，应主二十年之限。”

坤

某君以“坤”字测工作前程。术者曰：“‘坤’字左边是土字边的十字，代表刚到工作单位时困难重重，到处碰壁。十字下面的一个提手边，表示上司有提拔，从土字看，提拔与土有关。右边的申字，是由日字加一竖组成的。日表示太阳，是当官之象，可是日不像日，变成了申，申有汇报的意思，虽然当官有职务，却不能做主。日字中有两个口字，上下张开，是骂人之象，如果没有一竖（汇报），就会遭到上司辱骂。申字是刀剑之象，一竖代表大腿，三横代表三刀数，恐有三刀之灾。”

奕

一人以“奕”问工作。术者曰：“‘奕’字，其上半部分为上，意为出头早和有职位，再往下为‘办’字形，意为办事有能力，有人帮。最下面的就是大字了，意为把上面的亦的能量又加大了一部分。”

刚

一人写“刚”字问工作。术者曰：“刚字的左半部分为一个‘冈’字，破网一张，因为冈字为网字少了一个错号，事业上不易成，好变换工作，财上花销大，不会理财，自己做事不好成。‘冈’字又为风字的变体，一个流动的字，喜欢到处跑动，好说大话，生活中的乱事多，‘刚’字的右半部分为一个‘刂’立刀旁，在身体上易有刀伤手术，立刀割破了网，自己伤自己，感情上长久性较差一些。”

调

某君以“调”字测调动工作。断曰：“‘调’，有‘信’有‘周’，‘记语周到’之相，且中有‘吉’字，主调动顺利！”

利

某年春，某人书一“利”字问功名。术者断曰：“利字左为禾，右为刀，问前程恐于秋月有大碍，甚至失业。”该人当时为百货公司某门市部主任，听后不以为然。但事实无情，入秋后门市转租他人，该人连同数十名职工回家待岗，至今尚无着落。字理：利字拆为禾刀，左木右金，春季木旺不畏金克，入秋金旺木必受伤，故秋后不利。

巨

某友以“巨”字问职。断曰：“巨者，不臣之象也，故你野心很大，‘居心叵测’，不想给别人打工；又‘巨’为两口不衔接之象，故所干和所学不对口；夫妻关系不和谐。大缺口里套小缺口，支出大于收入。又巨字乾坤有缺，恐不利父母。”

襄

某君以“襄”字测职。断曰：“从襄字来看，适合协助别人做业务。像从前的襄办、襄理等。但这个工作需要有非常好的口才，因为襄字中间有两个口字。襄字加金为镶，所以也适合做一些技术性比较强的工作，如镶牙、镶金等工作。”

定

某君以“定”字测能否被某公司招聘。测士曰：“定字为家字头，下面是脚，脚未离家，并非出门工作之象，故不会录取。”

做

某女测“做”字问工作。测士曰：“做＝估＋夂，‘夂’有‘败’之象，亦即估算中恐有败象，一动不如一静。做＝人＋故，古语有言：新人不如故，也是一动不如一静。可以的话先跟老朋友研商研商，真要动，到老朋友公司或者一起合作也许较能有所期待。”

知

某君以“知”字测工作。术者曰：“‘知’字拆为矢、口，问事业切勿强出头，因此字一出头则成失，会有前功尽弃之卦象。而口字代表口舌，主人际关系上须提防。”

惑

某君以“惑”字来测工作事业运势。测字先生说：“‘惑’字，干戈在上，心上有碍，口在其中，口就是吃，就是工作，但却上有干戈，下有一颗无法发挥的心，事业有危机，心中有压力，收人不好，不满意，事业婚姻同论。”

班

某女以“班”字问工作。术者断曰：“因‘班’字拆解后，有两个‘王’，明显是有势均力敌相互较劲的意境；而中间似‘卜’字的倒写，仿佛有着前仆后继的使命感，驱动人往前走。常言道：‘若要人前显贵，必须台后受罪’，今日若愿意下工夫学习专业知识，日后必定会在业内称王。”（按：班是裁玉的意思，未来工作方向可能是代人理财。）

沾

某君以“沾”测换工作。断曰：“把工作辞掉，收入就会减少。沾字去水换贝为‘贴’，就是要‘倒贴’。适不适合得看看你是否也准备了一笔钱来度过没有收入的日子。依灭字诀观之，水入春则少，入夏则竭，逢秋则多，入冬则严。由此看来：春夏之沾，从各项问题考虑，尚不得其时；入秋之沾，外在既润，准备可矣；入冬之沾，天寒地冻，时机太晚。”

心

某君出“心”字测工作。断曰：“心 = 乙 + 三个点。乙乃二也，引申为二意，彷徨不定之意。三个点意指三心，如同乙字之解释。意指您工作遇到了瓶颈难以突破，或是太多新工作等您，难以拒绝诱惑，因而三心二意，徘徊在抉择的十字路口。”（按：心字拆开是白虎脚，心忧易病。）

築

某君出“築”字测工作。断曰：“築 = 竹 + 工 + 凡 + 木。竹乃高耸之竹子，引申为节节高升。工指工人，引申为需在人手下工作。凡乃平凡之意，引申为平常心。木指木讷，不擅言语或指从基层历练做起。意指您需多做事少说话，刚毅木讷，对任何公司争斗之事保持中立。得失之间以平常心看待，努力提升自我本质学能，如此必能获得上峰赏识，地位节节高升。”

源

属羊女写“源”测工作。断曰：“你属羊是为土局人，是木的财库，而‘源’左边是水，水能润泽属羊的财库，右边为山崖和泉水，但山崖压住了下面泉水的涌出，而泉水为润泽土的主要来源，又为才智，因此你近来工作表现不佳且无法表达好的智能。并且外围的水又太小，所以如你贸然转换工作，恐因小失大，故不宜转换工作。”

呸

某君报“呸”测职业。解：“丕字可看做股市、期市、汇市等金融投机（投资）业的标志，上面一横象征阻力位，下面一横则是支撑位，中间是个向上的箭头，寓意指数牛气冲天，挑战箱顶。口为兑，属金，又在整个字的西边，而以五方配五行，西亦属金。因此口在左边表示金（财富）得其所。结合整个字解释就是假如你从事上述行业，则‘金得其所’。”

汉

某君以“汉”字测工作。解曰：“汉字拆开乃三点水一个又。三点水乃‘洋’也，又字乃‘叹’也，所以是‘望洋兴叹’之象。你现在工作并不顺心，但也无能为力，看到周围人的成绩只能望洋兴叹。”

遥

某青年写“遥”字问打工前景。术者断曰：“‘遥’字是‘爪’字头，为抓的意思，‘缶’字是缸瓮的意思，有句歇后语叫瓮中捉鳖，手到擒来；故断找工作十拿九稳。“辶”是马星，走的意思，遥为遥远，打工须走动，离家遥远。”（按：工作危险，缶在搬运时易碎。）

束

某男以“束”字测工作。断曰：“束字说明你不适合与别人合作，因为再加个伴为‘棘’，你工作不适合在西方，而且不会太安逸，因为西方为金，天干辛为金，‘束’加辛，为‘辣’，你在工作上面有些话总是憋在心里，因为‘束’

有口在心，难以吐出，你在工作上有些发现，需要向上面提出建议，但你装作看不见，因为‘束’加两点为‘柬’，‘束’似来非来，说明你将会来留去送难以取舍。‘束’中有‘木’，‘口’为金克木，因为口小金方，说明你秋天不顺，‘束’字为下六壬中的大安，为春为木，冬季运好，春天一般。”

笑

某男以“笑”字问要去的单位好不好。答：“‘笑’虽然是竹字头，有出人头地之象，但其性多节中空，故恐多磨难，又有‘天空’与地隔绝，所以竹子无根无依，还有众女人在你周围，阴气太重，‘夭’加女则成妖，凶也。从卦上来看上坎下震，水生木泄体之象，故挣不到钱。”

安

某女以“安”字测工作。断曰：“安字测工作其实是把家放在第一位。有女人坐在屋中才像个家，安家才能立业。显然你最好的工作应该兼顾照料家庭生活；女性头戴官帽，预示应该自己创业当老板，而不必受雇于人。安字藏‘文’，你的文笔应不错，庚寅年为木年，安木为‘案’，看来适宜找文案工作。不会是去推销平安保险吧？”

芯

女出“芯”字问工作。断曰：“芯字测工作，好像当年找这份工作时很草率，不太顺心。而心在跳动，血液不断地‘跳槽’，从一个心室跳到另一个心室。哀莫大于心死，心不能长草，你不妨随心所欲也挪动挪动。看你心宽体胖（不是瘦瘦的竖心）的样子，活动活动还能减肥。”

马

某君以“马”字测调动。术者言：“马生来就是跑动的，你的调动会很顺利。马为午火，你的运程会就此转旺。但是马字字形的起笔转折太多，我不知你现在的年龄处在人生哪个阶段。若你本姓马，劝你签字时用繁体，因为四个点是马蹄，千里马也得靠蹄子奔跑；另外，繁体字的马头有王字，可以跑马圈地称王。”

资

某君以“资”字测工作。术者言：“资字测工作，内心可能在担心自己的资历，惦记着那点工资是多是少。从拆字的角度看，‘次贝’预示你要下调对职务、工资的预期。你的工作与‘资金’密切相关，银行不好进，证券业要求资质，可能是种窗口收费服务的岗位。资字表明，你现在已‘欠’债累累，力图摆脱困局。其实负债是你对物质资源条件追求过高的结果，感情投资可以不光靠物质表达。打开你生命的资产负债表，身体在折旧、知识产权在摊销，家人关系因失去维护而不断存货贬值。你的工作选择将取决于你心态的调整和重新振作。”

辅

某男测个“辅”字问想辞职，何时有新工作。术者言：“辅字测工作，说明你现在是做人家的助手、铺路的石子。车轮主要靠辐条承重，辅木只是钉在辐条外、配重用的直木，有你没你无关大局。你还得做得漂亮，因为甫字原义为美男子；你还得貌似权威，因为甫字是长辈的代词。辅字没有传达应期的直接信号，只有个间接信号：甫是‘刚刚’的意思。你刚刚不满就想跳槽？想想是你去适应社会呢，还是社会要适应你？”

顺

某君出“顺”字问去外地创业如何。术者言：“你一走就无法照顾家里亲人，川为三，你家里老母、妻子和孩子三方都不同意你去，愿意你留在家照顾，你要考虑她们的心愿。”

走

某君以“走”字测换工作。术者言：“走字既不是‘吉’，又不是‘定’，你换的工作不会比现在好，而且更不安定。”

超

一人出“超”字问工作。术者言：“超字拆开为走召，有人招聘你，多半是做厨房工作，走字是吉字头，定字尾，召字是刀口，因此断定你十一天之内必

有工作，而且很好。”

赵

某君出其姓“赵”字问找工作。术者言：“赵字带凶杀符号，劝你以后签字时改用繁体字。赵字测工作，要经常走动、走街串户、奔波受累。繁体赵字含肖，即长相和父母十分相像，意思是从事父母干过的工作，或由父母辈的同事介绍工作。因为走乃字神，工作不会稳定，要变动多次。”

好

某女测“好”字问能否找到如意的工作。术者言：“‘好’字中有‘女’，代表‘如意’的字影；但不要忽略‘子’，‘子’是代表学子、代表孙子、代表票子、棋子等一系列‘子’，其中的辛酸苦辣你是否都经历过？学子要十多年寒窗；孙子要低三下四、看人眼色；票子要舍得上贡；棋子要任人摆布。依我说，眼前就能上手干的工作就是好工作，自立自信自强才是好心态。”

绿

某人以“绿”字测工作。术者言：“绿字似缘，你的工作还要靠人缘。古代染布时将能够产生颜色的植物粉渣（染料）与白布混在一起煮，再用纱布将粉渣过滤掉，绿就是‘录’取，即过滤后纯净的颜色。你满意的工作要经过多次筛选、过滤、竞争和淘汰，才能过关斩将取得完胜。智力、学历都不重要，要有人缘，”

正

某人以“正”字测工作何时有变动。术者言：“‘正’是上不能上，下不能下，止在中间，工作变动暂时停止。从长期看，有升迁迹象，‘正’是选举符号，代表五人觉得你干得不错，把你作为备选人。”

转

某君以“转”字测工作。术者言：“你的工作似要车轮一般地不断更换，舟车劳顿。繁体转字左边的车字中间有田；能够积累家财；右边沾‘叀’，专心致志之义，下边的‘寸’是用手把握。意思是说，要得到满意的工作，你就要掌握专业、要有技术含量。”

碧

某女以“碧”问刚找的工作适不适合做。术者言：“碧字中的王就是指玉，白为西方之色，西方属金，金玉之象，工作待遇会很不错。碧字乃‘磨’字底，恐要好事多磨，须持水滴石穿之决心才能适应工作。不过要提醒你，给你这份工作的公司老板将来会败落，所谓‘金玉其外，败絮其中’。”

第七章　问财问运

钱非万能，没钱却万万不能；求财的欲望使社会运转。常人最爱测财运，且看《测字全书》里涉及求财的签语就有不少：“木，有财可求。土，能生金，求财必利。贫，分则不见财。贵，中等赀财。戎，求财防贼。挞，财气通达。资，有贼防盗。移，财利必多。才，求财不成，折本之象。绿，左金右禄，求财大利。持，财源得时。钱，为利害残，不可求也。捉，唯有财气稳足。推，财气必佳。贝，问财不财，问贵不贵，贫贱之象。投，求财没有。採，大有财来，且有得彩之望。”财和运（也含事业）相伴相随，向为测字术者所津津乐道，于今为烈。

问 财

一

张铁嘴料事如神，测字灵验。有个汉子上前求一字，那人信手写了个“一”字。张铁嘴沉吟了一会儿，问他是否想测财运。那人答道：“正是。”只听张铁嘴高声说道：“你大胆地去做你的生意，保你财运亨通。”那人高兴地跑了。这时旁边又闪出一人，尖嘴猴腮，不待问话，提笔也写了个“一”字。张铁嘴问道：“你也想测测财运?”那人连连点头。张铁嘴沉默许久，正色道：“我劝你别做这桩买卖。如不信，轻则皮肉受苦，重则性命难保!”那人冷笑一声，悻悻而去。果然没隔几天，那头一个测字的汉子跑来说赚了一笔大钱，前来致谢。凑巧，那第二个测字的也从这里经过，他头缠绷带，一瘸一拐。有人问张铁嘴：“为什么这两人同测一字，结果却截然相反呢?”张铁嘴微微一笑说：“头一个‘一’字写得又长又细像扁担，第二个‘一’字写得又短又粗像门栓。头一个为人忠厚，因为近来连日阴雨，他贩的水果都烂了，赔本失利。我观天气知道放晴，也是上天不负有心人，所以让他大胆地去做。那第二个贼头贼脑的，不像个正路人，哪有做贼万无一失的道理！何况他写的‘一’字，恰像门栓，此乃盗贼大忌，关起门来打狗，不死就是大吉了。”听的人无不叹服。

木

一醉汉寻思半天方才写了个“木”字。测字先生说：“金木水火土，此字是个木。人在十字路口，不吉。木上加一笔为末，木下加一笔为本，去掉右边一笔读才，此才乃无贝之财，依这个字看来，你老兄是亏了本、破了财。”醉汉来了火，骂道：“你他妈咒我哪！老子从小到大，针没丢过一根，钱倒是捡过几回，就是不破财。”这时醉汉的伙伴提醒他：“你的钱刚才不都付了酒账么?”醉汉一听这才想起来，他一拍大腿：“奶奶的，差点让你老小子给蒙了!”

骨

有以“骨”字求测财运者。断曰：“‘骨’字上头如一盖，其下‘月’有古字‘贝’之象但少了下面的封口及两支撑点，此意即你得钱容易花钱也快，留不住财。‘滑’字没有水，财运不畅；全是骨头，一点肉都没有，财不多。”

泰

某君测“泰”字问财运。断曰：“‘泰’字也是卦名，庙字内的卦签对此卦的最先评语就是‘签之王’，谁摇到此签就是大吉大利。‘泰’字左右对称，有种四平八稳的气势，经营不做冒险事。‘泰’字从水旁居下，上有三横成乾卦，间有人形重叠，故‘泰’乃成天地人合一之势。乾乃高山，乾为金，有金而水自生，水沿山势往下流，水为财，水也主智慧，此乃以智慧赚取机会财也。以乾卦看‘泰’字，此财的背景规模甚大。古时称呼丈人为泰山，故此生意之资本当中，似有来自妻子嫁妆或老丈人之成分。‘泰’亦为‘太’，太者太太也。而妻与财画等号，这又引出得财之另一个条件：欲赚此财，得靠妻子也!”

钱

某君以“钱”字测财运。术者一看，艮宫缺失，就断言：“你的亲友中没有人可以帮到你的。”他点头说是。因为艮为山，艮宫缺就可以联想到没有靠山。

享

某君出“享”字测父母的财运。断曰：“财运不佳。主要是子女过分依赖老人，因子上有口，‘口’字被吃掉了半边天，上面只剩一点了，可见你父母积蓄已所剩无几。”

翠

术者拆“翠”字，脆也。若问财运，听其音会其意，卜其财运短期难有矣，这就是会意。如“翠”字问能否与朋友合作？将“翠”分拆如下：“羽”变为朋，所指是朋友。“卒”字内藏二人，当指二人合作，而这二人是由朋友开始而后成合伙人，但“卒”除去“二人”两字，就成为“干”字，“干”者，“干戈”也，这是指合作后必有斗争，最终各奔东西。

笑

某君写“笑”字测财运。解曰：“‘笑’字乃竹字头一个夭。竹字头也是策字头，乃‘献策’也，夭乃隐含在‘桥’字里。意思就是说财运需要有人‘献计献策’，应该有个载体或‘桥梁’运作才能有财运。但‘笑’字也是‘竹夭折’之象，要防止在事业开始阶段夭折受损。”（按：竹顺风弯腰有折服、顺从之意，故须听命于权威人士指引。）

野

某人写“野”字求测财运。断曰：“利而不顺。虽然有利于求财，但如果不能谨慎处事，便可能招灾破财。‘野’字可拆解为：‘田、土、予’。‘予’字古文可代‘我’，表示自身。自家有田有土，这是旺财之兆，说明颇有发财基础。但‘野’字本就有非正统之意，你把它写得更是歪斜；‘予’字与兵器的‘矛’字十分相像，而且有出售的意思。君子爱财，取之有道。如果以刀兵用之，强取豪夺，则为不正当之财，当然就存在很大风险。”

效

某君出“效”字测财运。断曰：“效’字开笔之‘点、横’为水，‘乂’为金（‘穿心撇捺火陶金’）。金生水，相生，主财运大通；右上角有一小‘人’，凡事谨慎些！”

韩

某女以“韩”字问财运。解曰：“‘韩’字为朝＋伟。朝为早十月；伟是有人帮，位左，所以是男人帮。伟，则成大事。故十个月有大财运。另外‘韩’字，尾笔如刀，转向自身，所以注意收尾工作，以免伤及自身。”

想

某君以“想”测财源。断曰：“‘想’字，一木一目一心是也。木，春旺秋衰；目，月计有余；下为心，测主心不大，所求财源亦不高，够用了。”

彦

某君以“彦”字问财运。解曰：“‘彦’字乃‘商’字头，‘参’字脚，所以是‘参商之隔’。参、商都是星宿名，参在西，商在东，二者永不相见，意味财运见不着；而且家庭不能和睦相处，兄弟姐妹势不两立。”

梅

有位商人，因为经营不善，做生意老是亏损，觉得运气很背，于是决定找个测士替自己算算财运。一天，他起了个大早，到一家知名的测士馆测字。当天，其他人还没到，他是第一个测字的人，心里很高兴，心想今天运气应该不错。他在测字筒中抽出一字，打开一看，是个“梅”字。他告诉测士，他想要用梅字问问自己最近的财运。测士回答：“‘梅’字，谐音‘没’字，表示你最近财运空空。你是今天第一个测字的人，又抽到‘梅’字，可说是霉运当头，不仅没有财运，恐怕还要损失钱财。”（按：独木济海，有去无还。）

意

一人写一“意”字，欲占财利。术者断曰：“此字字面，意为得意之象，占财本佳，但拆之即为‘六一日小心’之意，故两个月内须小心，恐犯劫财。”后该人在六十二日回说，刚于昨夜遭小偷光顾，钱财货物被偷空。

跌

某女用“跌”字问财运。术者曰：“失足才会跌。如何防止失足？左边的‘足’字底下有个‘止’，上面一个口，就是必须耳提面命，叮咛丈夫，钱要花在刀刃上。右边这个‘失’，其实就是丈夫的‘夫’多了一撇，要有魄力，要有担当。不管是自行创业或是做工，人两脚，钱四脚。要努力尽心于工作表现上。”

财

某君用“财”字问财运。术者曰：“左‘贝’右‘才’，本身就有要以才华生财。才是财，但右边的这个‘才’要看做是‘本’的一半，若是问钱财将有赔一半本的结果，要有心理准备，财运目前不佳。”

去

某君用“去”字测家财。断曰：“这‘去’字是‘劫’字起头，所以钱财总是被绑得死死的，甚至于有入不敷出的现象，再加上收入的不稳定，将导致财务吃紧。”

李

某君出“李”字问财运。断曰：“杨花落，李花开，杨花未落，时运未至。况季子多金，你欠一画，缺财也。”（按：子水生木，木有财形，但须走动，李为行李也。材者，裁木也；“李”字原义是锯木为板，破木才能为“财”，其生财之道必将伤及自身。）

利

某君以“利”字问财运。断曰：“以形而言似个‘稻’字，却是个将米收走的空稻壳，表示未来的一段日子得勒紧裤带，节衣缩食度日，想要翻身要等到明春。利字由‘和’与‘刑’字各一半组成，‘和’字无口而带立刀，将有感情不和、刑狱口舌之事。”（按：清代朱锡绶《幽梦续影》：“利字从禾，利莫甚于禾，劝勤耕也；从刀，害莫甚于刀，戒贪得也。”）

金

有以“金”字求财运者。断曰：“‘金’字形似‘全’字加两撇，求测‘金’字的人，结果是男好女坏。因为‘留两撇须’是代表男士，表示男性有金，财运向好。女性测此字，却象征财政状况尚未健全，仍然要多加努力。又有术士说：‘金’的字形是指沙里淘金。上面是遮风挡雨的屋檐，下面是淘金的水槽，槽中放置一道道隔板。要把含金的河沙堆放在水槽的上端，借水冲刷往下淌，轻的沙石被冲走，重的沙金就留在槽中的隔板上。‘金’字中的两点金沙就是这么留下来的，容易吗？很多人名字取‘鑫’，也没看出精装修的效果来。你有发财的命，但你的财富是靠一点一点积累、淘来的。”

王

某君虎年拈“王”字卜财运。断曰：“问字者的潜意识里有称‘王’财界的雄心，但缺乏胆量和耐力。虎额有‘王’字形，虎为百兽之‘王’。成语‘风从虎，云从龙’，比喻事物之间的相互感应。‘风从虎’表明，欲争‘王’者，要有敢冒投资‘风’险的胆识。目前财运不旺，是因为在追求‘旺’运时还没有付出全部精力。只要‘日’复一‘日’地努力，‘旺’运自然出现了。”

王

某同事报“王”字测其财运。术者解释：“‘王’是‘玉’字少一点，玉是财富的象征，那么你的财运差一点；再说‘王’字含‘工’于其中，意思是你要靠辛苦工作赚钱。”

田

某君用“田”字测财运。术者说：“你现在在一个十字路口（见十字），破财四万到五万元（口为兑为损，‘田’字有五个口，但直观只有四个，一口为一方，故断）。你老婆是个教书的（‘田’字坤宫有口，艮宫有口，艮为讲台；坤为众，对大家说），你本人辛苦求财，是个司机，所以想变动，变动就往偏财上，去买彩票（田里转的人肯定辛苦求财，‘田’字可看成轮子和方向盘。中间十字纵横兑震离坎位而缺乾即缺钱，想买彩票搞钱）。”

况

某君报“况”字问财。解曰：“‘况’字，左为‘冫’，水为财，两点不成水，为财不足。右为‘兄’，兄弟克财，破耗较大。”

庄

某女以“庄”字测开店。解曰：“‘庄’字乃‘广’字头里面一个土。土主迟滞，所以开店的事情会耽搁一段时间。土有埋之意，所以开店后财运有被埋没之象。‘广’字头也是‘店’字头，开店后广大的财会有被埋没之象。说明白一点就是会亏大了。”

公

某女测“公”字，问老公炒股票是否会赚钱。断曰：“‘公’是‘兖’字头，能兖现。你写的字巽位丰盈，五行八卦属木，应期在春天三月份，可发利市。‘公’字为‘么’添捺，‘谷’下缺口，收笔见蛇，有小财，但可能不丰。上半年较好，因为‘公’字的上面‘八’字，左边是涨的，右边是跌的。”

差

某君出了个“差”字测投资。术者答复说：“通过努力，前景不错。‘差’上是‘羊’，所以说吉祥。‘差’是‘工’上‘羊’，‘工’是努力的意思，所以说如果努力会赚钱。”又问：“如果是两人合伙如何?”术者说：“合伙的生意不好做。因为‘差’含‘左’字，两人会为钱财投资或分红等意见常相左而不一致。”

堂

有以“堂”字问买股票是否正确。断曰：“一切都在‘掌’握之中，决定正确。”

是　天

某君出“是”字测股市盈亏几何。断曰：“‘是’字在上为‘日’，太阳也；所谓男子见太阳，喜事自洋洋。字下为‘定’之脚，五画；定者，稳也，当盈五万。”果然。某女出“天”字同样问盈亏。断曰：“‘天’者，失之象也。天者，乾也；女子得乾，女成男象，以物为反，故亏损无疑。‘失’字五画，当亏五万。”果然。

能

某君出“能”字求测股市前景。解曰：“‘能’字不佳。左边‘月’为肉，右边两把匕首，割肉之象。再者，‘能’字为熊头，股市最忌讳什么？熊市也。”

股

测曰：“股”字本义为大腿。左边的“月”字旁，既可作“肉”字，也可作“月”字。作“肉”字旁讲，为无臂无腿，股民割肉。“殳”（音输）字加三点水，就成了没有的“没”。三点水在测字中为财，连起来讲，就是炒股炒得没臂没腿，终而无肉。若作月亮的“月”字讲，“月”为“明”之右，又为“朋”之半，故有欠明、无朋之象。问婚问运气多主不吉，运气不顺畅。

喜

王先生以“喜”字测最近投资是否有较好的收益，断曰：“‘喜’字测投资，可见王先生对此次投资抱着很大希望，想借这个‘喜’字来开始新的好运。但因为王有土象，‘喜’字为土，下有两口，口在这里为窟窿、陷阱等，所以预示着王先生有入陷阱之象，说明此次投资是有很大风险的。”

年

某君测“年”字问能否抽到奖。术士曰：“‘年’这个字上为‘人’，下为‘中’字不成，想说你中，可是条件不齐全。”

串　患

张三买彩票前想测手气。测字先生要他报个字，他见路边恰好有个卖羊肉串的，随口就说：“羊肉串的‘串’。”测字先生笑着对张三说：“串者，贯也，通也，此去准能中奖。”张三将信将疑，买了彩票果真中奖了！李四跟张三学，也去测个“串”字看看运气如何。测字先生思忖片刻，皱着眉连连摇头说：“此去不仅不会中奖，而且还会出点事。”李四想，不就是买几张彩票吗？我偏不信你这个邪！李四一下子就买了五十张彩票，岂料一张未中。李四不服，又买了五十张，结果仍然落空。在过马路的时候，没留神，猛地撞上了一辆三轮车，跌倒在地。他找测字先生请教。测字先生说：“道理很简单，一个无意，一个有心。无意之‘串’则通达；有心之‘串’，岂不是一个‘患’字？”李四瞠目结舌。

摸　奖

蒋某报“摸”字，占前去摸奖能中否。“摸”，拆开左为“手”，右为“莫”，莫动手也，故曰：“不中。”杨某也来测中奖否，报一“奖”字。“奖”与“降”谐音，断曰：“也不中。”

有

某君报“有”字问近日有钱进否。术者曰：“月内有钱，乃朋友所欠，计共六万，外面远处二万，里面（本地）四万。”皆然。因中“有”一“月”，“朋”

之一半，上二画下四画，故外二内四。

志

某君以“志”测本月收入。测字先生说：“志，半喜半愁，这个月加薪你没有全涨，应该是奖金发得很足。”说得很准。

烦

某君以“烦”字测财运。断曰：“‘烦’字拆开‘火、页’，说明此人性格热情，急性子，缺乏沉稳干练。‘页’乃贝上十不全，意思就是金钱上总是不令人满意，做事情缺乏计划与准备。上卦离火，下卦坎水，火水未既卦，看来财运近来不行。”

稳

某男以“稳”字测九月财运。断曰：“九月为丰收之月，你的字有禾有刀，但你这金为乾金，有空象，虽有收获但不易存留，‘稳’字中有心，心为火，你不要过于心急，‘心’字又包含‘舟心木和进尘土’，土少难供木生长，根基不稳。而且此月另伴随口舌，值得注意。”

秋

某君冬天以“秋”字测财运。术者断曰：“秋可理解为秋收，所以说财运还好。但一般秋收是用刀，但‘秋’字里是火，又是冬天测的，所以说有衰退象。但火是磨刀的、烧刀的，故想筹划新的事业发展。不过冬天木衰有进气，还只是筹划，农历二月木旺生火，方能正式开始。”

飞

某人以“飞”字测财运。断曰：“测字讲究测繁体字。‘飛’中有两个‘乙’字，乙是水中木，可以比做脚踩两只船，驾驭起来有相当难度。庚寅年是木年，水代表钱财，象征你全年到处见钱，好像是在钱中漂过来的一样。但是见财不能说等于得到很多财，古代计量用器有石、升、合之分，你能得到其中一升就该知足了。乙字有螣蛇之状，说明得财的路数神秘古怪，变幻周折，不可重复。”

河

某人以“河”字问财。断曰：“此字如同多路来财，办事非常流畅，如河水洪水之势，象征有大财大喜入室。”

运

某君以“运”字问财。术者说：“简体运字有云含水，可判定会有发财征兆。玄武之形居北方正位，它捣乱的概率下降，要稍老实些。玄武也主水，应断为险中求财，因为玄武有偷盗等贬义。走之旁是说明必须活动，走动才能生财，方位是北方。繁体‘運’字为走之加军，说明要凭借实力（武力）取财，发财会引起一系列后患。”

奋

某君以“奋”字测能否找到资助。术者解：“奋者，大田也，‘大’字，一人也，脚踏一片地，说明在自己的领域里已经开垦出了良田，而且有即将出头之象。‘田’字，土也，居坎宫，坎主财，土克水，财气受阻。只有疏通厚土之时，财星方可现，估计在秋季、冬季可成。待到木现之时，应该也可成。”

人

某君以“人”字测财运。断曰：“人是‘金’字头，‘久’字足，因而是富贵之命、金钱久足。”

司

某君以“司”字测公司财运。术者曰：“‘司’字乾卦位往里钩，把乾（钱）往里面钩进来，而且乾位饱满有力，总笔画数为八画，为坤卦，最能生旺乾金，故经济效益会比较好。”

通

某君以“通”字测财运。术者言：“你随意说出的字就是钱。通为通货，过去把铜钱铸上某某通宝，取其流通、通用之意。‘通’字有马星符号，财运要靠物流运输或贸易实现，‘甬’为‘勇’字头，钱财得来周折、辛苦。‘甬’字即古代的‘桶’，一甬为十斗，这桶金还真不少。发财别忘了多做善事。”

郁

某君以“郁”字测财运。术者言：“右耳朵为‘邑’字的简写，你有一块地盘可以经营。‘有’是手拿肉的意思，有肉吃说明你将来收益颇丰；‘有’与‘友’同音，说明你的‘酒肉朋友’不少，吃着碗里的，想着锅里的。你的财来得容易，去得也利索，痛快。”

川

某君以“川”字测财运。术者言：“财似大川流水，滚滚而来，你有大坝拦住它吗？你用来挡水的‘土’够不够？用来浇水的‘木’足不足？从‘川’字形看，光是主河道在流水，没有流进你家田。因此，看似处处见钱，财运却不佳。”

获

某君以“获”字测财运。术者言：“获乃草丛下两犬相争；食物紧缺，同类互斗，钱财得之不易，但渔翁得利，不劳而获。来钱的路数诡秘，不能说，说出将涉及讼狱。”

擦

某君以“擦”字测能否发财。术者言：“‘擦’字右边是在祖庙里用手把肉放在祭台上祭祖，然后分给祭祀人吃，象征分配利润。看来你今年肯定能发财，旁边有贵人提携，说不定比其他合作者分得多。”

望

某女以“望”字测丈夫财运。术者言：“‘望’字拆为‘亡、月、壬’。‘望’字本身是月圆，可是月亮从圆开始走向亏，走向‘亡’。壬的原意是怀孕在身。说明你老公以后一段时期的财运会走下坡路，但又有新的发财机会‘孕育’。”

远

某君测“远”字问财运。术者言：“‘远’字有马星。驿马若贵人骑，则主升跃；常人骑则主奔波。元为第一、开始，字含白虎，起步阶段步履维艰。坚持到底，就会有状元折桂的机会。带‘元’字者，不应该总是走南闯北，要有自己的地盘方能为‘园’。‘元’预示会有钱，是一元一角的积累，没有发横财的命。”

问 运

菇 有 無

有那么三个人，同样生活困顿、前途迷茫，于是相约到石竹山祈梦。一个梦见自己肚脐上生出香菇，一个梦见“有”字，一个梦见“無”字。梦见生出香菇的和“有”字的两个人，自然满心欢喜，以为前程似锦，而梦见“無”字的，则垂头丧气。谁知道，此后几十年的生涯，和他们自己猜想的相反。梦生香菇的，一生充当官员的走卒，官员出巡，他在后张伞，这“伞”形像“菇”，伞柄刚好举在肚脐上。梦“有。字的，终身为人奴仆，替主人背包袱，“有”字形似左肩背着包袱。而梦“無”字的，却飞黄腾达，当了大官，坐着大轿子，八面威风。原来这“無”字上边像轿形，下边四点像四人在抬轿子。

九

某人让测字先生测字，他用毛笔写“九”字时，在拐弯的时候，一点一点的没有连起来，最后往起挑钩时，很清晰地挑了上去。测字先生说：“你这一生好像唐僧取经一样，要受够九九八十一难，方成正果。”

田

老农写“田”字问运，“田”字之外“口”字的笔画全不相连接。术士说：“您府上有十口人，靠一甲地过活，但因您有四个儿子，吵着要分家，您担心他们分家后很难靠很少的田地来过活。”老农一听惊叫：“您好像神仙一样，这么厉害，我真的有一甲田地，且家里共有十口人，其中包括四个儿子。最近一直吵着要分田产，但不知您怎么知道的。”术士说：“我看您写的田字，刚好为十口，而您拿了一根扁担，斜靠在肩上，田下加了一竖，刚好是甲；而扁担放在上面为一，故为一甲。而田字刚好有四个小‘口’，一个大‘口’，代表您有四个小孩，且均为男孩。因‘田’字下加‘力’为‘男’字。”老农说：“但您怎么知道小孩要分家?”术士说：“因您刚刚写的‘田’字四个角都没有连接在一起，故代表田要分开，所以我断为您的孩子是要分田地。看您现在应该很累，因只有您在种田，小孩子却没有在您身边，因此您如果把小孩子叫回来，靠他们同心协力一起奋斗，以后定有积蓄，久而久之没有大富也有小富。”术士观老农脖子上绑了毛巾，田字下加“纟”为“累”字，而奋斗的“奋”、积蓄的“蓄”及富有的“富”，也均是以“田”为结尾，故这样说。

豆

某汉子拈了一个“豆”字问运。半仙微微一笑：“常言‘种瓜得瓜，种豆得豆’，客官‘日出而作，日落而息’，苍天必然不负苦心人。不过，晋朝大诗人嵇康有言：‘豆令人重，榆令人瞑’，所谓豆重榆瞑，至理不可不察。若因循守旧，则福远祸近也。这‘豆’字加个‘癶’字头，便是‘登’字。登者，由低到高也，这不象征客官步步高升么?当然，照客官的近况推测，尚未到这般火候，无火不成灯，命运犹蹭蹭。好在客官豪爽重交游，不日当有贵人扶助，‘登’字加‘金’旁，即为‘镫’，有镫必有马，正是‘君子停车询后路，英雄走马问前程!’”

坐

二女共拈“坐”字测运。李半仙说：“这‘坐’字么，是二人在土，倘老朽推测无误，此主姊妹双双沦落风尘。‘坐’字添提手，乃‘挫’也，想必曾经家遭不幸，骨肉分离。‘坐’字添金旁，乃‘锉’也，此主姑娘安然家中坐，自有送财人。‘坐’字添矢旁，乃‘矬’也，无可奈何之营生，毕竟低人一头。‘坐’字加广头，乃‘座’也。悲乎哉!迎迎送送，无非窃玉之徒；往往来来，尽是摧花之客。而今而后，若不似章台柳，定然唱琵琶行。正是：‘久眠锦帐伤春梦，欲出深渊待贵人。’”

命

某人雨夜测“命”字。测字先生说：“你这人命运欠佳，多有困滞。你这‘命’若早上测，你一生会很幸福的；若中午测，你这命半苦半甜，现在是晚上，又下着雨。命有朝气蓬勃好不好？命有阳光灿烂好不好？怎么偏偏要拖泥带水，黑暗阴沉呢？就字而言，‘命’字‘人’字顶天，中间一横，下面‘叩’字收脚，是人禀天命，断不可‘横’！今有一横却将‘叩’字把牢，乃是叫你时时反省自心，横耶竖耶对得起天命否？暗夜问命，所作多为暧昧；淋雨求签，做事多有涕零！”

風

有以“風”字测运者。解曰：“風为无形之物，性格刁钻，却是能入罅（音夏）隙，所以性格上泼辣大胆却是受人喜欢，能见微知著，眼光很准确，前程不能强爷胜祖，多半最后归家庭。不过中兴不是无望，却是要冲破父母安排的道路，否则难保没有自己的事业，抱负难展！‘風’拆开里面是个‘虫’字加一‘丿’，‘虫’弱而无为，‘丿’遮风挡雨，靠祖荫时候多。”

菲

某妇以“菲”字测运。断曰：“‘菲’字，中间两竖表示两个人组成一个家庭，左边是‘三’，右边也是‘三’，上面草头也是三画，夫人不但要结三次婚，还要有三个孩子。”

白

有以“白”字问运者。断曰：“恭喜恭喜，你从今而后，否极泰来，转运了。请看这个‘白’字，乃‘日’上出个头，岂不是说你的出头之日已至矣？”

蓓

有以“蓓”字问运者。断曰：“‘蓓’，草加倍也，辛苦耕耘，草却加倍地长，收成减半，做事事倍功半，辛苦劳碌。‘草’字当头，做事草草，不求甚解，不肯下死工夫，浅尝辄止，故不可能有大的成就。人立于口，凭口舌吃饭，应该不靠体力，但是口不正，言行有蛊惑成分，适合传销、保险、广告等行业！”

江

有以“江”字问前程者。解曰：“‘江’，从象形字的角度来看为河上有坝，此为水坝拦水之意，用来求前程，则水涨船高，前程不错，但未达到不可限量的地步，因坝的储水量为一定的。水过坝，满则溢。本来水来土掩，现在无土可掩，因‘工’字不出头；只得坐视机会流过。‘江’，拆为‘水、工’，‘工’为‘丁一’，其中‘一’为地、‘丁’为人，水从西来，要在水中求生，则丁桩于地，这工字，正是人立于地的象征，如果立不稳，则易随波逐流。”

雲

某君报了个“雲”字测运。术士说：“‘雲’者，上有‘雨’，‘雨’通鱼，鱼乎，家有余产，由此可见，先生乃生于大富之家。然而，‘雲’的中间为两横，此谓鱼儿出水行于土，则必须有足为助，‘雲’的下面是‘矣’头，‘矣’在汉语中可有可无，以此为足则实在勉强。想来先生欲离家成就大事，然而却所遇非人。”

朱

某君以“朱”字问前程。断曰：“‘朱’字有‘土下生根，草木凋零’之象。说明你‘根基很深，但时运不济’，最近大有走下坡路的趋势。‘朱’字又可以拆解为‘木’和‘卧人’两部分，其辞曰：‘单木未成林，只缘有小人。’‘单木未成林’，说明你能力很强，朋友不多，属于悲剧英雄。‘只缘有小人’，说明小人当道，你是‘有心杀贼，无力回天’。”（按：木人为偶，被人操纵。）

工

某君拆字，顺手就写了“工人”两个字。算命先生说：“我们拆字都是以一个字来拆解，你既然写了两个字，在下就以一个字来拆，两个字来解。恕在下直言，你一辈子都出不了头。因为‘工’字上下各一横，把你压在中间，所以‘工人’是一辈子都别想出头的。若是强行出头，往上一顶，‘工’字变成了‘土’字，‘工人’变成了‘土人’，土人是属于三等公民的范畴；若是往下一蹬，‘工’字变成了‘干’字，‘工人’变成了‘干人’，按我们四川话来说，干人就是穷人，这就是命。俗话说：‘命中注定八合米，走遍天下不满升。’”

善

某女出“善”字测运。断曰：“‘善’字，内有王象，故有权力；王在口上，故做口才有关的行业；女子测字，‘善’字上为‘美’之头，故曰办事漂亮；若属相为羊，其运凶险，犹如羊在一口锅上也。”（按：口为兑，方位西，属白虎，应是羊入虎口之象。又，善字下半部乃吝啬二字合体；口说行善，实际为人吝啬。）

田

某君以“田”字问运。术者断曰：“田者，天也，有王侯气象，曾在齐国称王。拥有田亩，衣食无忧。但‘田’字四山重叠，压力颇大；人处十字路口，四处碰壁。牛年运最差，‘丑’字为田园墙倒屋歪。虎年始顺、猴年最旺，‘寅’字为田出头，‘申’字为田伸脚露头。适合独自经营致富（乃一口田也），若与人合作则为“佃”，等于光给别人打工了。‘田’加草字头是‘苗’，表示有利于开创新事业，并于春季开始。‘田’字用破解法则成两个‘日’字，表示行业适合日间的工作。‘田’字中抽出‘十’字，表示事业刚够自己的生活。”

更

某君庚寅年出“更”字问运。断曰：“‘更’字有一有十，乃衣食无忧之象。更者字源为酒席上更碟换盏，庚寅年之‘庚’字亦有更音，预示着你的更年期来临，身体和事业都会出现大的变动。‘寅’字似为‘更’字戴官帽，但以你的岁数论不是升官之兆，而是官司之兆，因为‘更’字下有交叉字符，为朱雀，口角之争难免。更字又为‘鞭’字初文，看来要受处罚；‘一’字压‘由’字，甚而人身自由将受到限制。‘更’字中的田下似有‘分’字头，坎位缺水，官司将使你的财产流失，‘庚’字在古代也有赔偿之义。‘更’字本有梗阻之象，加人为便，须求贵人相助，方可便利过关；亏得‘更’有青龙护体，最终平安。”

爷

某君测“爷”字问运。断曰：“‘爷’者父字头，压力来自其父，或自己为人父后开销大，产生经济压力；‘爷’字为‘节’字尾，提示你要量入为出，不要花钱花过头。”（按：“爷”字形有悬针，易伤人；离位缺笔画，离为火、为心，预示心脏会有麻烦。艮位的空当可由繁体“爷”字弥补。）

举

某君测“举”字问年运。断曰：“上半年高兴过头，下半年收成难丰。‘举’字下部似牛，干事比较辛苦。事有三方合作，收益分配时自己得财不到一半。”

军

某君在白纸上端正写了个“军”字，递给测字先生。先生解说：“师傅您是个退伍军人，所谓‘军’字秃宝盖也；您不是本地人，是坐着火车千里迢迢来到此地做营生的，您已经而立之年，却还是两手空空，此乃‘军’字里面的‘车’字是简化的‘车’字是也，您虽然怀才不遇，不过没关系，‘车’字走遍天下，路路畅通，只要加足马力，将来要风得风，要雨得雨，定能闯出一片自己的天下。正所谓：军字秃盖无乌纱，车轮滚滚走天涯。只要车里载真货，不愁财富聚满家。”

翾

某君给孩子起名用“翾”（音宣）字。术者说：“用生僻字起名，每次都要解释半天，给自己制造麻烦。‘翾’字本意虽是飞翔，但并非高飞，而是低飞。‘翾’字古义同‘儇’，为轻佻之意。‘罒’为偏旁网字的异体，这个偏旁的字大都厄运，如罪、罚、羁、罹等。从字形上看，‘翾’像是一个歪着的头，‘罒’为目为眼，目平放着，不就是头横着吗？‘罒’下面是‘哀’字没有点，那就是哀无头。而上面的头横放着，下面又哀而无头。就可以理解为掉头之哀，性命之忧了。右边一个羽毛的羽，羽化是说成仙，也暗喻逝世。那就是悲哀无头，羽化升天。”某君听完拆字后大惊失色，因其孩子从小体弱多病，遂不日改名。

去

某君测“去”字，未说明目的。术者答：“你看这个‘去’字，右边加上一个耳朵旁便是一个‘却’字，‘却’表示转折，也就是命运转机的意思。你只有‘多一个耳朵’，多听一听别人的意见，才会有所裨益，而不能一意孤行，所谓‘兼听则明，偏听则暗’即是这个道理。而‘去’字的左边加三点水，就是‘法’字，法者，公平、公正是也。要想别人公平、公正地待你，或者说待你好，就要加一点‘水’，水为至柔之物，是温情平和的代表，所以你必须要对别人和气一些、温柔一些。你看‘去’字本身，上为土，土为故土之意，也就是说你非本地人，因为‘土’已经离开地面了，但土正面是个三角，在所有的图形中，三角算是稳定的，这意味着目前你在这儿生活和工作还是比较顺意的。”

雄

某君报“雄”字测儿子前途。断曰：“雄，左边为‘厷’为公字底，上为大

字一半，为‘大公未成’之意，符合目前还是小孩子的状况；‘宏’加‘月’则为‘肱’，是上臂中的长骨，古有‘肱股’为有用之才的说法。右边是‘隼’字头，隼是一种飞得很快且很凶猛的鸟，善于捕捉食物和攻击同类，又是‘集’字头，集是众人之聚；既为‘隼’、‘集’之头，故谓之有领导之能。右边又为‘佳’，佳即好也，有上乘之意。所以，此子是一个可造就之才。”

允

某君写了个“允”字问流年。测字先生说：“上遇叉为凶，下遇鸟为凤。”“请仔细说明。”“说白了，这一年里你喜忧参半，但还是凶多吉少。上遇叉为凶，也就是说你上面的人如有分歧，发生争斗，最后要蒙害于你，你看，你的‘允’字上面写得开口很大，加上一个‘×’不就是成为一个‘兇’了吗？而你私下去做与鸟类有关的事，就会碰上桃花运，你看‘允’的上面是‘厶’，下面的‘几’内加一‘鸟’不便是‘鳳’吗？”

宇

有问“宇”字者。术者曰：“‘宇’字的上半部分为宝盖头，也为家字头，上有护顶作为保护，做事易有贵人相助，家庭观念强，易受家庭束缚，有的家庭压力较大，‘宇’字的下半部分为一个‘于’字，‘于’字为‘干’字形，实干者，在事业上实干，为人老实，机会好者可成为实力强大的成功者、企业家。名字中带‘宇’字的人多数心大，看得开，爱情专一，事业上前期会辛苦。”

萍

有问“萍”字者。术者曰：“‘萍’字含义是‘水面的草’，‘草’浮在水上，随波逐流，居无定所，表现在‘人’上又何尝不是如此？带‘萍’字的人虽然有一定的异性缘，感情早，但不稳定，没有永恒性，做事犹豫不决，性格软弱，不定性，钱财不宜守，财来财去像流水，一生不平稳，易消极，身体虚弱，多病。”

吉

某男写了一个“吉”字，末笔向右上方上挑特别长。断曰：“此字为木体，且横多，当为财也，所为者求一笔外财，且为口舌方面。天断地包，父先亡，母现在也已勾连多病了。且口断而拖者，所求之财必拖拉也。此字为木形，下口为兑，金克木，脑神经衰弱也。本为上下结构字，口却拖出右边，必惧内。上为父下为子，宠惯儿子，且儿子不肖不服管。”

背

某君以“背”字测运。断曰：“此字上是燕之两翼，可惜徒有其翼，有体不完全之故，所以难以飞黄腾达，下部又是残尸断臂，此乃难以施展之象，故而不顺。‘背’字，上是‘北’，属坎，下为‘月’，亦为坎象，有水中捞月之形，徒劳而无所得之字。此字上是冀之起笔，字又属阴，可去北方冀州发展。”

楠

某女问“楠”字。术者曰：“‘楠’与‘男’同音，‘楠’字入人名，多为女性的名字，其用意大致有三：一是其父母期盼女孩生下后能带来下一个男孩；二是期盼女孩将来和男孩一样有出息；三是虽然生了个女孩，也将当做男孩一样培养。木的方位表示东方，东与南的组合，表示东南方向是其发达之地。段玉裁引《汉律志》说：‘大阳者南方，南任也，阳气任养物，于时为夏。’夏天是其发达之时。可以把‘南’字拆开成‘十’、‘冂’、‘羊’。这个‘十’字一横表示东西，一竖表示南北，而这个‘冂’则表示复盖下垂的幕幂，或许可以比喻为钱包，而‘羊’就是人民币。”

伟

某君以“伟”字测运。术士曰：“以‘伟’言之，左单立人，昂然独立，是男子相。‘韦’加绞丝边为经纬，表示人有才气，有思想。‘韦’无草不苇，‘苇’编三绝，是有毅力刻苦之相。韦，三十多岁以后事业腾达；如有门路，可借宫闱之力。但须小心，防违规定乃至意愿。有君子自强成事之相，但须约束自己，以保长久。”

融

一属蛇的女士以其名“融”字测命。术者曰：“‘鬲’为上古用于烧煮或烹炒的锅，下有三足支撑因而稳固，后来演变成礼器之鼎；说明字主立足社会，基础稳定；对生存技能融会贯通，亦有掌握权力的问鼎机会。‘鬲’中含人民币符号￥，衣食无忧，只是下面敞口，存不住钱。‘鬲’为‘一口’人特立独行，对他人所表达的情感不领会、有隔阂，成家不易。‘虫’则为蛇，灵活应变，水

陆两栖，能蜕皮再生而长寿。‘禼’中又有数个蛇洞供其藏身避险，事业似不应单一。‘融’意味着不畏小火融暖，但易被大火融化，适度把握火候是运程兴旺的关键。”

越

某君出“越”字问运。断曰：“‘越’字拆开为‘走’、‘戉’或‘戎’，说明你不适合做文职，日后会经常与人‘兵戎相见’，工作难以稳定。‘走’拆开为‘土止’，说明流年遇土年不吉，‘越’上为‘戉’更增加了土，你适合抛弃乡土，‘背井离乡’，去外地发展。”

注

某君以“注”测运。断曰：“注’字，左右结构、形水声主，灌溉的意思。拆开来看，水边做主，有利的方向应该是北方，主也就是占字人的本身，说明主人有进入的意思。水的性质是往低处走的，占字人也应心高手低，从底层做起，逐渐再反客为主。‘注’字水旺而有困‘王’之貌，王者为一土，可以与水相克；而木能吸水，占字人适宜从事土木工程生意。”

搳

某君以“搳”（音划）字问年运。术者断曰：“‘搳’字形含‘丰’，为手术线，加上提手旁，看来你或你的至亲要动手术开口割去东西再缝合；好在甲骨文的口字形为‘丁’，加上宝盖头为‘宁’字，有贵人相扶、家属保护，应无大碍。提手旁有‘财’形，又有‘丰’字陪衬，看来财运不小。‘丰’字又是一串玉饰，象征权力，戴有官帽，预示‘封官’，可能与车（运输、迎来送往）有关联，‘搳’去手加车是个‘辖’字；但你对这顶官帽并不合意，因为提手旁加个口是‘扣’字。古代的丰字念作邦，说明你这一年要帮助别人做很多事，自已事业多有割舍，难免家庭内有口舌之争。宝盖头象征寺庙，闲时闭目打坐、多念经咒，才为护身法宝。”

重

某君以“重”字测运。断曰：“‘重’字乃‘横竖交加土最深’，有厚土之相；中间一竖，属甲寅木；有深厚之土，自能培木。当有好运。”

空

某君以“空”字测运。测字先生道：“‘空’，古代也作‘孔’。‘孔’为象形字。金文字形，像小儿食乳之形。所以要像‘婴儿哺乳’一般，渴求知识，吸取养分，振翅待飞。‘孔’字可拆解为‘孑’（音结）和‘乚’（音毫）两部分。‘孑’为幼虫。《说文解字》对‘孑’的解释为‘无右臂也’。张衡《思玄赋》中有所谓‘何孤行之茕茕兮，孑不群而介立’的描述。晋代李密《陈情表》中的‘茕（音穷）茕孑立，形影相吊’，就是问字者现在的写照。《方言》中有‘孑，俊也。’《鹖（音和）冠子·能天》曰：‘德万人者谓之俊。’是不宜以‘学问’示人，而应以‘德行’示人也。‘乚’字为古‘乙’字。‘乙’为象形，《说文解字》曰：‘草木冤曲而出也。’说明在自我成长的过程中艰难而有障碍也。‘草木’之命，命运多舛，但有顽强的生命力。另外，按照扬雄《方言》中的说法：‘孑者，戟也。’有杀伐之声，有兵刀之象。‘空’为无‘手’之‘控’，控而无力且不长久也。还需要学会‘修身’，不能控其‘心’，但可制其‘怒’也，否则，就真的‘空’了。”

命

某君写了一个“命”字让术者拆解。术者道：“‘命’字，可以拆解为‘人’、‘一’、‘口’、‘卩’四部分。‘卩’为‘节’的古字。‘命’字的含义就是：‘人一口，到了关键的环节了。’何去何从？需要选择了。‘命’字从‘口’、从‘令’。‘令’在甲骨文中的字形，上面为‘集’，下面为‘人’，有跪拜听命之象，表示集聚众人，发号施令的意思。《说文解字》：‘令，发号也’。‘令’在古代又通‘聆’。‘命’字的含义是：‘令从口出，以耳听之（聆）。’故施号令者，别人也，非己也。由此可见：所问之‘命’，已经全然没有了‘主动权’也。‘命’又可以拆解为‘人’、‘一’、‘叩’。叩即跪拜、叩头的意思。建议问字人要放下身段、屈膝低头、以退为进。如此，方为化解之道也。《说文解字》曰：‘命，使也。’朱骏声按：‘在事为令，在言为命，散文则通，对文则别。令当训使也，命当训发号也。’《说文解字》曰：‘使，伶也。’伶，弄臣也。古代戏子称为‘伶人’。唉，人生在世，谁不是教坊中的‘戏子’呢？人在江湖，身不由己啊。”

志

术者曰：志字的上半部分是个“士”字，下半部分是个“心”字，“心”被

"士"压在了底下，事业上受压迫，压力大。"士"有士兵、小卒之意，"心"被此压易遇小人坏事，压运，不能很好地放开发展自己。"心"字暴露在"士"字下面，感情上易变动，不稳定，易被动受伤。"志"有志气一说，立志者，心为累，事为急，意为大。"心"被"士"压，有志难伸，事不好做。

离

某男写个"离"字测这几天来的运道。测字先生道："这'离'字除去上下部分，中间便是一'凶'字，运道似乎不太好啊。""先生还要指点指点才好。"测字先生道："这'离'字虽有不吉之兆，但也不是完全不可解，请看，这'离'字的'凶'字部分，上被这一点一横所挡，下被字体下半段所节制，可见，此局虽危，但也还没到不能解的地步，仍可以转危为安，或者失之东隅，收之桑榆也是有可能的。"

容

某夏，一女士写"容"字问运气。术者当即说："你丈夫今年春天已故世了。你现在虽有一份工作，但还准备再找一份工作。"此字"穴"字头，穴为洞穴，下埋有一人，什么人？人下有一口，因为是女士来问，所以是该女士的"那一口子"，即丈夫也。为何是春天？宝盖头画起来如土，土下有谷子，表示布谷的季节，土上有一点，状如谷子长出了一点小苗苗，是为春季之时。现在有一份工作：家字头下有谷，但谷还必须碾成米才能用来煮饭吃，故暗示还要找一份工作。事实果然。

由

某君随手写了一个"由"字测运。先生说："'由'乃'田'字出头，想你定非等闲之辈，必将出人头地，显亲扬名。但必须离土而去，远走高飞，方有作为。"

昌

某君以"昌"字问。测字先生说："这个'昌'，上面一个'日'字，指太阳，也指时间。下面一个'曰'字，'说'的意思。就是说，每日每时，一切言论、行动都应该在阳光下，光明磊落，才昌盛兴旺。还有，如果将'日'和'曰'里面的一横去掉，便成了'吕'字。'吕'指音律，必须和谐才行，否则乱了套，聒噪刺耳，令人难受。而且上下两个‘口’字，有口舌、口实等意思先生当防止舆论是非，注意口风，争取口碑为好。”

甄

某在校生出“甄”字测人。断曰：“这是一位学建筑的女生，有欧式脸形，家乡应在西部。‘甄’字拆开为‘西、土、瓦’，既是‘弄瓦’，当然是女性。东道为主，西为客，字里有西却无东。学校里教师为主，而逐年流动的学生才是客，所以必然是一位女生。瓦，居于屋顶，说明她的成绩优秀，已到顶部了。她性格刚强，很能吃苦耐劳，常关心照顾别人。因为瓦能够替人遮风避雨。”果真，该女生有维吾尔族血统。

亮

术者曰：“亮”字的上半部分为“高”字头，只能出名一时，也就是在有好运的情况下露露头而已，其“亮”字的上半部又为一个“言”字少了两横，不全的“言”字，容易造成不喜欢说话，有苦说不出。其“亮”字的下半部分为“沉”字尾，不看好，其“沉”字尾里还有一个“几”字，容易多变。上面出风头，下面却要沉，有前运主其短，而后运却不看好。

雅

术者曰：“雅”字左半部分为“牙”字，牙是用来吃东西的，具有破坏之意，容易使事业和婚姻上的矛盾加重，有腐蚀之意；“雅”字的右半部分为“隹”字，此字有“住”字形，住为停住之意，不利于发展。这个字是前面破坏，后面停住，不看好。雅字本身在谐音上，有哑、压之意，有苦难言，压力大。又，如测感情，“稚”与“雅”相似，说明离成熟还有一段很长的距离，这段感情要悉心经营才会有结果。“牙”是因吵架而互不理睬，应少占口舌之利，以退为进，如果在乎对方就主动和解。

嘉

术者曰：“嘉”字如果按取大优先的方式来拆分的话是一个“喜”字和一个“力”字组成，“力”字是“刀”字出了头，有破坏之意，“力”字本身也是破坏，这样的话就是破喜了，对婚姻不好。按平常法来拆分“嘉”字，上半部为一个“吉”字，“吉”字主命主家境好，下面为一个“加”字，“加”字主命主本人做事力度大，易我行我素，性格强，不好管，学业一般，不会太理想。“嘉”字综合起来看有两“口”一“力”一“士”，说话有力度，有很好的管理统筹能力。

哲

术者曰：“哲”字在音上有“折”音，在字上有“折”意，折下面为“口”，折音和折意易导致男孩不好好学习，不好管，甚者易顶撞师长，刀光剑影，好打架，脾气不好，事业上挫折多，辛苦。折下“口”易导致说话不中听，伤人，说话横，易得罪人。

颖

术者曰：“颖”字的左半部分为一个“匕”字和一个“禾”字，右半部分为一个“页”字，这样形成了三分，在感情上易出现第三者。“颖”字的上半部为一个“匕”字，在身体上易有刀伤、手术，性情上脾气急，好强，说话快，易无心得罪人；下为“禾”，“禾”上为匕为刀，事业压力大。“页”字，因财而伤脑。“颖”在音上有“影”之音，做事易成空，对事物喜欢捕风捉影，猜疑心重。

衡

术者曰：“衡”字左半部为双人旁，人缘好，做事与人合作好；其“衡”字的中间部分为一个“鱼”字头和一个“大”字，财好，事业能做大，鱼者喜水，异性缘好，吸引力强，“大”字为晚婚的象征，其“衡”字的右半部分为一个“一”字和一个“丁”字，“一”字在此为恒心专一，一“丁”做事扎实，平衡有度。衡安身体好，利于事业、财运。

明

术者曰：“明”字为左右结构。日为阳，最为亮，月为阴，阴为黑，黑白分明的字。名字中有“明”字的人在做事时多不喜欢争功，有时会出力不讨好，日夜操心的命，缺少朋友。“明”字是一个分出生时间的字，如果天明，白天出生的人叫“明”字为正符，特别是刚天明时，如果是晚上出生的人叫“明”字就不符了，阴错阳差。“明”字左为日小，右为月大，男人的名字中有“明”字的，婚后易老婆当家，女人名字中带“明”字的，婚姻易辛苦操心。综合起来看“明。字，明者自清，清者自明，做事却很难清明，易让人误会，因为做到明者实在是太难，“明”字为日月齐，阴阳全。为人处世的度把握得较好，名声在外，从政好。又，明乃“萌”字未有头，“盟”字未有底。日月同现，阴阳同行。如测事，当是谈合作设想之事，如果有一定的平台，则可以结盟共事。

齊

某女出“齊”字测人。断曰：“‘齊’比‘齋’瘦，应为身体瘦高、胸健腿长之女性；‘文’字头说明少年时即文采出名；甲骨文的‘齊’字为三株麦穗，一麦而多穗，古代称作‘秀’，喜欢表现，不甘落后，追求出人头地。‘齊’又为肚脐之简称，人体之中、天下之中也，故自我中心意识颇重。年轻时和父母关系不甚融洽，保持血脉传承的脐带须断也。‘齊’的字形佩戴双刀，自我保护的意识强烈，如其父母姓名中含有‘木’字旁，容易被金克木、深受其伤。如其丈夫姓名中含水点，则水火相济，能够互相帮衬。另外，该女腹脐部位可能会穿孔、手术；而后吃斋念佛，似有宗教倾向。”

饺

某女以“饺”字问运。术者曰：“‘饺’字可分为‘食’、‘交’，问人看‘食’，其人必良，可以交往。问运势看‘交’，交表六爻乱动，不论家运、合伙，诸事不顺，请静待良机!”

文

某女携母以“文”字问命。断曰：“你的父亲缘薄，在你六岁的时候可能有交通上的意外。在此例中，妈妈的眼光外露，鼻梁尖细，颧骨略高，相貌虽美，但略显刻薄；而女儿的鬓角微陷，眼神无彩。女人太美太精明，太会计较、算计，对丈夫来说不是件好事。再加上女儿的神色无彩，应是缺少父亲的疼爱。‘文’字有‘交’字形，‘六’字头，‘父’字尾，但其形却都不完整，所以交不成交，父不成父，六不足六。”

處

某君属蛇，出“處”字测当兵运途。断曰：“六神相法中说到，字有白虎的脚，就有疾病、伤亡的可能。‘處’字正好有‘虎’字，而且‘處’字里还有一把像七的匕。不过，好在‘夂’是指走慢的意思，所以‘處’字那虎脚又小又歪，因此，杀伤力应该很低才是。从五行看法来讲，虎是属木，你生肖是蛇属火，木生火。所以，也不见得是坏事，能渡过这段痛苦时期。”

趙

某君写了个“趙”字测其子嗣。先生解道：“‘趙’字左‘走’右‘肖’，走乃足，肖乃不肖（孝）之子也，且此子上坐其父之足，一世坐压其父。‘肖’字走底，乃一‘逍’，此子命中注定是一自由之主，只是‘逍遥’二字尚欠一字，故而只得半世逍遥。”

淼

某人三世为医，独得一子。父见儿子生得眉清目秀，便取为一个“淼”（音秒）字。测字先生却说：“‘淼’这一字，水多成涝，颗粒无收，断定将来不会有什么大出息。”

命 破

一女子提笔在纸上写下“命”字问命。测字先生说：“‘命’可解为‘人’、‘一’、‘叩’，意指命中将会被一人所‘扣’，直至灵魂离开肉体为止。”“如果真是那样，如何能破？”“再写一字。”女子又写下一“破”字。测字先生说：“‘破’解为‘石’、‘皮’，如有铁石的心、虚华的皮方可破。”

平

某君以“平”字测运。解曰：“平为秤，平衡即权衡，从而掌控权力。‘平’字又以‘干’为核心，两点似眼睛直瞪，说明干事专注、仔细，追求回报，砰砰有声；上边能摆平，下边能铲平。‘平’字倒转为‘金’字底、‘啬’字头，说明十分富有而不吝钱财。‘平’字含‘十’字，应有宗教倾向，易动感情，一些细微的情感交流往往令人怦然心动；字戴‘平头煞’者为僧道之命，易伤妻；两点分离，夫妻之间有隔阂。‘平’中两点像主干上叉出旁枝，有‘刊’除之意，即去偏求直、去高填低，欲为平头百姓济‘贫’均富也，不免有两肋插刀的冲动。但是，平字针脚率直容易伤人；根基不稳，上重下轻，须贵人‘来’撑；无土栽培，有墙难依，显漂萍之象。乾位及艮位缺失，预示父亲有病，可能早逝；兄弟缺少而不能助力。”

欢

某君以“欢”字问运。解曰：“‘欢’字繁体为‘歡’，其祥瑞之处在于字含双‘草’（木）、双‘口’、双‘土’和双‘人’，好事成双。‘獾’机警过人，‘鹳’耐心有计，‘罐’好储藏而不挥霍。不过，‘灌’，有被迫做些不情愿之事的迹象；右侧‘欠’字似久而不久，半软之体，欠债经营，所谓债务基本上都是人情债。”

虎

某君虎年以“虎”字问运。解曰：“虎头上为‘卜’字，是说善于预测，高瞻远瞩；下有‘厂’，是能够遮风避雨的‘虎皮’，有青龙之象，象征有贵人或冠冕堂皇的名分庇护；中间的‘七’是虎牙，要分‘切’所参与的任何合作利益；下边的‘几’则是官衙大堂的案桌，突出在业内地位的权威性，不必太处心积虑作业绩吹嘘。字虽显层层勾陈，办事有拖延，白虎收尾，年末会有小恙，但是正当其虎年运道，假虎之威，一‘虎’百应，通吃天下。寅本阳木之命，适应丘陵、水泽和林地生存；而‘虎’字形坎位不满，似应寻水旺处发展与数码（‘几’）相关产业，以期养木。但东北方向乃寅虎年太岁居所，不宜惊扰。”

大

某君在砖地上写了个“大”字测运。术者断曰：“你的文化水平不低，只因‘大’字书于砖上，乃是有大专的水平也。‘大’字有‘火’字之象，但不成，因横在上，火者数心，属血，因有一横心血受阻，‘大’字下空，坎水虚弱，因字的下边是坎宫的位置，坎水弱，难生肝木，木升血弱，因水弱制不住心火，形不成水火既济，故应出心血管毛病。寿数还应有十八年，因‘大’字拆开是十八数。你脾气不好，能当家，妻儿老小都怕你。因‘大’字是一人，一在人上，人在一中也。你长子性善，不爱管事，人不旺，有一子，生活紧张，有点亏空，无储存也。次子性内向且多智，过日子仔细，家内有存粮，生活没问题。老三性情不好，但人稍旺。’大‘字左边空，因左边震方是长子之位，砖上有坑，亦在’大‘字左边，故断钱粮有亏空也。次子坎方水，’大‘字下边无意中有一粒小麦，是写字时没有擦掉，存留在’大‘字下边，故断为中子生活没问题，家有存粮也。少子艮方土，因’大‘字的一撇尖弯长撇入艮宫（左下方）不空也，人旺。艮乃山石土，一撇有尖弯之形，数属火势，故断少子性情不好。大字坤方空乃老母之位，坤者肚腹也，空着虚也，尖形之空，腹内有热火难平，故老母肚腹之病常有。”回答：“测得都不错。”

缘

某女写“缘”字测运。术者说：“‘缘’字的右下边是似坎猪象的字，五行属水，右边上头是个夕阳西下的‘夕’字，似兑金口象，上下结合为兑金生坎水而泄你父亲的乾宫位金，还好有一横着的似‘八’字的坤土象来生金，故你父亲身体不好，有肠胃病。你母亲所表象的坤宫位有个夕阳西下的‘夕’字，说明你母亲已经缺了。‘缘’字左边绞丝旁有震巽宫一男一女相纠缠在一起，右下边的坎象为你本人，你母亲生了你三个兄弟姐妹，两女一男。‘缘’字的艮位比较强与兑位偏下有个向右的‘八’字，似坤土象生兑金与乾金之象，你还有同父异母的兄弟姐妹。根据此‘缘’字离宫有兑象的‘夕’字和坎宫位有似猪字的坎水之象，你眼睛近视，平时易感冒，有过咽喉炎，肾功能有点小毛病。左阳为男为夫，右阴为女为妻。字右边有金生水旺，水太旺了就会泄乾金你的财，说明你虽有点钱而开销大，但有艮宫位的一横字止与横写的‘八’坤土止水及生乾金之象，本人应有点积蓄。左边震宫位看成是你的老公，上面与巽宫成一个绞丝状，说明你老公与你孩子的关系可以，但好时像小朋友相聚一块亲亲密密的样子，不好时又会闹矛盾。你老公震位下面空了，与艮宫位相距太远了，说明他做事不踏实，想得多而成功得少，还得靠你帮他。”

周

某人以“周”字测运。术士曰：“‘周’字从用，从口，单凭三寸不烂之舌，便可名利双收。善用其口则密，不密者皆由于口。因此，阁下千万暗中进行，不可张扬其事。周者，密也。谋事必须从善。‘周’字脱去外衣便是吉，吉从士，从口，士口者，善也。即是说，你得脱下神秘的外衣，不能动手而动口，弃恶从善方可谋事有成。不然，‘用’字加‘刀’便成角，角者，畜类也，畜类挨刀，危矣！”

阂

某君出“阂”字测运。术士曰：“‘阂’字，乃门中之豕也。豕乃象，象乃灵界至尊矣，故普贤菩萨诞生时，有象双牙变生六根也。此字有二解，一解为‘出门象’，其兆为你与佛有缘，乃出家之兆；二解为‘进门相’，‘象、相’二字其音通矣，进得此门来，便为相中相，其兆为你今后必为百官之长。再观‘亥’字，拆之为‘云’、‘人’二字，岂非预兆你片云遮顶，平地登云？”

車

某君报“車”字测运。解曰：“‘車’字说明你性格横平竖直，直来直去，不会拐弯；蛮横起来横冲直撞，随着年龄增长会渐渐平和，因‘軍’脱帽为退伍。古代‘車’字有两个轮子，现在只剩下一个独轮车，说明你是家里的独生男丁，做着独家生意。‘車’字加走为连，你不是本地人；家里原来是种田的，生活曾苦若黄莲。‘車’字形为土木结构，看来你是学工程出身，业务与房地产有关；但车是动产，房地产是不动产，二者矛盾。悬针字形说明你对事业想‘真’心投入，却犹豫不决。‘車’为破亘求变之象，亦有青龙护身，值得一搏。若测病，車为一身医符，‘抬棺而行’，不吉。”

冗

某君出“冗”测年运。术者曰：“冗，现在经济大气差，公司节源必找冗员开刀，留下的职工工作压力加重。‘冗’，添水为沉，金沉于水，而埋于土，下半年欠佳。‘冗’，盖头虎脚，有走动变化，象是寅丑合，主下半年有变。”

中

某中奖者以“中”字问是否还能连续好运。术者曰：“中，财宫空陷，中不成串，难以连续中奖。”

真

某官写“真”字问运。测字先生说：“‘真’字上面一个十，也就是一个加号，命单薄。如果不是‘真’字而是‘赉’字，你就有三个十，也就是三个加号，那你的命就好了。‘真’字下面是八，往下写，添个‘刀’字，可写成‘贫’字。说明你是吃苦长大的。吃过苦的人，上进心强，你一定是个当官的。八字改成‘今’，可写成‘贪’字。‘真’字的中间是个‘目’字，这目字把四周围得紧紧的，不仅外面连针孔都没有，而且里面的两横，像是两个杠杠，不是架起上半身和下半身，就是架起手和脚。恐要坐牢戴铐！”

臉

某君报“臉”字测运。断曰：“‘臉’字左为肉月，结交的多是酒肉朋友；

月中缺一竖，学非所‘用’；月放大为肉，拆开实属‘内人’，说明老婆盯得很紧，‘脸’面上还很保守，不太敢公开放‘胆’，比较木讷、检点。脸字变身为敛和俭，挣钱有方，花钱手紧。‘脸’字右边的‘佥’字含三个‘人’和两个‘口’，口兑为女，亦是人，表明所从事的行业是劳动密集型产业，要靠嘴去说服众人。双‘口’横列似哭闹吵架，双‘口’叠加起来似官，口舌官司少不了。所推销的产‘品’实际差一‘口’而不成为正品，要豁出脸面才能杀熟，丢掉脸面才能敛钱。月中两点乃囊中金，意味捡取客户兜里的那点月薪，似强行挥剑割肉。右上方的‘合’字头，象征存在三角关系，包藏在盒子里很隐密，一生很可能会与两个女性关联，分别生育孩子，并且还要照顾两个女性的孩子成人。”后知该君在保险公司工作。

雀

某君出“雀”字问运。断曰：“发财有限，因‘雀’字乃少有进账之象；官运亨通。刘勰《新论》记南北朝时民俗：‘昼见嬉子者，以为有喜乐之瑞；夜梦见雀者，以为有爵位之象。’蟢子是蜘蛛的俗称，蟢和喜谐音。爵和雀古代可以通借，它又有爵位之义。”

玉

有一朋友感觉流年不利，来占算当年运气，随口说个玉石的“玉”字。术者凭直觉下结论：“‘玉’拆开就是‘干土’多一点，意思就是你应该干与土有关的行业才能求财。同时玉又是金缺少一个人字头和一个点，所以求财的事业现状就是上面缺少贵人支持，下面缺少一点条件。”该朋友连连称是，说是计划的事情因为没有上面的领导支持泡汤了。（按：“玉”字横看含“川”，似有横坝蓄水发电，事成须待雨季来临。）

航

某君写“航”求测。断曰：“此字代表着你不但忙碌而且身心会处在亢奋的状态中，‘舟’代表着可能远行或出差，用船或车代步；‘亢’有情绪高昂之意，所以你的忙碌是让人羡慕的。但建议你要收敛自己的情绪，一声不吭，别太过炫耀，小心让心理不平衡的人更加不平衡。”（按：“亢”原义是直颈；“亢龙有悔”是说盘龙惯于卷曲，躯体伸直必然不能持久。帆船的逆风行驶路线也要走之字形，性格刚直还需磨砺棱角。《后汉书·五行志》记载了一首童谣：“直如弦，死道边。曲如钩，反封侯。”）

雪

某女以“雪”字测性格。解曰：“雪代表诗情画意，‘雪’字横山如卧，烟雨当空，你对美有很好的感受力，富于幻想，是个感性多于理性的人。雪受热融化成水，你容易被人家的热情感动，甚至流泪；缺点是容易为此受骗，还会出现软弱、意志不坚等情况。‘雪’字有山有水，内蕴矛盾。雨是变幻的水；山本来是不动之象，但是‘雪’字的山是转了九十度的，经过较大变动。因此你的性格也有复杂的一面，有时情绪变动较大。容易得呼吸、消化系统的疾病。”

南

某君属龙，以“南”字测问。术者曰：“照字面拆来，‘南’字去了左边一直，右边一勾，中间是个‘幸’运儿。但加了这一竖一勾，就像个门，目前你好比还在门外，但‘南’字幸福已经出头，只要打开此门，就是‘龙在南，利见大人’了。”

夢

据邯郸黄粱梦吕仙祠讲解员解说：草字头分拆为两个“十”字，隐喻着初始人生二十年，多的是人生“十”字路，不知去向，两个十字称为“双十年华”，憧憬未来；第二部分“四”字，比喻人到中年，走的都是“丁”字路，四十而不惑也；中央的“宝盖”则是代表“五十”，五十而知天命也；最下面的“夕”，人生将至黄昏，人生七十古来稀，七十而从心所欲。繁体“夢”字的结构解释为人的一生，终究脱离不了人生如“梦”也。

属相测福字

鼠：福字阳边（右边）有洞可钻，得地，安全，有米可食，富裕，子孙多，阴边有财利，社鼠肥硕。牛：阳边逢田得地，一分耕耘，一分收获，有五谷可食，但劳碌辛苦，阴边逢之为祭物，无利。虎：阳边田为平地，虎落平阳被犬欺，大材小用，有志难伸，心有余而力不足。兔：阳边有洞可躲藏，有食物，得地，得口粮，阴边得贵人多助力。龙：阳边下田，龙游浅滩遭虾戏，困龙，阴边得利。蛇：逢阳边有洞可藏，安全，得地，阴边彩衣可升格（合巳为祀）。马：阳边逢田，不得地，学非所用，事倍功半，但阴边有利。羊：阳边有食物，得食，阴边合羊虽作祥，却为祭物，实不利。猴：阳边大猴捐五谷，不得食耗

财，阴边合申为神，可得利。鸡：阴阳两边皆绿，有食物，得食。狗：逢田成器，心想事成，有成就，自由自在。猪：阳边有食物，得食，阴边得不利，猪披彩衣为牺牲。

識

某君以"識"字测运。解曰："'識'字左从言为水，在三十岁之前宜木，水生木立；中日为火，三十至五十岁宜土，火生土；右戈为金，五十岁以后宜水，金生水。一生宜以口为业；宜阳光，即白日工作；宜刀笔，刀笔为'戈'。"

二

某女说了个"二"字问铁佛寺前摆摊的测字先生。先生眉头皱了一下说："好事成双，法门不二。大姐，这个'二'字，放在别的地方测不会不吉利，但在铁佛寺前测'二'字，心中恐怕计得失。去金去人去一撇，'铁'字消融是'二'字。正所谓：患得患失，先得后失，财色迷人，人财两空。"另有术士云："'二'字若问安危否，'二'字可成'平、立'等写法，可断立即平安之意。"

颇

某公子道："先生，我与敌手相持多日，请帮我算算，我胜他能有几成?"说罢接过笔，写了个"颇"字。测字先生看了道："恭喜！'皮'加'石'为'破'，'页'加'川'为'顺'，又有贵人相助，公子当可顺利破敌!"公子道："如何看出有贵人相助?"答曰："这个'颇'字靠左，'页'恰好在纸中间，'页'上加'中'，不就是'贵'！不过我看你们来自东方，主'离'卦，离即'中女'，所以这贵人十有八九是个年轻女子。"

坐

某酒鬼以"坐"测酒运如何。测士云："'坐'字可拆成'人'、'人'、'土'三字，问到酒运，倒是一个上上之卦。瓷土、陶土上窑可以做成酒壶，两人对坐，加上一把酒壶，岂不是把壶对酌，酒逢知己。"

润

某君以"润"字问辛卯年的运气。断曰："润，辛卯年里水旺能润木，自然得天时，门内王，可成一方霸主。稍微不利的是金克木和木克土。但是金克木方能成材（财），木克土才能松土种庄稼。字尾挑钩，须注意少与别人争斗，伤人伤己都不好。纳音歌诀有‘庚寅辛卯松柏木’，是说，虽然庚和辛属金，但寅和卯的木旺，轻易不为其所克，是最坚硬的松柏木。甚至松柏木喜见金，遇上将预示大贵。王充《论衡·物势篇》云：‘欲为之用，故令相贼害，贼害相成也。故天用五行之气生万物，人用万物作万事。不能相制，不能相使，不相贼害，不成为用。金不贼木，木不成用。火不烁金，金不成器。故诸物相贼相利。’因此，测字不能单凭相克就断言不吉，还需看其相克的能量大小、季节是否放大或减弱相克的力度，以及成材或成器的可能性。”

国

某人写“国”字求测，字势干瘪无力，“王”字辈口紧封无气。术者断曰：“钱财不多，家庭困难，有志难伸；曾在村里做小领导，‘王’多一点，曾有一污点，为一场官灾、牢狱；终生奔波劳碌，头胎生一女孩。”

煌

某君以“煌”字测人生。术者言：“‘煌’字的命书签语云：‘刑偶或欠子，多才贤能，身瘦清雅，中年平，晚年吉祥”，‘煌’字拆为‘火’、‘白’、‘王’（玉），白是西方颜色，属金，玉属土，土生金，火克金，相生相克，‘白’字一撇为火，火的势力大过土，则金难生水。因此，看似辉煌的字，内含错综复杂的五行关系，使你自身火旺，对象身体不佳，孩子晚育，到了晚年才温水祛火、玉润养金，家财充裕。”

王

某君以“王”字测运。术者断曰：“‘王’字，大气，有王者风范；王是‘一十一’，干脆、简单、率直；‘王’是‘一士’，有官运；‘王’是‘一干’，业务骨干；‘王’是‘一土’，皇帝、财库，财运不错，有一定积蓄。”

超

某女出“超”字问子运。术者答曰：“因为学业优秀被‘召走’也，现在在国外读书，‘超’自然是超过一般、超过平凡，将有所作为；超有‘走’旁，运动发展；‘走’是‘十下人’，最小将来能成为一个中层领导也。但日常要防极端，谨慎做事，因为‘超’是‘走刀口’，有风险。”

泉

某女写“泉”字求测家运。术者断曰：“‘泉’字上‘白’为父，下‘水’为母，‘白’为乾金生水泄气，故其父早逝，而母寿长。‘白’为乾，为君，为领导，故此妇人先辈之中有为官之人，早先家境富有，但‘白’金所生者为水，水泄金气，故先辈一代没落一代，直至平民。‘白’、‘水’为清净、平淡、洁白、透明的水，故此人喜欢清净，自然，但家境又清贫、朴素，其性格又像透明的水一样直爽、坦诚、无心计，直来直去，其本人人品纯洁、朴实。其父因‘白’金耗尽而亡，且‘白’为乾，为头部，为肺部，为伤灾，故其父顶头痛、肺病或重伤灾而亡（实为头部之病）；‘水’为其母，金生水而旺极时母丧，且‘水’主肾，主内部流通系统，故母因肾或内部循环系统堵塞而亡（实为肾病）。‘白’为自身，‘水’为夫，‘白’金生水主自己十分爱对象，且对象寿长，而自身寿短。本人时时为对象忙碌，对象是什么都不干，但金生水，水自然旺，且水主智，主文化，故对象最少也是大专生，很有能力。下‘水’字又像‘木’字，故金克木，木必有伤，因是‘白’金为凶才伤的木，故‘白’上凶，对象伤在头部。当丈夫‘水’要变‘木’的时候，也就是要偏离你意愿时，金就重克于木，故你的脾气也就大发。因此‘泉’上有一撇主本人有头痛的毛病，下有一钩，主腿脚部有疼痛，且水气过旺，故腿有风湿。因‘水’是金的归宿，且水在底位，故水为家宅，‘白’金为乾为天，天生水，也就是下雨，地上有水再上雨水，故水定四处流动，故家宅定四处搬动，居无定所；且‘水’为丈夫，故丈夫工作也变动较大，还代表丈夫口若悬河，口无遮拦。此‘泉’字上‘白’为女儿，下‘水’为儿子，因‘白’为无，为空而无色，也就是没有女儿。下‘水’为担挑一边一个，不偏不重，故有二子，挑担的人，也为一人共三人，但担子两边的人不动没问题，挑担子是走动的，你无法让他留住，且竖有一钩，所以定有一子走失或损伤。儿子个个有能力，且有一定的文化。‘水’的左边为长子，右边为二子，因‘水’下一钩，故家人偏心长男，因长子一横一撇不成‘人’，故长子有一定的依赖性；而二子有自立能力，且能成大器，故二子定能比长子更有出息，更有才能。因‘白’被‘水’泄气，故本人文化定不高，白主丧主阴事，故主本人有风水知识。‘泉’字上有一‘白’字头，且‘白’为乾为头，故本人要出现早白发，且其父也是早白头。”

字形繁简体测运

术者分析：有些工厂倒闭的原因，是繁体字改为简体字。繁体字的‘廠’

字总笔画数为17画，为乾卦，乾卦饱满充实，代表这个厂的经济状况比较好，改为简体字的‘厂’字后，兑位和乾位空空如也，没有了原来廠里面的东西，而且总笔画数为2画，为兑卦，为缺少之义，所以厂的效益不好了。现在为何人多要求剖腹产？简体字的产字没有了繁体字的“産”字里面的“生”字，而繁体字“産”的乾位其“生”字其含意为顺产（乾为顺利，为圆满）；所以，现在顺产的人少得多，剖腹产的人大量增多了。

曹

某君测“曹”问何时转运。术者言：“曹乃槽撤木，你不愿再在任何槽中吃草，当然想自己创业。漕为漕运，加水即转运。你须靠近水岸边，你的贵人可能是带水字的人。”

累

某女以“累”测运气。术者言：“运气有好有坏。田能种禾收麦，系能纺线织布，小日子过得蛮舒适。但‘累’字有玄武纠缠，收尾小字挑钩，暗示小人挑拨，财产会有损失。”

跳

某君测“跳”字看最近运程。术者言：“‘跳’字左‘足’右‘兆’。‘足’字相为进城，‘兆’为龟甲的裂纹，象征占卜。你进城找事做，转来转去没找到正经事，相信玩玩预测、跳个大神会带来好运。可是，‘足’字也能转化成走之旁，跳会变成逃，逃之夭夭。不过你想想，连孔老夫子当年也曾累累若丧家之犬。把足换成手，挑起家庭生活的担子，别再游手好闲。”

生

一中年妇女出“生”字测命运。术者言：“‘生’字字相为：人已半截入土，瘦牛还在费力耕地，主人（丈夫、孩子）火气颇大（撇为火），母亲有病难医（坤位缺）。”

蒸

某君测“蒸”字问下半年的运气。术者言：“‘蒸’字下面有火烧，上边草叶也是易燃物，有火灾隐患；中间为‘一了’，一了百了，运气不佳。”

龙

某属兔者以“龙”测年运。术者言：“民间有话‘玉兔见龙云里去’，兔与龙不合。若以‘龙’字测属相为兔的个人运气，反而有‘兔笼’的困境。‘龙’字有匕首伤身，兔子也无法逃逸，在所难免。因此劝你和属相为龙者保持距离，做三穴之准备。”

瓶

某君虎年以“瓶”字测年运。术士言：“‘瓶’字若测一般年份的年运，是平平安安的征兆，但虎年测‘瓶’字，有虎落平川之境遇。字拆为‘并瓦’，像是盖房之状，购置房屋是转运的基础。”

问事业

干

某女测“干”字问未来丈夫事业。术者言：“‘干’加三点水就是汗，说明他所从事的是付出汗水辛劳的事业，‘干’字本身是平头，说明他有可能信佛，善良勤恳。‘干’字又是悬针，家底单薄，人际关系基础不牢，做事容易伤人伤己，但是如果能脚踏实地，即能成‘王’，也就是当领导者。”

美

某人以“美”字测事业。断曰：“美，大羊，似‘关’字拆开，你的事业有好多关，要一关一关地过，不过到最后，你的事业终会成功。”

墩

某君以“墩”字测事业。断曰：“‘墩’字三分，中间为‘享’，‘京’字头、‘文’字头。事主曾年轻有为，做过京官，文字功夫了得；子为北方之水，为钱财，事业应在京城的北部发展。事主喜欢登高和参加与水景有关的活动，应该是摄影。‘敦’为古代食器，主衣食无忧和醇酒不愁。但‘墩’字左有提土来克水，右边反文意味与反对者口舌纷争，甚而有舞枪动棍的迹象。事主又像身处二位女性之间，左边的有些土气，职业与土打交道，腿功不弱；右边的反文女（或应是其女儿）看似文雅，却时常敲打事主。两边都在暗示要求与事主分享某种东西。不过，‘墩’字本义就是水边敦厚的高土堆，表示信心坚定不移，事主定会断然‘一了百了’，去享受新事业带来的身心快乐。”

象

某君测“象”字。术者言：“象为象形之字，首为象头生长鼻，其体为豕，乃一猪身也。猪身肥胖，象首庞大，象鼻粗长，象牙瑰宝，猪身亦皆宝，汝之事业必大发也。”

永

某君以“永”字测事业。术解曰：“‘永’为无口之‘咏’、无洋之‘漾’，无水之‘泳’，可见你从事的事业不太被人看好，且会出现流动资金紧张。‘永’字为‘求’字少了一角，所以求人帮助亦非常之难，只能靠自己努力。”

瑞

某君以“瑞”字测事业。术解曰：“‘现’前仍在‘岸’上，尚未下海，还需多十分忍‘耐’，厚积方可薄发。”（按：瑞字尾乃“而”字，“面破”之象；“瑞”字去“王”加“足”为“踹”，似有与单位分离之预示。）

果

某女以“果”字测事业和爱情。断曰：“‘果’字是‘裹’字的字心，所以有被裹之象，表示事业裹足不前。‘果’字乃‘累’字头，所以爱情也是比较累的，如果有朋友的话，要提防对方拈花惹草的行为。”

兴

某君以“兴”字测集团发展趋势。测析：“从字形看，‘兴’字上面大而笔画多，下面小而比画少，给人的感觉是头大尾小，虎头蛇尾，象征着集团开头不错，但后来势头不能继续。‘兴’字六画之间松散，互不关联，象征集团离心离德、分崩离析、四分五裂。‘兴’字头与‘学’和‘举’字头相同，说明集团是学着举办的；而‘兴’字的结尾与‘黄’相同，预示着集团结局不妙。‘兴’字的横是现在转折点，上面有三点，似乎说此前三年还可以；但横下面两点，象征在走下坡路，也许两点象征着两年。”（按：坎主财，兴字坎位缺失，断财之象。）

勝

某君写“勝”字问酒家经营前景。术者曰：“‘勝’字拆为‘朕、力’，暗示投资人和管理者来头不小，拥有通天的关系资源，这是其能够胜任酒家经营的无形助力。‘勝’字还能拆为‘月’与‘券’，‘券’字作纸张和证券解，‘月’与‘券’合断一是菜单，就是说每月要调整菜色以新取胜；二是优惠券，返给消费者实惠。”

企業

有书“企業”者测问企业前途。术者曰：“‘企’字为人踮起脚尖眺望之状，也有脚跟不着地追赶之义；可解释为定方向、促速度。‘業’字可拆为业、羊、木。‘业’字头与‘凿’的穿木之义相同。‘业’似中有隔断而从两侧贯通之象，寓意创业即在两个现有行业间建立通道进行互联而形成新业。业字头内藏並字底，寓意企业扩张须靠兼并。羊居中心，企业目的当然是要赚钱，但要有要素支撑。木为三条腿确保稳定，拆为‘人才’，人才立基，财务‘滋’本。‘業’字亦可拆为‘业’、倒‘六’、‘未’，其四面八方都有触角，做企业就要眼观六路，耳听八方，未雨绸缪，把握先机。‘業’字还可拆为‘业、羊、八’。想要在业内称王称霸，先要像王八一样会‘龟息’，藏在大盖下低调守业。‘業’字原指雕版印刷的刻字木版，象征知识产权，这才是企业核心竞争力之所在。‘業’在佛语中有善业、恶业之分，企业运营多少会影响生态环境而造业，因此要多做善事来消除业障。”

马

某君随手写了一个“马”字问前途。测字先生说：“先生目前的前途堪忧啊！”问：“何忧之有？”测字先生说：“马者有千里马和普通马之区分，以先生的笔迹看，您应该是一匹千里马。您看您写的这个‘马’字下面这一横，有往前飞的意思。只是，这一横写得不直，隐隐显现出您目前的处境正是马失前蹄的阶段，万事都要小心呀。世界上无论什么马，都是给人骑的，都是拉车拉磨的，即便是千里马，也摆脱不了这种宿命。要是一匹马前蹄太飞扬了，就容易摔着骑马的人。一旦马失前蹄，‘马’字没有了下面这一横，则是乞丐的‘丏’字，一无所有。再看看您写的这个‘马’字的起笔处，太低了，就像埋头自怜或是生病了的样子。如果成了病马，命运可想而知，不是被人遗弃，就是被杀了吃肉。”

死

春日某夜，某人写“死”字来问事业发展。断曰：“‘死’字代表着一种结束，一种消亡。但问字者是在春天写的这个字，所谓一年之计在于春，此时的‘死’字当有破釜沉舟、起死回生之象，加之死里有‘夕’，而这个‘死’字却是在夜里写的，月亮都出来了，意味着死期已过，好日子快来到了。‘死’又为一‘匕’，为突然下决定之意，所谓万事不破则不立，破则立也，所以未来事业定会很有发展!”

基

某君以“基”字测事业。断词：“基，‘乾’之始笔在先，‘坤’之始笔收底，天地和合之象俱矣。字形稳健，不偏不倚。有天地造化随身，宜安分守己创业。上面目中两横短小，‘腹中横短是囊金’；中间‘八’为‘金’字头，下面‘土’为‘金’字底，主财运大通。遗憾之处：中间‘八’字，五行属火中之‘余火’，即所谓‘八字相须火可求’。火克金，然金强火弱，当无大碍。”

画

某君以“画”字求测事业。术士解道：“‘画’字代表你喜欢艺术事业；‘画’字为开山造田，有一分耕耘就有一分收获，你的事业有成。再者‘画’字上一横为遇河架桥，你很胜任你现在的工作，任何困难都可自行解决，用不着求人相助。”

一

某君以“一”字问事业。断曰：“‘一’字，是一往无前，一帆风顺，毫无阻挡之象，故判：以往他的事业很顺利，很兴旺。‘一’字，又是唯一的信息，故判：他所搞的事业是当地独一无二的行当。‘一’字，又是老大，一哥，老板的象征，故判：他是做老板的，很有成就。‘一’字，又像汽车收费站的道路中央出现的拦车铁杆，故判：近期他的事业会出现障碍。‘一’字，又像一根扁担，扁担的功能是一杆挑两头，故判：出现障碍的原因是，他目前又在同时搞两桩事情，分不开身，结果两头都受到影响，都出现了障碍。‘一’字，又与医学的‘医’字同音，本身字形又像一把手术刀，是医学之象，故判：目前的事情还与医学挂钩。”果然都应验了。

钟

某君测“钟”字问事业。术者断曰：“钟，乃声名远播之物，故利名，但此物乃外实内空，故只是外边风光，财运有点薄。况此物属金，夏季必不利，立秋后方能顺遂。”

玲

某女以“玲”字测事业。断曰：“吉利。‘玲’字可以拆为‘王、令’。‘王’字预示已有尊贵的职位；‘令’字说明有权，能发号施令。有位有权，说明事业已有所成。但‘玲’字左边的‘王’字并不端正，说明求测人目前尚居于副职；右边的‘令’字也偏小，说明目前权力还有限。‘王’与‘令’相辅相成，职位稳则权力强，权力固而职位保。说明求测人的事业具有很大的发展空间。只是不可急功近利，特别是要自觉约束权力，不要过度用‘令’，否则‘令’字过大，反而挤压了‘王’位，导致失去平衡。位如不保，权也不能长久了。”

分

某君测“分”字，问事业。断曰：“‘分’加‘心’为‘忿’，看来你心里不但迷茫，而且有些愤愤不平了；‘分’加草为‘芬’，有女贵人相助带来好处；‘分’加‘人’为‘份’，与女人合作有缘分；你现在迷茫，是因为‘人下有刀’，不吉，又因‘分’四画震木，受秋季金所克，待转冬季运旺；‘分’加撇捺为‘爷’，仲夏五月成器！”

碌

一君以“碌”字测事业。术者曰：“石头做的磙子，笨重，坚实，自身有力量，但是给人打工的命，可以在关键职位发挥作用，只是生性比较懒惰，关键时候需要别人推一把，自己不知道主动进取。左为‘石’，石为‘磨’字尾，又有破碎形，千锤万凿方可成型，看来还不成熟，棱角太多，须打磨，属大器晚成。右为‘录’字，录象有‘灵’字头，偶尔有灵光乍现，可惜下为水，灵气不能发挥，往往半途而废。有灵机须把握，有磨难要忍耐，有恒心才能成大事。”（按：碌有原地转圈、山穷水尽、迷“路”之相。）

来

某君书“来”字问事业。术者说：“你的事业即生产的产品中有‘米’字形。”他说就是生产乙醚的。术者说：“你那产品是出口西欧的，因字中有‘米’，‘米’字旗是英国旗借指西欧。”他说就是出口西欧的。术者讲：“你有两处实体一东一西，东方那处先行一步，因‘来’字上下有两个‘木’，表两个实体，木为东，故东方信息强烈些。共有三人合作，因为‘来’字的繁体有三个人字；现在遇到了困难必须要求人了，因‘来’字就形如‘求’字；工程人员要防事故，‘来’字中有两个十字架，十为医院符号；技术上还有问题没解决，因‘来’字中有‘米’字含迷惑之意。”最后，术者说一定要再引进人才，要“来”人之意。问字人说除了工程人员防事故尚待注意之外，其余均与实际相符。

帝

某君写“帝”字问事业前途。术者曰：“帝是至尊，已至极位，再无前途可言。前面的高度只能递减。帝字由‘六’、‘出’二字变形组成。‘六出’是雪花的别名，而雪会消融。‘出’字倒写，暗示要向外付出，用人民币捐出一份善款，‘币’才会变身为‘巾’。”

局

某君出“局”字问事业。断曰：“‘局’字上有屋形，下有勾陈形，似有人在屋檐下弯腰之象；‘口’字代表印，处低层，有人微言轻之象；压力大，局面打不开，口又为口舌小人之象；口属金，又代表金钱，下面勾陈开口，会为事业破财。”

静

某君以“静”字测事业。断曰：“静者，含‘争’。事业要想取得成功要与人力争。‘静’字，含月含尹。可以为月伴日，可以为伊尹辅贤君，但是不可以为日，不可以为君，要摆正自己的位置。”又有术者言：“测静者心难静。静字右边的‘争’字是两只手互搏之状，‘青’字上似主，看来将来事业上的争执是‘各为其主’，或是争夺主位。”

揚

某君以“揚”字测事业。断曰：“揚者，左‘手’右‘昜’；‘昜’者，似易非易。寓意扬汤止沸，反复费力而不能轻易奏效。‘揚’字，左轻而右重，少锋芒而多横折，更兼九曲回‘肠’为伴，创业道路必定艰难曲折，好在有贵人援手相助，终会修成正果。”

迎

某君以“迎”字测公司前途。术者断曰：“走路仰头不看地，公司发展受到节制，续走续停，抑扬顿挫。‘印’字缺一横，掌权者（印）并无全权，走马灯似的轮番更替，关键的合作者‘三指缺一’，‘卯’字缺撇，象征中坚力量离散、流失，员工流动性太强。”又问公司生存年限。术者断曰：“走之的‘走’上有‘十’字，下似‘正’（整）字差一点，公司寿命接近十年。”

成

某君测“成”字问未来一年的事业。测字先生说：“‘成’字，一撇，说明你要放弃很多东西；一弯，说明你要妥协；左边是把刀，右边是个戈，又说明你蓄力将来还是要和对手贴身肉搏。”

获

一朋友狗年开公司，指一“获”字让测公司发达之日。曰：“‘获’字繁写为‘獲’，左首是一‘狗’，右下的实为一‘难’字，这说明你公司狗年难过啊。‘难’字上为一草头，要发达需除草，猪年猪不吃草，鼠年鼠也不吃草，牛、马、羊年才有吃草的，你公司要发达，只怕要等到牛、马、羊年。”

迷

某君以“迷”字测事业。断词：“‘走之’，五行属水，所谓‘走之平稳水融融’；‘米’，虽有八面玲珑之相，实乃一滚木也。滚木漂于水，虽能不沉，然安能稳实哉！主事业尚无着落。”

工

某男以“工”字测事业。断曰：“‘工’字说明你在事业上很迷茫，缺一股闯劲，所以显得很不硬气，但这个字很好，顶天立地，贯彻乾坤，以后只要脚踏实地地工作，必有一番作为。你秉性朴实，‘工’字似土，跃跃出头之势，五年后事业有成。”

周

某君写一“周”字测前程。测士叹道：“周者，外框内吉，吉者士口也，想来你是幕僚策士之流，以口谋食，不久有牢狱之灾而于命无妨，这外框三面为禁，下有出口，禁而不严，说明有贵人相救，可保化凶为吉也！”

策

某君请测“策”字问前程。术者把“策”字拆成上下两半，上半边诠释为“竹简”，下半边说成是捆竹简用的皮绳子。书被捆起来当然是要把它“束之高阁”了。问字者可能要混个闲差挂起来，不被重用。

建

一君写“建”字问现今事业如何。术者告诉他：“事有不及，已到尽头，一切行之以律，绝对不要冒险投机。”

天

某君出“天”字测律师所前程。断曰：“此与律师所最重要的两位合伙人是否认同合作、一致行动密切相关。‘天’字拆开为‘二人’，重组为‘仁’，若其能一视同仁，律师所前程无忧。天忝同音，需要增加人手，填补空缺。但是，业务规模难以扩大，因为‘大’字被压住了头；事主作为男子汉大丈‘夫’也难在所里出头，说到底不过是个‘工人’罢了，不会成为‘主人’。以口说天则为‘吞’，苦果还得自己吞。”

赢

有人为创业者拆解“赢”字。“赢”被拆成“亡、口、月、贝、凡”五个字，暗示如果要赢，就要具备五种态度与条件。“亡”象征的意象，就是想赢就要有危机意识，不能软弱没有生气，必须展现生命力；“口”就是要去开口，借由说话沟通协调，达到赢的目的；“月”代表时间，想赢的人，不能浪费时间，很多成功都是时间累积下的成果；至于“贝”，代表钱或筹码，做事都要有成本观念，有多少筹码做多少事，也就是衡量自己有多少本事，掂掂自己有多少本钱去争取胜利；“凡”，就代表平常心，想当赢家就要沉得住气，不能自乱阵脚，对任何问题或情势，必须以平常心面对，免得准备了半天，忘了平常心的可贵，一时得失心太重，该赢没赢，那就会令人扼腕叹息了。

山　仙

一位老师很会测字，有一次，面前的一女学生在桌上写了“山”字，直直地推给老师，老师看了看，对这女学生说：“你爸爸的生意失败了，而且败得很凄惨、很彻底。”女学生问：“为什么?”老师说：“因为从我这边看过去，‘山’是倒的，所以我想你父亲的事业倒了。”这时女孩眼泪盈眶，好像心事被老师猜中了，于是，她又顺手把“山”字摆正，再给老师。老师说：“哈，太棒了，这不就是‘东山再起’吗?”女孩一听，破涕为笑。此时，刚好有一其他同学坐在旁边，老师说：“你看，现在‘山’变成‘仙’了，你爸爸不久就会有仙人、贵人来相助了!”

房

某君以“房”字问事业。测字先生认为会有“门当户不对”的落差出现。“房”的字意乃住居的统称，通常居住的房子必有大门，按古时的讲法，门与户有别，一扇曰户，二扇曰门。若将“房”字折解是为“户”、“方”的组合，似暗示房子的坐向不明。故可以确定对事业尚无自己内定的方针，仍处于“寻寻觅觅”的阶段，同时也在提醒待人处事要能“内方外圆、严己宽人”。

此

某君以“此”字求测事业。术者断曰：“‘此’字类‘比’，古人称兄弟为比肩，这个‘此’多了一竖一横，你的兄弟可能为你制造不必要的困扰，让你烦忧。”

盟

某属鼠男子以“明”字测合伙生意。术士问：“合伙人是男是女?”答曰：

“对方为女性，属蛇。”术士曰：“因你刚刚移动桌上的烟缸，故在‘明’下加‘皿’为‘盟’字，代表合伙盟约。你属老鼠为子年出生，属水为阴；你的合伙人属蛇，为南方属阳，你男她女，‘明’字拆开为日月，又为阴阳调和。故此判断合伙是吉利的。”

温

某君以“温”字测事业。断曰：“先囚后溢，事业有囚犯在牢的感觉，而且不自由的感觉越积越多，最近可能和人抱怨了起来，情绪有所发泄后心境渐好。”

惑

某君以“惑”字测事业。术士曰：“‘惑’字，干戈在上，心上有碍，口在其中，口就是吃，就是工作，但却上有干戈，下有一颗无法发挥的心，事业有危机，心中有压力，收入不好，不满意，事业与婚姻同论。”

藝

某君以“藝”字测事业，术者曰：“‘藝’这个字，刚好分上、中、下三段。最上面，是草字头‘艹’，其实就是‘苦’的头，因此换工作时吃吃苦头是免不了的。中间字形大约是个‘執’，就是要‘執著’，需要執著地苦撑多久呢？執的右半边是说要‘九（久）一点’；‘執’的左半边是‘土、人、土’，可拼成‘佳’，最终会名成利就。把‘執’加上‘貝’就是‘贄’，当学生的拜见老师时送的礼金就叫‘贄见礼’，也就是要拜师学艺，出师就赚到钱啰！再看最下面的‘云’，是‘乌雲尽扫、雨过天晴’的意思，‘雲’没了‘雨’，便是‘守得雲开见日出’！”

银

有以“银”字测事业者。断曰：“银有可见的‘艮’边，‘艮’为停滞，若多加两个人帮手，就变成‘很’字，表示暂时独力难支，不过只要找人合作，随时见转机。‘艮’加一点又会变成‘良’字，说明不是靠朋友就是靠亲友，需要贵人扶持，事业才会渐趋好转。创业初期‘钱粮不足’，转到土年便能艮土生金，财源滚滚。”

進

某君以“進”字问事业。断曰：“‘進’象征有动的能量，可猜想事业已经在进行中。虽然该字对拆后，右边看似有个‘佳’，佳中又有‘圭’，象征‘圭臬（音聂）’，也就是古代大臣们上奏的‘本’，又泛指有所成果，但是该‘佳’字其实是个‘隹’，所谓‘预知未来事，添笔见端倪’，‘隹’字添笔得‘難’、‘離’。象征在事业上欲往上爬着实有一定的艰难，甚而有‘离开’的念头出现。进从辵部乃彳行亍止，‘隹’字乃推字的最后收笔，换言之，事业要用‘扌’才能推动。”

得

某君以“得”问事业。断曰：“‘得’字拆开是一人日一寸，表示发展缓慢，但却十分的有利，因我国尺数是一寸等于十分。”

穹

以字象物，如“穹”字，由“穴”和“弓”两字组合，可以像穴和弓两样东西。有人以此字测前程，因“穹”是穴中之弓，不能远射，“穴”又是“空”字的字头，空有弓箭，有力也用不上，所以前程不佳。如以此问病，“穹”又像是一个蜷曲在穴中的人，是不吉之兆。

龍

某君以“龍”字测问新业务的前景。术者曰：“‘龍’字左边为‘立月’，‘立’是龍冠，象征权力，为‘亲’字头，月是肉月，象征骨肉亲缘，此事若授权给亲属办理，能够成立，但时间会拖延。‘立’拆为‘六、一’，加起来要七个月才能见效。立亦为独立，此项业务应为独立事项。‘龍’字右边是‘上（与）、己’，说明此事必须要维系上层关系才能做成，维系的方式是‘与’。自己不但要付出精力和钱财，还可能伤身，因为三把刀（匕首）指向‘己’字。并且业务利润不多，因只有‘立’字上的一点水是财。”某君承认是独家代理一种只供政府机构采购的产品，需要上层公关。

忠

某君以“忠”字问事业。断曰：“‘忠’字拆开上为‘中’，下为‘心’，表示事业须确立中心主干者。‘忠’字忌与别人合作，用装头法，加一口字则是‘患’字，表示会见不忠诚，及日后会成患。‘忠’字心字见白虎脚儿，表示有忧心，因见小人也，不利秋季。”

枷

某君出“枷”字测事业。断曰：“枷，是架字的移位，材料具备，劳力也有，架子还没搭成，整体思路的架构还没形成。需要理顺一下，便可行动见效。否则不计划好，就散架子了，反而变成了枷锁，束缚了你的手脚。”

隻

“隻”字加一禾旁及草字头即是“穫”字，所谓“禾旁苗下，佳音又报”，禾草茂盛，皆旺于夏，表示在夏天必有所获！“隻”字属孤飞之鸟，显然在事业中，较容易孤军奋战，会觉得很孤独，要靠自己努力，才能顺利完成。

火

一人以“火”字问事业。术者断曰：“金被火克，对金融业不利；而对文化、演艺事业有进展，火见火无相克也无相生；对地产建筑有利，皆因火能生土；饮食业运输属水不利，水克火卦象相克。”

否

某君以“否”字问。断曰：“否字若问事业前景，应有‘否极泰来’、峰回路转的预期；若问婚姻前景，则拆作‘一个口’。预示还要过一段单身生活；视婚姻神圣，不会‘红杏出墙’。若问财富前景，上升符号受阻，银两不免一时紧迫；但是小口为兑为金，位于西方，朝西部方向发展比较看好，迟早兑金变现，而南方机会小。否字带平头煞，说明你内心有佛教倾向，不善言谈，为人平实，但容易受伤害。”

计

某君以“计”字测今年的事业运。术者言：“古词云：‘千里相思一撇消’，‘细思量，口儿心儿都是假’，都是指‘十’字。‘计’字是在暗示，你有千里之行的计划，却只能日行十里；你嘴上说出细心周密的思考，行动时却没了框、散了架。‘计’字中的‘十’，本具‘悬针’，却在寅木年扎不下根来，不能生枝长叶，只剩下伤人伤己的功用。虽有青龙贯穿上下，你也是叶公好龙，光说不干，无计可施。”

旺

某女以“旺”字测事业。术者言：“测旺字想不旺都不行，左边日为金（口小金方，即此是也），右边王为玉，金玉满堂。但事业不由你自主，日为太阳，男性也，你是沾光。”

确

某君出“确”字测朋友是否回国干事业。术者言：“‘确’字是以角触石。‘用’字本为桶形容器，正待使用之时，却被刀劈裂。回国者多为在外创业失意者，等他棱角磨平了再回国时，事业发展的机遇才开始。‘角’字有两月合并之相，估计不到两个月会回国。”

入

某君测“入”字问事业。术者言：“‘入’字，人的腿一长一短，走路步调不一致，老跑偏、转圈。一年成个‘大’，二年成个‘天’，挺不错。谁想第三年使劲大了些，把天捅破了，成了个‘夫’，得，又回到伙夫的原来位置上。你这是《卖拐》的测字版。”

同

有人代友以“同”字问事业。断曰：同，加金为铜，似“铜墙铁壁”，工作应该是公安保卫部门；同，声音像铜，乃钱财，说明是管理钱财的；同，单位内一口，乃部门一负责人。结果反馈是：警察，财务科长。

第八章　问失问案

宋代邵雍《梅花易数》有段话论测字寻物：想占测的人写的字中有“失”字体的，预示丢失的东西都难以找回。字中六神之一的朱雀动，预示有口舌之事，日子长久了，丢的东西更是难以找回。字中金笔（捺）笔画多，字中左下角艮土位有破损，五金之物，预示丢的东西应朝远处寻找。字中笔画土笔（横或十字）较多，正下方坎位上有破碎之物，预示丢失之物在北方的古井，或在窑边及坑边的地方，或是瓦器覆盖，五日内可以寻找到。字中笔画右上方坤位上有一钩的，预示丢失的东西是被奴婢偷去，已不可能要回。字中笔画正右方兑位上不足，乃是妻妾为脚带（缠脚所用），命相属金的人拿去。字中笔画正上方离位上有一画不完善的，乃是南方火命之人将去见官（涉讼），但是丢失之物仍然还在。

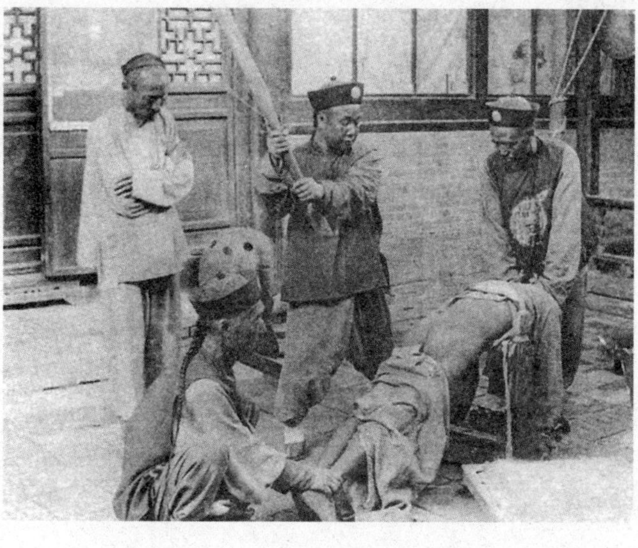

问　失

四

有兄弟俩分居两处，弟弟敦厚善良，诚恳勤奋，小家庭生活安定。哥哥好逸恶劳，贪得无厌，年过三十五，孑然一身。一日，弟弟的蚊帐被盗，到市井请教测字先生。测字者请他写出一个字，他端端正正地写个“四”字。先生略作思索，说：“蚊帐被你兄偷去。”“有何根据？”弟弟问。先生解释道：“‘四’字里面的‘儿’移到‘口’下面，即‘兄’字，故也。”弟弟想哥哥平日的所作所为，觉得先生说的有道理。于是，付还酬金后找到哥哥，有礼貌地把经过告诉他。哥哥老羞成怒，说道：“测字先生一派胡言，诬陷人家偷盗要犯罪的，我要教训他。”随后，依弟弟之法去问先生：“我的蚊帐失窃，请指点迷津。”先生请他写出一字，他信手写个草体“四”字。先生笑道：“你没有蚊帐。何也？这字形如一圈蚊香，你夜里是点蚊香睡觉的。”先生的话揭了底，他默然无声。回到住处，兄自觉羞愧，遂把蚊帐送还弟弟。

酉

有人丢失了一颗珍珠，去测字，取了个“酉”字，测字的断不出来。旁边一个朋友笑道：“据我看这个酉字，那颗珠子是被鸡吃了。你回去杀了鸡，在鸡肚里寻罢。”那丢珠的人果然杀了家里几只鸡，在鸡肚子里，把珠子寻出来了。他欢喜得不得了，买了礼物去谢测字的，测字的也欢喜，便找了那天在旁边的朋友，要拜他做先生，说是他测的字灵。过两天，一个乡下人失了一把锄头，来测字，也取了个“酉”字。测字的猝然说道：“这一把锄头一定是鸡吃了。”乡人惊道：“鸡怎么会吃下锄头去？”测字的道：“这是我先生说的，不会错的。你只回去把所养的鸡杀了，包你在鸡肚里找出锄头来。”乡人哪里肯信，测字的便带了他去见先生说明缘故。先生道：“这把锄头在门里面。你家里有什么常关着不开的门么？”乡人道：“有了门，哪里有常关着的呢？只有田边看更的草房，那两扇门是关的时候多。”先生道：“你便往那里去找。”乡人依言，果然在看更草房里找着了。又一天，铁店里失了铁锤，也去测字，也拈了个“酉”字。测字的道：“是鸡吃了。”铁匠怒道：“凭一头牛也吃不下一个铁锤去，莫说是鸡！”测字的道：“你家里有常关着的门，在那门里找去，包你找着。”铁匠又怒道：“我店里的排门，是天亮就开，卸下来倚在街上的。我又不曾倒了店，哪里有常

关着的门!”测字的道:“这是我先生说的，无有不灵，别的我不知道。”铁匠不依，又同去见先生，说明缘故。先生道:“起先那失珠的，因为十二生肖之中，酉生肖鸡，那珠子又是一样小而圆的东西，所以说是鸡吃了；后来那把锄头，因为酉字像掩上的两扇门，所以那么断；今天这个铁锤，他铁匠店里终日敞着门，哪里有常关的门呢。这个‘酉’字，竖看像铁砧，横看像风箱，你只往那两处去找罢。”果然是在铁砧底下找着了。

牛

一天中午，测字先生与夫人刚吃罢饭在厅用茶，忽见一人从墙上探头张望。测字先生对夫人说:“此人有事，意在找牛。”夫人问:“你怎知道?”先生说:“此时正午，探头出墙，你想‘午’字出了头，不是个‘牛’字?”一问果然。(按:《朝野佥载》卷三中说洛州有个叫杜玄的，一夜他梦见其牛有两尾，测字先生说:“牛字有两尾，失也。”几天以后，牛果然失踪。)

驴

有个人善易，名震一方。一天此人送客到门口，急匆匆来一老农，满头大汗，急呼:“先生帮我!”因为此人正在和朋友告别，看了老农一眼，就说:“你家的驴丢了，不用急，也不用再找了，驴自己已经回家了。”老农闻言大喜，谢过转身回家。朋友很好奇，问先生怎么知道那老农是丢了驴，又怎么知道那驴自己回去了。先生笑曰:“刚才老农来时，满头大汗，正在张口要我帮忙时，街对面有人牵着一匹马，背上驼了一扇门板，马户为驴，应该是驴丢了，找不到，所以来问我。他刚说过话，我就看见那马停在对面一个铺子前，开始往下卸门板，应该是驴到家了。”

南

某女丢失宠物犬，写“南”字问。术者言:“‘南’有‘幸’字在中，此犬定有下落，被人呵护有加，且‘南’字加‘犬’字即‘献’字，此犬已被你南边不远的邻居家暂时收容。”一问果然。

能

某会议期间，到会代表经常串门交流。一天晚上，方某穿了皮鞋串门，却稀里糊涂地将皮鞋换成拖鞋穿回。次晨，方某到处寻找皮鞋。易先生对方某说，我可以替你“测字”寻找鞋子。方某随便写了一个“能”字。易先生对着“能”字端详一番，分析说：“‘能’字有‘厶’，厶者私也，说明你丢的东西不是公物。‘能’字含‘月’，月者夜也，说明你丢东西在夜晚，不在白天。‘能’的右边呈楼梯状，我们住八楼，最高层，说明丢的东西需要到楼下去寻找。‘能’字右边共有四层，依照八、七、六、五推算，你的皮鞋一定丢在五楼了。‘月’中还含‘二’，你丢的东西应该在502房间。”方先生按照易先生的指点，很快找回了皮鞋。

夭

某君钱包丢了，问测字先生能否找到，随手写了一个“夭”字。断曰：“‘夭’字是‘丢’字头，‘失’字尾，所以肯定找不到了。”后来果未寻到。

急

某君有只重要的皮夹无故遗失，欲以“急”字测失物如何寻回。断曰：“急为煞半。一半是运气不好。煞半无心有火，当时相当急躁，心神不定。失物应该是找不回来了。煞半非全煞，所以证件补办还来得及，不至于有财务上的损失。又，急字中间的山字都倒了，所以比较难矣。急字拆开是刍心，刍乃草也，心生杂草，不够稳健。”

迷

女测“迷”字问丢失的钱能否找回。术者曰：“米，代表钱财；走之，代表水，米在水里，被冲走之象。”

樟

某人丢失铁皮水桶，报了个“樟”字让测。术者断曰：“铁桶是找不到的。‘樟’由‘早、立、木’组成，意思是要尽早找木头做一个水桶。”

讓

某君把身份证弄丢了，测“讓”字问。术者言：“‘讓’有‘瓤’音，身份证没丢，应该是夹在什么东西的瓤子里了吧？‘讓’字与‘壤’相似，其中似有巽形，去房间巽位的东南角地上（沾上土壤）找找。”

宽

某人有一天忘了带钥匙，也忘了丢在家里哪儿了，拈了一个“宽”字，要术者帮忙找一找。先生说：“‘宽’字上头形如房子的屋顶，下面的‘艹’代表‘草’，最下面则有一‘见’字，表示‘草下见’，推断该字意即在房间的草质东西底下见。”结果，就在那人睡觉的草席下面，发现了那把钥匙。

食

过去人称自己的老公叫“良人”。有次一个妇人以“食”请测久出未归的老公什么时候回家。测字先生摇头说：“食是良、人两字倒合而成，字义成了良人倒了，表示他已死了！”妇人伤心地回家跟嫂嫂哭诉。嫂嫂责备她说：“食也能解成良人到了！表示马上回家了，何必信那牛鼻子老道的话呢？”

淮

一女人问丈夫归期，从字筒里抽出一个字卷展开一看是“淮”字。算命先生笑呵呵地说：“好好好！是个上上签！”女人听了不高兴地说：“你蒙人！实不相瞒，我从小就跟父亲在牲口行里转，对测字算命也略知一二，你看‘淮’字中间那个‘人’已被水淹、土埋，说明人已死了，哪是什么上上签？”算命先生听了哈哈大笑说：“大嫂又错了！人死了是横人，淮字中间是立人，立人后面的水滴滴嗒嗒乃是汗水，怎能淹人？立人前面之土，似土非土，怎能埋人？你丈夫没有死，正归心似箭汗流浃背地返回家园，你看看立人前面两个十一，肯定你丈夫于十一月十一日不超过子时准时到家，信不信由你。现在我分文不取，到时候我来拿你的赏银。”

佳 休 吊

张三娶个媳妇名叫桂花。他们结婚才三个月，家里就穷得揭不开锅。为了生活，张三就扛起行李闯关东了。当时桂花已经怀孕，待到十月满足，生下个儿子。张三一走三年。一天，桂花叫街上测字先生算算丈夫的前程下落，先生叫桂花写一字。桂花就在地上写了个“佳”字，抱着孩子站起来，倚在一棵树上，静听先生为她测字。先生一看这个字，说：“你这个‘佳’字是一个人加两层土，你丈夫已经入土二年了。根据你现在的姿势，是倚在树上，树为木，‘人’字旁加个‘木’字，是个‘休’字，‘休’就是完了。”桂花一听，立刻瘫在地上大哭起来。测字先生一看惹了祸，收拾起摊子走开了。好多人都来解劝桂花说：“那先生的话不知真假，哪能全信？”大伙正劝着，又来了一个测字先生，问明情况后说：“我再给你测测看。”先生看过字后满脸欢喜说：“你放心，这是喜事！那人测字没测到底，听我给你说说看：这个‘佳’字是一个‘人’旁加两个‘十一’。两个‘土’再拆不就是两个‘十一’吗？两个‘十一’就是二十二。你抱着孩子倚到树上，树是‘木’，单人倚木是‘休’字，可是你抱着孩子就是两个人了，两个人倚到木上就是‘来’字，你丈夫到本月二十二日保准回来。到时你准备好酒席，我一定向你夫妻二人贺喜。”桂花满心欢喜。到了二十二日那天，准备了酒菜，为她丈夫和测字先生准备了两个酒盅、两双筷。一切做好了，丈夫真的来到家了。桂花赶紧端来了洗脸水，拿了毛巾搭在丈夫肩上，让他洗脸。张三一见桌上两个酒盅、两双筷，心想：“这个女人一定是趁我不在家，跟哪个野男人相好了。”气得他不分青红皂白，照桂花脸上就是两耳光子，逼问桂花：“酒饭为谁准备的？”桂花说出原因，张三知道错怪了桂花，闷闷走出大门，正好迎面碰上测字先生。二人说了几句话，张三肩上的毛巾往下一滑，张三一扭头顺口咬住，测字先生一见大惊，推着张三说：“快走！你老婆在家上吊了。”张三跑到家一看，桂花真的一肚子委屈准备上吊，幸亏还没套上去。张三找到先生问：“你怎么知道桂花要上吊呢？”先生说：“我见你毛巾下滑，你用口咬住，‘口’字加个‘巾’字，不正是‘吊’字吗？”

桐

某人于路边梧桐树下，遇到乡邻求测问外出儿子下落。乡邻出一“桐”字。此人断曰：“此人死矣！”后果然十年未归，下落不明。何也？桐者，一口入木圈，一口即一人，木圈像棺材，人入棺木，死人也。

麸 籽

从前宁波有一农妇，因为兵荒马乱与夫及子相失，寄食于尼姑庵。梦人使磨麦，又见莲花尽落。尼姑解之曰：“磨麦见夫（麸）面也，莲花落莲子（籽）见也。”后来妇人果然见到丈夫和儿子。

望 君

某乡绅避难中与父亲、妻子失散，写了个“望”字测问，即是望父回归之意。术者摇摇头说：“相公，令尊看来已离开人世了。”乡绅猛然一惊，问：“何以见得？”答曰：“你写的‘望’字，将它拆散分为‘亡、月、王’三字。意思是：其‘亡’必死；其‘月’为阴；其‘王’为君。就是死后到阴间去见阎君了。”乡绅不悦，再问：“我妻何日可归？”术者道：“还是要相公再写一字。”乡绅写个“君”字。术者见字后说：“你去县衙问，妻子不日可见。”乡绅问：“先生何以知之？”答曰：“‘君’字上面是个‘尹’字，‘尹’即县尹；下面是个‘口’字，只要相公开口去问一下县尹，就知妻子下落。‘口’字里面加‘一’字，为‘日’字，现在只有‘口’而无‘日’，所以说，不日可见矣！”

回

从前，一个上有老下有小的中年人，独自外出经年未归。已近年底，家人想得团团转，而又束手无策。这时一个堂兄弟来串门。老妇忽然有了主意：“贤侄，你来得正好，帮我测个字来预测一下你堂兄的吉凶。”老妇没有读书，识不得字，便叫儿媳妇报个字来。而儿媳妇不知婆婆不识字，就推让，如此推来推去。堂弟大笑：“婶婶，不用报了，哥哥今晚一定回来，而且是满载而归。”婆媳两人俱不敢相信，不当回事。奇就奇在中年人是夜真的满载而归。婆媳欢喜不表，忽然想起上午测字的事情来，堂兄听了马上把堂弟叫来喝酒，酒席间硬要其解释为什么会测得如此准。堂弟推辞不了，道出了实情：当时婆媳两人互相推辞来报这个所测之字，却怎么也不愿意说。婶婶为长辈，弟媳为晚辈，是两口人。大口加小口不就是“回”字吗？推得越急就回来得越快，应该归期在即。还有就是婶婶当时刚好去喂猪食。而那头肥猪已经可以出栏了，所以推算这次哥哥回来应该是满载而归。

面

某君报“面”字问其妻何时回来。断曰：“‘面’字里面是一个‘月’字，又有‘四’字之象和‘井’象，坐井观天，井水为坎六，恐怕得四个月到半年才能回来。”（按：上半部为“一点”，且有青龙保护，下半部似“回”，若无其他外应，应断一点多回家。）

是

某君小孩早晨出去，中午未归，说了一个“是”字请测孩子去向。术者说：“‘是’字拆开上为日，下为走字的下半部分，合起来应该是人随太阳而走。当时已是下午五点左右，太阳在西边，故断当在西边。”果然在西边其叔父家找到了孩子。

空

某人以“空”字问寻人结果。术者答：“‘空’字上为一穴，象征你要找寻的人藏得很深，好像躲在洞里。下为一工，只要你肯努力，日子久了，自然就成功了。”

翁

翁先生之妻因口舌出走，翁君书“翁”字问寻妻事，术者曰：“老公在上，老婆在下，妻虽两腋生翅，有公制之，岂能飞远？羽似两日，故两天后自回，毋忧之。”后果验。

朋 平

一个老人写了个朋友的“朋”字问何时找到儿子。测字先生看了看说：“你找你儿子多长时间了？”回答说找了有一年多了，还没有找到。测字先生说：“朋友的‘朋’字，是两个月字，你别着急了，再有两个月就能找到你儿子了。”老人说：“两个月太长了，我都急得不知道怎么好了。能不能再提前几天啊？”“那你再写个字吧！”老人又写了个太平的“平”字。测字先生说：“这个平字是六十缺一点，我看呐，五十多天就能找到了。”

圆

某君写“圆”字寻人。术者曰：“圆字，外方内圆，人在方圆之内，囹圄之中。方圆也就是在你我附近，十里之内，眼前被人限制行动，如在牢狱之中，故曰囹圄。圆字，外面一个大口，里面一个小口，底下一个贝字，似大人抱着小贝贝或有口字形的珍宝。贝为钱财，两口为回，须破费才能找回而团圆。”

来

某君写“来”字测儿子何时回家。术者断曰：“‘来’，可以看做是由‘平’、‘人’两个字组成的。意思包含着‘人’‘平安’，‘平’左右各有一个向心点，暗示着两天左右就可回家来了！‘人’恰好代表你的儿子。所以‘来’字表示不出两天，你就会见到平安归来的儿子了！”果然。

众

一妇人写“众”字求测其夫外出吉凶，何时而归。断曰：“其夫外出方向为南方，同行者三人，两男一女，十八天可回。”结果正确无误。“众”字为三个“人”组成，故断三人同行；上面一“人”处八卦图之离卦位，下面两个“人”各处乾卦和艮卦位，离为女，乾、艮为男，故断两男一女；“众”字的人字箭头指向离卦，故知其夫外出之地是南方。三个“人”字似三个甲骨文的“六”字，故断十八天可回。

盈

某君出“盈”字寻人。断曰：“盈，满盈则亏，测寻人不好，盈字下面是血，寻人有血光之灾，又为难旁，整字拆开，乃血上加难。若以‘盈’测事业，此字应取‘有凤来仪’之意，吉祥的征兆。字的上半部分由凤字变幻而来，上有凤头左出，下有凤尾折回，皆是峰回路转之象。下部皿字做器具、餐具解。一般也暗含试卷、钟鼎之意，如清代称试卷为‘皿卷’；大有事业得意满面春风的希望。”

葉

某书生“葉”字寻师傅下落。测字先生道：“葉者出于木，你就是那叶子了，而你师傅该算是那木，人说葉落归根，所以，你和你师傅，当注定一生亲近，你这片葉现在为何和师傅这木失去联系？那是因为风的缘故，缘何有风，因为你师傅当是木中秀者，必非常人，而木秀于林风必摧之，你才会和他离散。而秀木所以能萃于林，自然少不得雨露的滋养，雨露，水也，你找到滋养你师傅这棵秀木的水，就能找到你师傅了。”

雞

某女以“鷄”字测寻人。断曰：“‘鷄’字左为奚右为鸟，鸟字下有四点为脚，内藏一点为怀内孩童，一共是四个大人一个小孩。左边‘奚’字加三点为溪，溪为北方水象，鸟为南方火象，溪边鸟飞渡有从南往北之意。‘奚’字中间藏丝部，你和他们其中的一人之间暗藏情愫，‘奚’字换成口则成了‘鸣’字，正应鸾凤和鸣。鸡又是群居的鸟类，应去北方水边城市找。”

敏

某公子写“敏”字寻人。测字先生说：“这敏字太过女性化，恐公子此行要陷于女事、婚姻之灾，还望小心为上。此字左右可以拆开，所以公子此行要找二人。左边是一个每字，母上之人乃是爷字辈，可见公子要找的第一个人是一个长辈；右边乍看像反，细看又不是反，所以这第二人公子要找的人是公子认为是敌人的人，而旁人却又认为是好人的人。每字添人念侮，添心念悔，只要公子寻到一个被侮辱，并为自己助纣为虐而深深悔恨之人，自会寻到你的长辈。而反文的那个人，添舌念敌，在众人相帮之下，公子找到也无益，说不定要和众人为敌。”

槐

某君寻人测“槐”字。术者言：“若问寻人，凶多吉少，你这个槐字，拆开就成了木鬼，木中之鬼，棺中之尸也，那人多半是不在人世了。”

寸

某布商写了一个“寸”字求测。术士道：“‘寸’字乃‘寻’字去头，小哥想必是为了寻找什么东西正找不着头绪吧？‘寸’字带钩，在测术中意指勾陈，勾陈即为北斗，遥指北方，你可向北而寻，便能找到线索。”

问　案

一　好　十　口

一天晚上，火车站前地下街坐着一位老头，对过客说：“测个字吧。你的气好乱，想必家里出了大事，让老夫为你测字解惑吧！测不准你也没损失，老夫不收钱。”过客工整有力地缓缓写出“一”字。老头摇头叹气：“凶多吉少。一，是‘生’字的最后一笔，也是‘死’字的第一笔。此人恐怕气数已尽，正迈入死亡。请您再写一字，让我测看是家中哪位遇害。”过客偏偏写个“好”字。老头看过后，又是一个长叹：“好，左边的女跟在子旁边，死者是一位与你亲密的女性，跟之前的一字搭配，就是你生命中唯一的女性。”过客：“我父母早已离婚，我现在一个人住，家里哪有什么女性?”老头说：“这是推测，此女子也有可能是你心中最在乎的女人。请相信老夫所言，再写一字，老夫会告诉你此女子如何死的。人命关天，老夫从不戏言，今日你我有缘相遇，就让老夫帮帮你吧！如能救此女子，也算功德一件。”过客只好写了个“十”字。“十，为木字少两撇，木头少两根支柱，就好似人少两只脚，女子死状甚惨，双脚与身体分离，死无全尸。请再写一字，让我测看凶手是谁?”老头坚定地说着。真是太神了，连凶手都可以测，天下的警察都不用干了。过客已经想不出要写啥了，就简单写了个“口”字！“口，似井非井，井在古代多有女子投井自杀，大多是被人所逼害。而这口非井，表示女子跳入的不是井，所以是摔死的。口与之前的十字，相加为田，表示凶手在田宅之中，很可能是自家人。请你速速赶回家，这女子或许还有救。”过客听完背起背包，头也不回地离开老头。外面下着大雨，过客快步向前冲，拿着背包挡着雨，跑到哪都是积水，一脚踏入路坑，狠狠地跌了一跤。原本挡在头上的背包，顺势被垫在头下压在地上。过客回到家睡觉前，打开背包，准备拿来晾干，看见最心爱的女歌星光盘刚好从中间断裂，硬生生把她的双脚折断。原来如此。

靠得牢

杭州一家叫“靠得牢”的烟酒店深夜发生凶案，一女店员被害。有好事者用店名“靠得牢”三字测案件的来龙去脉。“靠”拆解开来是“告非”，也可以是“土下一口非”。意思就是：土下有一口人（死）于非命。“得”拆解开来是：双人旁、曰、一点、一个于，意思就是说：有二人作案，曰乃昌也，凶犯过日子的老家和“昌”有关，在杭州应该说南昌的可能性大些。一点、一个于说明其中一人可能姓于或余。于字从测字的角度来讲是手中不足的意思，这正是他们杀人越货的作案动机。“牢”拆解开来是：家字头下一头牛。牢有牢狱之灾，预示会在老家被抓牢。牛字为不生。后报载警方破案，将犯罪嫌疑人李某和余某在江西南昌老家抓获并解押回杭州。

法

一名检察官审讯一名拒不交代的犯罪嫌疑人，要给其测字。犯罪嫌疑人欣然同意，说出一个“法”字。检察官说：“这个字左边为水、右边为土，按照五行相生相克的理论，水、土相克，你常陷进退两难中。”这时犯罪嫌疑人问：“你看我后半生怎样?”检察官又指着“法”字右部“土”下的“厶”部说：“这‘厶’是古时地牢代号，你现在不是进来了吗? 这牢本是有门的，你若把‘厶’口封死，就成了‘△’，是死牢，就像你现在什么都不说，那还能出得去吗?”

犯罪嫌疑人紧张地说：“你们有什么就问什么吧，我一定积极配合你们查清问题。”

鼠

昆曲《十五贯》，演的是宋代一个外号叫油葫芦的游屠户，夜晚酒醉酣睡，忘记关门。恰好一个名叫娄阿鼠的赌徒经过，见屋门未关，溜了进去，杀了油葫芦，抢走了十五贯铜钱，且移祸他人，造成冤狱。巡案大人况锺巧扮一名测字算命的先生，深入乡间私访，深夜在一座破庙内，遇到娄阿鼠，特为他测字。娄阿鼠报出贱名“鼠”字问官司。况锺测道：“‘鼠’字十四画（按：算卦要原字画加一），数遇成双，乃属阴爻，鼠双属阴，阴中之阴，及幽晦之象。若占官司，乃为祸之首。因鼠为十二生肖之首，是造祸之端。鼠为阴物，昼伏夜出，子时潜行，溜门潜户，逡巡苟且，偷噬财物。老鼠久惯偷油，故被窃之家姓游。你是鼠字，目下正交子月子时，事要败露。”吓得娄阿鼠伏地乞命，哀求先生看看可有解法。况锺说：“鼠能挖穴，盗洞藏身。因此，鼠头加一穴字即为竄，若能走遁，万无一失。鼠字之首是个臼字，两半个日字，原是一日之意；今日就走，若到明日，就算两日了，哪里还走得脱？鼠乃昼伏夜动之物，连夜走最妙。鼠届巽，巽属东南，东南方去才好。鼠属子，子属水，是水路去好。”

侯

《大汉天子》中东方朔测字：“侯”字测凶手。断曰：“公侯伯子男的侯。这个是在第二位。往前进一步呢，就是封公封王，往后退一步，也是贵族之脉。‘侯’字左边是个立人，说明有人相窥，不能自知。右边之下是个矢，矢就是箭。箭就是凶器，你想，整日坐在凶器上岂不危乎？暗箭伤人，必是仇家。”

暮　天

某人作案前找测字的先生测一字，抬头看天色渐晚，便写了一个“暮”字，测字先生皱眉说道：“恕我直言。字是好字，可惜草丛横生，掩日无光，虽另有一日，但因一人之故，怕多有不测。再看你满脸杀气，我断你两日之内，必有牢狱之苦。”该人索性再测一“天”字。先生叹道：“这字又是凶兆。你此行要访友，但此人已是二人，二人必是二心，怕是吃累了。难免应了上个字：两日牢狱之苦。但是有惊无险，并无大碍。”该人果然是先找眼线。不料，那眼线已被盯住，几个盯梢的警探抓住了他们，关进局子；朋友花钱活动，只在牢里住了两天便被放出来。

振

术者曰："'振'字的左半部是个提手旁，动性大，有事好动手，好惹事，提手惹事又易遇到反手，这样就容易被抓，'振'字的右半部分是个'辰'字，在音上不好，有沉意，犯事很难逃脱法网。"

超

术者曰："超字，意为超过、超出的意思。此字可以直接解为，走刀口，主凶，也就是说很有可能要在刀口下走一遭。历史上有梁启超，险些被杀头。刀口还有要动手术的迹象。"

每 尹

某君写了个"每"字说："我有件事，一直放不下，想知道个究竟。"先生脱口说道："每在悔后，一定是有什么事令你后悔。"那人讲："有一天我很晚回家，在经过小巷时听见一个女子的呼救声，我想上前，却发现歹徒手中拿着刀，就又退缩回来。这件事每每想到就后悔不已，不知道那女子结果如何?"那人信手写下个"尹"字。先生平静地说："伊人已逝。"

磨

一人报"磨"字测某地因何事死人。术者言："车祸，遇两石夹道拐弯处，磨字下面的'口'为轮胎爆瘪了造成车翻。'广'字右空陷，车门敞开，双木为车内并肩坐着的二人，下口为兑、为少女，一女性被甩出；磨音'没'，人死了。"一问果然，120 救护车掉人山涧，医生、护士双亡，仅司机脱险。

安

某君以"安"字求测官非口舌之果。术者断曰："安者，安也。必为平安之事，不必惊慌。安者，案也，有头无尾，必是有惊无险，不了了之。安者，按也，必为力所按下，风浪不起也。安者，鞍也，马无鞍不行，如是则此事之结果，必革而后安，君当有所变革，不必束手而待，当以革谋安，方可前行也。"

田

某犯罪嫌疑人逃离，办案者以“田”字测。术者答曰：“二日内可在城中央的家中抓到。这个田字就好像是左右两个日字合在一起；田，土也，土在五行中属于中央；‘田’字如窗户之形，说明要找的人会回家。”

人 惜

某人来测前程，懒得写字，就说一个“人”字。术者断曰：“你应是江湖中人，你说的‘人’字即是口中之人，即为囚犯，今天已是二十六了，再过四天本月就封口了，口一封你即为口中之人，定有牢狱之灾。”那人说：“能否化解？如果进去了，要待多久？”术者抬头见其张大嘴巴喝瓶装矿泉水，便说：“口已开，可以出来，有救！”那人马上问：“多久可以出来啊？”术者又见其衣服上有“惜缘”两字，便说道：“如果你有心听我的建议，二十一天可以重获自由。”他说：“请师父明示，我一切听从。”术者说：“盗亦有道，你把曾经损害过的人梳理一下，赔礼补偿，二十一天后你可以出来。”后果然全部应验。

全

某君以“全”字问家庭状况。术者曰：“人跑到王的头上去了。人是普通人，百姓的象征，居然两腿分开，骑到了大王的头上，这说明此人家里家庭成员之间的关系是秩序颠倒的。因此判：小人欺压或顶撞大人，晚辈克制长辈，女人压制丈夫。另外，一个人在上面，叉开两腿，像是正在生孩子。下面有三横，好像一共生了三个子女，共同的一种血脉关系，像根绳子把他们串成了一家人。全字像个房子，子女三人是搞建筑行业的，而且三人搞的行业是上下流水线的配合关系。王字的上下两横，很像一条道路，一个人在上面，张开双腿，是正在走路之象，而道路中间却出现了一个‘十’字医院的符号，表明家里老人出车祸而亡。王字上下两横代表一帆风顺，中间‘十’字代表不顺利。因此判断：他们三兄弟老大和老小干事顺畅，但老二做事不顺，出问题的时间是在项目进展的中期。家族也是中期不顺，不是事业出问题赔钱，就是官司、纠纷来临舍财，或者病痛缠家人，舍财到医院。”果然都说对了。

高

某君出“高”字测子女。断曰：“你有两个女孩，小女儿在家上学；大女儿

已婚，嫁到离家很远的南方，很少回家。因‘高’字下边‘回’字少一横，而‘高’字像‘离’字，所以嫁到南方。”

许

某人急用“许”字问出事结果。术士曰：“‘许’者，‘言’，‘午’耳，言多必失，今先生坐于屋檐之下，屋者，宝盖也，‘午’欲出头堪为‘牛’，宝盖下一牛，先生有牢狱之灾呀！”

火

一人早上问梦说：梦见胸膛有一团大火在烧，猛然吓醒，问是否是兴旺之兆。术者曰：“火者，祸也，且离身不远，今天当防自己家中有祸事发生。”话音未落，接电话说家中夜里有人上吊刚被发现。（按：火字形像大人折臂，伤身之义。）

信

问字人道：“你就算算我什么时候死得了。”测字先生回答：“你想知道什么，我都可以测，唯独这个生死我不能测。想当初，刘邦曾许过韩信三不死：见天不死、见地不死、见了皇上还不死。韩信大喜，觉得这下可好了，天下就没有敢杀我的人了。可是后来他怎么被吕后杀了呢？当吕后宣布把韩信推出去斩首时，韩信一举手说道：且慢。当初皇上开金口许我三不死，莫非你敢推翻皇上的承诺？吕后不由一声冷笑道：皇上的许诺没有变。你见天不死，可上有芦棚遮顶，你看不见天；见地不死，你没见下有红毡铺地，你看不见地；见皇上不死，现在皇上不在跟前，你根本看不见皇上。韩信听了，无奈地低下了头。所以测字的从来不给人测生死。”（按：信字有“贵人开口成三”的含义。）

總

某女出“總”字测夫运。断曰：“你老公要出事进牢房。窗的繁体字为‘窻’，總乃无穴之窗，无穴就是没有门洞，有窗无门的房子就是牢狱。绞丝旁代表长时间，看来刑期很长。”

亥

人贩子偷走厦门马家的小孩后，来找南京测字先生钱铁口测字，抽了根字签，钱铁口一看，是“亥”字。钱铁口问：“你想测什么？”人贩子说：“我想知道这孩子的命运如何。”钱铁口说：“亥是地支的末一位，亥年生的人属猪。这孩子应是生于光绪二年，属猪，今年三岁了。从五行上看，亥属水，这孩子应是沿海一带的人。五常中，水属智，这孩子的父亲应是粗通文墨的人。孩字失子成亥，这孩子可是你偷盗的？”人贩子只好承认。钱铁口说：“罪孽啊！亥字加马成骇，你把这家人害苦了，这家人姓马。亥字加立刀旁成刻，这孩子身上应有物品刻有他的名字。”一看孩子的长命锁背面果真刻有姓名。钱铁口说：“亥是晚上九时至十一时，你偷盗这孩子时应是在晚上九时至十一时之间。”人贩子说：“没错。”（按：亥拆为玄人，主有贵人相助，化险为夷。）

靠

某君以“靠”字问吉凶。断曰：“‘靠’字，拆开来乃是‘生’、‘口’、‘非’。先生恐是多嘴生了是非。‘靠’字上面为被告，下面似罪而非，像是犯罪嫌疑人。古代‘非’字与飞同，‘靠’字的字相为：牛入围栏即是牢，插翅也难逃。‘非’是两个‘三’字被两竖隔开，似楚河汉界，与亲人不得相见。”（按：据《测字全书》，字脚有破碎，必断杖责，或遇牛犬定有牢狱之忧，或见竹杖之类亦有打兆。）

灭

某君出“灭”字问事。断曰：“火上一横，实实在在的盖头，乃灭顶之灾。人字两边夹头，形成三角，是谓枷锁，必有牢狱之灾。涉案人红色脸膛，做事欠妥善，手臂容易受伤。”

冯

甲午日甲戌时，某君以“冯”字测人出走。测字先生说：“‘冯’字中本就有水火冲，今日为甲午日，午冲子，一般就是在子时或午时，水火相临之时。此人应该在今天的子时或午时出走。点水在巽宫，水有玄武之象，玄武为盗贼，又巽为财，水生财为恋财或女人而犯错误。此人是因犯错误而逃走的，应与破坏和偷盗财物、女人有关。因冯为二马之象，所以非一人所为，并且艮宫之金生水，故其所犯之错误非一人所为，应该有同伙参与。二马为二人奔跑之象，逃走时也不是一个人，有人帮助其远逃。马车为冯字中有马象，并且震宫空，可能无车；汽车为金属，为艮宫之金生水之象。此人先坐马车或跑步，而后转到汽车上，方向东南。因为水人巽，巽主缠绕，但戌时乾宫冲动巽宫，并且乾宫为马脚之象，所以不马上抓到当会跑远。目前应该躲在东南或东方的树林、山洞、草棚附近。今夜戌时、明日子时找到希望比较大。”果如所测。

夫 今

某官在白纸上写了一个“夫”，测字先生看了半天，皱了皱眉头说：“再写一字。”对方不假思索地写了个“今”。测字先生摇摇头说：“你今天的字没写全，每个字都写了一半，你把另一半装到自己兜里了。”对方一头雾水，测字先生继续说：“你藏了一个‘贝’字，贝乃钱财也，你经济有问题。”这人一听神色有点不自然，转身走了。旁边的人说：“好不容易来个生意被你气跑了。”测字先生嘿嘿笑了两声：“要不了多久，他就会被关起来的。”众人问原因，测字先生说：“‘今’加‘贝’，贪也，‘夫’加‘贝’规也，他马上要被‘双规’了，没人能救他。”

甩

某师爷平时乐为穷人打官司。财主企图霸占长工妻，长工忍无可忍才用斧伤人。师爷为救他一命，改“用斧伤人”为“甩斧伤人”，加一笔便成无意伤人而获判无罪。（按：古人云：踢脚为甩，缩脚为用。）

寅

某君以村名中的“寅”字求问案件。术者断曰：“‘寅’字，官字头，代表官司；寅下面八字是人字分开，代表人死了，是人命官司。中间由字上一横，一横为死字的开始；当然，也可以看做是田字上一个T，这个T代表方向的指引，指向了田。田是坤卦，在西南，也是指罪犯在西南方住。田字是两个日字组成的，两天就会把他的下落找出来了。T也可看作丁，丁属火，火的颜色就是朱，嫌犯可能姓朱或黄，不过，这家伙这几天可能去东北方了，寅代表东北方。”

问 讼

朋

一君出字“朋”，说是他朋友因为经济问题即将面临官司，想托人帮忙疏通，想知道结果如何。术者看这个朋字，乃用字被劈成两半，无以为用，当时断之情况不妙。（按：双贝为一朋，需要钱打点。）

冤　家

某君测问官司，术士请他出字。某君提笔先写了一个“宀”头，便被店外的突生异响所惊，一只兔和一只猪从门口奔逃而去。某君搁笔问道：“测字之道，原重灵机，就请你从这‘宀’之上，赐告我凶吉！”术士道：“有吉无凶，不必再卜。猪者‘豕’也，‘宀’下加豕，岂非‘家’字？换个‘兔’字，岂非‘冤’字？如今猪、兔一跑，把个空‘宀’头留下，岂非‘冤家宜解不宜结’之意？”

鸟

某君以“鸟”问，断曰：“你是官员，且是正职，因为外面另搞女人被传开，将受处分和惹官司。此鸟为朱雀、为口舌、为女人；‘鸟’字为‘乌’字多一点，就是有污点，乌即乌纱帽，鸟象形马，即午，为正职；马星已动，四处传播；撇、马、朱雀皆为火，一片火海，定有官司缠身。”

发

某君出“发”字测一诉讼前景，术者答曰：“发中含‘友’，与朋友有关，事涉及朋友，诉讼还要找人、托朋友。发而未发，似岁非岁。官司拖得时间长，年内才有结果；结果难如预想的满意，但会胜诉。‘发’是百姓常说的‘八’的谐音，八乃坤阴卦，位在西南死门，前景不容乐观，赢而非全赢，难以十分如愿。”

象

某君以“象”字测官司能否胜，术者言：“以刀宰猪，中有器具挡住，宰不了，恐怕得不到便宜。‘象’字兔头猪尾，本来能够和解，免于诉讼，可惜无缘。”

胜

某女以“胜”字测官司，术者言：“‘胜’字左为月，月有阴晴圆缺，测字之日为初一月缺，断你目前证据准备得还不够充分，还得努力收集有利证据。字的右边为‘生’字，可进一步拆分为‘牛一’，办案法官很牛，铁面无私，牛

下一横平直，此官司能公平判决。初一正为月生之时，胜诉可期。”

完

某君以“完”字问官司何时了结。术者言：“‘完’字上有官字头，牵扯到官职变动，下面是个元，元有远字形，所以，你这个官司上面会有官员过问，要结案恐怕还比较遥远。”

耳

某君出“耳”字问官司开庭结果。术者言：“耳，双方来人对簿公堂即成‘耸’，一争高低互不相让之象；耳在易为坎，险而隐伏之象，对方应有出乎意料之辩，坎为水，申金当令，对你也无伤；耳在身体成双，看来难辨胜负。但即出‘耳’字，必欲所取，势必执耳而归，官司可赢。”

柜

某女出“柜”字问男友吃官司事。术者言：“‘柜’字乃‘水到渠成’之象。所以不用担心，有‘贵’人相助，自然能逢凶化吉。”

归

某人想起诉“小人”，不知时机是否合适，以“归”字测问。术者言：“‘归’字，左边是小人的‘小’字，右边是君子的‘君’字的字头，‘小’是个整字缺一点，‘君’连一半都没有，‘小人道长，君子道消’。‘归’通‘龟’，主‘缩’与‘藏’之意。不宜起诉。”

丹

某君出“丹”字测房产诉讼。术者言：“‘丹’字有勾陈之体，会延误一段时间判决；有横生枝节之象；房产属土，‘丹’字加土为坍塌之坍，估计败诉可能性大。”

徐

某君以“徐”字问官司。术者言：“‘徐’字，三人伐木，两人对一人，有助者赢。”

第九章　问事问时

中国人办事，讲究时辰、火候。宋代蔡襄出守泉州，遵母亲之命建万安桥，蔡襄计算海之深逾千丈，筑址垒石没有能够安放着力之地，于是就命小吏书写祭文报告海神，小吏写完喝酒痛饮，酣睡于海滩，醒来时正逢潮退，祭文只剩下一个“醋”字，翰墨如新。蔡襄想了一夜方悟：海神令我二十一日酉时兴工。到了那一时刻，潮水果然退去，沙泥壅积有一丈多高，潮之不至一连八天，万安桥正好建成。测字最难测应期，若以应期来评价准与不准，大多数测字术者都会摇头叹息，外应触机可遇而不可求。

问生意

贴

某君以“贴”字测某件生意事应该如何对待。术者言：“贴，以贝壳占卜，无非正面反面，而贝字形看上去是贝壳的反面，主不稳定，自我保护能力差，容易受伤。贝壳反面是个‘非’字形，因此代表否定。”

结

某君以“结”字问合作分利事。断曰：“从字相上看，麻烦是存在的，可能你心里会老是不舒服。左丝一半日绊，右虽是吉，但上有士人，下压其口，有点闷闷的感觉。结，有结算与疙瘩的感觉，分配不可能各遂心愿，协调的结果相对要好。当然要被有些人找麻烦，不打紧，难道他们能算计你？我看结盟的利益大于关系了结。”

有

某君求测一“有”字问生意。术者谓：“‘有’语寓大有收获。‘有’乃为手里抓肉，有肉可随时抓食，有何不好？”

宋

某君以“宋”字测生意。断解：“树生于家，本为吉兆。‘宋’字头上加双‘十’而成‘荣’字，生意兴荣，运在廿日。但须小心‘女’人，以免涉‘案’。”

间

某君以“间”字测与两口子合伙做事。断曰：“门内两口亲密，你又何‘间’焉？”

雨

某女出“雨”字测生意。测士曰：“‘雨’字似两，两人合作。雨为水，水基本都作‘财’解，故还是有效益的，但雨自天上来，看天吃饭，易受政策、形势波动影响，故此财有一拨没一拨的，不稳定。金能生水，多注意开发西北两方的客户。注意财难收账。因有雨无田没入库。雨为雷字头，雷为震为男，合作另一方为男。‘雨’字倒过来看如高脚酒杯，亦似鸳鸯火锅，似带某些情感。”女言对。（按：雨字是否字头，泰字底，就是事情起初不好，但结果挺好。）

魚 源

某君书“魚”字测养塘鱼。术者曰：“此字火在下，魚必死。”彼复书“源”字，以为此有水，当无虞乎。术者曰：“源固有水，然源乃水之源。为涓涓小水，养金魚或可，养塘魚则不易大，故仍不吉。况此字中有白，鱼肚翻白之凶相，又有小，皆不吉兆。”彼默然。

徐 文

壬午年，杭州某人报“徐”字问投资上海房地产有无诈。术者答：“可行。有三四人合作。此字有‘律’形防法律漏洞；‘涂’形，涂改、改动意；徐，不可操之过急；余，利润，三四方可分成；‘途’形，往返奔波；余为自己，也为赢余，乃‘我’可得利；有‘未’形，午年生之合之，未年成功。”同时又问自己跳槽事，报‘文’，“答曰：四个月后会离开本公司，因‘文’为‘离’字头，且四画。”后皆验。

真

某导演写“真”字为电视剧集求测。断曰：“‘真’字的中间是个‘目’字，代表人的眼睛，下面又有人捧，也就是有好多观众收看这部剧集，收视就自然好啦！”

買

某人想買楼，以“買”字测之。断曰：“買字，四字在顶，贝为财在下。四字有人被囚在内，只得巴望。貝、财被囚牢所压，埋在囚下。人不出，财不出，如何買楼?”

档

某君以“档”字问拆迁。断曰：“档，山倒，山属土，山中木扎根，拆迁的事会遇到障碍。但最后能解决，山字上面是小字，只是‘小’问题，需要花一点工夫而已。”

机

某女以“机”问推销产品能否成功。断曰：“机由木和几构成。树木做成了茶几，是木已成器之象，是有收获之象，故可建成销售网点。机代表随机，生意随机性很大，每月动荡不稳，沉浮不定，时好时差。木中的十字代表主路，也代表出了问题，故从主要途径推销将会遇到拒绝，走不通。木的左右两撇代表左右小路，两撇构成树木，树木是做茶几的原材料，代表财源。故从旁门左道去推销可以找到买主，有财源，可以形成销售网点。左右两撇构成人字，与十字合看有异性之交出问题之象。全字为‘机’，是男性象征，又有乘机而入的含义，故有男性乘机插入，发生破坏婚姻的事情。因此，推销过程还会伴随着桃花运。”后应验。

走

朋友写“走”字，问去山西买猪顺不顺。术者回答：“不顺。黄土压头，恐有灾祸。”半月后，术者与朋友街上相遇，见他脸部有擦伤，问之，方知他去山西买猪在返回途中，因天黑避车，不慎车跌入谷中，人被甩出，虽被搞得灰头土脸，所幸未危及性命。

操

一君书“操”字问服装生意。术者曰：“此字提手旁为手持品牌，木为衣架，衣架上又挂着品牌，做品牌生意必可红火！但须防火燥。”后此人依计而行果然做发了。

美泉

一家洗浴中心名字叫“美泉”，从测字角度看，是个凶名。术者断道：“‘美泉’直读，就是没泉，即没水。你开浴池，没水怎么会有顾客呢？用离合测法将两个字拆分开，然后重新组合，便成了‘兼’和‘臭’字。‘兼’通‘恙’，有病之象，‘臭’为白日犬吠。水臭了，不流动的水会腐败。白日犬吠，那是凶相。”

德

有一人写一“德”字，欲占合伙。术者一看，见其字心上漏写一画，明明“德”字不全，拆开正是“二人十四心”，其合伙当然不利。结果如所言。

女

在烟台的一个饭馆里，几个虾贩正在同进午餐。只听甲某说：“昨天，不到两个时辰脱手了一担对虾。”乙某羡慕不已，欲知究竟。甲某说：“我叫卖了两条街没卖出一对对虾，便到测字店里测了一个‘女’字，测字先生说：‘你的买卖来了，赶快回去打理吧。’我回去一看，正有人和我的伙计讨价还价要包下这担虾呢，我立马敲定价钱出手了。”乙某得了这个秘密后，也赶到那家测字店，也写那个“女”字，测字先生问：“要测何事？”乙某说：“我有一笔货物想出手。”测字先生沉思了一下说：“你这笔货物急不得，慢慢来吧。”乙某急了，说：“我的同行来测这个字，你说马上有人要他的货，而我测这个字为什么就要慢慢来？”测字先生不紧不慢地说：“你势必要我说个理由，我就告诉你，先前那个先生写的‘女’字很大，女大当嫁嘛！而你写这个‘女’字太小，还是个孩子，岂能急于嫁出？”乙某无言以对，只得懊丧而归。

汕

某君准备承包一个建筑工程，写了一个“汕”字求测，问能否成功。术者分析说：“‘汕’字分为‘三点水’与‘山’两部分，从卦象上分析，水逢山，乃为水山蹇之卦，为不吉之卦。从字意分析，水逢山，山是阻隔水的高土，水不能通过仍为不吉之状，又‘山’五行属土，土克水（水主财），必有破财之灾，望三思而后行。”

寿

某农民新开渔塘，问明年的收成怎样，取了一个“寿”字。拆字者说：“从这个字上看，先给你个定心丸吃，明年折不了。‘寿’字上面是个‘丰’字，这不正说明年要丰收吗？不过要说的是可能也赚不了太多，因为下面是个‘寸’字，说明财气只有寸余。”

成

某友问合作投资一事，遂于纸上写一“成”字。术者观其字说：“事情恐怕结果不佳，如投资或许会刀兵相见，反目成仇。合作投资本身缺少共同平台，故不成盛；看不见方向，故不成晟；而投资涉及土地买田，但是缺土，故不为城。”（按：成拆开为力戈，力不全，未尽全力。“成”字丁居中央，丁者“男”也，对方是个比较以自我为中心的男人。）

合

某君写了个“合”字测与朋友合伙做生意，正好孩子递给他一个红苹果。这可是个好兆头，苹果为圆物，又是红色的，事情定会圆满，合作愉快，获利甚丰。忽然，那孩子把拿苹果的手缩回，对着苹果大咬一口，然后把苹果扔到桌上跑了。测字先生告诉来人：“生意别做了，做了也要赔。当初看到这个‘合’字，就拆分成了‘一人一口’，像是两个人各拿了一部分股金，联合起来做生意。后来，儿子给个圆圆的红苹果，这是天赐良机，是个发财、合作的圆满兆头，也就是外应。但是，这孩子却把手抽回去了，把苹果咬了一口扔掉。‘合’字加个手，念‘拿’，你这个朋友岂不是要拿走本金、利润，半路过河拆桥，最后把烂摊子甩给你了事吗?”该人不信，说多年的哥们儿，不会的。结果却如测字先生所料。曾经有人将“合夥”这两个字拆解读为“一人一口，果然事非多”。

乎

某女出“乎”字问当天能卖出几束花。术者曰：“乎为手折两指，仅三束而已。”

月

某君以“月”字测火锅店的生意。术者言：“肉月，正适合火锅用，月，囊中有金，吉。”

等

某君以“等”测生意。断词：“等，从‘竹’从‘寺’，竹乃有节之木，做事当有节制；寺本清静之地，难容商贾嘈杂。此字测做生意不利。”

儉

某君写“儉”字求测一合作项目前景。术者断道：“此字极为趣。左边一个单人，则为君之状也。独力难支，状如金鸡独立，且一足长一足短，皆表明君对此合作项目信心不足，或有心无力也。右边为对方，有三个人。上为一大人，下为两小人。大人与小人之间有一横隔之，且小人之上皆有大口。亦或大人为事主，小人为经办，然小人与大人之间有所间隔，且小人贪利，大口求财。以上下观之，皆有‘合’字之象，但无‘命’字之支柱。恐不易行也。左右之间，笔画并未相交，故此事，当是相互观察、谈论阶段。俭者，捡也，此事必非君之正常业务，当是无意中得之也；且俭者，剑也，用强则伤；俭者，敛也，以文则纳；俭者，险也，此事如只听一面之词，必有险事，当细心求证，兼听则明。”

袁

某君以“袁”字测生意。术士说：“‘袁’字带土，内含口、衣二字，也就是说，只要有了土，就衣食无忧了。做生意，别的行当很难成事，但如果跟土地打上交道，肯定只赢不亏，丰衣足食。”

燕

某君以“燕”字测生意。术土曰：“‘燕’字虽有青龙护身，但防口舌和破财，‘燕’字中间小口为金，观此字如生意可成纳财象，但四点为真火来克口金，应该有失财。”（按：劳燕分飞，预示合作者分歧散伙。）

信

某君出“信”字问合同能否签成。断曰：“‘信’字右边一个人，代表是你，左边‘言’字，一点三横一个口，代表这件事有三张口在讲，这隐含着可能有多个竞争者或客户本身存在不同的意见，信字的含义是你要把三种意见合而为一，有了‘信’用，才能成事。另外，你的目的是成交，也就是‘售’，信在左边的‘言’上面，加个一竖就变成了‘售’，能否成交就看你能否找到关键主心骨的‘一竖’！”

刘

某君报“刘”字问竞标结果。断曰：“‘刘’字，左文，右刀，文为已有手续，刀为记录在案，可以中标。”

发

保健茶厂长书“发”字问办厂事。术者曰：“此字写得不正，故心欲发而路崎岖。右上一点太远，故虽有二友助事，其一须在外联系。此事当有兄弟相帮，因加‘扌’为拨，一拨即通，满盘乃活也。此事不可到处挂勾，因加‘广’为‘废’，且不可往江浙等地，盖见水为‘泼’，财泼掉之谓。”事实皆如所述，且销往江浙之货多有亏损。

柒

某君写“柒”字请测字先生测解何意，能否成功。术者言：“此事定不会成功，事且与小孩有关。”某君说想合伙办少儿美术培训班。术者说：“柒为七，一周七天。在佛道来看，七为终止之数。事未开张即需调停，可见成功无望。‘柒’字上半部的三点水五行解释为‘水’无疑，这个‘七’字写得像‘土’，是五行为‘土’无疑，水土相克。‘柒’字下半部的‘木’，五行属‘木’，木土相克。矛盾重重，挫折多多，必须叫停。此柒字下面的木字一撇一捺写成了两点，像‘小’字，‘小’字上面出现一横，是谓阻力。”（按：三七不得十八，上下数不合。）

出

某君问出书事写“出”字，意欲出得顺当些。术者说：“此字上下两个山字，八卦中山为艮，为止，在出版社会两次受阻，须第三次方成。”后果如所测。

珑

华夏银行的标志为红山玉龙，就是个“珑”字。术者评论：王为玉石，在易象为艮，龙为乾，成卦为山天“大畜”，大有积蓄，富甲天下之意。艮为山，为玉石，为门户路径，乾为天，为远，为金夫健行，以“珑”取向的华夏银行标志，正像寓意广聚天下财富，广开门径，商通四海和生生不息的金融气象。另外，就‘珑’字本身笔画还可以另成一个恒卦，暗示该机构恒久长存。想来该行标志取字成象之功，绝非一般识见！

想

某君测“想”字，问单位住房能不能安排上。术者断曰：“能。”对方问为什么？术者曰：“心上有相，楼上观花木。”

斗

某君出“斗”字测某事前景。术者答曰：“‘斗’是北斗星之斗，也是斗争之斗。表象与想法不错，但凶象仍在，需要斗争和争斗，需要努力一点才有头绪。因为‘斗’中含‘十’与‘二十’，所以凶，期限或许半月二十天之内，涉及金钱在两万或二十万左右；斗右下加点（、）是‘头’，所以努力一点才有盼头。”

北

某女士正在北京跑棉花批文，报“北”字测可否做成。术者断曰：“‘北’字，为背靠背，又没有连起来，肯定做不成，不要再耗下去了。”后知其未做成，费用白花了好几万元。

功

某女士想拿下一家汽车4S店做代理，报“功”字求测。术者断曰：“‘功’字，左为工，右为力，如果是问生产性企业可成，但你问的是商业营销，用的是心而不是力，恐怕是无功而返。”后果然没有谈成。

遇

一君以“遇”测某工程。断曰：“以‘遇’字测生意，则机遇可遇而不可求。一步邁错，满盘皆输。从字形上看有‘马星’高照，你需要多多出差走动，甚而寓居外地。禺字鬼头，干土木工程的必须见鬼说鬼话，到鬼地方拜鬼神，叫鬼推磨，鬼使神差方能成事。”

亞

某君以“亞”字问去外地做生意。术士言：“‘亞’字四面不透风，做生意可能一筹莫展，束手无策，而且还要受困；如果你决心去，亚字加心为‘恶’，还会失去自由。”

魏

某君以“魏”字测合伙生意。术者问：“你自己会照看生意吗?”答：“不会。”术者言：“那就只好让合伙人单独去做，‘魏’字拆开是‘委鬼’，你委托‘鬼’靠得住吗?”

事

某君以“事”字测事。术者言：“宋代测字权威邵雍在《梅花易数》里有段签语：‘事字事难了，更又带勾陈，手脚仍多犯，月中方可人。’翻译过来是：你会遇到很纠缠、很麻烦的事，手忙脚乱，触犯了不该触动的东西，要到阴历月中才算解决。‘事’字有封口之状，像用手执笔做一件不能说出的秘密事，笔头折损，文章难成。”

前

某人以“前”字测合伙关系，术者言：“‘前’字，古代篆体字的写法和月、刀无关，而是上‘止’、下‘舟’。意思是说，虽然没有移动脚步，但还是往前行，因为乘在船上。你的处境有些相似，虽然不想和他往下走，但是被迫还要和他纠葛，因为你们坐上了同一条船，不能什么时候想下船就随时下船。两个人（竹字拆开）的事与‘前’组合，就是‘箭’，他把你当做工具，可能是草船借箭。”

秀

某甲以“秀”字，求测一事结局如何。术者断曰：“秀者，乃禾也；必为求利之事；秀，本意为草木生机之初，勃发有期也。故君所问之事，当为有利之事，且大有前途。然秀者，透也；必欲成行，则须有平台，如行水之舟也。走之底，左边为一点一竖，下边为一横；当是应得到合作者支持，并有下属支撑方可透出。”

香

某小姐测“香”字。先生道：“这‘香’字上禾下日，正所谓‘锄禾日当午，汗滴禾下土’。小姐所测之大事，需要辛勤耕耘、努力培育，过程会比较艰苦，到了收获的季节，自然有应得的收获。另外，小姐所测之事，或许和土地会有大的关联，土地之事不平，则大事难成。”

东

某君夏日正午以“东”字问事。测字先生说：“东，繁体可拆为日与木，日乃万物之首，木为百林之基，本是个吉字，然是日孤悬于独木之中，上不得，下亦不得，故以‘东’字测事则呈迟滞之象；东底具木形，夏木燥热易因风生火，你测此字之时恰逢正午，故凡事定当慎之又慎；东亦可解为土木交合，东底之木甚不安分，蠢蠢欲动，望破土而出，无奈覆土厚实，成功恐非易事，细看东上之土亦不完备，尚缺下横（若为土木工程，应该是土地手续不完全），左半部且中坚不正，凡事怕有纠纷。”

问出行

鉴

某君写了个“鉴”字测出行。测士一看，这“鉴”字从金，金者生水，水乃北方，就说：“先生要去北方某地?”答：“正是。”测士听罢继续看字，鉴字去金加草加四即为蓝，水即为蓝，草者木也，木克土，土克水，表示顺利，四者四天也。想罢说道：“先生此去一路顺风，四天即可到达。”

玉

问字者书一“玉”字，术者曰：“从字形上讲，玉，王者至宝也，深埋土中；从字音上讲，玉，遇也，偶有善缘，奔走不停，前途艰险；从字义上讲，玉，宝也，且为盖头之宝，先生定是为寻宝而来。”

鸿

某人写了一个“鸿”字，请先生给测字。“鸿”字拆开，是“一鸟过三江”。一个“工”字是表示两片国土一线连。而整体鸿字亦是“飞”之意，结合起来，该人要越过三江水到达另一国度，要飞。只是“工字”的一竖没连上，是还不到时候。四个点没张开，自己翅膀还没准备好。一问，说果然猜得很准，正在办护照。

决

“文革”时，某人在偷渡去香港前拆字，他想此行决定命运，说拆“决”字吧。占卜者言：“三点方为水，水为财，而‘决’字左边只有两点，显然水头不足，而‘决’字右边不成央字，有缺口，显得彼此口齿不紧，右边人字右侧只有一点，不成一捺，男左女右，若此行有女性参加，决不得力。”后确有几分应验。

港

某君欲去香港，问办签证是否顺利，顺手写了个“港”字。术者说：“这个‘港’字，左右拆开，为‘三’和‘巷’，预示着一波三折，有点小麻烦；但‘巷’又与‘香’同音，最终可以如愿。”

帘

某君测“帘”字问去欧洲定居可否成真。断曰：“‘帘’字拆为穴、巾，穴为家园，安身、歇息之处，而巾为中字不全，看来国内安身立命之地已有损坏，出国为变通之选。好在如今出入境容易，掀开门帘就出国了，再掀开门帘就又回国了。四海之内皆兄弟，一帘幽梦在异乡。”

樱

某女说她外地的婆婆想测“樱”字。术者说：“‘樱’字在左边是木，春天旺木，木在八卦中属震，震为雷，雷有振动之意，故考虑有动的意思。右边有两个宝贝，指小孩，下边有女指你婆婆，老人带两个小孩太累，心很烦，想出门散散心。”某女与婆婆通话确认后说：“大师说得很对，看来婆婆会怪我们不孝了，只顾赚钱，父母的事却没放在心上。”

徒

某君出远门前测个“徒”字。先生道：“这个徒字，左边双人，右边是个走字。你想离开此地，而且是两人走。”问：“先生，你看朝哪个方向走吉利?”“一人走，东西南北一帆风顺，二人走惹事生非，其中一人要缺一条腿。”（双立人旁只有一竖。）

乙　吃　飛

术者分析：“乙”字之类，称为“舟木”。“乞”字为木生火，因为乞头属火，故主出门大利。但“吃”字却因口为土形，木生火，火却去生旁边的土，而木土又相克，是故出行便主受到损失。至于“飛”字，因为“乙”字带连短撇不少，撇属火，所以又主出行吉利了。只是因为有两“乙”字，是故主两重舟行，即是要换船远行才吉利。

回

某君以“回”字问回家行程。测士说：“‘回’字说明直接回不去，非要绕两圈才能到家。”果真路上遇到交通事故，道路堵塞，无奈只好原路返回、改道绕了两圈才到家。

彩

某君以“彩”字问近日会不会来亲戚。术者断曰：“近日会来三人，左边采字竖出头即为来，右边彡字为三人。”果然。

高　锅

某女指着高压锅问测春节能否回家。术者说：“回不去了，高压锅的‘高’字下面是个‘回’字缺一笔，而‘锅’字像个‘祸’字，不吉利。”

出

某君以“出”字测外出需注意什么。术者断曰：“出门又不是出嫁，更不是出家，何必非得测字？‘出’字两重山，山外有山，提示你要谦虚待人，办事低姿态。此去可能办事拖延，有些耽搁，因‘出’字可演化为‘山山’（姗姗）来迟。”

途　和

某君先以“途”字问合伙去做生意，说对方已在途中。术者言：“‘途’字拆为‘人未走’。”打电话过去核实，果然还没动身；遂又出“和”字问结果，术者言：“‘和’字只是口惠而已，无利可图。”

测天气

民间有拈字占晴雨歌，其法信手拈一字，以起笔为验。歌云：“点晴竖雨盖滂沱，撇雾横风雨不多，唯有绞丝连夜雨，勾环午后唱晴歌。”

问时（应期）

酒

某人指着一瓶酒问测今日是否有雨。测字先生断曰：“今日酉时（晚五时至七时）开始下雨，但不会下太久（酒）。”果然。

测

某君以“测”字问其事何时了断。术者解释说：“测的本义是在河床的标志物上刻出横道，用来测洪水的大小、深浅；刻痕就像铸在鼎上的纹饰一样不可随意改动，故成为准则。事主似有事关子女（宝贝）愤愤不平的事由，需要以刀削贝（即耗费钱财）、抽刀断水（正面冲突制造事端）来判定是非，划清责任。而水的本性就是去高填低求取平等，应顺其自然规则等待时机。亦不妨求助于媒体报人，侧击对方。‘测’字为渠字头、到字尾，只要中间自己筑的堤坝冲不垮（以土克水），事情的解决必定会水到渠成。测之字形似‘溅’，水过地皮湿，等待时间不会过长。”

回

某君写“回”字问何时办事。测士曰：“‘回’字是喜字一半，吉字一半，可也是言字一半。此事可能会因众说纷纭而拖延，要办的事赶早办好，迟了恐不成。”

病

某厂长写“病”字呈于面前。术者审视其“病”字字迹端庄，脱口而说：“你们是公事对吧?”答：“对。”又追问是为厂子着急而来吧，答：“更对。”厂长说：“我厂去年就无力维持了，几次辞职，领导都说等明年再议吧，可今年二月将要过完了，还待何时呢？急得我直上火，像生病一样。”术者沉思片刻说：“三月或三月三号有戏，等消息吧!”三月初六此厂长来电话告之：“今日企业重组合并开会，传达三月三日党委会决议。”析：“病”把丙去掉三点摊开，乃厂字可见。天干丙为三？三点为三。不就是三月初三吗!

晶 申

某术者当天相约五人聚会于下午二时三十分，但逾时仍有两人未现身，朋友写“晶”字问是否失约。术者认为他们会在当日三点后陆续出现，而且其中一位会另带一位朋友前来，合共三人。三人会先后而至，应先来一位，其后两位结伴同来。“晶”字，即见“日”，为即日可见之象。在日字中加“人”为“申”字，申时也，亦即是日申时可见。因“晶”字有三个日（阳气），三人之象。又何故先后而至呢？因“晶”字先见一个“日”行头，后见两个“日”跟尾之故。因“晶”字较女性化，新带来的人很大机会系女士。三人真的在申时之内相继到齐。新带来的女士姓陈，“陈”字之中恰巧亦伏着“申”字。

讖

有以“讖”字问事者。解曰：“此为不断冒出的‘流言飞语’、诽谤之辞，或事关二人的绯闻，像韭菜一样，割完一茬又长出一茬。‘从戈，之意即惹怒众人，像土匪一样挑起干戈，‘人人喊打’，处境堪危。字尾勾陈，事情解决非常缓慢、拖延，须听取长辈的训诫。”讖，字似曾相‘讖’，须待春天燕归来时方可完事。”

彩

某人以“彩”字问事是否成功。断曰：“古代彩就是彩衣，就是唱戏人的意思，戏在舞台上是真的，下来就是假的了，所以难有所成。不过，假戏也能真做，表演的好会得到喝彩，也是成功。采是采果，而木尚未结实，可断为时机尚不成熟。”又有测士解为：“‘彩’字，左上爪形，为缺月相，风吹柔弱之木，是‘杨柳岸晓风残月’的意象，难见结局。”

寿

一人找胡半仙测“寿”，便写在手掌上给半仙看，半仙拿捏揣摩一番后言道：“短寿!”那人急了，问：“先生，救我，可有破解之道?”半仙眯着眼睛摇头晃脑地说：“破财方可免灾。”一锭偌大的银子递过去。半仙附耳告之：“小子，今后再写那‘寿’字时，你要写得笔画长一点。”

秦

某酒鬼写“秦”字测酒席饭局。测士曰：“这个‘秦’字拆开，就成为三人禾三字，有了三人没有酒，酒由禾米所酿，而禾者，壳之未成相也，米未成位也，就是说酒宴时机还没有到。而且这个禾字，取上为千，取下为不，也是千万不可着急的意思。”

高

某君出“高”字测出生时辰。断曰：“既然测人事，所以一般把字类化成人形。高字，两口相对，中间隔一个半口，像人坐在桌前吃饭，吃饭只有早中晚，但上面还有个盖子，盖子上有个太阳，像坐在大棚下吃饭。早和晚可以露天吃，一般午饭太阳晒，就要在棚子里吃。并且太阳高高在上，‘牛困人饥日已高’，综合可断为午时。”

白

某君出“白”字测生辰。断曰：“从后天八卦的卦位看，‘白’字的一撇在巽位和离位之间，也就是东南和正南之间，因此判断为午时；何况撇为火，而午为火，白与午时的关联度强。”

想　祥

某君以“想”字测哥哥归期。测字先生说：“你哥哥肯定会回来，放心。想字放心后剩下‘相’字。‘相’字左边是十字加八字，右边的目字横过来是四

字，十八加上四就是二十二，所以你哥哥应该是二十二日回来。”果然。又一次是出“祥”字预测其姐夫回家日期。测字先生说：“已经有回来的明示，所以不必看左边的示字，右边的羊字上面是一个八字，下边是三个十字，所以他应该在八月三十日回来。”结果应验。

文

某君出“文”问测工程何时签约。断曰：“文加口为吝，舍不得。加日为曼，指秋天。现在签不了，是因为有人多嘴，舍不得，所以那个签文要等到秋天才能办。”

套

某君测“套”字问何时有自己的房。断曰：“套，大写肆的一半，四的一半是个二，二年。”

带

某男以“带”字测婚期。断曰：“此‘带’字上有卅即三十，中有‘冖’为家中，下有巾为巾帼，意思是等你到三十岁时才能把对象娶进家门。”

顺

某君以“顺”字问何时娶妻。解曰：“顺字左边是川字乃卅字少一横，所以估计二十八九岁娶妻。”

良

某人儿子出门未归，写“良”字问何时回。术者断曰：“七日后辰时归。艮为少男，为止，八卦排在第七，所以不会超过七天。良中有‘辰’字，你能在七日后良辰见到儿子。”

琴

某君和女友吵架，报“琴”字测婚期。术者断曰：“从这个‘琴’字的结构上来看，你与女友是正配，目前形成的卦象是否卦。否者，否极泰来。‘琴’字下是个‘今’字，所以今年一定会和好结婚。‘琴’字旋转九十度后来看，整个字像一个人在吹唢呐，为喜庆之像，两个王字像两个卅，卅为三十，两个卅为六十，所以婚期在两个月内。”

烛

某女以“烛”字问男友何时约会。术者断曰：“繁体烛字右边是蜀，看来他有点玩得乐不思蜀了。字上有四，四日内找你。”

春

某女测“春”字问男友来见时间。术者断曰：“‘春’字说明三日内能够见到其人，若论时辰，应为‘日上三竿’，大概十一点吧。”

病

某君以“病”字测亲属的病还能撑多久。术者言：“病因丙火，夏至火最旺，随后火衰，丙字排行三，夏至后第三天若抗过去，就还能再坚持一段时间。”

缩

某男测“缩”字问能否找到做得长的工作。术者断曰：“你用缩短的字问测延长的工作，很幽默。缩字带绞丝旁，与纺织物有关，宿即旅舍，恐怕指的是酒店服务业（注意不能洗衣，那要缩水的）。工作时段肯定不会是短促的一宿，‘宿’字含有大写的百字，至少能够做一百天。换个角度，缩是缩短劳动时间，抱着这个目的去选择工作，成功概率会大得多。宿又指宿愿、宿命、归宿，你还是按照心灵的需求和指引，顺应自然地看待工作的变动吧。”

久

某女以“久”字测何时有正缘。术者断曰：“久是‘灸’的古字，意即灸灼，你的心情焦躁不安，等待正缘已久。俗语说得好：‘久旱逢甘雨’，后边紧跟着就是‘洞房花烛夜’。你再仔细观察一下这个‘久’字，恰恰由两个人组合在一起。不必再因等待而歉疚家人，天长地久的正缘已款款而来。久加王合为大写的玖字，农历九月可期。”

成

某君以“成”字测婚期。术者言：“成字似戊戌，按月份的干支计算，最近应在辛卯年九月。成字内含勾陈，按说男子成丁娶妻，女性成年嫁人，天经地义，可偏偏就是要动用干戈示武，费尽周折。成字的原义一般人不清楚，它是在武力的威慑下讲和，双方和平谈判达成协议，才叫做‘成功’。婚姻也是契约，你的女友及其家族，就是你的婚姻谈判对象。”

未

某君以“未”字问正缘何时到。术者言：“未’字是没有，尚未。‘未’字否定过去，不否定将来，与‘不’有别。《说文》云：‘未，味也。六月滋味也。五行，木老于未，象木重枝叶也。’意思是说，未是阴历六月的味道，这时树木不再生长了，枝叶繁茂。看来你的正缘要等到盛夏，未字拆开有‘二人’，暂时互不能见，中间一竖为青龙保护，事成无疑。”

杂问荟萃

我

某君以“我”字测催债。术者断曰：“‘我’字左边代表本人，右边代表债务人，去了上边一撇为‘找’，戈为钱，就是找债务人要钱，本来应找人说‘和’，因无口没人说和，动了干戈，字形像两人扭打在一起，丿、戈都是伤灾符号。左边禾为木，右边戈为金，金伤木，本人要受伤。”

祥

某天一老友到术者处闲坐，询问来意后方知是等人。别人借他钱已经数年，部分已还，约定见面商议还款事宜，出一个“祥”字想测结果。术者下了这样的结论：“等的人不会来了，并且这笔钱也不会还了。”老友脸色一变，询问是什么道理？答曰：“‘祥’字拆开之后，经过重新组合之后就是‘不来’，经过再次组合就是‘不金’。”事情果然与预测吻合，一直没有还钱。（按：祥似样，对方装模作样罢了。）

坏

某君以“坏”字问能否向老板要回钱。术者言：“‘坏’字左‘土’右‘不’。所谓水来土掩，你去要钱，水为财，而被土掩了，就是不给了。土字反过来就是干，就是说你算是白干了。干字加个走就是赶，而且会被老板赶出来。而右边直接是不字，就是不给了。土字上加一字就是‘环’，环与还同音，如果想老板还钱，就必须要多做一些事情。土字的竖笔长一些的话，就变成了‘杯’字。摸着酒杯底说话，成功率会高一点。带上好酒去见老板，跟老板套套交情，说说好话，才有机会拿回钱。”

字

某君以“字”问能否收回欠债。断曰：“‘字’为子于家中，如款未追回，子何以安坐家中？所以，款应可得以及时追回。子为一了，意为一了百了，农历十一月（子月）事毕，可成之象。”

顺 安 康

某陵园想盖办公楼，已经物色陵园的三块地方，写下“顺、安、康”三个字代表三处地点，想请术者做个决断。术者说：“‘顺’字左边为‘川’，‘川’为大水，‘水’的含义是至阴、至柔。‘安’字下面为‘女’，‘女’为阴、男为阳，无须多做解释。‘康’字下面亦为水，同样意味着阴、柔。三字都包含沉沉的阴气，可见陵园藏风聚气并非讹传。说来奇怪的是，这三个字分别对应的三个地址也颇有规律。‘顺’字至阴、至柔，阴气最重，而‘顺’字对应的地址正好是离墓葬区最近的区域。而阴性稍低的‘康’字，对应的地址正好位于陵园的大门附近，离墓葬区最远，是办公楼最佳选址。”

富

某女出“富”字问给父母买房。术者言：“‘富’字拆为一口在家，当然有房遮风挡雨，下面田字是拥有家产支持你买房。‘富’字戴官帽，有福禄双全之象，孝敬老人，又加寿，三星高照，万事遂意。”

包

某人出“包”字测在哪个方向买房子。断曰：“‘包’字看六神定方向：勾陈居中，巳为螣蛇，居无定所，累了也在中央歇息。方向最好定在中央。而且，巳为十二地支，若论方向是东南。所以，定在中央偏东南一点，大概是不会错的。”

今

来人报“今”字问买房。断曰：“上三角下三角，屋必两处，中含一点，内心所在。上三角艮主事，一房依山；下三角在内，近利市三倍，城中也。”

物

某女以“物”字测上司对其反应。术者言：“‘物’不就是说‘勿和我意见抵触，吗？但上司‘忽’略了你的感受，成败由其一人扛。‘物’有‘牺牲’之象，你还是要小心。”

亿

某君出个“亿”字问事。术者曰：“这个亿字，繁体写作‘億’，是单人旁加一个意，而意又是由立、曰、心三个字组成的。其实这心字也可理解为一个人，不过是个躺倒的人。所以这个字中有两个人，如果由上而下地读这个字，先读到的是立人曰。这就是说，你问的事涉及两个人，一个是立着的，当然是领导。另一个是躺倒了的，看来就是你了，这字说立人曰，就是由领导说了算的意思。看来你的事要由领导来摆布了。”

闆

先前“老板”应是繁体字“老闆”。繁体拆字可解成“闆”者家也，“品”者品德是也，合称即为“家中有品德的人”。由此可见，先前的老板是十分看重其个人品德的。简体“老板”拆字可解成“木”者十八也，“反”者反规矩也，合称即为：“十八个人中有一个人是反社会常规的人，只有这样的人才可以做老板。”

中

某君以“中”字测下属。术者言：“若你下属能对你直言意见，这个中字就是河南话‘中!’如果你旁边有一个表面上特别忠于你、唯唯诺诺的随从，加上这个中，他就是你的心头大‘患’。”

毽

某君测个“毽”字问同事。术者言：“‘毽’字，贱也，他总是被人踢才能动一动。你老踢着他走，是不是很累?‘毽’字含聿，有肇事的征兆，将来他会闹出不少事叫你不好收场。”

户

某君以“户”字测事。测字先生说：“半扇门意味着半遮半掩，事情办得不明不白；铩羽而归后推卸责任，因户字成无羽之扇和无肉之肩。”

誠

某女出“誠”字问事。测字先生说：“‘成’字拆开左边是一个‘户’，右边是一个‘戈’，一户之内有干戈，如何能成？再加了个言字旁，言字拆开来看是十二口，家里都吵个不停了，外面还有这么多口舌，人言可畏，此事难成。”

兀

某君出“兀”字测事。解曰：“‘兀’字像圆周率符号，即3.1415，介乎三和四之间，表示办事期间会遇到一些不三不四的人、不三不四的机构。办事曲折，须三上成文、四下打听。”

東

某女以“東”问事。断曰：“‘一束’成‘東’，看来还有束缚系之，卦象或是口舌之争，乃误信人言所至。去‘口’则成‘本’，忍‘口’则还‘本’，是非去掉则成事可期。”

正

某君出“正”字问事。断曰：“你所想的事情自己不能做主，希望大家表决，希望旁人给你作决定。”其人称善，问何故？因为投票计票的时候一般都是用“正”来计票。

轩

某女出“轩”字问事。断曰：“‘轩’字右‘十’去一是九，但不成轨就是不轨；且其字左右都为悬针，不利视力，也就是你看不清楚对方，‘轩’字也不是‘转’，去也玩不转、办不成事。因为是女去办事，加女为奸，必被骗也。”

肖

某君出“肖”字测其能否见到关键人。断曰：“‘肖’字本来就有‘肯’字之象，为‘当’字头、‘肯’字底，意为‘当肯’；加宝盖头则为‘宵’，是夜晚之意；有‘心’则为‘悄’，你应专心准备，会在夜间悄然和对方见面。”

奇

某人以“奇”问求人办事。断曰：“奇如大人之口，表态慷慨，一讲即合，有求必应，虽有差错也不计较，办事能圆满成功。”

甲

某人以“甲”测事情结果。断曰：“甲的头是天罡方正，而头大脚小，表示来势可以，收场并不可观，只能算中等结局。”

祥

某人出“祥”字问事。断曰：“此字乃一个‘衣’旁加一个‘羊’字，羊代表温顺善良之人，羊本身有皮毛在外，何必再穿一件衣服？这是欲盖弥彰之举，定是有人做了见不得人的苟且之事。”（按：此字还能解为狼披羊皮。）

冰　桁

某女求测“冰”字问事。测字先生说：“冰，水为之，表面坚硬，其实不堪一击；眼下隆冬之时，滴水成冰，恐怕诸事难成，最好静待时机，等到来春冰化为水，水性虽柔，可以克刚，诸事也就水到渠成，否则急于求成，会有大灾。”女又写了一个“桁（音横）”字：“这次我问人，问此人明年的运气。”先生笑道：“人倚木而行，犹舟之有楫，车之有轮，越行越远，前途不可限量，再者桁为房屋横梁，此人日后必为国家栋梁之材。”

少

某女测个“少”字问某男的存心。断曰：“‘少’字源自‘小’字，原指微小的沙粒。长沙南门外有白沙古井，刻有名联：‘常德德山山有德，长沙沙水水无沙。’‘水无沙’即‘少’也。那个男的对你的态度如同无水之沙，你若加水，他就是泥；你若加点水泥白灰，他就敢上墙；你若不理会，沙难聚塔，亦于事无碍。‘少’字为秒、杪之简写。《说文》：‘秒，禾芒也。’‘杪，木标末也。’‘标’为木梢、木屑，标末乃微小之义。《说文》：‘小，物之微也。’‘少’字初为微小之义，引申为年少、不足、缺少、几近没有的意思。也就是说，那个男的实在不值得引起你的关注。”

金

一妇草笔写个“金”字问家庭。测字先生说：“通常测字是由拆字引出，今天我就改个例，就依这字的形状来说说看。这个金字，形虽潦草，意却方正，猛一看，此字像个小屋子，并且地基牢固，不歪不斜。上面的‘人’形屋顶写得很长，此乃可以庇荫之象，中间的‘王’字略显潦草纠缠，意指眼下屋内纠葛之事甚多，可哪座屋子里面没有些烦心事呢？泥菩萨住的庙里还闹耗子呢。不过还好，最后这两点非常有力且对称，看来，居在此屋内的两人，最终还是能得此屋之庇荫啊。虽然，这两个点离得有些远，中间还隔了根大柱子，但是，请细看，这两个点在写的时候，形断而意连，是由一笔呵成，既然屋里人意未断，因此这屋子总是能经得起风雨的。”

良

某女以“良”字问如何改善婆媳关系。术者言：“‘良’字拆为一艮，艮为山，为隔断，建议在经济上减少索取，增加给予，最好经济上能和家长分离开来，若即若离；人加良为食，多在饮食方面与她切磋技艺，把她当半个亲娘看待。”

凯

某君以“凯”字求测和父亲关系。术者言：“繁体‘凱’字左豈右几，‘山’是内有隔断的食盒摆在祭器‘豆’上，几是供桌，展示出一幅祭祖仪式的画面，

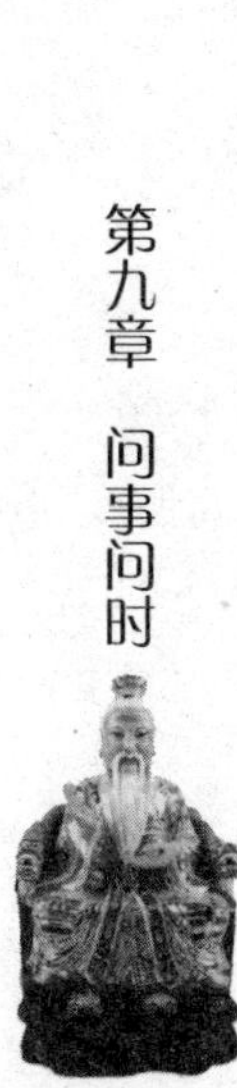

但是食盒里却没有任何贡品，装满贡品叫豐。暗示虽然你很努力修复与你父亲的关系，但是仍没有实质进展，心理负担沉重。‘豆’字是说尽孝要从一点一滴的小事做起，不以善小而不为。白虎之形居西方兑卦之位，乃其正位，还算安稳；‘凯’字五行属木，木的术数为三，三年后会转好。”

帘

某女出“帘”字测未来老公有多高，术者言：“‘帘’字测高度，一般门帘总比人高些，你未来老公是个运动员身材，长得像门框，1.90 米。”

薇

某女出“薇”字测未来老公人品。术者言：“‘薇’字，是一种野菜。有个不食周粟的典故：伯夷、叔齐是商末孤竹君的儿子。孤竹君立叔齐为继承人。孤竹君去世后，叔齐出走，欲让位给兄长伯夷。伯夷也不愿做国君而逃避。后来二人在路上相遇，投靠周文王，周武王继位伐纣灭商，他们认为诸侯伐君不仁，誓死不做周民，不吃周的粮食，隐居在首阳山，采薇为生。薇代表古代士大夫的气节。你未来先生也是有骨气的人。左下双立人旁是路口，中间两山夹一道，地势险要，为兵家必争之地，你先生据守要塞，重任在肩。右下边是手握武器（或权杖），有权，有保护你的能力。几字无勾是小白虎，容易生点小病。双立人说明你们关系亲密，有朱雀之形，经常拌点嘴，没啥大不了的。”

鑫

某君以“鑫”字问邻里关系。术者言：“多金并非好兆。三金为淦，《说文》云：‘淦，水入船中也。’段玉裁注：‘水入船中，必由朕（舟缝）而入。淦者，浸淫随理之意。’金本生水，又无火克，水多入船，船漏难行。金命太硬，容易伤人，邻里关系堪忧。”

愤

某君测“愤”字问与人纠纷。术者言：“愤，虎贲之士，有勇无谋。事涉钱贝，不要看钱太重，自己的脸面对于不愿再见面的人，也无所谓丢脸。吃得小亏，识得人心。各退一步，化解纠纷。”

雷

某君以其名字中的“雷”字问测。术者言：“雨润旱田为吉兆，雷者乃阴阳两气碰撞而发，惊天地，泣鬼神。科学研究表明，雷电是大自然的氮肥制造者，每次雷鸣都能使很多氮气化合为植物可吸收的硝酸盐。因而，姓名中有‘雷’之人具有造福民众的潜质，因而有自己的一块领地可以耕耘，四面称王。”

烨

测士曰：火华，火花也，光明灿烂之象，喜事之兆也。旧称见灯结花则兆得财。《西京杂记》：“陆贾曰：目瞤（音闰）得酒食，灯火华得钱财。故目瞤则咒之，火华则拜之。”

日

测士曰：“日”字四面密封，内存一。数字上以一为始，所以一为大也。由于四面密封，便内外隔绝，所以容易产生自大、自闭。

贵贱

术者曰：“贱”与“贵”的区别不在于有没有钱财，而是把钱（贝）财摆错了位置。

贫

断曰：“贫”字是八个人用刀在分贝之象，贝主钱物，主适合与人合伙共图大业，然后有了好处大家分，而不适合一人独谋。要聚众人之力方得成功。

走

某君梦见自己走去找人占卜，而占卜者竟是个泥塑的人。翌日遍翻解梦的书，都不知道吉凶，只好去问测字先生。断曰：“泥塑的人占卜，那就是土卜人，即是个‘走’字。”

猪

镇上有个测字先生测字准确，有三个地痞想试试他测得如何。三人到测字先生面前，恶狠狠地说：“听说你测字很准，如果今天你给我们三人测准了，就算了。如不准，不但要给我们钱，而且要砸掉你的测字摊子，从此不准你在此测字。”测字先生胸有成竹，不慌不忙地说：“你们三个哪一个先测。”那个自称老大的指着前面房边的一头猪说：“就那个猪。”测字先生说：“午时有人请你吃饭。”老二抢着说：“我也是测那个猪。”“好啊，午时有人给你送衣服。”老三一看，老大有人请吃饭，老二有人送衣服，看自己会有什么好事，他对测字先生说：“我也测那个猪字。”“哎呀，不好，午时你要挨打，会头破血流。”到了午时，果然有一个人见到老大就说：“今天总算找到你了，中午我请你吃饭。”拉着老大就走了。过了一会儿，有一个人见到老二说：“你的朋友给你买了一件衣服，叫我亲手送给你。”老三看到老大、老二都应了，他对测字先生发火说：“我看看谁敢打我?”边说边往后面退，谁知他后退时踩着一个女人的脚。那女的“啪”的给他一个耳光，打的还很响。老三野性发作，一边骂一边给那个女的几个耳光。谁知这个女人是个大官的三姨太，几个带手枪的护卫看到主人被打了，一拥而上，把这个老三按倒在地，用手枪托照着老三的头就砸，老三一看他们都有枪，哪敢反抗。可怜的老三被打得头破血流，送进医院。第二天，老大、老二来问测字先生，为什么他们三人都是指猪而测，吉凶结果都不一样?测字先生对他们说：“虽然你们三个都是指猪而测，但外应不同。当你老大问事时，正好主人准备给猪喂食；当老二问事时，主人给猪抱了一捆草过来；当老三问事时，因猪把墙角拱坏了，主人拿着棍子照着猪的头上乱打。所以三人外应不同，吉凶结果也都不一样。”

一

某女以“一”字测能否减肥成功。术解：“‘一’为‘大’减‘人’，可见减肥可以成功。又，‘一’字，十之半也，非加（+）即是减（—）。”

国足

某君于世界杯预选赛前写下“国足”两字问赛事结果。术者摇头曰：“不妙。国足，裹足也，裹足不前。名不正则言不顺，这个名字太差了!”某君顿悟，怪不得中国足球这么多年来一直落后呢，原来是这个原因啊!

荷 西

足球世界杯决赛前夜以国名测冠军。术者断曰："'荷'字坎位缺，前锋草率，后边大门不保；'西'字四面封门，防守过硬。俗话说'三十年河东，三十年河西'，指的是黄河出龙门后河道变化多端。若以荷为河，明天争冠开始时间为癸亥日丑时，水往东去遇土克后必归西，河西，乃河属于西。荷，荷重也，西，栖息也，西以逸待劳。'西'字有平头煞，宗教信念持一，青龙护体。最后，西字含圆周率符号兀，应该是圆满的意思。所以结论是西班牙夺魁。"果然。

顺

有姓傅的老板写了个"顺"字求凌虚子测。凌虚子说："你姐弟三人，你是干与车或金水有关的生意（'川'字，三人，撇为姐，二竖为弟，川为水，为车，川流不息）。"傅说："对，原来开车，现在办了个暖气片厂。"凌："你的财源在北方或东北方，前两年财运不错，今年财运不好，特别是夏天，现在财库空虚，有人欠你一笔财，你想去东北讨债（水为北方，暖气片东北用得多，财源。手写贝字类欠字，有贝无才，破财之相）。"傅："对，我的客户多在北京和东北。下周我要去东北找个人。"凌："那人是你的女友，你俩关系很亲密（贝为金为四，女友，页为酉金为女，金生水密切）。"傅："对，我和她已同居好几年了。"凌："她有一姐一弟，一个女孩（丁为女孩，撇为姐，点为弟，为水，开车，金主四，火克金伤一），她是干美容院的（贝字像一人扣个大帽子，上有灯和电源，烫发象）。长得很漂亮，1.7米的个头，双眼皮，四方脸，黄红色的头发（金的特征），走路是外撇脚（八字在下面为脚）。"傅："她外撇脚太利害了。"凌："她的婚姻很不顺利，第一任丈夫是炭贩子，他抛弃了她。第二任干公检法的，是外遇，只是半个丈夫。第三任才是你（'川'字，撇，第一任，外逃，撇下她，第二任，竖为木为曲直，公检法，他是第三个做川字断）。她对你很好，帮了你很多忙。此人花钱如流水（金生水，泄金如流水），现在财库空虚（贝壳是空的），生意也不景气，只剩一个员工了（贝内剩一人），你在她身花了不少钱。"傅："是的，她原有姐弟四人，夭折一个。她弟弟开出租车。她的第一个丈夫开炭场，欠债太多，外逃避债。第二个是派出所长，只是暗里来往。她确实帮了我不少忙。她花钱太大手大脚，我给她买了房子，每年给十几万，今年生意不好赔了钱，没钱给她了，于是整天闹我，一气之下，我就回来了。"凌："你这次去是不是管她要钱和一件值钱的宝贝？"傅："对，要回钱来更好，能把苹果打套机要回来也行，如果她翻脸不认人，我就找人把她家砸烂。"凌：

"千万不可，那样你不但要破财，九月还有牢狱之灾（贝上为屋，一人进去，蹲黑屋子，坐牢之相。戌月土旺克水，官灾）。依我看你这次去很不顺，不如不去。"

先

台湾"新闻局长"千方百计要关掉某电视台，术者针对此事测了一字，测出的是"先"字。"先"字，上面形如"牛"头，下面形如"鼠"尾，于是断言此事虎头鼠尾，做不成的。不只如此，牛本应有四条腿，但"先"字下面，却只有两条腿，表示四肢不全、行动不便，若存心不良，一味想攻击人，一定会因两条腿站不稳而倒地。后来，该任"新闻局长"果真下台，连上司都受到牵连，也一起总辞。

失

术者断曰："失"字拆解则为"二"、"人"，表示二人以上为复数，有竞争者多之意，问字者须拥有睁一只眼、闭一只眼的大智若愚，若执意要强出头恐横生意外。

不

术者断曰："不"的中间，看起来像是一根长长的管子，旁边两撇则像是双手摆开，问字者是一根肠子通到底的人，会把情绪摊开来说，不管是开心、难过、生气，你都会很明显地表现出来，很难藏在心里，旁人很快就知道。

慧

"慧"字在甲骨文中，是"一颗心"在下面，中间"一只手"，上面代表"两把扫帚"，用来扫除灰尘的样子，因此扫除灰尘手脚十分干净利落的行为，就称为"慧"。因此如果姓名中有"慧"字，代表常常做很多杂事，在家里要做，在外面也要做，琐碎的事情很多。

古

术者曰："古"字上面多一画成为舌，如今少这一画表示舌无完体，有口难言，一生中为人处世会吃闷亏，遭人冤枉，难以澄清。

女

某女以“女”字问。术者言：“女字字形上外多棱多绳，问题、困难真的很多，但是内核清白，只要自己坚守，就一定会成事。女字伸出的触角很多，也许很容易受别人影响，但不要太在意别人或者周围的压力，如果现在觉得生活不好，现在比较差，也不要绝望，那只是暂时的，将来的运势会变好的。这个字有向外伸的空间，所以有无限的发展可能性。”

伏

一个大个子反被小个子欺得不敢还手，自认倒霉。旁观者问原因，大个子不敢言，只写了个“伏”字。在旁的测字先生解释说：“这是狗仗人势。”原来小个子有大靠山，才敢如此放肆，大个子是平民百姓所以不敢惹他。

万

某君以“万”字测找事做。术者言：“万，一力不全，想找不费力气的事做；成字缺戈，想找不太竞争的事做，因而总也不成。古代‘万’字是蝎子形，暗示你还要歇歇，冬眠一下。”

一

某人想为难术者，说“一”字测。术者旋即道：“众人皆知，世有经纬，纵者为经，横者为纬，今你心中有横无竖，岂非‘无经’也！‘一’说明你做事有些蛮横无理，一意孤行。”

九　十

人们一般不喜欢“十”，因其谐音是“死”的意思。有位测字老先生，十分中意这个“十”数，他对来测字的人讲：“你哪里晓得，十之意为实，这是殷实的意思，怎么不好？要说那九数，有酒的谐义，酒是可饮的，若成了癖，便会醉倒人的，醉得不醒人事，怎么说它好？”

一至十

一，独阳不长，且一笔即了，诸事不成，占病即忌。二，独阴不生，事有两歧，终无一定。三，有阴有阳，三才定位，万物生成。四，一口两舌，须防口舌。五，不能交互，勉强相合。六，六爻成卦，文明之象。七，七为少阳，七字之形为数甚少，且有螣蛇，恐其吃人。八，两笔分开，分离之象，利分不利合。九，朱雀勾陈白虎相聚，亟宜避之。十，十者数之终，有完全之象。（《测字全书》）

版本二：

水的三态变化也有数字象征意义。根据术者考据，原始人的一至十数字，与水的自然循环周期相同。“一”是泉水细流；“二”是小河，有河岸；“三”是大川，水在河道里流；“四”是洪水恣肆，泗乃鼻涕横流；“五”乃天地交融，是雾状水，水量减少；“六”是冰状水；“七”是切断，河床断流；“八”是到山中洞穴探寻水源；“九”是求龙祈雨；“十”在甲骨文中是一竖，下雨的意思。可以用来预测问字人的运气周期。

十天干

甲，田破不可耕。乙，螣蛇之形，求财称钩打钉。丙，内中有病，南方大吉。丁，单身独立事难成，见官有杖责。戊，茂盛之象，用力易成。己，螣蛇入口，东方大忌。庚，不得康宁。辛，无力可辦，空有辛勤。壬，任托须人。癸，名利大发，交友共事，须防暗矢。（《测字全书》）

版本二：

甲为拆，万物剖符而出。乙为轧，万物出生，抽轧而出。丙为炳，万物炳然著见。丁为强，万物丁壮。戊为茂，万物茂盛。己为纪，万物有形可纪识。庚为更，万物收敛有实。辛为新，万物初新皆收成。壬为任，阳气任养万物之下。癸为揆，万物可揆度。（《群书考异》）

十二地支

子，一事既了，百事皆好。丑，丑为手，又象子初生。寅，家有变更之兆。卯，茂也，茂盛名利之象。辰，神龙振动，可以兴云施雨。巳，然巳未巳，于己无涉。午，牛不出头，难用其力。未，欲求不来，凡事忍耐。申，口舌已破，无人可伸。酉，就也，以物成就之象。戌，戌者击伤之义，用力可望其成。亥，玄武当头，其事不久。（《测字全书》）

版本二：

子为兹，万物兹萌于既动之阳气下。丑为纽、系，既萌而系长。寅为移、引，万物至此已毕尽而起。卯为冒，万物冒地而出。辰为震，万物经震动而长。巳为起、已，万物至此已毕尽而起。午为仵，万物盛大枝柯密布。未为昧，阴气已长，万物稍衰，体暧昧。申为身，万物的身体都已成就。酉为老，万物老极而成熟。戌为灭，万物老极而成熟。亥为核，万物收藏皆坚核。（《群书考异》）

第十章　问物问梦

宋代测字大师汪龙声名远扬，安徽郡守不服气，有一天把汪龙叫到官衙，郡守问他："我手中握着的是什么东西？如果你说得对，就放了你；如果说错了，就用乱杖打死。"汪龙请求指个东西提示提示，才好猜测。当时大堂下刚好有位少妇在诉冤，郡守指了指少妇。汪龙立刻回答说："是一麻雀。"郡守吃惊地问："是活的还是死的？"汪龙答道："生死在老爷手中掌握着。"问其故。汪龙回答说："那个妇人是个年少佳人，又穿孝服，以意解之，就知道是麻雀。"拆、猜音似，测字就是将猜字谜的程序倒叙，与其说是测字，却更像一种文字游戏，精妙之处令人回味无穷。

问 物

核

某县官坐在县衙大堂里，想难为测字先生，说："你转身出门，看街内行人，那第一个背袋子者，袋内装有何物？"大堂朝街，有一个天井，天井内有棵大树，一头猪在树上擦痒，测字先生想："猪乃亥也，树，木也，木亥合一为核。"他回到大堂说："袋中装有核桃。"县官传来路人，一看袋内果然是核桃。

火柴

某人手攥一物求测，术者让他随意指物，他坐在南面指着北面的红色木椅。术者断曰："人坐于南，指物为红色椅子，物中定有火字；此椅在北，且有两个对峙的扶手，物中应有北字。椅子质地为木，物中必有木字，三者组合为火柴也。"果然。

猜

某人手指旁边看热闹的老汉手中口袋，出"猜"字测口袋里装的是什么东西。术者断曰："猜，拆为犬尢旁和青字，青有青少年的意思，又代表黑色，所以口袋里装的是一只黑色的小狗。"老汉打开口袋，里面还真是一条小黑狗！

掉

某女报"掉"问遗失了什么。术者答："掉了手机，掉在厕所里了。"反馈说确实把手机掉在超市厕所了。掉，与手边的东西有关。手边似桌非几，卓越、超越，可引申为贵重物品。桌，取其方正，几，取其小巧；方正小巧不是手上而是手边的常用之物，则可排除戒指、手镯之类。卓，中间的"日"为离为电为通信，则手机之象出焉；如以"曰"看之，则更加形象，这不是用手拿着的东西在说话嘛！至于厕所之象，再看"掉"，左"手"右"卓"，卓，超越，解脱之意；合而论之，在超市解手，上厕所耳。"掉"字那一半本身就是马桶之象。

问 梦

臼

有个商人在外从商多年，很久没有回家。一天梦见自己在舂米的石臼里做饭，于是找测士解梦。测士告诉商人说：“你在石臼里做饭，表示你没有做饭的釜锅。无釜念起来很像‘无妇’，这表示你妻子可能已经不在家了。”商人听后赶紧长途跋涉回到家中，果然发现妻子早已和他人跑了。

祈

某君梦见一个“祈”字，求解。术者解：“《说文》云：‘祈，求福也。’斤乃斧，‘祈’字本义是将最珍贵的斧子奉献给神灵，求其护佑。示字旁为祭台，在红山文化（5500 年前）的祭坛已发现有玉斧，玉斧是掌管部落生杀大权的象征。做梦遇祈，说明你的内心渴望权力和声望。中国的祭祀首先是祖先崇拜，斧有父的力量支撑，当然有福。做梦遇祈，更深层的含义也许是你非常想修复与父亲的亲缘关系，求得父亲的谅解。”

碾鳞

某君梦见一个古老的屏风，上书有“碾鳞”二字，未知何意。术者解曰：“‘鳞’是贴身的、依赖你生存的东西，甚至是寄生在你身上又摆脱不了的‘逆鳞’（牛皮癣），比如：知晓你某些秘密的同学、邻居、密友，讨厌的日常工作等；碾是要把‘逆鳞’压平、破碎，或是将其‘撵’走。屏风的意思是你想与‘鳞’隔开（屏蔽），不愿和它共处。从更深层的心理分析上讲，蛇蜕是蛇成长的象征，鳞是鱼类岁数的象征。小龙若想一飞冲天，也要换鳞变成大龙。很多人年龄已成年，但是仍然不得不留在家里，自我感觉永远是长不大的孩子。你的梦是想离开家以证明自己成年。”

骆彤

某君梦见一美女，名字叫“骆彤”，不知何意。术者解：“‘彤’字是红色，梦境好像遇到神话中穿红衫的洛神（已出嫁，嫁给河神）。男左女右，你是白马，她是洛神，但却天各一方，彤者，单影自怜。梦境暗示你在爱情方面的挫折感，若有所失。”

蒜

某君梦见树上长着许多新蒜，便捡树上掉下来的蒜。测“蒜”字问凶吉。术者解曰：“梦见蒜不吉，源自古代的圆梦案例。据《北齐书》记载：北魏大将慕容绍宗做噩梦，私下对左右人说：‘我梦见蒜办自己跑没影了，蒜者算也，难道我的命算到尽头了?’不久他乘船遇到风浪，被敌所困，认为难逃此劫，投水而死。你梦见捡蒜，并没有‘算尽’的意境，应断为算账，即把你的债权债务重新核实，近期有人要登门要债了。”

弱

某君梦见自己死了，门口挂个白纸灯笼，上写着“弱”字，求解。术者解曰：“‘弱’字有神话渊源，是指环绕神山昆仑山的弱水，连羽毛都不会漂起。凡人更游不过去。‘弱’字下边就是羽毛的羽。《西游记》第二十二回描述流沙河的险要：‘八百流沙界，三千弱水深，鹅毛漂不起，芦花定底沉。’灯笼是指路用的，整个梦境是你‘死而再生’，得到贵人指点，跨越弱水，到达圣境，为常人所不能。预示人生将出现转折，事业发达，福寿双全。大吉!”

阳日随

某君梦见有位老人测字，他顺手写了“阳日随”三字，老人说第一个日落下后，耳刀旁和第二个日又组成了阳，我是第二个日，随字说得好像也有婚姻方面的道理，求解。术者解曰：“老人测字不是没道理，有两个阳（男子）尾随、追一个女子（随遇而安，安即成家)，你是中间的日，暂时没耳朵旁，他们两个确有耳朵旁，门当户对，耳朵凑耳朵，就把你给甩了。那个男子送你一个耳朵旁，耳朵是古代战功的象征符号。这样你也具有找女友、确定姻缘的条件了，随、遂同音，满意的意思，新追的女友应该满意你。”

未　祥

某君梦测“未”字，醒后观月旁有祥云，出“祥”字问。术者解曰：“午马未羊，‘羊’字为古‘祥’字，示字旁为祭台，羊为祭品，祖先享受了才能做祥瑞解释，祖先若不享用，这事还得两说。古人秋分或中秋祭月于西，正是兑位；

祭品就是羊牲。如果问字人属羊，可断为不祥。若不属羊，亦须破费钱财祭拜月亮。民间有测例认定‘示’为彩衣，穿上就会像演戏一样，可以千变万化。羊本身有皮毛，再披彩衣，便有些诡秘。示和羊均属土，月则属水，土克水，当下为农历六月癸未，亦有土克水之相，预示问字人会有小恙，需要提防。”

告　臣

某君梦见“告、臣”二字，求解。术者言：“‘告’字，上首牛无脚，行动受困，下有口舌之争，牢狱之象；而‘臣’字，已有‘叵’字之形，似乎将遇困顿之事，进退两难。”

啓

某君梦见一个大字，是启字的繁体字“啟”，求解。术者言：“有一口人将进入你门户，婚姻临门之兆。你目前经济不太好，口为欠缺，账户空虚，收益少，旁边是‘收’字不成，心里为筹办婚礼发愁。”

企

某君老婆已怀孕七个月了，她梦里测了一个“企”字，求解。术者言：“企字拆开为‘人止’，止似‘上’字而被钉住，止乃不上也，意即不要同房。”

囚

某女梦见囚犯背上有个“囚”字，求解。术者言：“‘囚’字实为‘求子’，字相有包裹小人之状，已婚女人梦见‘囚’字会怀孕。”

秉

某君梦到“秉”字问何解。术者言：“秉，象形，手抓禾苗也。一竖上下贯通，是为通达之兆。且下有支持，上有横拓，暗示原有基础，需要更广阔发展空间，问事业则吉。当立足本业（以农业为好），图谋更大发展。”

溜

某女梦见去算命，随手拿个牌子，上写个“溜”字。算命师傅说：“你眼睛长了个东西，得赶快运动，不运动就快死了。”求解。术者言：“梦去算命是对某事难以决断；说你眼睛长东西是因为你看到某些不该说出又隐含危险的秘密，后悔自己不该看见；运动则是有意逃避的意思，而‘溜’恰恰是‘逃，的暗示。‘溜’字拆开是‘卯三田’，田中有洞，就是说要‘狡兔三窟’，躲过一劫。”

伫

某君梦见一个“伫”字，求解。术者解曰：“伫，长久地站着之意；宝盖头象征房子的顶部；下面的‘一’字表示房间空空，代表一个人之意。猜测结果有两种可能：其一是独身一人在外，想拥有自己的家，但现在还没有自己的房子；其二是正在外面寻找伴侣成家。”

雨

某女梦右手小指断了，只剩最外面的皮包着，测“雨”问梦兆。术者解曰：“雨，上连下分，两相分隔，骨肉分离。预示你的亲友将会离开你。”

虽

某女梦吐出小虫，测“虽”问梦兆。术者言：“虽字口浊之象，似有口角发生，谨防身边有小人。另外注意饮食卫生，‘病从口人，祸从口出。’”

厘

某君梦见一副白棺材的顶端贴着一个“厘”字，问预兆。术者解曰：“白色棺材说明你很清白，就要升官，厘是千分之一、百分之一的意思，是指此乃百里挑一的机遇，会招惹‘邻里’来算计（厘清）你。厂，半遮半掩；里，内有乾坤，说明此事需要暗箱操作，不要声张引人嫉妒。”

日 月

某君竞选官职，梦见用笔写了两个怪字：“一个是左边月字、右边日字，另一个是上边日字、下边月字，写完盖了个书法印章，问梦兆。”术者言：“日月组合当为明，违规组合示不明，因此，左月右日应该是一个月内选举结果不会明朗，须耐心等待；上日下月可能是一个月之后你将如日中天，梦中用印预示你将掌权。”一月后果然当选。

测字励学

一中年男子，家贫甚。有一子，聪颖了得，读初三，始终位列前三名。父因不堪负担，令其辍学。邻人、亲友及校方虽百般劝说，均无效。儿极孝，唯父母之命是听，内心颇无奈。老翁听闻，前往测字。至其家，四壁萧然，室中酸馊之味刺鼻。一男子约五十余，蓬头垢面，一妇人呻吟在床。交谈之后，方知男子年仅四十。相视之下，一脸沧桑，眼中唯有无可奈何听天由命之余光。

"先生，其实不用测也明白，苦命，天阴背稻草，越背越重。吾儿虽略知书，其奈命何？不如趁早弃学，学个手艺，或许有个饭碗。"

"若论命，则难说矣。说汝命苦，或许果真；说汝之子命苦，恐未必。既然不知儿子命运究竟如何，何不测个字？"

男子嘴巴哆嗦，颇紧张："啥字呢？一年三百六十日，辛辛苦苦……也罢，烦请替小儿测个辛辛苦苦的'辛'吧。"言未毕，村人邻居闻知者，有三五男女挤进小屋，旁立静听。

"啊呀！不得了！"老翁突然故作大惊状。

男子愈见紧张："如何？"旁立者亦现焦急之色。

"啊呀呀，了不得，难得难得！依在下看来，实在少见的命。"老翁以打火机为笔，于地书一"辛"字，复书一"宰"字："汝子之命，俱在此二字之中矣。眼前，汝含辛茹苦谋生，汝之子辛辛苦苦读书。辛则辛矣，苦则苦矣，然而，一门之辛苦，乃'宰'也！此一'辛'字，测字家谓之'宰相出家门'，或曰'居于宰相门下'。'宰'字之上，乃'家'字之头，亦即'门'也。汝所问之'辛'，貌似辛辛苦苦之辛，依在下看来，却预言君家日后将出一位宰相，至少将在宰相门下任职。真乃祖上积德，父母有恩，家门之幸也。不过，倘无今日之苦，何来日后之宰相或宰相门下之位？现在不继续苦读，倘若令其辍学，日后断无功名成就可言。"

老翁言毕，男子垂首不语。旁立者或颔首，或唏嘘不已。三日之后，男子传来话说："不敢奢望家门出宰相，不过，再苦再累，也不让小儿辍学了。谢谢白发老翁。"

（按：此文摘自"金陵一老翁"的博客，权当本书结尾，并向网络免费测字解困的老师们表示敬意！）

附录一：谢石测字歌诀（84例）

天：“一人之上大无伦，不见夫星寡妇身；虽不出头终有失，若还开口便相吞。”

力：“事有勾陈未见功，皆因乏力负初功；来人问口能叨惠，忍耐为高守分通。”

工：“船在江边潮未平，千求无脚且徘徊；成功须待扛扶力，方免穷途空手回。”

交：“一家之主父当衡，莫信虚言交匪人；做事能勤方有效，婚姻六礼可成文。”

乃：“力不极兮财不盈，腹中无子孕难成；黍禾未种难期秀，诸事因循未变更。”

何：“何字分明是可人，但无倚赖志难伸；家宅人口无难过，看取荷花草又生。”

射：“射在寸中莫远行，好花虽谢果犹存；守株待兔原非谬，到底成功一箭能。”

腹：“骨肉无情反复多，难言心腹事蹉跎；尽力为谋能胜复，还防朋友暗中戈。”

種：“千里经商利有余，为人稳足性舒和；世间万事皆有种，种得心田福禄储。”

秋：“风和日暖是春时，夏日炎炎恐不宜；若到秋来方得令，何愁禾黍不收成。”

明：“阴阳相配妙天然，日喜晴兮月喜圆；万象光华发障蔽，光明缔结是良缘。”

海：“一片桃花顺水流，眼前诸事尽虚浮；财源好似江湖水，灾晦消除不用忧。”

柄：“木火交通两旺时，纵然有病不难医；求官必定居风宪，做事休将权柄移。”

税：“不悦不稳事难为，还因说话有跷蹊；问人索债无余利，若要还迁兑上宜。”

問：“截长补短是为明，暮合晨开少变更；疾病逃亡闪字断，临时問字再推详。”

月：“日光宜远月满时，将来满月亦招财；若逢月缺来相问，百事延迟待转移。”

性：“一往深情诸事能，财源可喜土生金；日前生意休嫌少，耐性还须用小心。”

棧：“木遭连伐未能生，根深难经风雨前；本分安闲贫贱乐，干戈扰攘莫前行。”

次：“为人柔软受欺凌，没有吹嘘冷似冰；买卖经营防盗贼，欠收之象事难成。”

汾：“三分鼎定事纷纭，可喜胸中泾渭明；本分当为休懒惰，安然过活乐清贫。”

糠：“米为国宝食无虑，人口平康病脱离；康棣相连同气好，求来庚贴配相宜。”

幻：“玄武藏头缉获难，家中幼小有伤残；寸丝已断终无用，刀笔情亏莫见官。”

拭：“所求弋获手非波，式好帮扶事有功；应试文章能中式，病逢戈断不伤残。”

纱：“绝妙佳人正少年，姻亲可结是良缘；独嫌钱钞求难得，病险如丝亦不痊。”

新：“从前辛苦后忻欢，亲戚相亲却少离；近日行人立可见，改元事业一番新。”

凋：“状词难准不周全，病主调和喜得痊；财用可求因凑和，同床宜结百年终。”

描：“及时栽种莫抛荒，苗损皆因草渐长；将草拔除苗自旺，收成稳当便无妨。”

霖：“雨落林中渐渐生，森森茂盛草先盈；开花结果宜春夏，霜雪相侵林不成。”

職：“职分相当才干人，好音入耳事皆成；文名取中求名好，熟識标戈莫与争。”

此：“求财只此恐难争，些小才能非正人；若另往前行不止，塍蛇缠绕受虚惊。”

君：“仓破须知米不盈，无群独立窘临身；君王尊贵难相近，未遇伊人苦自营。”

柑：“虽然树叶渐雕零，木旺之时可发生；最怕逢金来克削，病将人棺作亡灵。”

瞒：“目不逢人人主来，见官夹责自寻灾；个中两个财难得，病遇丧门买木该。”

劝：“勸不如力势不雄，那能歡悦事成功；觀光上国宜勤学，药品无全病见凶。”

卜：“不上不下事难成，问卜求神终不灵；只可家人少出入，钱财挂欠铁中人。”

嫩：“十全如意有吹嘘，速可成功懒便归；亥秋病深因女色，束修拖欠岂能多。”

平：“米不全兮菜不成，不来不采呼不灵；半属无于宜改计，平贫音似亦难听。”

水：“深浅浮沉塞与通，本来无定性虚宁；凡有谋为须着实，莫将事业付东流。”

木：“木字要详衰旺时，见官占病总非宜；将本营生防折本，用人休想发财时。”

日：“夏日炎炎冬可爱，太阳高照百邪驱；更有早晚占成败，趁此光阴好作为。”

有：“或右或左事非真，月满之时可许寻；有日当思未有月，自今可有所当存。”

地：“字形拆廵小力乙，土可生金力可施；厚重不移基业久，年年出产事非虚。”

般：“扁舟渡水防飘没，不是仙丹病不痊；家宅搬移始见吉，但忧父母不完全。”

荧：“炎炎之势易成灰，劳力劳心总见灾；莫道火多推夏季，春来木旺又相宜。”

大：“凡事当推未有因，木无根本负三春；行人阻住难移动，有点方能保太平。”

侮：“得为人母育群英，饶有生机事业成；莫虑小人来欺侮，求财子母虑非轻。”

徐：“舒徐之意待时行，人家从余是一心；今日发财还尚未，后来一定有余银。”

映：“近日须防有祸殃，英雄晦迹便无妨；中心怏怏遭时蹇，指日能回照顾光。”

目：“此字分明身不全，若还逢水泪涟涟；财源到手须逢旺，若问行人未见还。”

才：“藏头露尾身不全，残本何劳雕琢钱；虽有良才难寸进，求才却喜有财源。”

婢：“两口双排哭泣多，身居卑贱受奔波；女人言语终非好，到底孤單受折磨。”

如：“做事如心已有因，但防奸细暗中寻；从来女大须婚姻，到底生女是外人。”

番：“菜米从来根在田，兴家蕃茂可如前；时当爰戴天公力，米在田头大有年。”

養：“小恙皆因食有伤，良医相遇得良方；美中不足人心保，遮盖全防有女娘。”

林：“森森茂盛正逢春，火旺须将焚字论；秋日休囚金克制，如逢冬令又相生。”

娘：“凡事如心有赞襄，日长方好病无妨；但嫌两口终非美，礼仪存心得吉昌。”

僱：“傍人门户强为欢，照顧无多进益难；同伴如仇生嫉妒，事宜守舊偏得多。”

落：“三人共路各谋生，萍水相逢本薄情；近日收成虽淡薄，春来花满洛阳城。”

亢：“凶头虎脚不祥形，伉俪无人不是姻；动手便成相抗争，行人逢六喜相亲。”

鱼：“鱼水和谐自古称，若逢涸澈岂能生；日辰生旺如龙势，土克之时是死鳞。”

倡：“依傍他人是福星，而今做事且消停；安居且等机缘到，许尔将来富有因。”

余：“乏食难言家有余，穷途金尽费踌躕；行人路上归心急，脱贷求财赊去除。”

铁：“运退黄金失色时，官遭削職印将离；经营亏本休言利，疾病须防跌倒危。”

春：“秦晋相连姻可成，三阳开泰百花生；求财如意当春旺，若问其期三日成。”

伏：“似犬依人口食周，住居防守最无忧；仗头得意求名好，借贷须将然字为。”

给：“小本经营最合意，柳绿恰好有维持；丝罗可结同心美，疾病官司无了时。”

周：“门中有喜吉星临，婚配和同恩爱深；讼主调停原易结，如占财用缺难寻。”

碧：“玉石同形杂乱陈，人心莫测假如真；欲求财帛休开口，顽石无缘病暗增。”

移：“合夥营生利自多，私心不免久难和；科名积学原无失，夭死中藏病不瘥。”

戈：“无力难成事且宁，受人杀伐岂安寧；目前十八须防贼，我自伤残骨肉分。”

廊：“病遇良医根即离，东床佳婿合婚宜；银钱府库求难得，家有贤郎食不亏。”

寺：“幼年失恃少扶持，坐守清贫且待时；寸土生财原不足，将来可幸有根基。”

訣：“討債须将缺字论，凡人力大可央情；谋为快速原无失，永訣之言必丧生。”

竟：“九年面壁不成章，破镜难圆缺少光；求仰他人无好意，远行辛苦便相当。”

拓：“若问官司拖宕优，婚姻不合意难投；向人借贷休开口，买卖须防破损忧。”

士：“今日虽然少立维，心存仕进志无亏；求人周急常沾惠，家宅将来迪吉随。”

富：“家门和合福星临，和合同心灾不侵；官事须知难望翻，求财应断土生金。”

享：“高年有子便无忧，若问亨通子月优；凡事须教凶变吉，财源充足孰能俦。”

圓：“官員囚禁事何由，只为贪婪贿反忧；细看将来防损命，快回及早莫迟留。”

植：“此象虽然似直人，须知半假半为真；财形不足休相问，苟且之人心不仁。”

恨：“艰难之象只平常，家内无银更少粮；且有不良之事到，穿心有害要提防。”

和：“夭字当头小口忧，还须移住兑上优；诸事不稳更不足，到了秋来始可求。”

軏：“軏断中途车不行，螣蛇相遇有虚惊；已身不足遭輕贱，转眼回头祸不临。”

恕：“如心二字百谋成，莫说其中怨现形；病好必然须子日，官司如意怒将平。”

附录二：民间测字法（100 例）

据传此测法产生于大唐年间。下面 100 个字如同抽签请择其一，再对应签语。

澤 硨 鍾 推 聿 保 思 砌 箬 耑
罰 橋 馳 馭 篤 火 紅 闇 測 窮
言 頭 心 声 範 友 帅 米 烏 絮
金 食 虹 饕 漁 側 燈 恍 蘇 锡
羹 月 時 悔 籍 須 淋 秀 楊 桂
布 白 愛 豐 崔 耀 孤 定 捌 伐
棋 損 魏 杜 篪 接 乙 龍 田 昊
利 娇 吴 砂 讐 魄 摩 晖 漸 湖
靠 猛 蘆 漢 車 帛 否 佳 羅 錢
炙 運 蘚 鴻 荆 駕 稔 功 名 忍

澤字：此字四水平和之象，无波无浪，上看财源滔滔，露出买卖根苗，鹊雀报喜，金鸡化凤，时来运转，万事已无，通达之象。

硨字：此車遇石，而难动转，一边轻，一边重，一边软，一边硬，左而不左，右而不右，刻下碍腿碍脚，忍耐才好。

鍾字：此字鍾鼓之钟，响亮之相，招财童子至，财连银汉时，举手一撞鍾就响，低头是镜，一磨就明，不用打算，诸事能成，遂心如意。

推字：此字六合之相，一边是佳人，自古以来，才子爱佳人，当人有贵人扶助，他替你就话，打算招财进宝，堆金积玉，才喜双全。

聿字：此字一管无头之笔，半卷残书，筆无头不能撰写，经書文字无尾，不能论古谈今，一步走错，恐怕事非，口舌临门，纵然用尽心机，画饼充饥，诸事难成。

保字：此字一边是你，一边是他，你被他人所伤，伤财败利，费尽唇舌，提心吊胆。你本是栋梁之才，他人将你大毁小，反作柱子使用，委委曲曲，不能施展，忍耐方可，自有出头之日，运转时来之兆也。

思字：此字田在心上，恍恍惚惚之相，一边思，一边想，一边愁，一边闷，凡事由人不由己，刻下主意不定，等至十天，自有成章，至十天，好比高车驷马，八面威风。

砌字：此字一边刀，一边磨，磨刀之石，不见其日受其亏，当头破破碎碎，唠唠叨叨，不能成名，忍气吞声。

箚字：此字竹见刀，削为两段，口舌多招，皮破血流之相，当头千般打算，不知笑里藏刀。存心忍耐，交过节期，名利两全，可喜可贺也。

嵩字：此字太岁押运，莫要当玩，双阳岔路，三三两两，月令不得安宁，存心忍耐，行止要端正，可以无妨。

罰字：此字当头七言八语，一边众口难调，一边刮割不罢，凡事啰唆，虚诈不实，四下藏刀，更要小心，利见大人之相。

桥字：此字人多嘴杂之相，马是好马，桥是破桥，走到桥边开叫老天也过不去，回来又是难，要闯上一步，恐怕起祸端，大丈夫不得出头露面，左右为难，哭也哭不得，笑也笑不得，真叫人无法可施。

馳字：此字一匹骏马，能跨能骑，快马加鞭，自有应验，马走平川地，渴饮池中水，他人助力，自有英雄相助，自管施展。

馭字：此字当平原走馬，易纵难收，双阳岔路，有些惊恐，一边艰，一边难，闖上一步，万里驰骋骑骏馬，一江活水鱼化龙，末下生财之兆，凡事遂心。

篤字：此字馬入竹林担惊，馬头带箭，有些惊恐之相，当下千算万算，白白打算，一馬駝二人，费力艰难，处处害怕担惊，凡事小心为上。

火字：此字焰焰一条火线生，时运如同风里灯，目下都是灭火时，纸糊灯笼心内明，当下事情繁杂，心中焦躁，虽有羊羔美酒，难调众口是非，灰心丧气，占占焦焦，炎凉世态，转眼空成。

紅字：此字红白之红，当下财帛虽有，一派缠绵，不能断绝，用上工夫才能合适，啰唆累赘，弄巧成拙，有始无终。

誾字：此字門内言无人听，喜气临门，说说笑笑，祸門闭，福門开，合家欢乐财宝来，有益无损之相。

测字：此字目下有一人，定是贵人扶助你，招财童子至，利市仙宫来，财源滚滚，棒打不回，求财望喜，马到成功之相。

窮字：此字窟窿拔蛇，进退两难，进步易，退步难，受了张罗，费了口舌，有弓无弦，难射斗牛，强用功夫，空空如也，诸事不成，事事耽搁。

言字：此字开口说话，无一人会言，七言八语，一派众口难调，左有诸葛，右有韩信，一个低头是计，一个抬头是谋，当面巧言话语，暗里虚诈不实之相。

頭字：此字当頭有石，怕有妨碍，当下破破碎碎，又兼烦烦躁躁，气运不顺，只落得无头无脑，有名无实，真碍腿碍脚。

心字：此字心无主意，一边思，一边想，一边愁，一边闷，忐忑不定，急如火焚，不能稳当。

声字：此字吉星高照，喜上眉梢，事情难投机会，有一般财帛在内，就在

眼前，取之到手，财喜双全之相。

範字：此字自己推车，入于竹林之中，道路不通，千算万算，是笑里藏刀，较较正正，藕断丝连，未免受屈，总得改了辙，能合辙之相。

友字：此字反判出头，一反后之中加反后，当左也右也，左边是难，右边是艰，左不左，右不右，双阳岔路，鸡一嘴，鸭一嘴，大丈夫不得出头，存心忍耐。

帅字：此字兵马大帅之帅，首领三人，当下旗开得胜，马到成功，财帛绵绵之兆，诸事顺遂。

米字：此字无价之宝，先小后大，一边述，一边糊，藕断丝连，抖起精神，自然神清气爽，必能争名夺利，现成来头，一事不费。

鳥字：此字海阔凭鱼跃，天高任鳥飞，鹊雀报喜，金鷄化鳳，鳳凰不落无宝之地，鹏程万里，鸿喜在内。

絮字：此字上有女，下有小人，唯女子与小人，进之不逊，远之则怒，当头事情虽好，谁知后来不妙，问口费唇舌，提心吊胆，凡事啰唆。

金字：此字人在高处，大丈夫出头之期，有针曾引线，有钩能钓鱼，举手是钟，一撞就响，低头是镜，一磨就明，财喜交加，板上钉钉。

食字：此字一边月令，一边合适，凡事有根基，得了良朋相助，无有波浪悠悠，凡事件件凑巧，财发就在现时，刻下诸般遂意，而且富贵有余。

虹字：此字红中一蛟龙，大海行船得顺风，蛰虫逢春龙摆尾，时来运转万事通，件件凑巧，不出五日，必有功效。

饕字：此字为官，上有白虎之相，下有黄狼这良，目下月令不顺，虚虚惊惊不大合适，凡事小心，怕有小人暗算之相。

渔字：此字鱼在水中，一派活动之相，海阔凭鱼跃，天高任鸟飞，财帛滔滔，棒打中回，权衡在手，事事鲜明。

侧字：此字身傍一人，背后有刀，一边是你，一边是刀，你被他人所伤，伤财败利，颠颠倒倒，主义不定，只可见机而作才好。

燈字：此字孤燈一盏，忽暗忽明之相，当头事情颇多，千算万算，主意不定，好比红炉打铁，火旺添炭，美在其中，目下月令安然，万事亨通之兆。

恍字：此字有光不大，小人太多之相，满怀身肠是不强，虎狼小人在一旁，月令不济加小心，打着幌子与人忙。

蘇字：此字鱼在水中，鱼生九子十登科之相，头有草，自然开花，朵朵鲜明，和成结子，利见大人，权柄在手，万事亨通。

锡字：此字当头三阳开泰，一边畅意开怀，钱龙引时四方财，天官赐福来，以石成金，同心土变金。

羹字：此字汤汤水水之相，当头心慈面善，指望一生过成个人日子，不过心想落个美名，谁想事事不成，落得自己心惊，总有羊羔美酒，不能到口中。

月字：此字月过十五光不少，良朋只有一半，故友不能周全，总然一轮明月，塌去半边不圆，满怀心腹事，左右两为难，若得遂心愿，月朔再复圆。

時字：此字日出东边，侍立候光之相，一边吉星，一边高照，等一等，待一待，求财望喜就在目下。

悔字：此字犯小人不足之相，一边敏于事，一边慎于言，苦海无边，回头是岸，凡事恍恍惚惚，望梅止渴，件件不能爽快，恐遇毒手，满怀心腹事，尽在不言中。

籍字：此字日出竹林之相，腾空朦胧，光明不露，当头千算万算，内里藕断丝连，指望借水行船，哪知去了田园耗散，少成多败，等等交了节气归元。

須字：此字须臾之须，倾刻之相，一边是形，一边是影，多相头须，但有光影，不久来到心中来免烦恼，渐渐通顺，聿修厥法，长发其祥。

淋字：此字沧浪之水，有清有浑，大林之木，有曲有直，一边清而不清，一边浑而不浑。一边楚，一边汉，楚汉相争，刀兵滚滚，总有樊哙之能，哪怕鸿门宴，心若火焚，意乱如麻，也禳。

秀字：此字秀气之秀，木乃登山之相，当下利见大人，及第争先，自然夺彩，堆金积玉，秋成结子，朵朵鲜明，件件凑巧。

楊字：此字三阳开泰，一边畅意开怀，耀武扬威，天官赐福。根深叶茂，本固枝荣，办事件件遂心，生意利满心怀，可喜之相。

桂字：此字木生春天，桃红柳绿，红梅结籽之相，拿定主意，生财有道，利达三江，一顺百顺，事事周全，现成来头之相。

布字：此字乃排兵布阵之相，打算安排，当头生财有道。大丈夫出头之期，利市仙官到，财源自然来，内有相助。

白字：此字财帛之白，当头办事，一顺百顺，不必怕前怕后，虽然月下淡薄，财帛自然而来。

愛字：此字上有平安之福，下有吉庆之根，凡事妥当，无忧无愁，出门见喜，利见大人，物阜财丰之兆。

豐字：此字即进宝山，不肯空回，一边出头露面，一边登崖上岸，抬头见喜，大吉大利之兆。

崔字：此字泰山压顶，大丈夫不得出头，上有太岁，下有朱雀，往前走，双阳岔路，一推两开，三三两两，点点心焦，出了月令才好。

耀字：此字单翅摇瓴下高山，孤燕出群甚艰难，恍恍惚惚心急躁，诸事渐顺是枉然。月令不高，做事心焦之相。

孤字：此字瓜外见子，破瓜之相，若不破焉有见子之理，当下瓜瓞不生，孙庞斗智，财帛浮萍，狐假虎威，枉费心机，按下葫芦起来瓢，万事忍为高。

定字：此字平定之定，上看是守，下看是走，不知走好还是守好，守着是是非非，不清不楚，家室不安，心中惊恐，一走鸡飞蛋打。

捌字：此字七拐八落光景，先动手，后开口，又得费力，先得打算，后安排，还费口舌，能以活动，功成名也就，利见大人，马到成功。

伐字：此字犯小人，又有干戈之相，你不找他，他不找你，忍耐一时，他人自有消气，干戈不成。

棋字：此字是棋盘之棋，见人之心机，凡事有根基，现成的日期十八日，吉人天相，渐渐精神气爽，喜气盈门，旗开得胜，准有来头。

损字：此字员外是贵人，他替你算，动手就扶持，月令合适，财连银汉，利见大人之相。

魏字：此字上有利气之力，下有恕心，当利见大人，一边堆金积玉，办事妥当，月令安然，阳春烟景，大利文章，会桃园之芳，叙天伦之乐事，日暖三槐茂，风和五桂香，件件夺魁，事事凑巧，大有之相。

杜字：此字木土为杜之连相，凡事有根基之苗，红梅结籽，上看吉人天相，下看有去来头，争先夺翠，任他风波起，稳坐钓鱼台。

篪字：此字一虎跨上两个人，下也下不来，一只虎难驼二人，当头猛虎出笼，虎头带箭，虚虚惊惊，处处凑巧，画饼充饥，交了节气，大有之兆。

接字：此字扯扯拉拉之相，内有妇道相扶，又有贵人扶助，一边吉祥如意，一边招财进宝，打算安排，沛然成章，安危快乐，永保长久，吉兆之相也。

乙字：此字破瓦难盖房，仇人在一旁，欲飞飞不了，旭日遮太阳，七成八不就，不如守本强，闲事不要管，吃亏怕招伤。

龍字：此字云从电，虎从风，怕万里无云，当困龙入垫，骏马入笼，孙庞斗智，拉拉扯扯，只可少说闲话，怕有口舌是非。

田字：此字田苗之田，上看累坠头，目下看困苦，由人不由己，空思空想，处处加仔细，事事得留神，十天出头，只有伸长，二十天苗而能秀，高车驷马，大将军八面威风，万事亨通，迪吉在内。

昊字：此字一边吉星，一边高照，大丈夫出头之日，办事凑巧，刻下添财进喜，日日光明，朝夕之间，意满心怀之相。

利字：此字刀割苗之相，立木能顶千斤，眼看夺彩，复反委委曲曲，驳杂不退，颠颠倒倒，弄巧成拙。

娇字：此字人多嘴杂之相，牛郎织女渡鹊桥，一天还比一天高，眼前就是七夕会，又好又妙在今朝，大丈夫出头之日，福多祸少。

吴字：此字日月不见天，吞吞吐吐在里边，妖魔鬼怪来缠绕，不得出头左右难，哭也哭不得，忍气吞声耐何妨。

砂字：此字旁边有一石，怕有妨碍，一边破，一边碎，朱雀临门，开口得吵闹，还得少说话为妙，凡事功不成，名不就，碍手碍脚也。

雠字：此字二佳人，开口说婚姻之事，女子无正景，凡事莫认真，眼前两条道，心中如火焚，况且七言八语，一排众口难调，进又进不去，推又推不开，只可信马由缰，才能合适。

魄字：此字有日光，通灵之相，当头百发百中，又能件件夺魁，日暖三槐茂，风和五桂香，阳春烟景大文章，会桃李之方圆，叙天伦之乐事，财帛锦上添花。

摩字：此字有些个麻烦折磨之相，财得安康，又财源广大，清清楚楚伸手去拿，现成到手，百事吉祥，大有之兆。

晖字：此字一边时一边运也，吉星高照在当空，万物光晖，大将军旗开得胜，马到成功，求财有望，谋事有成，无不称义之兆。

渐字：此字一辆车，拉着千斤重，人于乱泥之中，虽无波浪滔滔，难免泥水之危，目下月令不顺，沙里澄金，一派啰唆，诸事难成，求财难得之相。

湖字：此字良朋，只有一半，故友不能周全之相，当下波浪滔滔，有些口舌根苗，举头不见良朋友，低下头来看不着，满怀心腹事，不能与友说分毫，只可忍耐月朔之期，自有章成。

靠字：此字上有告状之告，下有是非之非，口舌难免，上有造化之头，又有浩然之气，凡事亦周全，免去口舌是非，打算安排，自然逢凶化吉，先难后易之相。

猛字：此字一只猛虎，摇头摆尾，看见狍野鹿，上前虎架使威，心想吃肉，群兽登山而去，凡事成空，财帛浮萍，孤灯一盏，忽暗忽明，千般打算，枉费功成，好比竹篮打水，落了一场空，忍耐可行。

蘆字：此字草生在廬上，与别草不同，上有财源茂盛，有益无损，万事吉昌，不必虚惊，凡事有成，求财到手，此乃大有亨通之兆。

漢字：此字一片水，无有波浪，当头财源滚滚，可惜财源浮萍，左边艰，右边难，好汉不得出头，等到三七借水行船，平和之相。

車字：此字軍无盔，不能上陣，軍无轮，不能动轉，目下藕为丝连，犯了較正，輕也不好重也不好，到二十八天转过来，圣天子百灵相助，大将軍八面威风。

帛字：此字财帛之帛，福寿绵长之相，当头百发百中，利市仙官，接福迎祥，福如东海，寿比南山，不必害怕，吉人天相。

否字：此字当下犯唇舌之相，提心吊胆，谁知踏破铁鞋无觅处，得来全不费事，先忧后喜，到二十天，吉人天相，歪打正着，正打歪着。

佳字：此字佳人才子之佳，自古佳人爱才子，又想进步，又想退步，二人不得交言，心中焦躁，有心进步，又怕不准，无奈抖起精神，闯进内里去，堆金积玉，佳人在内，财喜双全，大喜之兆。

羅字：此字羅绸之羅，心想出头露面，虽知被网缠身，不得出去。财帛纵有，一派缠绕，一派啰唆，一派绸缪，一派乱割，进退两难，心焦之相。

錢字：此字有两层干戈，未免有些争竞之相，贱人在旁，左边一剑，右边

一枪，常言说得好，明枪容易躲，暗箭最难防，明修栈道，暗渡陈仓，铁罗汉，亦受伤，一边是孤灯，一盏不明，要想求财，镜里观花，水中捞月，枉费心肠，运气不通之相。

炙字：此字斜月无光之盯，望梅止渴，心中焦躁，事情繁杂，总有羊羔美酒，不能调其众口，是非悔身丧气，若到朔望之期，才能谋而有成，求财到手，马到成功。

運字：此字当头要进，心中若想退，道路不通，主意不定，浑浊不清，眼前使一阵力气，大将军八面威风，指挥三军，势如破竹，所到之处，望风而归。

蘚字：此字鱼在水中，摇头摆尾，羊得青草，抬头见喜，求财有望，诸事通达，事事有成，好比春前之草，雨后之花，大吉大利之兆也。

鸿字：此字鳥在江边，有鱼有虾之象，当下波浪滔滔，露出财源根苗，月令好，用力成功，件件凑巧，求财能有，此乃喜报三元，宫花报喜，金鷄化鳳。

荆字：此字当头一棵草，正然开花鲜明，可喜栽瓶中，可喜可贺，细一想，瓶中无有栽花之理，不过水养精神，不能结果，画饼充饥，求财不得，谋事不成，颠倒之相。

駕字：此字快馬加鞭之相，当下费口舌，提心吊胆，虽知求事有成，不必胡思乱想，只管信馬由缰，闖上一步何妨。

稔字：此字稻稼之稔，大有之望，春种秋收，丰衣足食之相，然一念主意拿定，利见大人，秀气光明之相，月令合适，急急谋事，自然成功，大吉之兆。
功字：此字巧令之相，而不拙，一边是工夫之工，一边是力气之力，此乃遇机会而安然，事得凑巧，月令能成事，功名富贵，就在眼前。

名字：此字上有朝夕之夕，下有口舌，朝夕之间，口舌押在外边，有人周全，多多义善，名利两全。

忍字：此字明系刀插心上，怀抱利刃，心中焦躁，总有英雄谋略，一心强为，难免过侵于身，凡事只可忍耐，等待运转时来，方能遂心如意。若不忍，一把钢刀，扎在心上，命在旦夕，只可忍了好，忍了好，天大事情消化了，凡事和为贵，忍为高，不犯萧和律一条。

附录三：蔡氏快速字相法200测例

贴：用贝壳占卜，结果贝壳阴面朝上为“非”，主不稳定，自我保护能力差，卜为不佳。

拜：字中两手都不是五个手指头，缺点东西，办事不周全。

天：俗语说得好，天上一天，地上一年，若问应期则一年为期。

定：上南下北，离位实而坎位虚，人在北则此事虚幻、“完蛋”；如人在南，定会成功。

声：喜字头，下面是眉字缩写，喜上眉梢，会有好事盈门。

神：属猴者吉，神猴乃孙悟空也；属牛羊猪的不吉，三牲则为祭品。

冬：冰上行走，小心翼翼，姗姗来迟。

簽：字相双个、双口、双人，中间为合字头，互相帮助，好事成双。

回：能说会道，嘴大吃八方；口为钱眼，富有钱财；两口合作，五行俱全。

人：一撇一捺，一阳一阴，正好搭配，相互依托。人者任也，有晋升之兆。

为：青龙战勾陈，龙鳞被剥落，工作很拖累，身体状况不佳。

印：官印即升迁，字右为卩（节），须疏通关节，把握节奏。

狠：狗（犬）对应艮卦，双艮为山上有山之相，暗示前途高山险阻，将要“出”局。

凸：坎坷不平，似品非品，主升迁不成；字相为城墙，自我封闭，大口套小口，吞并之兆。

心：三点在外，三心二意，慢慢收心。

策：两人并肩状，但竹字头比较空洞，不太实在，手脚束缚，放不开。

系：字含玄武，有小人捣乱，需尽力维护，牵绳不松手。

隐：慢慢上山，慢慢反刍，切记莫要心急，雪山自会融化。

绒：绳子加武器，好似绑架，被迫从事。

份：一块饼八人分，有缘品尝但份额太少。

唐：刀笔官吏，上有庇护；钱眼偏下，不尽是俸禄；字有善底，须多结善缘。

中：消化系统甚好，头太冒尖易受伤，会有中风之险；字有悬针，腿脚常有磕绊跌伤之事。

生：犟牛立于地，谁也拉不走，赖有根基。

追：高山流水，知音可遇而不可求。

测：刻舟求剑，时过境迁；刀贝为钱，打了水漂。

酉：字属金，金生水为酒，多饮上头，视为婚兆。

或：字乃域无土，国无疆，并无疆界所限，前程无量。

二：乃关门的门栓之相，测人不归，测事难办。

得：十字路口持贝，尚未找到交换对象。

總：原义是绳子的头，起头还是尽头，要看你的选择，任何尽头反过来都是起头。

香：锄禾日当午，辛苦的命。

床：广字头为龙的化身，木是成长标志，得龙布雨，发展顺利。

巧：工作中会有闪失、吃亏，勾陈预示办事拖延、迟滞。

跋：足不能替代手，无法获得提拔。

睡：眼皮都不爱抬一下，关系淡漠。

意：心猿意马，属猴属马才能得宠。

在：人旁有王，伴君如伴虎。

怯：心悬半空，去意已浓；土克玄武，脚伤痛苦。

元：字含兀，圆周率也，家庭团圆、生活圆满之兆。

湾：水蛇腰，三个弯，甩手掌柜芝麻官。

飞：水中漂木，如乘舟船，虽曲折而顺流，终归大海。

铭：测考为金榜题名，测情则为鸣金收兵之相。

收：左边纠结，右边朱雀纹主口角，一发不可收拾。

喜：一士两口，一男两女，谁最接近二十岁谁最终争得男友。

利：木先被撇火燃，再被金刀削，不光无利可图，还要蚀本。

羽：朋字不全，朋字乃古代货币单位，既没朋友又缺钱。

可：丁与口似男与女，榫卯结构不好分离。

最：手执耳为战利品，字似不日而娶，婚兆。

帅：巾字转 90 度，字相为归字，风雪夜归人。

音：缺十不成章，事不靠谱。

付：寸人为小人，欠债未必及时还。

拿：手合十祈祷，神灵保佑联手而动。

瑶：若属马者四面称王，会授人以柄，难逃陷阱之灾。

离：字形上为古“凶”字，下为玄武，水火不容，会背井离乡，离别亲人。

梦：双木为情侣并肩，夕为黄昏之月，花前月下，感情融洽，偕老之兆。

基：土簸箕也，上下颠簸，簸去浮土，留下真货。

伤：二人较力，一人倒卧，站立者完胜。

家：猪入圈之象，婚缘在亥月。

事：口被封，是非多由口出；手持笔，大权不会旁落；收笔挑勾，事情波折且延误。

能：虎背熊腰，为人两肋插刀，做龙不成，玄武纠缠落草。

半：字含人民币符号，财产颇丰却是虚胖。

齐：肚脐居中，丹田所在，心有纠结，难以释怀。文字头有早出头的意思，齐刀为古货币，有财运；朱雀纹口舌多，耿介不易。

宁：家里似光棍一条，家当叮零咣啷；乾卦位虚，主其父生病。

问：嘴把不住门，口开神气散，舌动是非生。

藍：臣字是眼睛，吃着碗里的，看着盆里的。草率从事的结果可能就是被收监。

橙：板凳可以用来歇息，却不能用来登高。

佳：字加又为难，此事难缠，跬步千里，水面冰封。

路：大路朝天，各走一边；各有各的道，各花各的钱。

红：字为经线，听任别人围绕，自身岿然不动。

鱼：田字为财产符号，刀山火海，保田艰难。

疑：矛钩星锤，刀箭齐备，如临大敌，须小心防卫过当。

辰：大蚌时开时合，成龙时机难以把握，海市蜃楼。

如：女在口之外，关系一时难以界定，但至少经常被挂在嘴边。

风：倒过来看有凶相，不过时间不长，一阵风就刮跑了。

吻：刀口之举，险象环生，收尾挑勾，事会拖延。

信：三横为湿木，加人为休，暂时休眠；“主”字缺竖，没有主见，人言可畏。

短：投壶之象，爱娱乐活动，爱赌好胜，乐观向上。

安：一点悬空，头晕之兆；女字中虚，身子虚弱宜进补。坎位缺，泌尿系统会有问题。

孝：撇火生土而土克子水，水火不相容，隔代冲突。

旭：九日纯阳，事业早期如日东升，中期焦头烂额，最终夕阳西下。

清：三清为道教最高境界，标准颇高，水至清则无鱼；字拆为“月注(柱)”，深受父母影响；感情青涩而不成熟。

破：碎石也，工作琐碎；破有波音，四处漂泊奔波；然而，石头去皮方为玉。

气：繁体字中有米，简体字则是无米之炊，删繁就简反而事与愿违。

女：四面都有接口渠道，人缘活络，面面俱到。

忙：亡字戴小官帽，小心驶得万年船；收尾曲脚无钩，事业先难后易。

快：缺心眼，心态窄小，悬空而无着无落，难下决心。

虹：字含工，工作莫着急；早起的鸟有虫吃，早起的虫子被鸟吃。

娄：米是捆绑，女在下，受压之象。

田：四面称王，总有伸头之日；四面是山，突破后就是一马平川。

满：两人和美、婚轿之兆；水旺则溢，收益颇丰。

港：字有婚轿之象；巳为螣蛇，居无定所，淡泊人生，却难防洪水泛滥。

硕：石头碰脑壳，饭勺碰锅沿，生活在一起难免磕磕碰碰。

美：步步栅栏，心善过关，青龙护体，前途灿烂。

密：心有火，忌烦躁；下有矿山，精心经营就会发家。

谆：四周有高人、举子高谈阔论，拿话填人，都不务实。

魔：大麻是古代致幻药，吃了能见鬼，五迷三道中了邪，解脱需要层层剥皮。

挺：有才之人不必愁，字有任职“宫廷”之兆；鲤鱼打挺，翻身之日近在眼前。

敲：字有离火之形，似在热恋中，两口在一建筑内，中间隔阂正要打通。

峰：山有艮相，遇阻停止；华为锋利之物，须手术治伤。

微：山间要道，白虎隐没，持棍探行，敲山震虎。关口过去是坦途。

火：人正直，左膀右臂折损；坎位虚缺，家产流失，夏旺秋衰。

伙：两人结合不密，且负担不同，一人挑得担子断，一人在旁斜视。谈事能成，做事则分。

罗：上四为网为目，晚上啥也看不清，网网皆空。

盖：善字头，积善为始；盌字底，罐焖羊肉，饭碗有肉可食。

隆：左耳朵是阜，上山的阶梯，蒸蒸日上；右边是人生之路，生生不息，前程万里。

昶：永是长流水，象征财运持久，日子越过越顺畅。

这：离字头加走之，三十六计走为上。

学：过去有举子一说，字含举字头、子字尾，测考应能中举及第。

钱：双戈夺金，会有争执。

临：字有品字为官符，乃升官发财并举，只是臣属地位卑微，人须匍匐。

后：反咬一口之象，孽缘未了结。

肿：月中则圆，心宽体胖、心满意足之相。

相：一叶障目也，秋天叶落目始明朗。男左女右，木会刺目、伤目而有泪，婚姻不顺。

胆：日月齐晖，工作转顺，囊中有金，发财之兆。

纯：原丝未染，工作简洁；收尾挑勾，好事拖延；囤积能量，转运待春。

新：辛金之斧裁木为材，秋天有财运。

备：田上走道，看似在保护自身家产；虽有备无患，却损失了朋友。

忘：亡为无，没心没肺，心无所托。

九：青龙与螣蛇纠缠，白虎之形显现，预示会有大变动，青龙强盛，最终有利。

留：卯兔在田，有吃喝、有洞藏，生存环境良好，保持现状，不要妄动。

胃：不得胄之象，升迁受限。

军：要财运须走动，但军字缺走之旁，乃按兵不动，财运欠佳。

存：字下面的子是子虚乌有的意思。子为水，在则为土聚，不在即为水散。

苏：稻田养鱼，自然生态循环经济，成功之兆。

哈：两口之间尚有距离，合在一起还须过程。

董：千里之外，芳草萋萋，有心即懂。

升：一升十合，事业发展需要别人认可与支持。工作待遇有十千之象。

张：长而曲折，临水而涨，趁势而为。

乳：慌乱之中手抓钱孔，舍命不舍财。

奥：衣食无忧，但人被困惑，精神压力大，总在提防空袭挨炸。

更：古义为宴席上撤换菜碟，有小吏难出头，看人下菜碟的意味。

卦：圭乃上朝时提醒奏章的玉板，是大官才持有的物品；卜为阴阳俱全，成事之兆。

关：问财则字相是人民币符号分叉，分则失也；坎位缺失即财源少。问情则四面八方都是出口、触角，选择颇多；字似夫非夫，须将其上两点留一。

虹：半圆有缺，美景短暂，好运不可长久。

开：字有二，人尚未合；字似并，缺两点，一时难以并肩而行。

黄：字有头重脚轻之相，小人支撑不住就会垮。

撑：双手拜堂之相，婚姻吉兆。

审：字含米田，米为官禄，田是财富，宝盖头为房产，符号象征俱佳。

骗：扬鞭策马，飞黄腾达。

鞋：鞋穿破随时可换，字有官帽之相，会当头儿；双土为金库，财运其中。

辐：福星照前程，工作换成功，财富装满车，怕你拉不动。

压：有玉不怕压，越压玉越佳。若问升迁日，还需五月达。

领：做领子，老不换肯定会弄黑的，人被罩住，事业归零。但黑就要黑透，别灰头土面。

淇：三乘婚轿，多婚迹象；事能成但其无土不成基，难持久。

交：上六为冰，下乂是朱雀纹，办事小心翼翼，担心口舌；父为小官，关照似胶。

跟：足到山前而止，艮卦象亦为止，知足常乐，上山还得下山，何必费力硬上。

敬：反文为手持棍棒，强压下屈就，苟且偷生。

凡：字有白虎之形，会有伤心事；一点悬空，结局仍有悬念。

温：字含囚字，似高位套牢、吐血之相，测股市投资则不宜介入。

缘：喙为鸟嘴，字有红绳啄断迹象，再续难矣。

职：只耳足够，战场上割耳是记功凭证，残忍却有效。有功就该论功行赏、升职。

穿：牙有洞象征岁数虚增，事业迟滞。笔画集中于肠胃部位，需防穿孔。

拢：降龙伏虎，得陇望蜀。

疆：此字对员工数敏感，本已含人二十口，若再加人外人，立刻变僵，成为倒卧的僵尸。

用：此字有洞可藏身，有钩可自卫，含田有房产钱财，全是吉兆；测病则有手术符号。

最：红日当头，上午测问乃蒸蒸日上之兆，取为录取，考试可成。

与：曲曲折折，最后汇合，一马平川，须有持久耐力。与人为善，福报可期。

建：能写文章，但边走边肇事犯律，运气不顺。

求：聚水之相，蓄势待发；皮衣御寒，不该换酒。

牛：先之头也，先出头的椽子先烂，前途在最开始时会很糟糕。

士：士加人为仕途之仕，有贵人帮助会升迁。

疼：病字旁是皮肤上留有创口伤痕的意思，伤在腿上，走路不便。

世：原本是树叶层层叠叠的意思，大树底下好乘凉，字有官帽之象，三十而立。

理：是裁玉的第一道工序，玉需要琢磨；心理纠结解剖清楚就会自然解脱。

联：充耳不闻，人在恋爱狂热状态，别人话已听不进。

嫁：女子不愿离家，又想成家，招个上门女婿一举两得。

北：土裂之兆，列土封侯，像是要自己单干创业。

裘：金玉其外，败絮其内。都穿布衣时无奢求，有穿裘袍的，期望值一下子膨胀，反而不满。

极：屋顶为极，说明困局已经到顶，物极必反，就该转运了。

冥：太阳的光芒被遮蔽，“六”是冰雪天地，感情还在冰封，冬日无法融化。

色：刀下之蛇无退路，巴山蜀水路难行。字有包容物，测孕断为怀孕，须剖腹产。

躯：字有凶符侧卧，测病不易痊愈。

政：正字有偏离正位的迹象，且字形不正，正拆为止于一，有愿难遂。

議：字有“养我”之意，生人的提议可能是要诈骗钱财。

爱：上面是手，有拔苗助长之嫌；下面还是手，但双手未牵，像爱恨交集。

看：眼低手高，万事能成。

有：菜肴丰盛之象，朋友不齐，情人之影隐隐约约。

炳：丙亦为火，双火为炎，炙手可热，有暴富之兆。

上：仆倒地上，先要保护自己再求发展。

坎：水坑多而缺土，感情涣散不能集中；字相为一人要背着另一人走路，比较艰辛。

寿：尺有所短，寸有所长，寸为掌握，可能是个做领导的料，手伸得很长。

灰：手压火，火不会灭；不必人为消除影响，没有用。

宝：小家碧玉，女方会备受宠爱，男方则有王者风范。婚姻圆满，家庭和睦。

因：人在钱眼里，此人不会不谈钱，谈婚姻也是人钱交易。

图：人在猫冬，无利可图，没啥出路。

报：字有手铐字根，缠上就甩不掉。

欢：双口双土双人，有婚姻相；鹳为老等，还欠火候，须得等待。

当：字有小三痕迹，当心恋爱受骗。

冯：象棋中的连环马，没有交换条件的话轻易不要碰对方。

史：拆为中人，不卑不亢，不存偏见，可以信赖。

余：古代粮仓，藏有余粮，心态像地主，概不赊粮。

化：同类相生，一种生物变成另一种生物为化生；匕字为倒人，会遇到返老还童的变化。

缺：缶为饭碗口有缺，预示会失去工作机会。

嘉：本为吉祥，木年成枷。字有二女（口），谁最给力，谁就能得到士。

卧：臣是监视的意思，卜字是残疾之人，处处受监视，没有外财可发。

单：上有双口，口舌太多；头上长角，下有悬针，做事伤人；字含果形而不全，未到机会成熟时；字拆为“一甲”，仕途光明。

好：字画中有五个转折点，此事费周折；子鼠为耗，耗尽时间。

擦：用手把肉放在祭台上祭祖，再分给祭祀人吃，象征分配利润。

许：午为马，马星高照，主跳槽。人挪活，树挪死，马跳到哪里还是拉车的命。

替：像两个男人在对话，或是朋友聊天，很私密、亲切；或是商人谈判，直奔商业条款。